河海大学法学青年文库

『平』

——中国传统司法理念及其实践研究

PING

ZHONGGUO CHUANTONG SIFA LINIAN

JIQI SHIJIAN YANJIU

潘 萍——著

中国政法大学出版社

2021·北京

图书在版编目（ＣＩＰ）数据

"平"：中国传统司法理念及其实践研究/潘萍著.—北京：中国政法大学出版社，2021.8

ISBN 978-7-5764-0133-2

Ⅰ.①平… Ⅱ.①潘… Ⅲ.①司法制度－法制史－研究－中国－古代 Ⅳ.①D929.2

中国版本图书馆 CIP 数据核字(2021)第 204673 号

出　版　者	中国政法大学出版社
地　　　址	北京市海淀区西土城路 25 号
邮寄地址	北京 100088 信箱 8034 分箱　邮编 100088
网　　　址	http://www.cuplpress.com (网络实名：中国政法大学出版社)
电　　　话	010-58908586(编辑部) 58908334(邮购部)
编辑邮箱	zhengfadch@126.com
承　　　印	固安华明印业有限公司
开　　　本	880mm×1230mm　1/32
印　　　张	13.25
字　　　数	350 千字
版　　　次	2021 年 8 月第 1 版
印　　　次	2021 年 8 月第 1 次印刷
定　　　价	69.00 元

总　序　GENERAL ORDER

　　河海大学的法学教育始于 1988 年。经过三十余载的努力，法学院拥有了较为完整并颇具特色的学科体系。设有法学本科专业、法学硕士学位一级学科授权点、法律社会学二级学科博士点。在健全的学科体系和浓厚的学术氛围中，法学院青年骨干教师谨怀"崇法明理、尚德致公"之院训，着眼社会发展、法治建设和民族复兴，上下求索，扎实研究，以研促教，寓教于研。在法学理论、宪法学与行政法学、民商法学、经济法学、环境与资源保护法学和国际法学等领域广泛开展教学和研究，取得了有一定显示度和影响力的系列学术成果，引领带动学科发展和学术创新。

　　"河海大学法学青年文库"是法学院青年教师在科研项目中形成的研究成果与理论创新之丛书集成。我们希望"河海大学法学青年文库"能够成为理论研究持续创新、青年教师快速成长的园地，成为河海大学法学青年教师研究成果的展示窗口。要使如此构想成为现实，除得力于中国政法大学出版社的帮助外，更有赖学界同仁提携和鼎力相助。

千金之裘，非一狐之腋；清泉潺潺，端赖源头活水。区区微衷，尚请贤明鉴之。

是为序！

陈广华

河海大学法学院 教授 博士生导师

二〇二一年九月

序 PREFACE

潘萍博士的博士论文《"平"——中国传统司法理念及其实践研究》经其精心修订，终于要正式出版了，作为师兄，我由衷地为她感到高兴！她嘱我作序，我起先本能地推托，因为无论从资历还是学识，我其实是没有资格为她这本精心撰著的论文作序的。但是她说了三个理由，让我虽然心感惴惴，还是应承下来。理由之一，就是当年她在完成博士论文时，就选题和论证，和我多有讨论，我对她的研究不至于陌生；其二，我近几年也做司法文明的研究我和她都参加了张中秋老师主持的《司法文化大辞典》的编纂工作，且我本人不久前刚刚出版了《先秦司法文明史》（中国政法大学出版社 2020 年版）一书，对于"平"这一中国传统司法理念和实践也有体会；其三，对于她在论证观点时所引用的基本材料，我也有过研究。经她如此一说，我自然责无旁贷。于是我花了两周时间，认真阅读了整部书稿，现在将我的阅读体会或者一点浅见做一个汇报。

我们如果研究中国法律传统，总会遇到一大堆棘手的问题，如哪些传统可以说是中国所特有的？它们有着怎样的表现形式？各个具体传统之间又有什么样的逻辑关系？见诸于法典中的传统和它们在实际生活中的运行状况之间又有哪些差别？诸如此类，不一而足。同样，中国传统司法理念，究竟是什么或者有哪些？此理念是如何表现出来的？其与传统立法和政治法律实践的关系又是如何？这些都是我们不可回避，但又见仁见智、常研常新的问题。而用某一个或者列举若干个概念范畴的方式来概括中国传统司法理念，无疑需要冒很大的风险。譬如，我们在讨论古代司法时，常常会用"情理法"，来概括司法的准据或者说司法推理的模式。但"情""理""法"之间究竟是一个什么样的关系，在司法过程中各自运用的比重如何，依然难以说清。如果我们承认古人"依法裁判"，则这个"法"已经和我们日常生活中所述的"法"不是同一回事了，它背后蕴含了"天理"和"人情"的因素；但如果我们说古人是"权宜裁判"，又绝不意味着古代司法官员罔顾法度而司法擅断。所以这里面隐含着词语古今含义的转变以及对不同"法治"模式的理解，我们一不小心就会堕入"偷换概念"的境地。如何才能相对清晰地凸现传统司法理念，而又不于陷入以上概念的陷阱？这实是对研究者理论概括能力和材料组织能力的考验。从这个意义上来说，潘萍博士此书整体上是经得住这个考验的。

在我看来，本书的特色或者成功之处在于以下三个方面。

首先，抓住核心概念，以简驭繁。我们在探讨司法理念时，自然不能无视理念作用的时间和空间，当时空发生变化时，其具体的理念以及相应的制度，总是会或多或少地发生变化。比如我在研究先秦司法理念演变时，在西周时期，我将之概括为"敬明乃罚，哀矜折狱""义刑义杀，刑兹无赦""非佞折狱，惟良折狱"三者，而在春秋时期，我则将之概括为"远神近人，重视人命""准情循理，刑罚公平""法祖尊礼，渐变周制"等。我认为，从现存的金文材料和传世文献中得出这样的司法理念，基本上是站得住脚的。但我所讨论的是一个司法文明发展的历史，故而更加注意其中的"流变"。而如果将整个司法传统作为一个整体，假定它没有前后的变化，而作一种"理想类型"来看待的话，那么用这样的概括方法，显然无论概括为多少点，都不足以说全或者说清楚中国传统司法理念。所以必须"跳出三界外，不在五行中"，以一种更加高远或者宏阔的视角，来鸟瞰司法传统。本书作者用一个"平"字，实在是一个比较高妙的选择。何以言之？第一，"平"字本身内涵异常丰富，基本释义为表面没有高低凹凸，亦即"平坦"之义，引申义则为"平等""公平""正义"之义，如果表行为方式，还有"平定""抚平"之义，而司法活动恰恰兼具以上各义，即为实现公平正义而运用相应的程序，平定当事人之间的纠纷，从而使得社会重新回到平坦之境。所以，用"平"来概括司法理念，无论从目的、手段还是过程上来看，都是比较合适的。第二，"平"是中国司法的"活的传统"，能够链接古今，凸显其现代意义。诚如著名法律史家张伟仁先生在《学习法史三十年》一文中所述的那样："中国法制传统里有一些什么东西可为现代借鉴的？历代的实体法，由于社会情势和价值观念的改变，对今天的影响已很有限；相对而言，程序法的研究似乎还有点用处，因为其目的比较单纯（只在寻求真相），所用的技巧虽然因时因地或有变异，而应该遵循的原则（公平和合理）却是古今中外相同的。"（原载《清华法学》2004 年第 1 期）是以，"平"作为一种普世性的司法理念，是能够成立的。第三，也是最为关键的是，用"平"这一术语来概括中国传统司法理念，并不是作者本人的创造或者任意按在司法传统上的名号，而是有其坚实的文献依据和实践依据的。在政治法律意义上使用"平"字最早且相对较为可靠的文献当属《尚书》"洪范"一篇，内有"无偏无党，王道荡荡；无党无偏，王道平平"。据南宋蔡沈《书集传》所云，该篇为"箕子告武王之辞，意《洪范》发之于禹，箕子推衍增益以成篇欤。今古文皆有"。如果蔡论能够成立,那么"平"这一政治法律思想,从禹开始就已经成立。即便不能成立,诚如专家所云,《洪范》一篇,阐发了一种天授大法、天授君权的神权行政思想,这对形成中国古代占统治地位的政治哲学理论,以及以王权和神权为核心的中央集权的理论,具有决定性的影响。"平"作为一种司法理念,也由此源远流长,成了中华法系的一个核心理念,在实践中被不断重复和遵行。仅举一例即可明了,作为中华法系重要组成国之一的朝鲜,在朝鲜王朝英祖(1724-1776年在位)、正祖(1776-1800年在位)统治时期,在政治法律上即奉行"荡平策",而"荡平"二字,就取自于上述《洪范》此语。故而用"平"来概括中国传统司法,从词义、价值以及历史依据上,都能够成立。在前文中,我对西周和春秋时期司法理念的归纳,也都能被涵盖在"平"这个范畴之中。针对"王道平"理念的源流和在现实政治法律中的实践,潘萍博士开宗明义,做了很好的梳理,从传统秩序观,到法律正义观,最后过渡到司法上的"王道平",展示了一种思想发展的"内在理路"(详细论证见本书第一章)。作者搁置了纷繁复杂的各个时期的表现模式,正所谓"香象渡河,截断众流",以一种以简驭繁的方式,直截了当地揭橥中国司法传统理念。在我看来,这是本书的一个很大的成功之处。

其次,选择主要材料,抽绎法理。关于中国传统司法理念及其实践的文献资料可谓汗牛充栋,无论是经史典籍、法典、政书、公牍、官箴,还是各类案例集、司法档案,乃至稗官野史、私家笔记、文学作品,我们都能从中找到大量可资利用的材料。如果一味追求材料的完整性,或者在这方面过分想要出奇出新,那么最后的结果必定是陷于材料的汪洋大海中而无法自拔,这肯定是治思想史或者观念史者的大忌。但如果抛开材料，专门讨论某一概念，纯粹对之作语义分析而搁置历史情境，则又不可避免地会流于空洞说教，至少不是法律史的通常做法。于是我们的研究就出现了两难，既要防止被各种琐碎材料包围而一叶障目不见泰山，又要避免无视材料主观臆断，游谈无根。这就需要研究者合理地选择和处理材料，在扎实的材料基础上得到观点，继而进行理论上的升华。本书在这一方面，可谓材料和观点兼具，这和潘萍博士的求学经历和本人的学术兴趣有着密切的关系。潘萍出身于中州大地，本科就读于河南大学，身处古都开封，对于宋朝自然有一种天然的亲切感，其本科和硕士的导师，又恰恰是对宋朝法制史有着精深研究的陈景良老师。景良老师治学强调要在丰富的材料之中，结合具体历史情境，追寻"老百姓过日子的真实的法律逻辑"，是以对学生的材料基本功训练要求严格。潘萍很好地遵循了师命，我知道她在硕博期间乃至走上工作岗位之后，阅读了大量的基本法制史料，其中主要的就是关于宋代的，并且她写的论文，不少都是对宋代法律制度的考证。其在硕士阶段就因一篇《因"仁"之名——宋代囚犯人道主义对待初探》［见陈煜主编：《新路集》（第五集），中国政法大学出版社 2015 年版］，荣获第五届张晋藩法律史学基金会征文大赛一等奖。该文对于宋代法制的资料运用已经非常娴熟，展示了很好的学术潜力。而读博士后，潘萍又师从法律文化研究大家张中秋老师。张老师每每教导我们说："思想是学术之王"，材料为观点服务，为材料而材料，只能算是第一步，从法史中抽绎法理，才算真正得法史三味。潘萍同样谨遵老师教诲，在读博期间尤其注意理论上的提炼，并且取得了不少成果，比如发表于《法制与社会发展》杂志上的《〈天圣·狱官令〉与唐宋司法理念之变———以官员、奴婢的待遇为视点》（见该刊 2017 年第 6 期）就是一个显例。这样的方法被她一以贯之到今,本书就是其不断"从法史中抽绎法理"研究工作的一个水到渠成的成果。本书在材料的选择上,充分体现了"存其主干,芟夷枝蔓"的特色,比如在论述"平"在司法的法律渊源中的体现时,没有繁复地交代历代立法情形以及各部法典中是如何强调"平"的,而直接以唐律为例,来交代"平"的特点,因唐律为中华法系法典中最杰出且最具代表性者,故而以此即可统率所有传统法典,自无疑问,且唐律向被视为"得古今之平",作为论述"平"这一司法理念的实例,不啻为最理想的典型。作者在论述这一理念时,并未过多纠缠于具体的法条,而是立足于法条背后的原理及其意义的抽绎,于是"等者同等""不等者不等""等与不等辩证统一"三个层次上的"平"就从这核心的法史材料中被揭示出来了(详细论证参见本书第二章)。再比如,讨论"平"在古代民事司法中的实践时,用的材料是《名公书判清明集》,此书成书于南宋末年,其权威性毋庸置疑,所记载的大都是今天所谓"民事案件"的范畴。诚如英国著名汉学家马若斐先生所云:"《清明集》中所记载的都是真人真案,当然为了刊刻出版之故,其文字会进行一定的加工。编纂者试图将之编成未来司法官员的培训手册,并作为司法文书写作的典范,但不排除其中可能带有文学藻饰的色彩。"(参见〔英〕马若斐:"南宋时期的司法推理",载陈煜编译:《传统中国的法律逻辑和司法推理——海外学者中国法论著选译》,中国政法大学2006年版)历代记载此类案件的材料不一而足,但是像这样身份多系南宋政府要员参与审判的案例集汇编,可谓绝无仅有,其中还有很多"理学名臣",他们的判决要旨更能凸显传统正统的司法理念,较之适用于地方一隅的州县司法档案,更能给我们以"整体感"。至少在思想史的研究中,用这样的材料更能集中表达出思想内涵。同样,本书在论述"平"在古代刑事司法中的实践时，用的材料为清代全士潮所编的《驳案汇编》，该书为乾嘉时期的成案编集，是法律史上最为著名的驳案集，且因其为中央刑部针对地方上报的重大案件的处理报告，无疑更是传统司法理念的"规范性"言说，此点与各类官箴、稗官野史、讼师秘本中的判例的证明力，自不可同日而语。所以，我们看得出，本书作者在材料的选择和剪裁上，是下过一番功夫的，且并非纯粹以案说法，最后的归结点仍在于抽绎出法史现象当中的理，即"王道平"（关于从民事、刑事司法实践中讨论平这一理念的论述，见本书第五章和第六章）。

再次，紧扣司法过程，再现传统。我们常常说"文章不写半字空"，所谓"空"，就是"空疏""空洞"之义，之所以会出现这一问题，主要有两个原因：最常见的是观点没有材料做支撑，即所谓的空发议论，游谈无根，此点上文已经述及，不赘；另一个原因是跑题偏题，也就是说材料虽然很丰富，但是与所要论证的观点或者所论证的领域匹配度较低，这样一来，看似材料洋洋洒洒，但和主题没多大关系，最终依旧很空。即如"平"这一理念，它除了是一种司法理念，又何尝不是正道政治和基层治理的理念呢？所以，在处理这个思想之时，很多时候我们会不知不觉地偏题，而跑到整个社会秩序观或者王朝治理精神上去。这样一来，反而冲淡了司法的主题。而本书则始终紧扣司法过程，每一章都围绕着司法的各个方面，为我们呈现当中"平"的意涵，这从本书谋篇布局中可以充分体现出来。本书共分六章，第一章开宗名义交代"平"这一理念的内涵，可以说是本书的一个理论基础，然后第二章、第三章、第四章分别从司法推理的依据（法律渊源）、司法制度（诉讼审判规则）、司法人员（选任方式、法官责任等）三个角度来讨论整体的司法规则是如何体现"平"的，最后两章则是结合具体案例来讨司法实践是如何贯彻"平"这一理念的。所以，整部书架构严整，始终就司法谈传统理念，线索清晰，体现出了很好的逻辑关系。此外，我们常常说不写空头文章，除开其学术意义之外，还有一层现实关照的意思，就是说这个文章写出来，对于当今有何现实上的价值。当然，法律史最主要的价值还在于史鉴作用，所谓面对的是过去，而关心的是未来。即便是纯粹考证性的法律史学研究，也有传承文明，"为往圣继绝学"的意义。没有文化，何以立国，而除却历史，又何以谈文化？所以，本书的又一个价值，在于除了抽绎出相关的法理之外，在一定程度上，它再现了中国悠久的司法传统。比如书中将传统诉讼模式归纳为"父母官型诉讼"，交代了在什么情况下开放受理词讼，在什么情况下推抑不受，受理的失控要求等具体情形；又论述了申诉、直诉、复审、会审、死刑、死刑复奏等制度，自然当中都能看到"平"的理念，但在揭示理念的目的之余，也让我们对传统司法制度有一个通盘的理解，作者言简意赅，再现了传统（见本书第三章）。与此相类，本书第五章、第六章讲司法理念在民刑案件中的体现，我们可以直观地了解到现实中官员是如何断案，老百姓又是如何反应的。在如实再现传统的基础上，我们离探索陈景良老师所谓的"追寻老百姓过日子的真实法律逻辑"又更近了一步。

以上三个方面，就是我阅读本书的深切体会，也是我认为该书成功的地方。至于该书的不足或者说可容商榷的地方，也所在多有。主要有两个方面。

第一个是没有交代是在哪个层面上讨论"平"这一传统中国司法理念的。我们知道，当我们用一个概念或者术语来描述某一历史现象或者思想理念之时，实际上其概括力始终是有限

的。比如，我们在说传统上的"执法原情"时，同样能找到
"一断以法"的例子；我们在说传统"无讼息讼"之时，同样
能找到"健讼嚣讼"的例子；我们在说传统"矜恤人命"之
时，同样"草菅人命""枉法裁判"的事例比比皆是？到底哪
个才是历史的真实？都有材料可做支撑。这就跟讨论"人性本
善"和"人性本恶"这个问题一样，孟荀二子是在不同的层面
上讨论的。孟子更多是从价值论的角度讨论，作为一个"人"
应该是怎么样的，隐含了一个预设，即没有"四端"，即恻隐、
羞恶、辞让、是非之"四心"，都不可以算作是"人"，所以一
个个体只要还能称为"人"，必定是善的。而荀子则是从经验的
角度来论证的，就是从社会和人的实际经验角度而言，人生而
有欲，欲为恶之源，所以人只有不断接受教育，才能弃恶从善，
故而人性本恶。那用经验来证明价值，显然是不合适的。同样，
我们讨论"平"，是可以从法典、诉讼制度、法官选任、民刑案
件的实施中看到大量实例。但是纸面上的法就能成为生活中的
法吗？历史上司法腐败、牢狱黑暗的事实比比皆是，很多案件
的处理让人触目惊心，许多百姓受冤受苦的故事让人不忍卒读，
那我们是否可以以此为理由，说传统司法理念不一定"平"呢？
所以，如果本书作者能够对"平"做一个使用意义上的说明，
并区分价值和经验，我想可能更有说服力。而且，在举实例的
时候，也无需皆用体现"平"的"正能量"事例，也可以适当
引反例，来论证司法黑暗虽然总会存在，但无法掩饰主流传统
对"平"的价值追求，理论和实践总会存在参差，不足为怪。
同样的，作者在用典型文献论证时，若能再提一笔该文献的证
明范围和证明效力，意在表达一种主流、正统的意见时，我想
整个论证会更为周详。

　　第二个是结构上还可以做一些微调。作者论证方法上，基

本上是以典型材料为基础，再从中抽绎法理。是以在法律渊源，民刑司法实践中，都用某一部文献作为例子。但是在第二章交代司法制度，第三章交代司法人员时，却没有一个核心的材料，这样不免与其他各章参差。我想司法的理据，是否可以涵盖进法典或者立法的部分中呢？比如，诉讼审判程序和司法人员选任、法官责任等，实际上说的都是"纸面上的法"，是静态的制度，而民刑案件的处理，则涉及"生活中的法"，是动态的司法运作。如果调整一下结构，按照从"规范法"到"现实法"来架构论文，我感觉似乎能更清晰地整理线索。另外，在"结论"部分，作者可以把整个文章的线索再理一遍，从而揭示中国司法走过了一个漫长且艰辛的路程，但对于"平"的价值追求从未动摇。且这一司法理念，无论古今，都在司法活动中发挥了积极的作用，诉诸历史，司法公正始终是主流。而且这一理念，还将继续在未来发光发热。我读此书，深感作者在材料上的用心，和在观点提炼上所作出的努力。此书考证细密，每每有发人深省之议。读到结尾部分，我感到意犹未尽。或许在这方面作者还应更进一步吧。

当然，我们读文章，发议论容易，但是要变换一下身份，假如让我来写，我能否写到这个水平呢？我想至少在目前，我肯定是做不到的，这个只有专门研究者才可能突破。所以我对于本书的不满之处，只能算是吹毛求疵。我在想，如孟子所说："学问之道无他，求其放心而已矣"，他又说："反身而诚，乐莫大焉"。如果能真正真诚地对待学术，即便存在诸多不完美，这样的研究依然具有意义，作者在写作过程中锤炼思想，凝练心神，这种情感一定又会通过文字传达给读者，让读者在阅读过程中体验思想的乐趣。本书作者，无论为人还是为学，都特别真诚，本书亦是特别真诚的文字述说。只是我这窳劣之笔，难以将这其中的精蕴充分表达出来。何况中国的思想，许多都得通过"自家体会"，要达到"万物皆备于我"，需要深厚的生活阅历。不经过这样一个过程，我们无论是表达思想还是理解思想，都只能算是"浅尝"。但如果诚心诚意地一直钻研下去，未来又何尝不具备一番雄浑开阔的思想气象呢！本书是作者的第一本著作，已经展示了作者思想上的光芒，我想随着阅历的不断加深，未来作者必定会给我们奉献更精彩的思想力作，我期待这一天早日到来。

陈　煜

2021 年 9 月 10 日

序于中国政法大学法律史学研究院研究室

摘　要 ABSTRACT

　　司法理念是司法制度设计和司法活动展开的理论基础，建构和认识现代司法理念体系需要从传统司法理念资源中借鉴有益元素。中国传统司法理念是指中国传统社会形成的对司法本质、司法规律、司法价值、司法原则等方面的根本认识。本书采取历史文献分析、案例分析和比较分析等多种研究方法，对中国传统司法理念及其实践进行深度剖析。在"王道平"的秩序观和"维齐非齐"伦理正义观的影响下，中国传统司法理念是"平"，亦可表述为"中""宜""当"等语汇。它包含了平等与不平等的辩证统一，涵盖"等者同等""不等者不等""等与不等的辩证统一"三原则；同时具备四种内涵：①具备"当"的意蕴；②一定程度上具备平等性和公平性；③不是绝对的"平等"，具备等级性和差异性；④符合儒家恕道的要求，具备重生、宽和、钦恤等意蕴。

　　本书对中国传统司法理念在法律规范、诉讼制度、人员设置和司法实践等方面做了综合性的考察。一方面，中国传统社会从国家法律、诉讼制度、人员设置等方面保障司法理念的贯彻与落实。在国家法律方面，以《唐律疏议》为代表的中国传统法在规范上全面地贯彻了中国传统司法理念的三原则；在诉讼制度方面，中国传统社会形成了"父母官型诉讼"下的开放的受理制度，建立了申诉与复审相结合的理冤解纷机制，确立了重惜民命的会审与死刑复奏制度；在人员设置方面，中国传统社会注重培养和选拔具备"明法通经"素养的人员为司法者，并建立了"重入轻出"的司法责任追究机制。另一方面，中国传统司法理念在司法实践中得到贯彻与落实，直接影响民事纠纷和刑事案件的受理和审断。就民事司法实践而言，可以根据纠纷主体之间的关系，将之分为平等主体之间、不同社会阶层之间、与"家"相涉的民事纠纷的受理和审断等三个方面来看中国传统司法理念是如何被贯彻和落实在民事司法实践过程中的；就刑事司法实践而言，也可根据案件主体之间的关系，将之分为平等主体之间、不同社会阶层之间、亲属之间、当事人系弱势群体等方面来看中国传统司法理念是如何被贯彻和落实在刑事司法实践过程中的。

　　总的来说，中国传统社会的司法人员在案件的审理过程中，无论是依法断案，还是曲法徇情，都是为了实现情、理、法之间的衡平或"情法两平"。这也是符合中国传统司法理念内在要求的，实现了平等与不平等的辩证统一，进而彰显了中国传统社会动态合理的正义观。中国传统司法理念作为中国传统司法文明的重要表现，贯穿于中国传统社会的司法实践中。同时，对于当前司法裁判过程中如何处理民众的正义观念与司法公正之间的关系，如何正确处理情、理、法之间的关系等，以达致公平正义都具有重要的借鉴意义。

目 录
CONTENTS

导　论

一、问题意识与研究意义

（一）问题意识

"于欢故意伤害案"经《南方周末》报道后，[1]引起了社会各界的广泛讨论，法学界也参与其中。民众对此案争议颇多，使其很快就成了网络热点案件。[2]在该案中，苏某霞等人非法吸收公众存款，被催债人杜某浩等限制了其及其子于欢的人身自由，且杜某浩辱骂二人，以致"于欢持尖刀将杜某浩、程某贺、严某军、郭某刚捅伤，致杜某浩失血性休克死亡，严某军、郭某刚重伤二级，程某贺轻伤二级"。[3]于欢因此被山东省聊城市中级人民法院认定为"故意伤害罪，判处无期徒刑，剥夺政治权利终身"。[4]后来，二审改判有期徒刑5年，山东省高级人

---

〔1〕　王瑞峰、李倩："刺死辱母者"，载《南方周末》2017年3月23日。

〔2〕　如杨兴培："刺杀辱母者案的刑法理论分析与技术操作"，载《东方法学》2017年第3期；梁治平："'辱母'难题：中国社会转型时期的情—法关系"，载《中国法律评论》2017年第4期；陈兴良教授："正当防卫如何才能避免沦为僵尸条款——以于欢故意伤害案一审判决为例的刑法教义学分析"，载《法学家》2017年第5期；刘晓源："疑案判决背后的经济学思考——基于'于欢案'等案例剖析"，载《法学论坛》2017年第5期；等等。

〔3〕　参见山东省聊城市中级人民法院刑事附带民事判决书［2016］鲁15刑初33号。

〔4〕　参见山东省聊城市中级人民法院刑事附带民事判决书［2016］鲁15刑初33号。

民法院综合案情后认为"案发当日被害人杜某浩曾当着于欢之面公然以裸露下体的方式侮辱其母亲苏某霞，虽然距于欢实施防卫行为已间隔约 20 分钟，但于欢捅刺杜某浩等人时难免不带有报复杜某浩辱母行为的情绪，在刑罚裁量上应当作为对于欢有利的情节重点考虑。杜某浩的辱母行为严重违法、亵渎人伦，应当受到惩罚和谴责，但于欢在实施防卫行为时致 1 人死亡、2 人重伤、1 人轻伤，且其中一重伤者系于欢持刀从背部捅刺，防卫明显过当。于欢及其母亲苏某霞的人身自由和人格尊严应当受到法律保护，但于欢的防卫行为超出法律所容许的限度，依法也应当承担刑事责任"。[1]据此，山东省高级人民法院认定"于欢犯故意伤害罪，判处有期徒刑 5 年"。[2]

前后两个判决，罪名虽同，但量刑差距悬殊。一审判决之所以会引起舆论哗然，主要是因为审理者并没有恰当地处理法律、伦理、人情等之间的关系。是以，在山东刑事审判调研座谈会上，最高人民法院常务副院长沈德咏强调："各级法院要充分认识到人民群众法治理念的提升对司法公正提出的更高要求，在新媒体环境下，要更加积极主动地听取社会公众意见，认真回应人民群众关切，以严谨的法理彰显司法的理性，以练达的情理展示司法的良知，以平和的姿态体现司法的温度，努力形成舆论与司法的良性互动，最大限度地凝聚共识，让人民群众从内心认可并支持司法机关依法作出的裁判。"[3]同时，他还提出："受诉法院不仅要关注案件本身的事实，还要注意分析案件发生的深层原因，深入了解和把握与案件有关的社会背景、前

---

〔1〕参见山东省高级人民法院刑事附带民事判决书〔2017〕鲁刑终 151 号。

〔2〕参见山东省高级人民法院刑事附带民事判决书〔2017〕鲁刑终 151 号。

〔3〕沈德咏："让热点案件成为全民共享法治公开课"，载《法制日报》2017年 4 月 5 日。

因后果、传统文化、民情风俗等边际事实。"[1]然而，前后两次量刑差距悬殊，一方面是因为公众、媒体和最高人民法院的介入，影响了司法裁断；另一方面，也说明当今的司法理念存在一定的混乱，未必尽皆符合人们内心对公平正义的诉求，即其过于追求形式正义和文本上的法律正义，而忽视了社会大众普遍持有的心理正义观念，忽视了现今的社会风俗民情，也忽视了中国传统文化在人们心中存留的影响。是以，这引起了笔者的思考：我国的立法、执法、司法等机构需要从何种层面入手调整司法理念，以适应现今社会政治、经济、文化等发展的需要？其中对传统司法理念的分析就是非常重要的一个部分，本书即尝试解读和解构中国传统司法理念，以期从历史根源、传统文化的角度为现今司法理念的建构提供有益的要素。

（二）研究意义

恰如意大利历史学家克罗齐所言："一切历史都是当代史。"[2]探讨中国传统司法理念也是为了构建具有中国特色的现代司法理念体系，以期使其更贴近中国现实，更好地指导司法实践，进而推进现今司法改革的顺利进行。随着司法改革的顺利推进，理论界和实务界越来越意识到司法理念作为司法的重要组成部分，对司法实践有着指导作用。基于这一认识，无论是司法实务界，还是法学界，都在试图构建、塑造现代司法理念体系，以期更好地指导司法实践，顺利推进司法改革。然而，在推进司法改革、建构司法理念体系的时候，总会遇到各种各样的现实问题。从一个维度来说，若想构建真正能够指导当今中国司

---

[1] 沈德咏："让热点案件成为全民共享法治公开课"，载《法制日报》2017年4月5日。

[2] ［意］贝奈戴托·克罗齐：《历史学的理论和实际》，［英］道格拉斯·安斯利英译，傅任敢汉译，商务印书馆1982年版，第3页。

法实践的具有中国特色的现代司法理念体系，必须要重视司法理念的民族性和历史性。因此，探究中国传统司法理念及其实践具有极其重要的现实意义。与此同时，通过对中国传统司法理念及其实践的研究，可以客观地认识是时的司法理念，系统地了解传统司法理念在实践中发挥的指导作用，进而弥补学术界关于这一研究的不足，而这也正是本书的理论意义所在。

二、研究综述

随着司法改革的不断推进，学术界和实务界愈发认识到司法理念是司法文明的重要组成部分，并发挥着重要的指导作用，主要"体现在司法体制、司法组织、司法程序中，并直接作用于司法人员"。[1]特别是学术界，涌现了一大批以现代司法理念为主题的研究成果。如卞建林教授主编的《现代司法理念研究》、[2]吴家友教授主编的《法官论司法理念》、[3]李方民教授撰写的《司法理念与方法》、[4]邹川林教授撰写的《司法理念是具体的》、[5]孙谦撰写的《平和：司法理念与境界——关于法治、检察相关问题的探讨》[6]等等。而且，随着构建现代司法理念体系研讨的深入，人们愈发意识到"司法理念具有民族性和传统性，同时也具有历史延续性。社会的变迁从来都是渐

---

〔1〕 江必新：《良善司法的制度逻辑与理性构建》，中国法制出版社2014年版，第2页。

〔2〕 参见卞建林主编：《现代司法理念研究》，中国人民公安大学出版社2012年版。

〔3〕 参见吴家友主编：《法官论司法理念》，法律出版社2005年版。

〔4〕 参见李方民：《司法理念与方法》，法律出版社2010年版。

〔5〕 参见邹川宁：《司法理念是具体的》，人民法院出版社2012年版。

〔6〕 参见孙谦：《平和：司法理念与境界——关于法治、检察相关问题的探讨》，中国检察出版社2010年版。

进的，司法理念的变革亦是如此。因此，追本溯源，厘清中国司法理念的历史传统，乃是建构中国现代司法理念体系的一项极为必要的作业”。[1]因此，法学界开始注意探讨中国传统司法理念，并形成了一系列研究成果。根据研究的主要内容，这些成果大致可以被分为如下几个方面：

首先，“在研究现代司法理念的构建、作用时，将中国传统司法理念作为背景性知识进行简单的梳理和探讨”，[2]这也是目前最为主要的研究方式。根据侧重点的不同，研究成果可以被分为两个方面来梳理和解读。一方面，研究成果的侧重点在于中国传统司法理念对现代司法理念和司法运作所能起到的积极作用。卞建林教授在其主编的《现代司法理念研究》[3]的第一章“中国司法理念：历史与现代之间的流连”这一部分，较为肯定中国传统司法理念对建构现代司法理念具有重要的理论和现实指导意义，将中国传统司法理念的脉络界定为礼治、民本、无讼和中庸四层含义。该书认为，儒家的“民本主义”在很大程度上决定了传统司法理念的特点。具体表现为：①历代王朝都需要证明自己的政权来自于民众的支持，从而证明自身的合法性；②促进了“恤刑”观念的形成及其制度的出现；③要想从根本上解决司法问题，应从经济上着手。江必新教授的著作《良善司法的制度逻辑与理性构建》[4]虽然认识到了司法理念

---

〔1〕　参见卞建林主编：《现代司法理念研究》，中国人民公安大学出版社2012年版，第5页。

〔2〕　潘萍："《天圣·狱官令》与唐宋司法理念之变——以官员、奴婢的司法待遇为视点"，载《法制与社会发展》2017年第6期。

〔3〕　参见卞建林主编：《现代司法理念研究》，中国人民公安大学出版社2012年版。

〔4〕　参见江必新：《良善司法的制度逻辑与理性构建》，中国法制出版社2014年版。

的民族性和历史性，承认传统司法理念影响现代司法理念体系的构建，并且影响现代司法活动的正常运转，但是由于其主要关注的是现实司法，因此对传统司法理念并未展开更加深入的探讨和研究。在《和谐视域下的判例主义司法文化》[1]的第二部分"中西司法文化的'离'与'合'"中，孟凡哲教授意识到，传统司法理念对构建现代司法建设大有裨益，不过需要根据当今社会的司法现状、政治现状等创造性地转化、吸收中国传统司法理念，方能有效地发挥作用；并且，其将中国传统司法理念界定为"无讼"，认为对实现当今社会的和谐能够起到一个很好的推动作用。刘敢生、杨凯二位先生在论文《民间记忆的复活与东方经验的复兴——兼论儒家传统思想与现代司法理念在法院调解制度改革中的契合》[2]中认为，伴随着现行法院调解这一特定制度的复兴，中国传统法律文化，尤其是儒家传统思想会发挥极大的作用，并随之复兴。复活的民间记忆与复兴的东方经验与现代司法理念是相契合的。另一方面，该研究成果的侧重点在于中国传统司法理念整体上对现代司法理念和司法运作起着许多消极作用。邹川宁教授在其著作《司法理念是具体的》[3]的第一章"司法理念与法官思维"这一部分也十分肯定司法理念作为法律文化的一部分深受本国历史、传统、人文等因素的影响，认为在儒家道德伦理和传统哲学思想的影响下，司法方面的典型特点是司法从属于行政、法律服从于道德，并且点明中国传统社会司法人员的思维方式主要是实质性

---

〔1〕 参见孟凡哲：《和谐视域下的判例主义司法文化》，中国法制出版社2012年版。

〔2〕 刘敢生、杨凯："民间记忆的复活与东方经验的复兴——兼论儒家传统思想与现代司法理念在法院调解制度改革中的契合"，载吴家友主编：《法官论司法理念》，法律出版社2005年版，第303~322页。

〔3〕 参见邹川宁：《司法理念是具体的》，人民法院出版社2012年版。

思维，不注重逻辑思维，但是他并没有明确指出中国传统司法理念究竟是什么。韩阳教授在其著作《刑事诉讼的法哲学反思——从典型制度到基本范畴》[1]中将中国传统刑事司法理念界定为追求最终结果。李立景教授在其著作《犯罪私人追诉的法理逻辑》[2]的第十章"批判与前瞻：传统司法理念的缺陷与恢复性司法理念的勃兴"中，以被害人在刑事犯罪中所处的位置为切入点，认为传统司法理念将他们置于非真正主体的地位，古代法律对被害人或其亲属与犯罪人双方未经官司而私自和解的行为是予以限制并规定了一定刑罚处罚的。虽然他指出这是传统司法理念的缺陷所在，但是其未能指出传统司法理念究竟是什么。王志华教授在其论文《现代司法理念与司法公正的本土化整合》[3]中虽然认识到中国现代司法理念应该回归本土化，但是其着眼点是从国外移植的司法理念如何与国内司法的实际状况相融合。值得注意的是，其意识到司法理念问题在数千年的历史传统中并非空白，但是从否定层面来理解它，认为传统司法理念在内容体系方面与现代化司法理念存在相当大的差距，主要表现在两个方面：①将司法理念理解简单化，单纯地界定为某个人的思维，没有形成能够指导司法实践的系统理论体系；②传统司法理念的内涵相对落后，与当今的国情格格不入。

其次，以整个中国传统司法理念为研究主体。张中秋教授

---

〔1〕 参见韩阳：《刑事诉讼的法哲学反思——从典型制度到基本范畴》，中国人民公安大学出版社 2012 年版。

〔2〕 参见李立景：《犯罪私人追诉的法理逻辑》，中国法制出版社 2011 年版。

〔3〕 王志华："现代司法理念与司法公正的本土化整合"，载万鄂湘主编：《现代司法理念与审判方式改革：全国法院第十六届学术讨论会获奖论文集》，人民法院出版社 2004 年版，第 117~128 页。

在其论文《传统中国司法文明及其借鉴》[1]中，在传统中国司法文明这一大框架下探讨传统司法理念，认为司法理念是司法文明的核心与灵魂，而传统中国的司法理念是平，内含传统中国法的秩序观与正义观，指的是等者同等、不等者不等，以及等者同等、不等者不等的有机统一，是一种动态合理的正义观。张中秋、潘萍在其论文《传统中国的司法理念及其实践》[2]中将传统中国的司法理念界定为"平"，内含等者同等、不等者不等的动态合理正义观。并且，他们从中国传统社会进行体现"平"的制度建设和追求"平"的司法实践两个层面来证成之。林明教授在其论文《论慎刑理念对古代司法运行机制的影响》[3]中认为，作为传统司法文化中最能够代表主流司法理念的慎刑理念，是建构在儒家的人本主义、"仁政"理念、"为政以德"和"执中致和"等思想的基础上的，主要是指在适用法律、实施刑罚的过程中，应该审慎、宽缓、钦恤。慎刑这一司法理念对中国古代司法运行机制的影响主要表现在如下四个方面：①体现在司法机构设置上，如三司会审、审刑院、御史监察制等的设立上；②体现在司法人员应该如何执法和追究其违法责任上；③体现在司法审判方式和原则上，如对刑讯使用的限制、实行保辜制度、实行老幼废疾减免的恤刑制度等；④体现在诉讼审判程序上，如乞鞫、录囚、直诉制度的设立，疑狱奏谳与死刑复核制度，会官审录制度等。慎刑司法理念和在这一理念指导下建立的相关措施"在一定程度上反映出古代统治

〔1〕 张中秋："传统中国司法文明及其借鉴"，载《法制与社会发展》2016年第4期。

〔2〕 张中秋、潘萍："传统中国的司法理念及其实践"，载《法学》2018年第1期。

〔3〕 林明："论慎刑理念对古代司法运行机制的影响"，载《法学杂志》2012年第4期。

者注重法治、施惠于民等方面的积极因素，反映出古代法治从幼稚到成熟、从野蛮到文明的发展历程，对限制当时社会司法专横和冤滥起到了一定作用"。[1]李德嘉在其论文《中国古代"一断于法"的司法平等理念》[2]中将古代法律问题一分为二来考虑："就立法层面而言，中国古代的法律体现了特权性和建立在血缘基础之上的等级性。……就司法层面而言，平等就意味着法律的普遍适用和司法公正。中国古代的法律体现了相对的平等性。"[3]与此同时，法律在司法领域得到普遍的适用就是司法平等理念的体现。并且，从思想层面上讲，无论是先秦法家的"一断于法"与"刑无等级"的思想，还是先秦儒家"一准乎礼"，抑或是大一统时期关于法律普遍适用的思想，都在一定程度上彰显了司法平等理念。但是，在古代政权"家天下"的思想意识主导下，是时社会始终是一个处处体现着等级特权的社会，关于司法平等的主张更多的是开明士大夫们的呼吁，离真正实现尚有极大的差距。高晨在其硕士学位论文《中国古代司法官的"求生"理念——以官箴书为视角》[4]中通过对官箴书的梳理，发现"求生"是古代司法官司法理念本身的形象之一，主要表现为重民命、贵详慎、勤理狱和须尽心等四个方面。落实在司法实践层面主要是指，凡涉及听讼治狱，上到皇帝下到衙役，在处理死刑案件、适用死刑的过程中都应该秉持

〔1〕 林明："论慎刑理念对古代司法运行机制的影响"，载《法学杂志》2012年第4期。

〔2〕 李德嘉："中国古代'一断于法'的司法平等理念"，载《河南科技大学学报（社会科学版）》2014年第4期。

〔3〕 李德嘉："中国古代'一断于法'的司法平等理念"，载《河南科技大学学报（社会科学版）》2014年第4期。

〔4〕 参见高晨："中国古代司法官的'求生'理念——以官箴书为视角"，吉林大学2015年硕士学位论文。

着求生的司法理念。司法人员在处理"求生"司法理念与法律适用的关系时的准则是：①落实法律本身的"求生"理念；②法贵准情。"求生"的司法理念在中国古代备受推崇，主要是因为：①断狱矜恤求生，能够积累阴德，兴旺后代子孙；②"求生"的理念符合祥刑观；③儒家仁政思想指导下的爱民、恤民思想的影响。"求生"这一司法理念是中国古代社会的特色司法理念，对之进行讨论能够为当今的司法改革与死刑控制提供很好的借鉴和启发。陈云真、刘凯在论文《浅析中国传统司法理念——基于传统伦理的思考》[1]中认为，天理、国法、人情三者相互融合是中国传统司法的典型表现，法官审判依据的是情、理、法相互杂糅的多元规则体系，其中内含着伦理性。"中国传统司法的伦理性特征明显与现代司法理念形成了巨大的反差"，[2]如传统社会强调义务本位、等级观念，而现代社会强调权利本位、平等精神。但是，不能一概而论，对于涉及"孝"的纠纷案件能够在现代司法中找到契合点。孙季萍在其论文《中国传统司法中的"仁恕"理念》[3]中认为："用刑宽恕、宽厚为本是中国传统司法的重要理念，它要求司法官在行使'人命所悬'的权力时，怀宽仁之心、存平恕之念、明慎用刑、体恤人情，做到治狱无冤，刑者无怨。"[4]其在司法实践中的具体表现是勿滥兴狱讼、勿刑讯逼供、量刑宽仁、恤情悯囚。吴永明、陈

---

〔1〕 陈云真、刘凯："浅析中国传统司法理念——基于传统伦理的思考"，载《知识经济》2015 年第 13 期。

〔2〕 陈云真、刘凯："浅析中国传统司法理念——基于传统伦理的思考"，载《知识经济》2015 年第 13 期。

〔3〕 孙季萍："中国传统司法中的'仁恕'理念"，载《人民法院报》2011 年8 月 12 日。

〔4〕 孙季萍："中国传统司法中的'仁恕'理念"，载《人民法院报》2011 年8 月 12 日。

小琼在论文《略论中国传统司法的哲学理念》[1]中认为，慎刑作为中国古代主流的司法观，在晚明仍然是司法官员断狱量刑的基本理念。罗大乐先生主编的《中国法律文化萃编》[2]谈及司法理念应当具有民族性、历史传承性，并且将"神权法思想""神兽断狱""明德慎罚""礼治""刑不上大夫，礼不下庶人""成文法""铸刑鼎""法治""严刑酷法""道法自然无为而治""重德轻刑""独尊儒术""春秋决狱""八议制度""官当制度""刑讯制度""登闻鼓直诉制度""德主刑辅，礼刑并用""治乱世用重典""明刑弼教""三审终审""司法独立"等22项纳入中国传统司法理念讨论的范畴。

　　再次，以某一特定文本为分析对象，探讨一时、一人的司法理念。徐忠明教授在其论文《清代中国的爱民情感与司法理念——以袁守定〈图民录〉为中心的考察》[3]中从"情本位"的文化类型出发，以袁守定编撰的《图民录》为考察的重点，将司法理念界定为爱民情感。为了贯彻"爱民情感"这一司法理念，袁守定认为应该实施如下举措：①民间诉状，不得滥准；②速审速决，不留案牍；③虚中听讼，慎用刑讯；④案情务明，用刑尚宽；⑤方便百姓，送法下乡；⑥排除干扰，为民省费。同时，司法官员的这种"爱民情感"也构成了传统中国司法场域中"情"的内涵之一。梁凤荣教授在其论文《〈尚书·吕刑〉司法理念与制度管窥》[4]中认为，《尚书》作为夏、商、周三

---

〔1〕　吴永明、陈小琼："略论中国传统司法的哲学理念"，载《云梦学刊》2003年第6期。

〔2〕　参见罗大乐主编：《中国法律文化萃编》，山东人民出版社2014年版。

〔3〕　徐忠明："清代中国的爱民情感与司法理念——以袁守定《图民录》为中心的考察"，载《现代哲学》2012年第1期。

〔4〕　梁凤荣："《尚书·吕刑》司法理念与制度管窥"，载《河北法学》2011年第10期。

代统治者政治经验的集结,《吕刑》作为专门规定刑制的篇章,其内容相对集中地体现了西周时期的司法理念。具体表现为:《尚书·吕刑》虽然仍残留了大量的神权法的痕迹,但是这种"神权意识,以及其在司法活动中的作用已明显不同于夏、商,这种差别体现在从'神判'到'人判'的跨越,即由神明裁判所重视的'神意',向《尚书·吕刑》要求司法人员重视口供或犯罪事实等的'人意'转变。……'克明德慎罚'、'敬明乃罚'等主张,为《尚书·吕刑》重'人事'的司法理念奠定了'德治'的意义基础"。[1]与之相伴发生的是:①形成了互相作用的相关诉讼制度的规定,包含"两造具备""察辞于差""简孚有众""惟察惟法"等;②提高了对司法者综合素养的要求,包含"哀敬折狱""惟良折狱""戒不勤""绝五过之疵"等。吕丽、倪晨辉在其论文《〈盟水斋存牍〉中的慎刑理念分析》[2]中认为,慎刑作为中国古代主流的司法观念,在晚明仍然是司法官员断狱量刑的基本理念,在颜俊彦所辑的判语与公牍专集《盟水斋存牍》中有突出的表现。该慎刑理念具体表现为:①明慎用刑,衿疑改遣;②哀敬折狱,矜恤为怀;③事干大辟,不厌详慎;④斟酌礼法,情理为断。秉持着上述司法理念的司法官员能够在"罪与非罪、此罪与彼罪、罪轻与罪重之间力求做到'用法而得其平',……使司法中的人道主义精神得以体现。这种'慎刑'理念,与当今所倡导的'刑法谦抑'精神有相契合之点,对进行中的司法改革也具有启示与借鉴意义"。[3]吕丽、高晨在其论文

〔1〕 梁凤荣:"《尚书·吕刑》司法理念与制度管窥",载《河北法学》2011年第10期。

〔2〕 吕丽、倪晨辉:"《盟水斋存牍》中的慎刑理念分析",载《学术研究》2012年第11期。

〔3〕 吕丽、倪晨辉:"《盟水斋存牍》中的慎刑理念分析",载《学术研究》2012年第11期。

《严明与矜谨：〈折狱龟鉴〉的核心审断理念》〔1〕中认为，严明与矜谨是贯穿于《折狱龟鉴》的核心审断理念，落实了中国传统慎刑观的基本要求。其中，"严明"具体表现为：谨持法理、深察人情、情法两平；"矜谨"具体表现为哀矜折狱、审谨用心。严明和矜谨在司法适用过程中相辅相成，但也有一个主次、协调问题，大方向是主于严明，佐以矜谨。二者在司法适用的过程中发生冲突时的解决方式与原则是：①"情法重轻，曲法就情"；②"情轻法重，移情就法"；③"情法兼容"。严明与矜谨这一司法理念的理论基础是儒家的中道、仁道与恕道。翟微在其硕士学位论文《从〈折狱龟鉴补〉看中国古代法官的司法理念》〔2〕中认为，司法理念会随着司法人员所处时代政治背景、经济背景和文化背景的不同而拥有不同的内涵。就中国传统社会而言，司法人员的司法理念有其相同和汇通之处。以《折狱龟鉴补》这一判例集为考察的重点，翟微认为中国古代法官的司法理念主要涵盖如下四个方面：①慎刑恤囚理念，这是最为重要的司法理念。首先，司法人员从案件的受理到裁定的作出，都一直保持认真谨慎的心态，如慎用证据、参详原意、疑罪从轻等；其次，司法人员根据犯罪的实际情况和相关情节来定罪量刑，如区分主犯和从犯、考虑主观过错、注意主观动机等；再次，对于弱势群体适当予以照顾，如孤幼、老耄等适当减轻；最后，司法人员还会根据客观情理，法外行仁，如听妻入狱、存留养亲等。②情理断狱。这主要包括两个方面：一方面，就察狱而言，需要根据"七情""人情"、事物之理和人

〔1〕　吕丽、高晨："严明与矜谨：〈折狱龟鉴〉的核心审断理念"，载《法制与社会发展》2015年第1期。
〔2〕　参见翟微："从《折狱龟鉴补〉看中国古代法官的司法理念"，吉林大学2013年硕士学位论文。

伦之情察狱；另一方面，就决狱而言，在案情不明、无法律规定、法理冲突等时需要依情理决狱。③追求"无讼"的司法理念。为了实现"无讼"这一理念，古代司法人员会采取积极调处、消极应诉等方式来减少诉讼。④自律自箴。作者认为还有一部分司法理念是基于自我约束而产生的，主要包括廉洁执法、平恕用刑、勤勉尽心等方面。古代司法理念虽然是封建制度下的法律文化和法律思想的产物，但是我们应该辩证地去看待它，承袭其中可以为现代社会添砖加瓦的有益因素。金亮亮在其论文《〈明清公牍秘本五种〉中的司法理念与审判技巧探究》[1]中以《明清公牍秘本五种》为研究对象，认为明清时期的法官的司法理念与当时的社会文化之间存在着密切的关系，可以归纳为四个方面："'情理断狱息讼省刑''持法公允审慎明察''仁恕哀矜慎刑恤民''教化为主明刑弼教'，……明清时期的法官在审理案件时始终坚持着情理法这条主线，秉承着中庸的态度，本着仁恕的想法来进行。无论是刑事案件还是民事案件，都在审理过程中考虑到情感因素，都依照社会主流价值观念作出判断。努力达到审判结果既符合法律规定又尊重情理规范。"[2]这些司法理念不仅指导法官的司法裁判全过程，影响司法审判的价值趋向和结果追求，还影响民众的诉讼心态和对诉讼结果认识的差异，追求案件的处理结果和实质正义，忽视法律形式正义。陈宗峰在其硕士学位论文《〈窦娥冤〉中的司法模式与司法理念研究》[3]中从《窦娥冤》这一元杂剧文本出发，认为关汉卿在

〔1〕 参见金亮亮："《明清公牍秘本五种》中的司法理念与审判技巧探究"，东北师范大学 2015 年硕士学位论文。

〔2〕 参见金亮亮："《明清公牍秘本五种》中的司法理念与审判技巧探究"，东北师范大学 2015 年硕士学位论文。

〔3〕 参见陈宗峰："《窦娥冤》中的司法模式与司法理念研究"，苏州大学 2009 年硕士学位论文。

描述故事的同时，也揭开了特定时代的法制内瓤，表达了自己的司法理念，主要包括如下七个方面：①批判以威行刑；②反对主观判断；③崇尚天人感应；④推崇清官刷卷；⑤宣传赏善罚恶；⑥主张刑罚得中；⑦期盼司法和谐。庞博在其硕士学位论文《王廷相司法理念研究——基于〈浚川驳稿集〉的解读》[1]中认为，王廷相的《浚川驳稿集》是一部精辟的法律文书集，记载了正德八年（1513 年）以前陕西地区各府、州、县等数十起重大刑事案件的审判。对文稿进行梳理后，其认为王廷相在司法审判过程中贯彻了如下三个方面的司法理念：①"惟公"的司法理念，具体表现为公平正大、司法廉洁、以民为本；②"惟民"的司法理念，具体表现为明法申纪、明情推理；③"惟慎"的司法理念，具体表现为慎于己修、慎于断狱。上述司法理念根植于王廷相的内心，生长在中庸、仁爱的儒家思想浸润下，无时无刻不指导着他的司法实践，不仅在当时产生了极为重要的社会影响，还对现今的法治起到鉴镜作用，要求司法人员应该以法为准、以民为本、司法公正、司法廉洁。笔者在其论文《〈天圣·狱官令〉与唐宋司法理念之变——以官员、奴婢司法待遇为视点》[2]中以《天圣·狱官令》这一令典为核心，探讨唐宋两朝的司法理念的沿革与变化，并指出唐宋时期的司法理念仍是以"平"为最高价值追求，但介于两朝社会状况的发展变化，其司法理念的内涵具有不一致性。具体表现为：在时间维度上，"等者同等"的内涵发生变化；在空间维度上，"不等者不等"的内涵发生变化。

最后，立足于中西司法理念比较的视野来研究。顾元教授

---

[1]　参见庞博："王廷相司法理念研究——基于《浚川驳稿集》的解读"，兰州大学 2015 年硕士学位论文。

[2]　潘萍："《天圣·狱官令》与唐宋司法理念之变——以官员、奴婢司法待遇为视点"，载《法制与社会发展》2017 年第 6 期。

在其著作《衡平司法与中国传统法律秩序——兼与英国衡平法相比较》[1]中认为，中国传统社会里的司法官为了建立或者恢复一种稳定、和谐的人际关系和社会关系，在纠纷解决过程中秉持着"衡平"的司法理念。当然，这里的"衡平"虽然与英国的"衡平法"有部分相同的意蕴，但是并不完全等同，主要是指"司法官在天理、国法、人情、风习等的支配和综合作用下，对案件作出合于现实理性需要的适当性处理"。[2]它的结果常常是对于国家实定法规则的一种"技术性"规避，而中国传统社会之所以会产生"衡平司法"这一理念，主要可以归结出如下五个方面的原因：①泛道德主义的深刻影响；②天道和谐思想的要求；③客观具体主义的立法模式与法律和律学的缺乏逻辑性和系统性；④弥补立法空白或立法脱离实际的需要；⑤沟通国家正式法律知识系统与基层社会知识系统的需要。王丽娟、张平在其论文《恢复性司法理念与中国传统法律文化的差异》[3]中认为，作为传统刑事司法理念的转换的产物——恢复性司法理念诞生在西方法律文化之中，是以基督教伦理和市民精神为支柱的。当今中国若想引进这一司法理念，需要面对传统法律文化遗留影响的挑战。因为中国传统法律文化是立基于家族伦理与家国一体的，是一种具有等级差次以及血缘、家族局限的"仁爱"的正义观。这与恢复性司法理念树立的基础（包含动机、性质、价值理念等方面）来看，是有较大出入的。张海宁在其论文

---

〔1〕 参见顾元：《衡平司法与中国传统法律秩序——兼与英国衡平法相比较》，中国政法大学出版社 2006 年版。

〔2〕 参见顾元：《衡平司法与中国传统法律秩序——兼与英国衡平法相比较》，中国政法大学出版社 2006 年版。

〔3〕 王丽娟、张平："恢复性司法理念与中国传统法律文化的差异"，载《江苏警官学院学报》2007 年第 2 期。

《中西人道主义司法理念差异探询及对中国司法改革之启发》[1]
中以西方人道主义司法理念为研究起点，认为传统中国的司法
带有典型的封建君主专制和宗教血缘家庭的烙印，是"卡迪司
法"，缺乏人道主义司法理念，有碍于现代司法改革的进程。

上述是主要的几个研究视角，还有立足于传统司法理念如
何在现代社会重构，进一步发挥指导作用的研究成果。例如，
在研究古代某一具体制度、纠纷时，谈及司法理念。如张本顺
教授在其著作《宋代家产争讼及解纷》[2]中从宋代家产争讼纠
纷的层面入手，认为当时的司法人员具备如下四种司法理念，
并将之贯彻于司法实践过程中：①将儒家仁政、仁义、衿老、
向善等儒家伦理道德转化为关怀、保护孤老、寡妻妾、孤幼等
弱势群体的理念，更是通过设立检校这一制度在司法实践过程
中贯彻该理念，同时这也是宋代司法人文关怀理念的应有之义；
②随着宋代检验等技术的发展，在家产争讼的纠纷中立足于贯
彻证据定谳和依法审断的司法理念；③宋代司法人员在解决家
产纠纷时，能够打破僵硬、机械的法律文本，秉持一种务实、
通变、能动与衡平的司法理念。并且，他认为，这一司法理念
是随着宋代的变革及近世化转型而变化的，形成了明显不同于
汉唐法官的具有近世化倾向的司法理念。再如，蓝俏彦在其硕
士学位论文《中国传统司法理念的现代转型》[3]中立足于构建
与发展符合时代精神的富有现代性的以人为本的司法理念，将
中国传统司法基本理念界定为：①礼法结合，以礼统法；②天下

---

[1] 张海宁："中西人道主义司法理念差异探询及对中国司法改革之启发"，
载《决策与信息》杂志社、北京大学经济管理学院：《"决策论坛——经营管理决策
的应用与分析学术研讨会"论文集（上）》2016年8月27日。
[2] 参见张本顺：《宋代家产争讼及解纷》，商务印书馆2013年版。
[3] 参见蓝俏彦："中国传统司法理念的现代转型"，中南民族大学2007年硕
士学位论文。

本位，义务互负；③家族本位，伦理法治；④权利等差，司法特权；⑤重农抑商，重义轻利；⑥德主刑辅，明刑弼教；⑦折狱慎刑，以民为本。并且，其从现代法制需求的角度出发，将中国传统司法理念作一分为二的分析：一方面，肯定其积极方面，认为中国传统司法理念有着浓郁的人文主义精神、德治主义传统和特别强调司法人员的道德自律；另一方面，指出其中蕴含的消极因素，认为中国传统司法理念极具专制主义、人治主义色彩。在客观认识中国传统司法理念的优劣面后，作者指出中国传统司法理念应该向现代社会转型。其转型的具体方向是：①从以礼统法到法律至上；②从天下本位、义务互负到权利本位；③从家族本位到社会本位；④从司法特权到法律面前人人平等；⑤从司法属于从属地位到司法独立。

综观上述，前贤学人在这一领域的研究成果数量颇多，且部分论著较为精深，但是，不可否认，其中尚有一些不足，究其要处，主要包括如下三个方面：

第一，在研究切入点和目的上，大部分研究成果是为了构建现代司法理念体系，以推进司法改革等为目的，而在部分章节仅仅浅要分析了中国传统司法理念。带着这一过于功利的目的和现代西方法学知识的前见，很难正确认识中国传统司法理念，进而会阻碍其现代性转化和运用。

第二，在研究内容上，虽然有部分论著立足于中国传统司法理念进行研究，但是更多的是在探讨传统司法的价值层面、目的层面，乃至制度层面，没有真正触及中国传统司法理念的真正内涵。已有的整体性研究成果又因篇幅所限或者研究角度的不同，而缺乏对中国传统司法理念的系统性、整体性认识。

第三，还是在研究内容上，许多论著均将中国传统司法理念作断裂性处理，从某一个典型人物、典型文本、具体朝代为研究的客体，得出一个人、一个文本、一个朝代的司法理念，但是它忽视了在中国传统社会这个大的政治背景、文化环境、经济状况等没有发生质变的前提下，中国传统司法理念的内核应该是一以贯之的，正是这个一以贯之的司法理念在指导着司法工作的顺利展开。

三、本书结构

本书从中国传统社会秩序观与正义观入手，探讨中国传统司法理念，进而从法律规范、诉讼制度、司法人员的培养与选拔、司法责任追究机制的鼓励与监督民事司法实践和刑事司法实践等层面，来探讨中国传统社会是如何体现、贯彻与落实中国传统司法理念的。全书分为导论、正文、结论三大部分，其中正文共分六章：

第一章，"平"——中国传统司法理念。首先论述在先秦诸子，尤其是儒、法两家社会政治秩序观的影响下，中国传统社会的政治理想是"王道平"。其次论述中国传统正义观是以"义"为核心范畴的，是一种"维齐非齐"的伦理正义观。最后论述在"王道平"和"维齐非齐"伦理正义观的建构下，中国传统司法理念是"平"，并进一步界定其内涵和原则。

第二章，中国传统司法理念在国家法律中的体现——以《唐律疏议》为例。首先从部分罪名适用于所有犯罪主体和相对平等的主体之间享有相同的司法待遇两个层面，来论证《唐律疏议》是如何从规范层面落实"等者同等"的。其次从不同社会阶层之间享有的不同司法待遇、不同服制的亲属之间相犯承担不同的法律责任和因仁爱、钦恤等原因导致的其他差异性的司法适用三个方面，来论证《唐律疏议》是如何从规范层面落实"不等者不等"的。最后从同一时空下的"等与不等的辩证统一"和不同时空下的"等与不等的辩证统一"两个方面，来论述《唐律疏议》是如何从规范层面落实"等与不等的辩证统一"的。

第三章，中国传统司法理念的诉讼制度设置。首先从推抑不受、受理时间、依法不得受理三个层面论证中国传统社会的受理模式是"父母官型诉讼"下的开放的受理制度。其次从申诉制度、直诉制度和复审制度三个层面，论证中国传统社会建立了申诉与复审相结合的理冤解纷机制。最后从会审制度和死刑复奏制度两个方面，来论证中国传统社会在司法过程中是极为重惜民命的。

第四章，中国传统司法理念的人员设置机制。为了将体现中国传统司法理念的法律规范和诉讼制度贯彻在司法实践中，中国传统社会注重培养和选拔具备"明法通经"素养的人员为司法者。而为了引导、鼓励和鞭策司法者贯彻该理念，中国传统社会建立了"重入轻出"的司法责任追究机制。

第五章，中国传统司法理念在民事司法中的实践——以《名公书判清明集》为例。通过对《名公书判清明集》中所载判词的分析，将之分为平等主体之间的民事纠纷、不同社会阶层之间的民事纠纷、与"家"相涉的民事纠纷的受理和审断三个方面来看中国传统司法理念是如何在民事司法实践中贯彻落实的。

第六章，中国传统司法理念在刑事司法中的实践——以《驳案汇编》为例。通过对《驳案汇编》所载驳案的分析，将之分为平等主体之间的刑事案件、不同社会阶层之间的刑事案件、亲属之间的刑事案件和与弱势群体或民族相关的刑事案件的受理和审断四个方面，来探讨中国传统司法理念是如何被落实在刑事司法实践中的。

第一章
"平"
——中国传统司法理念

　　中国传统司法理念植根于中国传统司法实践，是中国传统司法文明的重要组成部分，体现了传统中国法的价值。而法的价值体系中的核心价值是秩序和正义，秩序的生成和正义的实现都离不开司法。"司法，是指国家司法机关依据法定职权和法定程序，具体应用法律处理案件的专门活动。"〔1〕一方面，社会秩序和正义的实现需要仰赖司法活动的贯彻和落实；另一方面，恰恰是对秩序和正义的追求构成了司法的内核和精神，因为司法所依据的法律恰恰是这个社会对秩序与正义追求的一种反映，恰如《唐律疏议》开篇所言："莫不凭黎元而树司宰，因政教而施刑法。"〔2〕而"一个法律制度若要恰当地完成其职能，就不仅要力求实现正义，而且还须致力于创造秩序。……在一个健全的法律制度中，秩序与正义这两个价值通常不会发生冲突，……秩序的维续在某种程度上是以存在着一个合理的健全的法律制度为条件的，而正义则需要秩序的帮助才能发挥它的一些基本作用。……即法律旨在创造一种正义的社会秩序（just social order）"。〔3〕因此，若想研究中国传统司法理念，我们首先需要结合中国传统社会的秩序观与正义观加以综合性认识和理解。

---

〔1〕　张文显主编：《法理学》（第3版），高等教育出版社2007年版，第252页。

〔2〕　（唐）长孙无忌等撰：《唐律疏议·卷一·名例律》，刘俊文点校，法律出版社1999年版，第1页。

〔3〕　［美］E.博登海默：《法理学：法律哲学与法律方法》，邓正来译，中国政法大学出版社2004年版，第330页。

第一节 "王道平"——中国传统社会的秩序观

"秩序是人类社会生存和发展的客观基础。有秩序才能长久存在，无秩序则不能正常生存"，[1]因此各国思想家、哲学家对之都做过较为系统的论述。对于中国传统社会秩序观的系统阐述最早可被追溯至先秦时期。究其原因，是因为"先秦时期中国社会长期处于分裂与战乱，失序、无序所导致的社会动荡、资源损失、民众流离等衰败现象，使得秩序的优先性观念深入各家"，[2]因此"春秋战国是我国思想的出生阶段，那时的动乱，对社会构成了创伤性的冲击，因之往后两千多年来所形成的中国文化，就潜在着'谈动乱而色变'的过敏倾向"。[3]在此基础上，中国传统社会具备一种秩序情结的特质，如诸子百家在其学说体系中都将秩序的建构作为重中之重来加以追求和阐述。[4]

儒家思想是中国传统社会的正统思想，以孔孟、董仲舒、二程、朱熹、王阳明等为代表的儒家学派对社会秩序的建构发挥着最为重要的作用，以至于现今学术界"几乎所有的研究成果都有一个共同的研究预设：中国传统社会秩序观等于儒家社会秩序观，所以研究对象都基本采取儒家学派或儒家人物，研

---

〔1〕 张造群："'三纲六纪'与儒家社会秩序观的形成"，载陈贤波主编：《新筠集：广东社会科学院青年学者选集》，社会科学文献出版社2012年版，第101页。

〔2〕 蒋传光："中国传统法文化中的秩序理念"，载《东方法学》2012年第3期。

〔3〕 张德胜：《儒家伦理与社会秩序：社会学的诠释》，上海人民出版社2008年版，第109~110页。

〔4〕 王兴周先生运用现代学术方法系统阐述了诸子百家建构或重建社会秩序思想的结构。具体参见王兴周："重建社会秩序的先秦思想"，载《社会》2006年第5期。

究结论都基本是对儒家社会秩序观的总结；关于道家、法家、墨家等其他学派的社会秩序思想的研究极为罕见"。[1]这一研究视角显然是有失偏颇的。但是，从政治思想、政治秩序建构的系统性角度来考虑，在先秦的诸子百家学说之中，"仅儒、墨、道、法四家足为大宗"；[2]毋庸讳言，对传统社会政治和秩序的建构影响最大的则是儒家，"汉唐以后，儒者每称颂封建天下之政治。其实彼所称者非事实上之封建而为孔子仁道化理想化之封建也"。[3]不过，需要注意的是，主张依法而治、"重刑轻罪"的法家对中国传统社会秩序观的影响亦是不容忽视的。因为，无论是"德主刑辅""德本刑用"，还是"隆礼重法"，无不彰显着法律是建构和维护社会秩序的重要规范。因此，在探讨中国传统社会秩序观时，不能忽视法家对之形成的影响。是以，从对中国传统社会秩序建构的影响程度来看，我们首先需要对儒家和法家的社会秩序观有一个基本的把握。与此同时，我们还要明晰各学派的秩序观并不完全等同于传统社会统治者践行的秩序观。因为，其是传统社会统治者在以儒、法两家学派为主的秩序观的影响下形成的理想秩序观。

一、"礼治秩序"——儒家的秩序观

在礼崩乐坏的东周时代，儒家对社会秩序，尤其是上古社会秩序的向往是众所周知的，"仲尼祖述尧、舜，宪章文、武"。[4]儒家视周代的政治模式、社会秩序为理想社会秩序，"周监于二

---

[1] 王兴周："重建社会秩序的先秦思想"，载《社会》2006年第5期。

[2] 萧公权：《中国政治思想史》，新星出版社2010年版，第13页。

[3] 萧公权：《中国政治思想史》，新星出版社2010年版，第42页。

[4] 《礼记译注·中庸》，杨天宇译注，上海古籍出版社2004年版，第710页。

代，郁郁乎文哉！吾从周"[1]。而"周朝国家的秩序，是建立在封建与宗法上。周朝的社会秩序，是建立在礼教上"。[2]以此为目标追求的儒家，"心目中理想的社会秩序，没有什么比'礼乐'更恰当了"。[3]也就是说，"礼乐社会"是儒家的理想社会模式，而其下所形成的秩序观也可被概括为"礼治秩序"。

（一）自然秩序与伦理秩序的同构：礼治秩序的构建

礼治秩序是儒家的秩序观，其构成不是简单的"礼"所能涵盖的，归纳起来主要包括如下两个方面：

一方面，礼治秩序的构建源于对天道自然秩序的效仿。众所周知，儒家思想的逻辑起点是将天道自然与人间社会贯通起来，主张"天人合一"，认为"唯天下至诚，为能尽其性；能尽其性，则能尽人之性；能尽人之性，则能尽物之性；能尽物之性，则可以赞天地之化育；可以赞天地之化育，则可以与天地参矣"。[4]因此，古代圣王明主治国理政时须以天地秩序为参照，制定人间社会秩序，"故圣人作则，必以天地为本，以阴阳为端，以四时为柄，以日星为纪，月以为量，鬼神以为徒，五行以为质，礼义以为器，人情以为田，四灵以为畜"。[5]而天道自然秩序的具体内涵又为何呢？从孟子回答滕文公的内容，我们可窥一斑：孟子主张事物之间的品种、质量等不尽相同，是自然所为，系自然之道；若强行使之一致，这是违背自然法则的。人与物一样，资质各有不同，因此在治理国家时对不同资质的人采用同一规则、准则来管理显然是很难收到治理国家的

[1] 《论语译注·八佾篇》，杨伯峻译注，中华书局2009年版，第28页。

[2] 陈致平：《中华通史》（第1册），花城出版社2003年版，第239页。

[3] 康菁洋："论先秦儒家社会秩序思想"，载《武警学院学报》2005年第1期。

[4] 《礼记译注·中庸》，杨天宇译注，上海古籍出版社2004年版，第705页。

[5] 《礼记译注·礼运》，杨天宇译注，上海古籍出版社2004年版，第277页。

功效的。"夫物之不齐,物之情也;或相倍蓰,或相什百,或相千万。子比而同之,是乱天下也。巨屦小屦同贾,人岂为之哉?从许子之道,相率而为伪者也,恶能治国家?"[1]荀子也认为以绝对之平等来治理国家,国家会纷乱频仍,争斗不止,统治者就会身败国亡。"分均则不偏,势齐则不壹,众齐则不使。有天有地而上下有差,明王始立而处国有制。夫两贵之不能相事,两贱之不能相使,是天数也。势位齐而欲恶同,物不能澹则必争,争则必乱,乱则穷矣。"[2]因此,在国家治理过程中,应该遵从上天的意旨设立君父师长,根据上天的仪则制定下民应该遵守的礼义,这才是治理国家的大道。"故制礼义以分之,使有贫富贵贱之等,足以相兼临者,是养天下之本也。"[3]

另一方面,礼治秩序的构建源于对伦理秩序的效仿和推崇,这是基于修齐治平、家国一体的认识。例如,孟子主张"人有恒言,皆曰'天下国家'。天下之本在国,国之本在家,家之本在身","人人亲其亲、长其长,而天下平";[4]"古之欲明明德于天下者,先治其国;欲治其国者,先齐其家;欲齐其家者,先修其身;欲修其身者,先正其心;欲正其心者,先诚其意;欲诚其意者,先致其知;致知在格物。物格而后知至,知至而后意诚,意诚而后心正,心正而后身修,身修而后家齐,家齐而后国治,国治而后天下平。自天子以至于庶人,壹是皆以修

---

〔1〕《孟子译注·滕文公章句上》,杨伯峻译注,中华书局1960年版,第126页。

〔2〕(清)王先谦撰:《荀子集解·王制篇》,沈啸寰、王星贤点校,中华书局1988年版,第152页。

〔3〕(清)王先谦撰:《荀子集解·王制篇》,沈啸寰、王星贤点校,中华书局1988年版,第152页。

〔4〕《孟子译注·离娄章句上》,杨伯峻译注,中华书局1960年版,第167~173页。

身为本"。[1]儒家学者十分重视构建人与人，特别是家庭成员、宗族成员之间的行为关系准则。因为，他们认为这是国家得以治理的根本性前提。这种行为关系准则被称为"人伦"。在家国同构的理念下，儒家认为对人伦的推崇有助于国家治理，也有利于维护政权的统治秩序。因为"人伦明于上，小民亲于下"；[2]"其为人也孝弟，而好犯上者，鲜矣；不好犯上而好作乱者，未之有也"。[3]而何谓"人伦"呢？孔子将之界定为中国传统社会中的基本人际关系准则，即"君君、臣臣、父父、子子"，并借齐景公之口道出了对这一人际关系准则的维护是君王能够享有国祚的关键所在，"善哉！信如君不君、臣不臣、父不父、子不子，虽有粟，吾得而食诸？"[4]孟子在此基础上将"人伦"发展为处理五种基本人际关系的准则，并主张远在五帝时期就已经确立了该准则，"圣人有忧之，使契为司徒，教以人伦，——父子有亲，君臣有义，夫妇有别，长幼有叙，朋友有信"。[5]作为先秦儒家思想的集大成者，荀子在孟子五种人伦关系的基础上，将百姓在社会中承担的角色也纳入了"人伦"的考虑范畴。"君君、臣臣、父父、子子、兄兄、弟弟一也，农农、士士、工工、商商一也。"[6]在上述认识基础之上所形成的秩序即为伦理秩序。因其处于儒家秩序构建理论的核心地位，有学者甚至主张"儒家

---

〔1〕《礼记译注·大学》，杨天宇译注，上海古籍出版社 2004 年版，第 800~801 页。

〔2〕《孟子译注·滕文公章句上》，杨伯峻译注，中华书局 1960 年版，第 118 页。

〔3〕《论语译注·学而篇》，杨伯峻译注，中华书局 2009 年版，第 2 页。

〔4〕《论语译注·颜渊篇》，杨伯峻译注，中华书局 2009 年版，第 126 页。

〔5〕《孟子译注·滕文公章句上》，杨伯峻译注，中华书局 1960 年版，第 125 页。

〔6〕（清）王先谦撰：《荀子集解·王制篇》，沈啸寰、王星贤点校，中华书局 1988 年版，第 164 页。

社会秩序本质上是一种伦理秩序",[1]荀子也将伦理秩序视为"与天地同理,与万事同久"[2]的大本。

基于上述分析,我们已经明确礼治秩序作为儒家学派的理想社会秩序,具有明显的等级性,即"贵贱有等,长幼有差,贫富轻重皆有称者也"。[3]形成这种等级性的原因除了上述对自然天道秩序的效仿和伦理秩序的推崇之外,还有两个较为重要的原因:①基于社会分工、国家治理等的需要,不同的人自然是需要处于不同的工作岗位,承担不同的社会职责,因此很可能处于不同的社会地位,这也是人类社会的持续发展需要和基本交往伦理。"有大人之事,有小人之事。且一人之身,而百工之所为备,如必自为而后用之,是率天下而路也。故曰,或劳心,或劳力;劳心者治人,劳力者治于人;治于人者食人,治人者食于人:天下之通义也。"[4]②"食人"还是"食于人"并不是一成不变的,具有一定的流动性。变动的主要根据是自身是否身正德厚,是否能够在生活中践行礼义。"虽王公士大夫之子孙,不能属于礼义,则归之庶人。虽庶人之子孙也,积文学,正身行,能属于礼义,则归之卿相士大夫。"[5]

(二)德礼政刑:维护礼治秩序的主要手段

孟子认为:"天降下民,作之君,作之师,惟曰其助上帝宠

---

〔1〕 姚尚建:《风险化解中的治理优化》,中央编译出版社2013年版,第6页。

〔2〕 (清)王先谦撰:《荀子集解·王制篇》,沈啸寰、王星贤点校,中华书局1988年版,第163页。

〔3〕 (清)王先谦撰:《荀子集解·礼论篇》,沈啸寰、王星贤点校,中华书局1988年版,第347页。

〔4〕 《孟子译注·滕文公章句上》,杨伯峻译注,中华书局1960年版,第124页。

〔5〕 (清)王先谦撰:《荀子集解·王制篇》,沈啸寰、王星贤点校,中华书局1988年版,第148~149页。

之。"〔1〕礼治秩序的建构不仅仅由体现上天意志的"君""师"等来指导、管理和爱护民众，还需要借助于一定的策略和手段来达致，总体上可概括为"德礼政刑"，综合为治。

一方面，儒家极为推崇"德礼"在礼治秩序建构中的作用。首先，儒家学者主张统治者在治理国家过程中不应忽视"德"的作用，应该采用"德治"，"为政以德，譬如北辰，居其所而众星共之"。〔2〕统治者不仅要实行"德治"，还要积极培育民众的道德观念，避免民众实施危害国家统治的行为。统治者若放弃培养老百姓的道德观念，"苟无恒心，放辟邪侈，无不为已。及陷乎罪，然后从而刑之，是罔民也"。〔3〕其次，儒家学者主张在国家治理过程中重视"礼"的作用，这也是儒家学派理想社会秩序之所以被称为"礼治秩序"的关键所在。先秦诸儒家之中，首先注意到"礼"对于国家治理的重要作用的是孔子。不过，基于春秋末期"礼崩乐坏"的时代背景，"孔子的'礼'更多显示出的是他对西周文明的留恋和向往之情"。〔4〕如《汉书·礼乐志》记载："王者必因前王之礼，顺时施宜，有所损益。……周监于二代，礼文尤具，事为之制，曲为之防。故称礼经三百，威仪三千。……孔子美之曰：'郁郁乎文哉！吾从周'。"〔5〕孟子则基于其人性善的理论预设，"将礼的实现更多地寄托于人内心的自觉和自我的道德修养"。〔6〕从对政治秩序的构建角度而言，

---

〔1〕《孟子译注·梁惠王章句上》，杨伯峻译注，中华书局 1960 年版，第 31 页。

〔2〕《论语译注·为政篇》，杨伯峻译注，中华书局 2009 年版，第 11 页。

〔3〕《孟子译注·滕文公章句上》，杨伯峻译注，中华书局 1960 年版，第 117~118 页。

〔4〕《荀子》，安小兰译注，中华书局 2007 年版，前言第 3 页。

〔5〕（汉）班固撰：《汉书·卷二十二·礼乐志》，（唐）颜师古注，中华书局 1962 年版，第 1029 页。

〔6〕《荀子》，安小兰译注，中华书局 2007 年版，前言第 3 页。

"礼"在荀子这里得到了较大发展，并形成了"礼论"：①荀子认为礼起源于"人性恶"，主要是为了避免争乱的产生和恶性的发展。"礼起于何也？曰：人生而有欲，欲而不得，则不能无求；求而无度量分界，则不能不争；争则乱，乱则穷。先王恶其乱也，故制礼义以分之，以养人之欲，给人之求，使欲必不穷乎物，物必不屈于欲，两者相持而长，是礼之所起也。"〔1〕因此，"礼"产生之初是为了维护和满足人们的欲望需求，"故礼者，养也"。〔2〕②荀子认为"礼"有三个本源：天地、祖先、君师。因此，人们必须要以侍奉之心、尊崇之意而隆重他们的社会地位。"礼有三本：天地者，生之本也；先祖者，类之本也；君师者，治之本也。无天地恶生？无先祖恶出？无君师恶治？三者偏亡焉，无安人。故礼上事天，下事地，尊先祖而隆君师，是礼之三本也。"〔3〕③荀子认为治国理政、修身齐家、处理事情都需要"礼"，它是人类行事的准则，"人无礼则不生，事无礼则不成，国家无礼则不宁"〔4〕；"礼者，法之大分，类之纲纪也"〔5〕。之所以将"礼"视为人类的行为准则，是因为根据"礼"的要求治理国家，民众将得到养育，社会将获得安定，天下将得到保全；而违背"礼"的要求则会导致民众受苦、国家混乱、社会动乱、天下灭亡。"凡礼……天下从之者治，不从

---

〔1〕（清）王先谦撰：《荀子集解·礼论篇》，沈啸寰、王星贤点校，中华书局1988年版，第346页。

〔2〕（清）王先谦撰：《荀子集解·礼论篇》，沈啸寰、王星贤点校，中华书局1988年版，第346页。

〔3〕（清）王先谦撰：《荀子集解·礼论篇》，沈啸寰、王星贤点校，中华书局1988年版，第349页。

〔4〕（清）王先谦撰：《荀子集解·修身篇》，沈啸寰、王星贤点校，中华书局1988年版，第23页。

〔5〕（清）王先谦撰：《荀子集解·劝学篇》，沈啸寰、王星贤点校，中华书局1988年版，第12页。

者乱；从之者安，不从者危；从之者存，不从者亡。"〔1〕④ "礼"是区别人与其他动物、维护等差秩序的重要性因素。因为"人之所以为人者非特以其二足而无毛也，以其有辨也。……辨莫大于分，分莫大于礼，礼莫大于圣王"。〔2〕

最后，在对"德礼"认识的基础上，儒家学者主张教化对国家和社会秩序的构建具有极为重要的作用。孔子虽然没有具体提出教化的观点，但是其本身的教育行为恰恰是贯彻了"有教无类"、重视教化民众的主张。并且，孔子"持'政者正也'之主张，认定政治之主要工作乃在化人。非以治人，更非治事。故政治与教育同功，君长与师傅共职"。〔3〕以"性善论"著称的孟子的教化思想的逻辑起点仍是"人性善"。其认为"人性之善也，犹水之就下也。人无有不善，水无有不下"。〔4〕因此，其主张每一个人都应该从自身出发，求诸自身的"四端"，即"恻隐之心""羞恶之心""辞让之心""是非之心"，从而能够"保四海"。〔5〕并且，孟子也十分重视外在力量对民众的教化作用，尤其是"在国家社会治理层面，孟子希望通过善教和善政来实现社会的和谐向化"。〔6〕如其认为，对犯罪的民众不能够富之、教之而直接实施刑罚是"罔民"的表现。〔7〕主张"性恶论"的

---

〔1〕（清）王先谦撰：《荀子集解·礼论篇》，沈啸寰、王星贤点校，中华书局1988年版，第356页。

〔2〕（清）王先谦撰：《荀子集解·非相篇》，沈啸寰、王星贤点校，中华书局1988年版，第79页。

〔3〕萧公权：《中国政治思想史》，新星出版社2010年版，第45页。

〔4〕《孟子译注·告子上》，杨伯峻译注，中华书局1960年版，第254页。

〔5〕《孟子译注·公孙丑上》，杨伯峻译注，中华书局1960年版，第80页。

〔6〕刘华荣："儒家教化思想研究"，兰州大学2014年博士学位论文，第32页。

〔7〕例如，孟子在《滕文公章句上》中主张："苟无恒心，放辟邪侈，无不为已。及陷乎罪，然后从而刑之，是罔民也。"参见《孟子译注·滕文公章句上》，杨伯峻译注，中华书局1960年版，第117~118页。

荀子在"人性恶"的基础上主张"化性起伪",较为系统地阐述了"教化"理念:①荀子主张尧舜与桀跖,即君子与小人在本质上是一样的——"性恶",区别只在于后天是否能够"化性起伪"。"凡人之性者,尧、舜之与桀、跖,其性一也;君子之与小人,其性一也。……凡所贵尧、禹、君子者,能化性,能起伪,伪起而生礼义。……所贱于桀、跖、小人者,从其性,顺其情,安恣睢,以出乎贪利争夺。故人之性恶明矣,其善者伪也。"〔1〕②荀子认为对民众的教化应该主要依靠外在的教化,特别是"仁义法正"等外在规范的矫正,而不是内心的自觉。如其在《性恶》篇中主张:"凡禹之所以为禹者,以其为仁义法正也。然则仁义法正有可知可能之理,然而涂之人也,皆有可以知仁义法正之质,皆有可以能仁义法正之具,然则其可以为禹明矣。"〔2〕

另一方面,儒家也未忽视"政刑"在礼治秩序建构中的重要作用。首先,儒家学者非常强调"正名"。在秩序紊乱、礼崩乐坏的春秋时期,以"从周"为理想的孔子特别希望"按盛周封建天下之制度,而调整君臣上下之权利与义务",〔3〕从而,"礼乐征伐自天子出"。然而,历史现实却是"礼乐征伐自诸侯出。……自大夫出",乃至"陪臣执国命"。〔4〕因此,孔子非常强调在政治中"正名",要求构建"君君,臣臣,父父,子子"〔5〕的统治秩序,否则国将不国,百事难兴,"名不正,则言不顺;言不

---

〔1〕 (清)王先谦撰:《荀子集解·性恶篇》,沈啸寰、王星贤点校,中华书局1988年版,第441~442页。

〔2〕 (清)王先谦撰:《荀子集解·性恶篇》,沈啸寰、王星贤点校,中华书局1988年版,第443页。

〔3〕 萧公权:《中国政治思想史》,新星出版社2010年版,第40页。

〔4〕 《论语译注·季氏篇》,杨伯峻译注,中华书局2009年版,第172页。

〔5〕 《论语译注·颜渊篇》,杨伯峻译注,中华书局2009年版,第126页。

顺，则事不成；事不成，则礼乐不兴；礼乐不兴，则刑罚不中；刑罚不中，则民无所错手足"。〔1〕其次，儒家学者在治理国家过程中主张"宽""仁""平"等。孔子认为在治国理政中施行宽仁之政是国祚延绵不断、民心归向等的关键所在，如其借上古圣君尧之口提倡为政应"允执其中"。〔2〕而到了孟子时期，则直接提出了系统的"仁政"思想，认为天下得失、国家兴亡、诸侯成败、个人存亡的关键是上位者能否怀"仁"。"三代之得天下也以仁，其失天下也以不仁。国之所以废兴存亡者亦然。天子不仁，不保四海；诸侯不仁，不保社稷；卿大夫不仁，不保宗庙；士庶人不仁，不保四体。"〔3〕荀子虽然强调"重法"，但他也特别重视在国家治理中应该爱护人民，因为这是政治秩序得以稳定的关键所在。"故君人者欲安则莫若平政爱民矣。"〔4〕最后，儒家学者注意到了法律在治理国家中的作用，不过侧重程度略有不同。孔子认识到法律的设立、施行若无一定章法，有失公允，将会导致百姓惶惶不可终日、不知所措。"刑罚不中，则民无所错手足。"〔5〕不过，孔子及其门徒更为强调的是在司法过程中（特别是在刑罚执行过程中）应该秉持着怜悯、同情罪犯的哀矜态度。"孟氏使阳肤为士师，问于曾子。曾子曰：'上失其道，民散久矣。如得其情，则哀矜而勿喜'！"〔6〕孟子主张宽减、免除刑罚处罚本身就是仁政的举措之一，"王如施仁政于

---

〔1〕《论语译注·子路篇》，杨伯峻译注，中华书局2009年版，第131~132页。

〔2〕《论语译注·尧曰篇》，杨伯峻译注，中华书局2009年版，第205、207页。

〔3〕《孟子译注·离娄章句上》，杨伯峻译注，中华书局1960年版，第166页。

〔4〕（清）王先谦撰：《荀子集解·王制篇》，沈啸寰、王星贤点校，中华书局1988年版，第153页。

〔5〕《论语译注·子路篇》，杨伯峻译注，中华书局2009年版，第132页。

〔6〕《论语译注·子张篇》，杨伯峻译注，中华书局2009年版，第201页。

民，省刑罚"。[1]孟子甚至主张君主不依法而无故滥杀百姓、士，则与之相应的士、大夫是可以迁徙、逃离的。"无罪而杀士，则大夫可以去；无罪而戮民，则士可以徙。"[2]以"隆礼重法"著称的荀子则非常重视在国家治理过程中法律、法令所能发挥的效用和功能，但也多与"师""礼义""君上"等并举。荀子在面对战国时期"偏险悖乱"的现状时，主张"为之立君上之势以临之，明礼义以化之，起法正以治之，重刑罚以禁之，使天下皆出于治，合于善也"。[3]

综上，以孔子为代表的儒家学派所主张和维护的礼治秩序，是在效仿自然秩序的基础上构建以"伦"为基础的伦理秩序。而"伦"是指"从自己推出去的和自己发生社会关系的那一群人里所发生的一轮轮波纹的差序"，[4]，也可将之概括为"父子有亲，君臣有义，夫妇有别，长幼有叙，朋友有信"。[5]恰恰是"伦"的这一差序特性决定了儒家学者眼中的理想社会秩序在本质上是等差秩序，即"君君，臣臣，父父，子子"、[6]"亲亲也，尊尊也，长长也，男女有别，此其不可得与民变革者也"。[7]而为了维护这一理想的社会秩序，儒家主张"德礼政刑"，综合为治，不过从整体上仍有所侧重，特别强调"德礼"的基础作用，刑罚、政教只起到辅助作用，"道之以政，齐之以刑，民免而无耻；道之以德，齐之以礼，有耻且格"。[8]作为中华法系最具代

---

〔1〕《孟子译注·梁惠王章句上》，杨伯峻译注，中华书局1960年版，第10页。

〔2〕《孟子译注·离娄章句下》，杨伯峻译注，中华书局1960年版，第187页。

〔3〕（清）王先谦撰：《荀子集解·性恶篇》，沈啸寰、王星贤点校，中华书局1988年版，第440页。

〔4〕费孝通：《乡土中国》，人民出版社2008年版，第30页。

〔5〕《孟子译注·滕文公章句上》，杨伯峻译注，中华书局1960年版，第125页。

〔6〕《论语译注·颜渊篇》，杨伯峻译注，中华书局2009年版，第126页。

〔7〕《礼记译注·大传》，杨天宇译注，上海古籍出版社2004年版，第428页。

〔8〕《论语译注·为政篇》，杨伯峻译注，中华书局2009年版，第11~12页。

表性的法典,《唐律疏议》在制定和实施过程中,依然遵循着这一基本原则。"德礼为政教之本,刑罚为政教之用,犹昏晓阳秋相须而成者也。是以降纶言于台铉,挥折简于髦彦,爰造律疏,大明典式。"〔1〕

二、"法治秩序"——法家的秩序观

东周时期,周王室统治式微,诸侯并起,各诸侯国为寻求自身发展和壮大,对内谋求富国强兵之策,对外则不断地进行征伐。面对春秋战国这一较长时期动荡不安、国破家亡、百姓流离失所的社会现状,各学派均提出了自己的主张。其中,后起的法家在诸家学说——尤其是在儒家礼治秩序理论的基础上,"以儒家为发难的标靶,把治国方略、个体伦理、社会关系等方面对儒家进行攻讦以求得理论圆通与功成名就。……强调外在力量的强迫,认为君主无论以何种方式取得足够力量是获致秩序与权威的最重要因素,因此特别注重国家意志的影响力、威慑力,这就是'法治秩序'"。〔2〕

(一)君主专制独裁下的法治秩序

提起法治秩序,我们很容易联想到今日被我们奉为圭臬的"法治"(Rule of Law)一词,但结合现今"法治"所须遵循的基本原则,〔3〕我们应清醒地认识到,法家所谓的"法治"显然

〔1〕(唐)长孙无忌等撰:《唐律疏议·卷一·名例》,刘俊文点校,法律出版社1999年版,第3页。

〔2〕曹英:"论法家的'法治秩序'思想",载《学海》2004年第2期。

〔3〕"法治"一词的含义也是特别复杂的,众说纷纭。迄今为止有许多学人为之下过定义,不过综合看来,《牛津法律大辞典》中的概括较为恰当:"一个无比重要的、但未被定义、也不能随便就能定义的概念,它意指所有的权威机构、立法、行政、司法及其他机构都要服从于某些原则。这些原则一般被看作是表达了法律的各种特性,如:正义的基本原则、道德原则、公平和合理诉讼程序的观念,它含有对

不完全具备该词汇的现代含义。法家的"法治秩序"具有鲜明的特色，可以被概括为君主专制独裁下的法治秩序，其具体内涵主要包括如下三个方面：

首先，法家认为法治秩序构建的前提是君主独掌国家大权。早期法家的代表人物管仲在政治实践中践行了其尊君的理论，然限于文献不足征，今人很难对其有系统的认识。不过，在后人所集撰的《管子》一书中或可窥一斑：管仲或其门生从万物生长的自然规律中推导出尊卑不可僭越的道理，尤其是君主的尊贵不应被僭越，并主张以贱事贵、以不肖事贤等是自然之理。"凡万物阴阳两生而参视，先王因其参而慎所入所出。以卑为卑，卑不可得；以尊为尊，尊不可得，桀、舜是也。"[1]"贱固事贵，不肖固事贤。贵之所以能成其贵者，以其贵而事贱也。贤之所以能成其贤者，以其贤而事不肖也。恶者，美之充也；卑者，尊之充也；贱者，贵之充也，故先王贵之。"[2]商鞅更是明确提出国家大权应该由君主独掌，这是君主之所以尊贵的原因所在。"国之所以治者三：一曰法，二曰信，三曰权。……权者，君之所独制也。人主失守则危。……权制独断于君则威。"[3]及至韩非，除了在各个治理国家的环节强调君主的重要性之外，还明确提出了应该加强中央集权。"事在四方，要在中央。圣人执

（接上页）个人的至高无上的价值观念和尊严的尊重。"［英］戴维·M.沃克：《牛津法律大辞典》，北京社会与科技发展研究所组织翻译，光明日报出版社1988年版，第790页。

〔1〕 黎翔凤撰：《管子校注·卷四·枢言》，梁运华整理，中华书局2004年版，第246页。

〔2〕 黎翔凤撰：《管子校注·卷四·枢言》，梁运华整理，中华书局2004年版，第250页。

〔3〕 《商君书·修权》，石磊译注，中华书局2009年版，第121页。

要，四方来效。"[1]

其次，法家所欲建构的秩序之所以被称为"法治秩序"，是因为他们将"法"的因素渗透在国家治理的各个环节之中，且极为强调"法"的主导作用。法家所谓之"法"，"它由政府颁布和保存，是臣民们一切言行的标准，……从内容上说，这种'法'主要就是《二柄》篇所说的'刑德'二柄"，[2]即"杀戮之谓刑，庆赏之谓德"。[3]对于法在治国理政中的重要作用，各时期法家代表人物均从不同方面、以不同角度加以表述和强调：

如《管子》记载：

法者，将立朝廷者也。……法者，将用民力者也。……法者，将用民能者也。……法者，将用民之死命者也。[4]

法立令行，则民之用者众矣；法不立，令不行，则民之用者寡矣。故法之所立，令之所行者多，而所废者寡，则民不诽议，民不诽议则听从矣。[5]

如《商君书》记载：

国之所以治者三：一曰法，……法者，君臣之所共操

〔1〕《韩非子·扬权》，高华平、王齐洲、张三夕译注，中华书局2015年版，第59页。

〔2〕《韩非子》，高华平、王齐洲、张三夕译注，中华书局2015年版，前言第3页。

〔3〕《韩非子·二柄》，高华平、王齐洲、张三夕译注，中华书局2015年版，第52页。

〔4〕黎翔凤撰：《管子校注·卷一·权修》，梁远华整理，中华书局2004年版，第57~58页

〔5〕黎翔凤撰：《管子校注·卷六·法法》，梁远华整理，中华书局2004年版，第302页。

也；……故立法明分，而不以私害法，则治。[1]

民本，法也。故善治者，塞民以法，而名地作矣。[2]

故明主慎法制。言不中法者不听也，行不中法者不高也，事不中法者不为也。言中法，则辩之；行中法，则高之；事中法，则为之。故国治而地广；兵强而主尊。此治之至也，人君者不可不察也。[3]

如《韩非子》记载：

国无常强，无常弱。奉法者强，则国强；奉法者弱，则国弱。[4]

明法者强，慢法者弱。强弱如是其明矣，而世主弗为，国亡宜矣。语曰："家有常业，虽饥不饿；国有常法，虽危不亡。"[5]

安术有七，危道有六。安术：……三曰死生随法度，……危道：一曰斫削于绳之内，二曰斫割于法之外。[6]

同时需要注意的是，法家认为法律、法令是为君主专制统治服务的。根据社会情势的变迁，法家主张法也应该随之发生变动，以适应君主治理国家的需要。如商鞅认为，古今的社会状况已经大不相同，不应该以古时之法约束当今乱世，而应出

---

[1]《商君书·修权》，石磊译注，中华书局2009年版，第121页。

[2]《商君书·画策》，石磊译注，中华书局2009年版，第150页。

[3]《商君书·君臣》，石磊译注，中华书局2009年版，第187~188页。

[4]《韩非子·有度》，高华平、王齐洲、张三夕译注，中华书局2015年版，第41页。

[5]《韩非子·饰邪》，高华平、王齐洲、张三夕译注，中华书局2015年版，第180页。

[6]《韩非子·安危》，高华平、王齐洲、张三夕译注，中华书局2015年版，第288页。

于加强君主专制权力、富强国家、爱护百姓等目标，因时立法。"伏羲、神农教而不诛，黄帝、尧、舜诛而不怒，及至文、武，各当时而立法，因事而制礼。礼、法以时而定，制、令各顺其宜，兵甲器备各便其用。臣故曰：治世不一道，便国不必法古。汤、武之王也，不循古而兴；殷、夏之灭也，不易礼而亡。然则反古者未必可非，循礼者未足多是也。"[1]

最后，法家所欲建构的法治秩序亦是君主专制下的等差秩序。一方面，法家一再强调在治国理政、对个人的行为进行赏罚时，均需要遵循法律的规定，而不可恣意而为，这是明君的必备要素。"是故明君之蓄其臣也，尽之以法，质之以备"，否则"社稷将危，国家偏威。"[2]因此，其极力主张废除儒家所倡导的"礼""乐"《诗》"《书》""善""修""孝""弟""廉""辩"[3]或"六虱"[4]等这些严重危害法治秩序建设的行为。另一方面，这并不意味着法家所欲建构的法治秩序是人人平等的社会秩序。这主要表现在三个方面：其一，法家的法治秩序也是在自然秩序的基础上建立的，而自然秩序本身即内含不平等性。"凡万物阴阳两生而参视，先王因其参而慎所入所出。以卑为卑，卑不可得；以尊为尊，尊不可得，桀、舜是也。[5]其二，

---

〔1〕《商君书·更法》，石磊译注，中华书局 2009 年版，第 7 页。

〔2〕《韩非子·爱臣》，高华平、王齐洲、张三夕译注，中华书局 2015 年版，第 32 页。

〔3〕《商君书·去强》认为上述十种行为是严重危害国家统治的十种行为："国有礼、有乐、有《诗》、有《书》、有善、有修、有孝、有弟、有廉、有辩。国有十者，上无使战，必削至亡。"参见《商君书·去强》，石磊译注，中华书局 2009 年版，第 45 页。

〔4〕所谓"六虱"是指："曰礼、乐，曰《诗》《书》，曰修善，曰孝弟，曰诚信，曰贞廉，曰仁、义，曰非兵，曰羞战。"参见《商君书·靳令》，石磊译注，中华书局 2009 年版，第 116 页。

〔5〕黎翔凤撰：《管子校注·卷四·枢言》，梁运华整理，中华书局 2004 年版，第 246 页。

法家主张"刑无等级",在一定程度上体现了法律面前人人平等,但是这个"人人"在大部分情况下是排除君主的。"所谓壹刑者,刑无等级,自卿相、将军以至大夫、庶人,有不从王令、犯国禁、乱上制者,罪死不赦。有功于前,有败于后,不为损刑。有善于前,有过于后,不为亏法。忠臣孝子有过。必以其数断。守法守职之吏有不行王法者,罪死不赦,刑及三族。"[1]其三,尽管法家主张"刑无等级",然而据以刑、赏的"法"本身是蕴含等级性的。如《商君书》记载了秦国涉及监狱方面的法律规定:有爵位与否、爵位高低不同决定了该人的司法待遇不尽相同,就连墓树的多寡也与之息息相关。"其狱法,高爵訾下爵级。高爵罢,无给有爵人隶仆。爵自二级以上,有刑罪则贬。爵自一级以下,有刑罪则已;小夫死。公士以上至大夫,其官级一等,其墓树级一树。"[2]

(二)法、术、势:维护法治社会的主要手段

事实上,法家所欲构建的法治秩序下的理想社会模式,与儒家的理想社会模式具有相当程度的一致性。"将以救群生之乱,去天下之祸,使强不陵弱,众不暴寡,耆老得遂,幼孤得长,边境不侵,群臣相亲,父子相保,而无死亡系虏之患。"[3]它们的重要区别在于实践的路径和手段不一样:儒家仰赖于德礼政刑,而法家则依赖于法、术、势。其中需要注意的是,并不是所有的法家人物都意识到了法、术、势三者并用最有利于实现法治秩序。早期,商鞅在法治秩序的构建中多强调"法"在国家治理中的重要作用;而申不害则开始注重"法""术"并

---

〔1〕《商君书·赏刑》,石磊译注,中华书局2009年版,第142页。

〔2〕《商君书·境内》,石磊译注,中华书局2009年版,第166页。

〔3〕《韩非子·奸劫弑臣》,高华平、王齐洲、张三夕译注,中华书局2015年版,第136页。

举，慎到则"法""势"并举；及至法家的集大成者韩非，方将"法""术""势"三者均视为帝王实现国家至治之具，并需要相互结合，综合运用。

首先，法家认为"法"是实现法治秩序构建的第一要素，也是最为重要的手段。"法者，所以敬宗庙，尊社稷。"[1]为了更好地发挥"法"的作用，法家从如下三个方面对之作了限定：第一，在立法时，法律应该"易见""易为"。所谓"易见"，是指法律制定后不应该秘而不宣，而应该布之于众，使老百姓能够知所趋就。"法者，编著之图籍，设之于官府，而布之于百姓者也。"[2]所谓"易为"，是指法律、法令本身的制定要考虑老百姓"趋利避害"的本性、自然的需求与意愿，不能有超越其本身能力范围的内容。考虑到人类"趋利避害"的本性，法家主张在立法时应该赏罚并行，赏少罚多。"重刑少赏，上爱民，民死赏。重赏轻刑，上不爱民，民不死赏。"[3]法家以刑赏所占的比例来确定君主是王国之君、强国之君或弱国之君。"王者刑九赏一，强国刑七赏三，削国刑五赏五。"[4]考虑到人类的自然需求与意愿，法家主张应该以之为法律制定的出发点，否则便会事倍功半。"故安国之法，若饥而食，寒而衣，不令而自然也。先王寄理于竹帛．其道顺，故后世服。今使人去饥寒，虽贲、育不能行；废自然，虽顺道而不立。强勇之所不能行，则上不能安。上以无厌责已尽。则下对'无有'；无有，则轻法。

---

〔1〕《韩非子·外储说右上》，高华平、王齐洲、张三夕译注，中华书局2015年版，第489页。

〔2〕《韩非子·难三》，高华平、王齐洲、张三夕译注，中华书局2015年版，第587页。

〔3〕《商君书·靳令》，石磊译注，中华书局2009年版，第117页。

〔4〕《商君书·去强》，石磊译注，中华书局2009年版，第46页。

法所以为国也，而轻之，则功不立，名不成。"〔1〕与此同时，在立法时还要考虑到老百姓自身的能力。是以，法家主张在法律中设置的赏赐行为和处罚行为都必须在老百姓力所能及的范围之内。"明主立可为之赏，设可避之罚。故贤者劝赏而不见子胥之祸，不肖者少罪而不见伛剖背，盲者处平而不遇深溪，愚者守静而不陷险危。如此，则上下之恩结矣。"〔2〕

第二，在司法时，司法者应该做到"信赏必罚""刑无等级"不以私废公。这就要求：①必须严格依法治国，做到信赏必罚，即严格落实法律规定，做到该赏的必须赏赐，该罚的必须处罚，方能成霸王之功。"故善为主者，明赏设利以劝之，使民以功赏而不以仁义赐；严刑重罚以禁之，使民以罪诛而不以爱惠免。是以无功者不望，而有罪者不幸矣。……操法术之数，行重罚严诛，则可以致霸王之功。"〔3〕否则，臣子容易徇私枉法，君主容易国削身败。"故明君无偷赏，无赦罚。赏偷，则功臣堕其业；赦罚，则奸臣易为非。"〔4〕②在司法中不应该区分犯罪主体的身份、之前的功过、德行等，而应当一体适用法律规定的刑罚处罚，否则司法者也要承担相应的刑事责任。"自卿相、将军以至大夫、庶人，有不从王令、犯国禁、乱上制者，罪死不赦。有功于前，有败于后，不为损刑。有善于前，有过于后，不为亏法。忠臣孝子有过，必以其数断。守法守职之吏

---

〔1〕《韩非子·安危》，高华平、王齐洲、张三夕译注，中华书局2015年版，第289页。

〔2〕《韩非子·用人》，高华平、王齐洲、张三夕译注，中华书局2015年版，第303页。

〔3〕《韩非子·奸劫弑臣》，高华平、王齐洲、张三夕译注，中华书局2015年版，第140~141页。

〔4〕《韩非子·主道》，高华平、王齐洲、张三夕译注，中华书局2015年版，第39页。

有不行王法者，罪死不赦，刑及三族。同官之人，知而讦之上者，自免于罪，无贵贱，尸袭其官长之官爵田禄。故曰：重刑，连其罪，则民不敢试。民不敢试，故无刑也。"〔1〕③在法律实施过程中，执法者不得因个人私信、私义等败坏法制，必须秉持法律所确立的公义。"故当今之时，能去私曲就公法者，民安而国治；能去私行行公法者，则兵强而敌弱。"〔2〕

第三，法家虽然主张"重刑轻罪"，但亦禁止威刑、滥刑。所谓"重刑轻罪"，是指在司法过程中，用较重的刑罚去处罚较轻的犯罪。这种刑罚的威慑力导致百姓不敢触犯轻微的罪名，更遑论实施更严重的犯罪。"行刑，重其重者，轻其轻者，轻者不止，则重者无从止矣，此谓治之于其乱也。故重轻，则刑去事成，国强；重重而轻轻，则刑至而事生，国削。"〔3〕法家之所以主张采取"重刑轻罪"的策略是根据人类趋利避害的本性来达到治理国家的目的。"夫严刑重罚者，民之所恶也，而国之所以治也。"〔4〕法家主张"重刑轻罪"，"以法治国"，内中自然蕴含着不得威刑，"赦死宥刑，是谓威淫"，〔5〕即不允许赦免死罪、宽宥罪犯的刑罚处罚。但是，这也绝不意味着法家提倡滥刑。因为，法家已经意识到滥用刑罚会导致民众不再害怕和忌惮，就发挥不了法令禁止民众为恶的作用，这会影响国家的长治久安。"故用赏过者失民，用刑过者民不畏。有赏不足以劝，有

---

〔1〕《商君书·赏刑》，石磊译注，中华书局2009年版，第142页。

〔2〕《韩非子·有度》，高华平、王齐洲、张三夕译注，中华书局2015年版，第44页。

〔3〕《商君书·说民》，石磊译注，中华书局2009年版，第57页。

〔4〕《韩非子·奸劫弑臣》，高华平、王齐洲、张三夕译注，中华书局2015年版，第136~137页。

〔5〕《韩非子·爱臣》，高华平、王齐洲、张三夕译注，中华书局2015年版，第32页。

刑不足以禁，则国虽大，必危。"[1]

其次，"术"是君主用来实现法治秩序的第二种策略。在申不害看来，所谓"术"是指"因任而授官，循名而责实，操杀生之柄，课群臣之能者也"。[2]具体可以表述为："术"是指君主在治理国家过程中赖以驭使臣下的一种政治手段、策略或艺术。与"法"相比，"术"具有秘而不宣的特征，即它是隐秘的、君主独自潜藏在自己内心中的一种政治艺术，"人主之大物，非法则术也。……术者，藏之于胸中，以偶众端而潜御群臣者也。故法莫如显，而术不欲见。……用术，则亲爱近习莫之得闻也，不得满室"。[3]依据韩非子的分类，"术"计七类，而"这七种权术根据内容又可分为三类：一、'众端参观'和'一听责下'，是讲如何了解实情、全面观察考核臣下的言行的；二、'必罚明威'和'信赏尽能'，是讲赏罚制度的，要求君主利用这些手段诱导或强迫臣下尽力；三、'疑诏诡使'、'挟知而问'和'倒言反事'，是讲君主如何测试臣下是否忠诚并防奸、察奸的"。[4]"术"的实施主要仰赖于君主通过观察臣民的言行是否一致、名实是否一致等方法来施予赏罚，主要包括如下两种方法：第一，"众端参观"，从不同的方面来观察臣下的言行，因为"观听不参则诚不闻，听有门户则臣壅塞"。[5]第二，"形名参

<hr />

[1]《韩非子·饰邪》，高华平、王齐洲、张三夕译注，中华书局2015年版，第178页。

[2]《韩非子·定法》，高华平、王齐洲、张三夕译注，中华书局2015年版，第620页。

[3]《韩非子·难三》，高华平、王齐洲、张三夕译注，中华书局2015年版，第587页。

[4]《韩非子·内储说上七术》，高华平、王齐洲、张三夕译注，中华书局2015年版，第317页"题解"。

[5]《韩非子·内储说上七术》，高华平、王齐洲、张三夕译注，中华书局2015年版，第318页。

同”，观察臣下的言行是否一致，“明王不举不参之事，不食非常之食；远听而近视以审内外之失，省同异之言以知朋党之分，偶参伍之验以责陈言之实；执后以应前，按法以治众，众端以参观；士无幸赏，无逾行；杀必当，罪不赦：则奸邪无所容其私”。[1]

最后，“势”是君主赖以实现法治秩序的前提。在慎到看来，“势”是君主所应当处的地位和所拥有的权力，即君主“权重位尊”。这一“权重位尊”的权势是君主治理国家的前提，“贤人而诎于不肖者，则权轻位卑也；不肖而能服于贤者，则权重位尊也。尧为匹夫，不能治三人；而桀为天子，能乱天下。吾以此知势位之足恃而贤智之不足慕也”。[2]并且，该权势应该由君主独自掌握，不能分与臣下，否则臣下会凌驾在君主之上，很容易导致身败国危。韩非巧借均善于驾车的王良、造父共驾一车尚不能成功来明示君臣不能共同掌握权柄来治国。“夫以王良、造父之巧，共辔而御，不能使马，人主安能与其臣共权以为治？以田连、成窍之巧，共琴而不能成曲，人主又安能与其臣共势以成功乎？”[3]在此认识的基础上，韩非主张君主应该“抱法处势”，善于结合“法”“术”“势”来综合治理国家。该理论是为“中”君治国所准备的，而不是为贤明或贪暴的君主。因为圣明的君主和贪暴的君主都是千百世才出一个的，而世间的君主大多是中等之才的人，需要凭恃而治。“且夫尧、舜、桀、纣千世而一出，是比肩随踵而生也。世之治者不绝于中，吾所以为言势者，中也。中者，上不及尧、舜，而下亦不为桀、

———————

〔1〕《韩非子·备内》，高华平、王齐洲、张三夕译注，中华书局2015年版，第161页。

〔2〕《韩非子·难势》，高华平、王齐洲、张三夕译注，中华书局2015年版，第603页。

〔3〕《韩非子·外储说右下》，高华平、王齐洲、张三夕译注，中华书局2015年版，第501页。

纣。抱法处势则治，背法去势则乱。今废势背法而待尧、舜，尧、舜至乃治，是千世乱而一治也。抱法处势而待桀、纣，桀、纣至乃乱，是千世治而一乱也。且夫治千而乱一，与治一而乱千也，……夫势之足用亦明矣，而曰'必待贤'，则亦不然矣。"[1]

综上，法家所欲建构的理想社会秩序是"法治秩序"。它尽管在司法、执法过程中贯彻了"刑无等级""以法治国"等看似"法律面前人人平等"的观念，但需要注意的是该秩序也是以承认和维护君主专制独裁为基础和前提，进而参照自然运行之规律建立的。也就是说，法家所言的"法治秩序"是以君主专制独裁为前提和目标的，本身即蕴含着等级性，其赖以实现的手段则为法，即法家所言的布之于众的刑德二柄；术，专制君主驭使臣下秘而不宣的政治手段、策略或艺术；势，即专制君主所应当有的、所独享的地位和权势。

三、"王道平"——中国传统社会统治者的理想秩序观

无论是儒家的"礼治秩序"，还是法家的"法治秩序"，都对中国传统社会理想秩序的构建产生了极大的影响。不过，就影响程度大小而言，法家略逊于儒家。因为，法家虽然主张以法治国，但是该法律对君权并未作出任何限制，而是"高扬君主专制的大旗，赋予君主一切权力，使之成为人世间绝对独裁、天下一人的'元首'"。[2]这样的主张从客观上确实加强了君主专制权力，但是从制度的长远和有效运作来看，都是十分不利的。而儒家虽然究其本质而言也是高度肯定君主专制集权的，并且从天道自然和血缘伦理等方面去证成它；但是其并不认同

---

[1] 《韩非子·难势》，高华平、王齐洲、张三夕译注，中华书局2015年版，第608页。

[2] 曹英："论法家的'法治秩序'思想"，载《学海》2004年第2期。

君主完全根据自己的主观意愿为所欲为，而是主张对之进行制约，"将君权纳入到伦理规范的秩序当中"，[1]避免皇权过度极端化。这也是儒家学说能够影响中国传统秩序观构建的关键所在。在上述思想的影响下，中国传统社会的政治理想，抑或是传统社会统治者的理想秩序观是"王道平""天下平"，也可表述为"至治"或"治平"。《尚书·洪范》对此有极其精当的表述："无偏无党，王道荡荡；无党无偏，王道平平；无反无侧，王道正直。会其有极，归其有极。曰皇极之敷言，是彝是训，于帝其训，凡厥庶民，极之敷言，是训是行，以近天子之光。曰天子作民父母，以为天下王。"[2]这一臻于至治的政治理想一直是后世专制王朝的政治理想，就时间脉络而言，横跨整个中国传统社会。为了便于集中论述，兹以中国传统社会的典型时期唐朝为例，系统阐述一下统治者们理想的秩序观——"王道平"。

（一）"王道平""天下平"是唐朝统治者的理想政治秩序

唐朝作为中国传统社会的典型代表时期，仍然是以"王道平""天下平"等为理想政治秩序的。但是，在唐代，"王道平""天下平"的具体意蕴为何呢？根据对相关文献的梳理，笔者认为"王道平""天下平"具有如下三层含义：其一，遵照自然的法则，按照阴阳运行的秩序而肇建皇极是"王道平"。"天一掌八气九精之政令，以佐天极，征明而有常，则阴阳序，大运兴，太一掌十有六神之法度，以辅人极，征明而得中，则神人和而王道升平。"[3]其二，构建的政治秩序符合儒家所倡导

---

[1] 林志友："传统中国社会的政治特质"，载《南阳师范学院学报（社会科学版）》2004年第8期。

[2] 李名、王健撰：《尚书译注·周书·洪范》，上海古籍出版社2004年版，第222页。

[3] （宋）王溥撰：《唐会要·卷十下·九宫坛》，中华书局1955年版，第258页。

的理想社会秩序即是"王道平"。具体内涵为：高低贵贱各在其位，全国上下秉承仁义，家庭和睦、宗族亲爱等。"是故尊卑叙，仁义明，九族亲，王道平也。"〔1〕其三，就实际的国家治理层面而言，统治者励精图治，取用有度，且使贤能的官吏能够在相应的位置为百姓谋福利，进而使老百姓生活富足即是"王道平"。"盖王者之有天下也，顺天地以治人，而取材于万物以足用。若政得其道，而取不过度，则天地顺成，万物茂盛，而民以安乐，谓之至治。"〔2〕因此，开元年间（公元713年至公元741年），唐玄宗勤于政事、贤良官员安政爱民、老百姓生活富足、政治清明，就被誉为"治平"之世。"玄宗少历民间，身经迍难，故即位之初，知人疾苦，躬勤庶政。加之姚崇、宋璟、苏颋、卢怀慎等守正之辅，孜孜献纳，故致治平。"〔3〕唐玄宗本人亦因此被誉为"至治之君"。〔4〕

在对"王道平"的内涵有一个基本把握之后，结合对相关史料的整理，我们可以从如下三个方面管窥唐朝社会各阶层对理想政治秩序的追求：第一，皇帝在自我评价和阐述自身政治

〔1〕（唐）房玄龄等撰：《晋书·卷三十·刑法志》，中华书局1974年版，第929页。

〔2〕（宋）欧阳修、宋祁撰：《新唐书·卷三十四·五行志一》，中华书局1975年版，第872页。

〔3〕（后晋）刘昫等撰：《旧唐书·卷十五·宪宗本纪下》，中华书局1975年版，第470页。

〔4〕《新唐书·卷二·太宗本纪》虽然认为玄宗没有像太宗那样尽善尽美，但亦喻之为"至治之君"。"赞曰：甚矣，至治之君不世出也！禹有天下，传十有六王，而少康有中兴之业。汤有天下，传二十八王，而其甚盛者，号称三宗。武王有天下，传三十六王，而成、康之治与宣之功，其余无所称焉。虽《诗》《书》所载，时有阙略，然三代千有七百余年，传七十余君，其卓然著见于后世者，此六七君而已。呜呼，可谓难得也！唐有天下，传世二十，其可称者三君，玄宗、宪宗皆不克其终，盛哉，太宗之烈也！"参见（宋）欧阳修、宋祁撰：《新唐书·卷二·太宗本纪》，中华书局1975年版，第48页。

理想时，常常表现出对"王道平"的向往之情。这主要表现在三个方面：其一，君主直接表明自身对"王道平"的向往之情。如唐高祖李渊在制定律令时明确表示其承天命治理国政以来都是以"至治"为理想的，并日以继夜地为之付出努力。"朕膺期受箓，宁济区宇，永言至治，兴寐为劳。"[1]不止于此，有的皇帝更是直接表明选拔人才的主要目的是协助其实现"王道平"。如太和二年（公元828年），文宗面对中晚唐时期的乱象，在策试贤良的诏旨中表明：国家多难之时，选拔贤良人才是为了辅佐其实现二帝三王时期的理想政治秩序模式，即"王道平"。"朕闻古先哲王之理也，……气或埋厄，灾旱竟岁，播植愆时。国廪罕蓄，乏九年之储，吏道多端，微三载之绩。京师，诸夏之本也，将以观理，而豪猾时逾检；太学，明教之源也，期于变风，而生徒多惰业。列郡在乎颁条，而干禁或未绝；百工在乎按度，而淫巧或未衰。俗堕风靡，积讹成蠹。其择官济理也，听人以言，则枝叶难辨；御下以法，则耻格不形。其阜财发号也，生之寡而食之众，烦于令而鲜于理。思所以究此缪盩，致之治平，兹心浩然，若涉泉水。故前诏有司，博延群彦，伫启宿懵，冀臻时雍。子大夫识达古今，明于康济，造廷待问，副朕虚怀。"[2]。其二，当君主身染重病，行将死亡时，往往会在遗诏中表述自己为"治平""王道平"的实现所做的努力和自身对之的向往之情。如唐懿宗在遗诏中言："朕祗事九庙，君临四海，夕惕如厉，宵分靡宁，必求政化之源，思建大中之道。至于怀柔夷貊，偃戢干戈，皆以德绥，亦自驯致，冀清净之为理，庶

---

〔1〕（后晋）刘昫等撰：《旧唐书·卷五十·刑法志》，中华书局1975年版，第2135页。

〔2〕（后晋）刘昫等撰：《旧唐书·卷一百九十下·刘蕡传》，中华书局1975年版，第5064~5065页。

治平之可臻。"〔1〕其三，当君主自我标榜功绩时，往往会表示在自己的治理下，国家实现了"至治"，达致了"王道平"。例如，唐玄宗在标榜自己在开元时期的功绩时，常号称实现了至治。"玄宗自初即位，励精政事，常自选太守、县令，告戒以言，而良吏布州县，民获安乐；二十年间，号称治平，衣食富足，人罕犯法。"〔2〕第二，百官在向皇帝上书、进谏时，也会劝谏君主应该以实现王道平为政治理想。一般主要是臣僚以之前实现"王道平"的圣主明王为参照对象，建言当朝君主应当效仿。如辛替否在唐睿宗营造金仙、玉真等观庙时，以"得至治之体"的唐太宗为楷模，主张不应该建立无用且耗费民财的寺庙道观。"臣谓古之用度不时、爵赏不当、国破家亡者，……太宗，陛下之祖，拨乱立极，得至治之体。省官清吏，举天下职司无虚授，用天下财帛无枉费；赏必待功，官必得才，为无不成，征无不服。不多寺观而福禄至，不度僧尼而咎殃灭。阴阳不愆，五谷遂成，粟腐帛烂。万里贡赋，百蛮归款。享国久长，多历年所。陛下何惮而不法之？"〔3〕第三，世人对"王道平""天下平"的渴望也是不绝于书的。如"德宗始即位，躬行慈俭，经崔祐甫辅政，四方企望至治"〔4〕如时任谏议参军的李渤在元和十三年（公元 818 年）的上书中言"至德以来，天下思致治平"；〔5〕就连

---

〔1〕（后晋）刘昫等撰：《旧唐书·卷十九上·懿宗本纪》，中华书局 1975 年版，第 683 页。

〔2〕（宋）欧阳修、宋祁撰：《新唐书·卷五十八·刑法志》，中华书局 1975 年版，第 1415 页。

〔3〕（宋）欧阳修、宋祁撰：《新唐书·卷一百一十八·辛替否传》，中华书局 1975 年版，第 4279~4280 页。

〔4〕（宋）欧阳修、宋祁撰：《新唐书·卷二百·儒学下·陈京》，中华书局 1975 年版，第 5716 页。

〔5〕（宋）欧阳修、宋祁撰：《新唐书·卷一百一十八·李渤传》，中华书局 1975 年版，第 4283 页。

一向以谪仙人自居的李白在目睹北方寒苦之状后，也期待“王道平”的实现，“何日王道平，开颜睹天光”。[1]

(二) 通过即位册文和遗诏、遗诰看唐代统治者追求“王道平”的具体表现

唐朝统治者所欲建构的理想秩序与中国传统社会的政治理想是一脉相承的，均是以“王道平”为最高追求，具体表现为对道德和物质生活富足的追求。[2]即位册文、遗诏和遗诰最能体现唐代君权更迭过程中君主对统治者德性、牧民能力的期待和要求，其中突出反映了君主期待本人或继任者能够以“王道平”为国家治理的目标。

第一，为了宣示皇帝本人或其继任者的合法性，唐代君主基本都会在即位册文或遗诏、遗诰中言及其具备“统御皇极”“克绍祖宗先业”的德性和品质。这是因为“在传统中国的政治思想世界中，政治领域并不是被当作是利益或权力的冲突折中之场所，而是被当作是一个道德的社区。政治领域是为人民的道德福祉而建构，是被道德的典范人物所统治，也是属于具有德行的人物的活动领域”，[3]因此社会对皇帝及其继位者的德性抱有极大的期待。结合唐代皇帝的即位册文及遗诏、遗诰，笔者绘制出下表，以便对传统社会统治者的德性期待有一个相对具体的认识：

〔1〕 (唐) 李白：《李太白全集·卷五·北上行》，(清) 李琦注，中华书局1977年版，第317页。

〔2〕 参见胡传胜：“至治与牧民：中国传统政治理想”，载《南京社会科学》2007年第12期。

〔3〕 黄俊杰主编：《传统中华文化与现代价值的激荡》，社会科学文献出版社2002年版，第4页。

表1

诏令名	内容	出处
太宗即位册文	咨尔聪明神武,德实天生,人君之量,爰备凤成。……泽霶方外,声畅无垠,物统机衡,百工以乂,诞敷弘德,四门允穆	卷一《帝王·即位册文》,第1~2页。
肃宗即位册文	尔有忠孝之诚,极于君父;尔有友爱之义,信于兄弟;尔有仁恕之行,通于神明	卷一《帝王·即位册文》,第2页。
德宗即位册文	咨尔皇太子适,禀天地之仁,含日月之耀,道光三善,孝著十伦。……仁孝之德。……非至公无以主天下,非至德无以临四海	同上
顺宗即位册文	咨尔皇太子诵,睿哲温恭,宽仁慈惠。文武之道,禀自生知;孝友之诚,发于天性。自膺上嗣,毓德春闱,恪慎于厥躬,祗勤于大训	同上
宪宗即位册文	尔有光大之德,敷于方邦;尔有仁孝之诚,刑于九族。慈和宽简,克飨天心	卷一《帝王·即位册文》,第3页。
穆宗即位册文	咨尔皇太子恒,孝友聪明,温文睿哲,自主匕邕,日新厥德	同上
敬宗即位册文	咨尔皇太子湛,烈祖储庆,自天生德,孝友慈惠,温良敬恭,……尔有广厚之量,可以奉天地;尔有孝敬之志,可以事神祇。和惠可以抚万邦,仁爱可以亲九族	同上
文宗即位册文	咨尔江王某,聪哲孕粹,清明毓和,智算机开	同上

续表

诏令名	内容	出处
宣宗即位册文	皇太叔权勾当军国政事忱，温慈睿哲，孝友端明，蕴东平为善之心，尚河间好学之志	同上
懿宗即位册文	咨尔皇太子，朕之元子，幼有圣资，孝敬温文，弘博慎敏，禀天地之仁厚，含日月之贞明，承训向方，秉礼抱义	卷一《帝王·即位册文》，第4页。
哀宗即位册文	咨尔皇太子监国事，天资岐嶷，神授英明，孝比东平之苍，学富陈留之植，恭谦守政，和顺称仁，友爱闻于弟兄，令誉播于区宇	同上
太宗遗诏	皇太子治，大孝通神，自天生德	卷十一《帝王·遗诏上》，第67页。
大帝遗诏	皇太子哲，握衷履己，敦敏徇齐，早著天人之范，凤表皇帝之器	卷十一《帝王·遗诏上》，第68页。
肃宗遗诏	皇太子豫，仁孝元良，聪明齐圣，佐成大业，能事神祇	同上
代宗遗诏	皇太子元良继明，睿哲齐圣	同上
德宗遗诏	皇太子诵，元良继明，睿哲齐圣，孝友和惠，恭敬温文	同上
宪宗遗诏	皇太子恒，天纵睿哲，日跻诚敬，惟孝惟友，克宽克仁	卷十一《帝王·遗诏上》，第69页。
穆宗遗诏	皇太子湛，睿哲温恭，孝友明敏，自膺储贰，休德日新	同上

续表

诏令名	内容	出处
文宗遗诏	皇太弟瀍，睿哲明裕，孝友温文，中正宽仁，博达周敏	卷 十 二 《帝王·遗诏下》，第 70 页。
武宗遗诏	皇太叔父之亲，贤长之顺，天资睿哲，圣敬日跻，光扬祖宗，善继休烈，而能内睦九族，外临万机，德可以临庶邦，仁可以安百姓	卷 十 二 《帝王·遗诏下》，第 71 页。
懿宗遗诏	皇太子权勾当军国事儇，性禀宽和，生知忠孝，德包睿哲，圣表徇齐	卷 十 二 《帝王·遗诏下》，第 72 页。
僖宗遗诏	皇太弟知军国事杰，听政明敏，孝友天资，聪明神助，龙颜表异，日角标奇，居夫麓而风雨不迷，辅中兴而山河备历，宽弘及物，清明在躬	同上
睿宗遗诰	何尝不问寝以侍膳，候颜而顺色，孝已达于神明，爱已兼于君父	卷 十 二 《帝王·遗诏下》，第 73 页。
顺宗遗诰	以皇帝天资仁孝，日跻圣敬	同上

来源：（宋）宋敏求编：《唐大诏令集》，中华书局 2008 年版。

综上可知，对皇帝及其继任者具备的品质的描述主要包括两个方面：①（期待）统治者具备的德性。这基本上都围绕着儒家学派所倡导的富于伦理性的仁、德、善展开，主要包含孝忠、友爱、仁恕、慈惠、宽弘等，且能够日新其德、秉礼抱义。②（期待）统治者具备的素质。这基本上也是围绕着儒家学派所主张的圣君明王所应具备的素质来说的。主要包括：天性聪明、听政明敏、天资睿哲等，且能够明文武之道。

第二，为了宣示皇帝本人或其继任者的合法性，唐代君主基本都在即位册文或遗诏、遗诰中说明他具备抚育万民的能力或者是强调其即位是百姓所期望的。这是因为中国传统社会具备朴素的民本思想，认识到了"民惟邦本，本固邦宁"，[1]"天下，非一人之天下也，天下之天下也"。[2]因此，各朝的统治者在治国理政的过程中均非常强调抚育百姓。结合唐代皇帝的即位册文及遗诏、遗诰，笔者绘制出下表，以便对传统社会统治者抚育百姓能力的期待有一个相对具体的认识：

表 2

诏令名	内容	出处
太宗即位册文	上稽苍昊，俯顺黔黎	卷一《帝王·即位册文》，第 2 页。
肃宗即位册文	尔有戡难之才，彰于兆庶	同上
顺宗即位册文	必能诞敷至化，安劝庶邦，……永绥兆人	同上
宪宗即位册文	不蒙天佑，降疾在躬。上不能昭事郊丘，祗见烈祖；下不能临视庶政，保绥兆人	同上

---

〔1〕 李民、王健撰：《尚书译注·虞夏书·五子之歌》，上海古籍出版社 2004 年版，第 93 页。

〔2〕 （战国）吕不韦编：《吕氏春秋译注·孟春纪·贵公》，张双棣等译注，吉林文史出版社 1987 年版，第 21 页。

续表

诏令名	内容	出处
穆宗即位册文	绥靖万邦	卷一《帝王·即位册文》，第3页。
敬宗即位册文	嗣守四海，祇事天地，爱育万类	同上
宣宗即位册文	必能焘煦天下，穆清大中	同上
懿宗即位册文	邦家以宁，统绪以正。惟严恭祇畏，可以事天地；惟宽明睿哲，可以御臣下；惟慈惠钦和，可以抚黎庶	卷一《帝王·即位册文》，第4页。
神尧遗诏	思济黎元，……且朕既不德，无以佐百姓。今崩又使重服久临，以罹寒暑之数，以重吾之不德，谓天下何？吏民令到，出临三日皆释服，无禁嫁娶、饮酒食肉，此岂非深达天命，哀矜百姓者欤？	卷十一《帝王·遗诏上》，第66页。
太宗遗诏	天子之尊，赤县先其司牧，而功兼造化。乔山之树已阴，业致升平，苍梧之驾方远。至于平寇乱，安黎元，洒洪灾，攘大患，……朕于天下苍生，可谓安养矣！……况乃汉苦周勤，禹胼尧腊，以矜百姓之所致也	卷十一《帝王·遗诏上》，第67页。
大帝遗诏	拯苍生已溺，……自彼迄今，六十六载，黎元无烽柝之警，区寓恣耕凿之欢，育子长孙，击壤鼓腹，遐迩交泰。……闻九农之或爽，则亏膳以共其忧。……亭育之怀，谓无负于黔庶	同上
肃宗遗诏	获着誓言，庶安国以保人……天下百姓，宜在优矜	卷十一《帝王·遗诏上》，第68页。

续表

诏令名	内容	出处
德宗遗诏	戡定大难，以康兆人	同上
宪宗遗诏	以康彼兆庶，戡剪群匿，廓清九围，方保和平，共登仁寿	卷十一《帝王·遗诏上》，第 69 页。
武宗遗诏	式资正教，渐移时俗，庶及和平，抚育黎元……而能内睦九族，外临万机，德可以宁庶邦，仁可以安百姓	卷十二《帝王·遗诏下》，第 71 页。
僖宗遗诏	奉承天地，内抚百姓，外镇四夷，实亿兆之念同，固威灵而是属。……且累朝遗制，毕及山陵，以汉文薄葬之词，为烈圣循常之命，约锦绣金银之饰，禁奢华雕丽之工，皆例作空文，而并违先旨。今者流离若是，痛毒堪悲，仗百姓即百姓一空，捐国用则国用无取，不可踵从前之计度，困此日之生灵	卷十二《帝王·遗诏下》，第 72 页。

来源：（宋）宋敏求编：《唐大诏令集》，中华书局 2008 年版。

综上，唐代君主在即位册文、遗诏或遗诰中都对继任统治者抚育百姓的能力作了一个确认和期待。并且，各统治者也以是否能够安养百姓作为自己在位时期极为重要的政绩。其中更有甚者，将不能抚育百姓视为天降灾遣于皇帝、使之患病的原因之一。如宪宗在即位册文中甚至以顺宗的口吻表述自己病重的原因之一即是不能很好地抚育百姓。

第三，为了切实追求"王道平"这一理想政治秩序，不辜负祖宗大业，一般来说，统治者在即位册文和遗诏、遗诰中会对继任统治者如何治国理政的大方向有一个基本要求。结合唐代皇帝的即位册文及遗诏、遗诰，笔者绘制出下表，以便对传统社会统治者如何治国理政有一个相对具体的认识：

表3

诏令名	内容	出处
肃宗即位册文	汝惟推诚，祸乱将冀尔而能清；汝惟从谏，社稷将冀尔而复宁。佞言为疵，直言惟师，任贤勿贰，去邪勿疑	卷一《帝王·即位册文》，第2页。
德宗即位册文	宜遵太宗之法度，肃宗之俭约，任贤勿贰，去邪勿疑	同上
顺宗即位册文	尔惟奉若天道，以康四海；棌建皇极，以熙百工	同上
宪宗即位册文	尔惟察纳忠直，子惠困穷，咨予正言，慎乃俭德。临庶官以信，哀庶狱以情，允执其中	卷一《帝王·即位册文》，第3页。
敬宗即位册文	任贤尚德，远佞去邪	同上
文宗即位册文	小心以事上帝，俭德以刑家邦，懋于令闻，持久如始	同上
宣宗即位册文	惟敬惟和，克敏克宽，斥去奇邪，亲任仁人	同上
懿宗即位册文	惟道罔咈，惟贤必亲	卷一《帝王·即位册文》，第4页。
哀宗即位册文	节俭以励戎夏，文德以戢干戈，无怠无荒，克慈克弟	同上

来源：（宋）宋敏求编：《唐大诏令集》，中华书局2008年版。

综上，为了实现"至治"这一政治理想，唐朝皇帝在即位册文中，均对继任皇帝的治国方略有一个基本指导，主要包括：其一，皇帝应该小心事奉上天，尊祖宗之法度，无愧先祖之丕训；其二，皇帝应该日修其德，从谏如流，任用贤能的大臣，远离奸佞小人；其三，皇帝在处理政事时应该不荒怠，处理狱案时应该小心谨慎，允执厥中。

第二节 "维齐非齐"——中国传统社会的正义观

提起"正义"，生活在现今社会的我们更容易将之视为西法东渐后的舶来品，简单地认为那是由古希腊的智者学派发现和建构，在柏拉图和亚里士多德的论述中渐趋发展，并为古罗马所承袭的；在腐朽黑暗的中世纪，"正义"虽然被笼罩在神学研究中，但一直得到发展，如"以·圣奥古斯丁和圣·托马斯·阿奎那为代表的神学法学，将正义上升为神的正义"；[1]文艺复兴后，随着众多学者从不同侧面进行深入研究，如苏亚雷斯、格劳秀斯、康德、边沁，以及共产主义的创始人马克思等，"正义"及其相关理论得到了长足的发展；近现代以来，耶林和狄骥从社会法学的角度，建构了在社会功利主义基础上的正义理论；最后，截止到目前，美国著名哲学家罗尔斯将"正义"理论的研究推至高峰。[2]他在其鸿篇巨制《正义论》中从原初状态（original position）的假定出发，将"正义"界定为"作为公

---

〔1〕 陈兵、丁寰翔："'正义'概念流变考察：以西方法哲学思想演进为线索——兼论中国社会的'正义'观"，载《湖南科技学院学报》2010年第3期。

〔2〕 上述有关西方正义理论历史沿革的简略梳理可参见［英］戴维·M.沃克：《牛津法律大辞典》，北京社会与科技发展研究所组织翻译，光明出版社1988年版，第496~499页。

平的正义",〔1〕如其在第二章"正义原则"中论述:"一个人可以把作为公平的正义和作为公平的正当设想为提供一种对正义概念和正当概念的定义或阐释。"〔2〕尽管该理论受到现今许多学者的批评和反思,如印度学者阿马蒂亚·森在其著作《正义的理念》中从"实际行为的相关性""契约理论的替代途径"以及"全球视角的相关性"等三个层面来阐述罗尔斯所建构的"正义论"的不足;〔3〕乃至后进学者建构的其他正义论的摧毁,如马格利特在其论著《正派社会》中从"从物质和心理两种制度性伤害,特别是制度性心理伤害展开论述,力图在制度与人、人与人、人与社会的关系中形成一种理想的社会伦理规范,即通过'不羞辱人','让人不受心理伤害'去建构正派社会"。〔4〕但是,罗尔斯的"正义论"仍是有关"正义"的最为主流的观点之一。以西方正义论或现代社会正义理论来品评中国传统社会,有一部分学者偏颇地认为,中国传统社会的正义是缺失的,因为"儒家学说在中国思想文化史上始终处于正统的学术地位,被奉为各个不同历史时期的'显学',更重要的是,自汉以后,在政教合一的社会形态中,儒家学说被宗教化和准宗教化,成为不同历史时期的官方意识形态,这种君临一切的垄断地位,给华夏文化的所有方面,都打下了深深的烙印"。〔5〕这种完全以现代正义理念来界定,进而否定传统中国存在正义的行为显然

---

〔1〕 [美]约翰·罗尔斯:《正义论》,何怀宏、何包钢、廖申白译,中国社会科学出版社 1988 年版,第 17 页。

〔2〕 [美]约翰·罗尔斯:《正义论》,何怀宏、何包钢、廖申白译,中国社会科学出版社 1988 年版,第 111 页。

〔3〕 参见 [印]阿马蒂亚·森:《正义的理念》,王磊、李航译,刘民权校译,中国人民大学出版社 2012 年版,第 59~63 页。

〔4〕 阳鸣:"罗尔斯与马格利特正义观比较——兼论正派社会理论对中国制度建设之意义",载《武汉理工大学学报(社会科学版)》2014 年第 4 期。

〔5〕 宋焱:"'亲亲相隐'与正义缺失",载《山东法学》1997 年第 1 期。

是违背历史现实的。

恰如罗尔斯所言："正义是社会制度的首要价值，正像真理是思想体系的首要价值一样。"[1]处于各历史阶段、各不同国家，都以"正义"为最高价值追求，中国传统社会自然也不例外。只是因为传统中国的历史演进路径、自然地理环境、华夏民族的性格习惯和人文等不同于西方，在此基础上生成的正义观有别于西方正义理论。但是，中国传统社会拥有"悠久的正义传统，自先民以来就形成了伟大庄严的正义精神"。[2]

一、"义"是中国传统正义观的核心范畴

中国传统正义观是以"义"为核心范畴的，[3]"君子之于天下也，无适也，无莫也，义之与比"。[4]是以，中国传统社会"正义论的核心课题当然是正义原则即'义'的确立"。[5]若想准确把握中国传统正义观，我们首先需要了解"义"的语义、内涵及其原则。

（一）"义"的语义

在中国传统社会，将"正""义"二字连用用以表达现代意义上的"正义"的是荀子。《荀子》一书曾三次使用"正义"一词用以表述其正义观：

---

〔1〕［美］约翰·罗尔斯：《正义论》，何怀宏、何包钢、廖申白译，中国社会科学出版社 1988 年版，第 3 页。

〔2〕任锋："中国传统文化中的正义观"，载《中国文化报》2014 年 4 月 3 日。

〔3〕该论述参见刘宝才、马菊霞："中国传统正义观的内涵及特点"，载《西北大学学报（哲学社会科学版）》2007 年第 6 期。

〔4〕《论语译注·里仁篇》，杨伯峻译注，中华书局 2009 年版，第 36 页。

〔5〕黄玉顺：《中国正义论的形成——周孔孟荀的制度伦理学传统》，东方出版社 2015 年版，第 7 页。

正利而为谓之事，正义而为谓之行。[1]

故有俗人者，有俗儒者，有雅儒者，有大儒者。不学问，无正义，以富利为隆，是俗人者也。[2]

《传》曰："从道不从君。"此之谓也。故正义之臣设，则朝廷不颇；谏、争、辅、拂之人信，则君过不远。[3]

不过，从更早，也更为广泛的应用来说，更多地是以"义"这一字来表达中国传统社会的正义观。根据汉代许慎的《说文解字》可知："义，己之威仪也。从我羊。"[4]这一定义一方面点明了古体"义"由我、羊两部分构成，即"義"；另一方面指出"义"的内涵：所谓"己之威仪"是指具备"义"的人，其面貌仪容是令人畏惧的；而"义"的构成表明自身应具备"善"的品质。东汉刘熙在许慎解释的基础上，将"义"字界定为："义者，宜也，裁制事物，使合宜也。"[5]也就是说，"义"是指人类作出合适的或适宜的行为、言论等。其中，从"裁制事物使合宜"中已经可以看出人的主观能动性在塑造"义"中所发挥的重要作用。为了准确而完整地理解"义"字的含义，《康熙字典》在兼采许慎、刘熙释义的基础上，尚别采其他诸家关于"义"的释义：①《易·乾卦》：利物足以和义；②《说卦传》：立人之道曰仁与义；③《容斋随笔》：人物以义

---

[1]（清）王先谦撰：《荀子集解·正名篇》，沈啸寰、王星贤点校，中华书局1988年版，第412~413页。

[2]（清）王先谦撰：《荀子集解·儒效篇》，沈啸寰、王星贤点校，中华书局1988年版，第138页。

[3]（清）王先谦撰：《荀子集解·臣道篇》，沈啸寰、王星贤点校，中华书局1988年版，第250~251页。

[4]（汉）许慎撰：《说文解字》，（宋）徐铉校定，中华书局2013年版，第267页。

[5]（汉）刘熙撰：《释名·卷四·释言语》，中华书局1985年版，第52页。

为名，其别最多，仗正道曰义，义师、义战是也；众所尊戴曰义，义帝是也；与众共之曰义，义仓、义社、义田、义学、义役、义井之类是也；至行过人曰义，义士、义侠、义姑、义夫、义妇之类是也；自外入而非正者曰义，义父、义儿、义兄弟、义服之类是也；衣裳器物亦然，在首曰义髻，在衣曰义襕、义领之类是也；合众物为之，则有义浆、义墨、义酒；禽畜之贤者，则有义犬、义鸟、义鹰、义鹊；④地名和姓氏，如前秦时期位于秦国西北的义渠国、西汉酷吏义纵；⑤与"谊"同，如《汉书·董仲舒传》：渐民以仁，摩民以谊；⑥与"仪"通，如《汉书·邹阳传》：使东牟、朱虚、东褒、义父之后；⑦与"宜"同，如《韵补》：《周官》凡杀人而义者；等等。[1]同时结合荀子所言，"义"作为中国传统社会的正义原则或正义观，也可以表述为"中""道""正""宜""当"等。"先王之道，仁之隆也，比中而行之。曷谓中？曰：礼义是也。道者，非天之道，非地之道，人之所以道也，君子之所道也。君子……有所正矣。……若夫谪德而定次，量能而授官，使贤不肖皆得其位，能不能皆得其官，万物得其宜，事变得其应，慎、墨不得进其谈，惠施、邓析不敢窜其察，言必当理，事必当务，是然后君子之所长也。"[2]

（二）"义"的内涵

结合上述释义，从中国传统正义观的角度来说，"义"应当具备如下内涵：

第一，"义"是人之为人的准则之一。古人认为天地人合

〔1〕 参见（清）张玉书等编著：《康熙字典》，正业书局2004年版，第880~881页。

〔2〕（清）王先谦撰：《荀子集解·儒效篇》，沈啸寰、王星贤点校，中华书局1988年版，第121~124页。

一，天地能够存在的原因在于阴阳柔刚；而人是效法天地的，其赖以存在的根据是仁与义。并且，仁义是人自身的内在本性，"《传》称立天之道，曰阴与阳；立地之道，曰柔与刚；立人之道，曰仁与义。然则仁义者，人之性也"。[1]

第二，"义"是指人（类）的思想、言语、行为等是合适的、适宜的。儒家经典《中庸》直接将"义"界定为"宜"，即"义者，宜也"。[2]后世致力于兴复儒学的韩愈将《中庸》中对"义"的界定进一步深化，将之明确为人（类）的行为合适的、适宜的就可以称之为"义"，即"行而宜之之谓义"。[3]不限于此，就连法家代表人物管子也主张"义"应当蕴含适宜、合适之意。如其曾言："礼出乎义，义出乎理；理因乎宜者也。"[4]

第三，"义"有善、美、贤的意蕴。因此，"不义"则有不美、不善、不贤的意蕴。如荀子认为"流淫、污僈，犯分、乱理，骄暴、贪利"[5]等行为是侮辱、背离"义"的行为。

第四，从事"义"的行为可以利于世间万物。中国传统正义观的调整范围不仅涵盖人与人之间的关系，还特别注重从人与人之间的关系，推扩至人与物之间的关系。"亲亲而仁民，仁民而爱物。"[6]

第五，"义"的行为是正当的、正道的。孟子以路为喻，强

---

〔1〕（唐）李延寿撰：《北史·卷四十二·常爽传》，中华书局1974年版，第1554页。

〔2〕杨天宇撰：《礼记译注·中庸》，上海古籍出版社2004年版，第700页。

〔3〕（唐）韩愈撰：《韩昌黎文集校注·卷一·原道》，马其昶校注，马茂元整理，上海古籍出版社1986年版，第13页。

〔4〕黎翔凤撰：《管子校注·卷十三·心术上》，梁运华整理，中华书局2004年版，第770页。

〔5〕（清）王先谦撰：《荀子集解·正论篇》，沈啸寰、王星贤点校，中华书局1988年版，第342页。

〔6〕《孟子译注·尽心上》，杨伯峻译注，中华书局1960年版，第322页。

调"义"是人生之正路；并且主张不走该正路，则无法抵达人心，难以达致"仁"。"仁，人之安宅也；义，人之正路也"，[1]"舍其路而弗由，放其心而不知求，哀哉"。[2]

不过需要注意的是，正义、正义论、正义观的产生、发展和形成都离不开当时的社会环境。因为，正义观的主要功能便是服务于社会管理和国家治理。它"是一种社会化的产物。正义是政治家、思想家、法学家等，试图解决时代发展所带来的社会不稳定因素造成的社会动荡，从而构建的一种适合于社会需要的秩序安排"。[3]因此，社会因素及业已形成的秩序观也对正义观的形成具有重要的作用。在中国传统社会追求"王道平"的秩序观的影响下，该正义观尚有如下两种意蕴：其一，"义"本身是差序的。如荀子在寻求一种普适的正义的制度规范时，曾强调"少事长，贱事贵，不肖事贤，是天下之通义也"。[4]其二，"义"强调家国利益、社会整体利益的优先性。如在探讨事君之道时，要求臣子不得以私废公，"不敢有以私决择也，不敢有以私取与也，……是事圣君之义也"；[5]就连至高无上的君主，其行为也应以国家公利、民众利益为依托。"即君的政治权力必须在体现或符合民众的要求的情况下，才配行使或享有。这一正义思想，……贯穿了中国古代帝制王朝的全过程。"[6]

---

[1]《孟子译注·离娄章句上》，杨伯峻译注，中华书局1960年版，第172页。

[2]《孟子译注·告子上》，杨伯峻译注，中华书局1960年版，第267页。

[3] 陈兵、丁寰翔："'正义'概念流变考察：以西方法哲学思想演进为线索——兼论中国社会的'正义'观"，载《湖南科技学院学报》2010年第3期。

[4]（清）王先谦撰：《荀子集解·仲尼篇》，沈啸寰、王星贤点校，中华书局1988年版，第113页。

[5]（清）王先谦撰：《荀子集解·臣道篇》，沈啸寰、王星贤点校，中华书局1988年版，第252页。

[6] 陈兵、丁寰翔："'正义'概念流变考察：以西方法哲学思想演进为线索——兼论中国社会的'正义'观"，载《湖南科技学院学报》2010年第3期。

概括来说，中国传统正义观是一种"维齐非齐"的伦理正义观。[1]这一正义观是建立在世间万物本就不平等的认识论的基础上的。"夫物之不齐，物之情也；或相倍蓰，或相什百，或相千万。子比而同之，是乱天下也。"[2]人与人之间亦是如此，因此孔子主张"君君、臣臣、父父、子子"，[3]孟子主张"劳心者治人，劳力者治于人；治于人者食人，治人者食于人，天下之通义也"，[4]荀子主张"少事长，贱事贵，不肖事贤，是天下之通义也"。[5]这一认识论和正义观是符合中国传统社会实际的，就连以"自由、民主、文明"为口号的当代社会梦寐以求的公平正义，也"不是谋求同一，谋求均等，而是建立一系列以社会公平正义为基本原则的社会制度，以使各种本来就具有以及本来就应该有差别的社会成员之间能够各得其所、各安其分、相得益彰、共存共荣"。[6]并且，中国传统社会的正义观包含两层含义：其一，制度正义（institution justice）。"正义是社会制度的首要价值"，[7]因此建构正义的社会制度，涵盖政治

---

[1] 刘宝才和马菊霞将中国传统正义观界定为伦理意义的正义观、整体本位的正义观是比较恰当的，本书吸收了该论点。他们在论文中谈道："中国传统正义观基本是一种伦理意义的正义观，提倡人在道德上的自我完善，重视道德意识和道德行为的价值。在一般意义上说，它通过推崇道德价值，维护社会整体利益、维持社会正常运转，具有永恒意义。由于强调个人对于整体的道义责任，中国古代正义观被归为整体本位的正义观。"参见刘宝才、马菊霞："中国传统正义观"，载眉县人民政府、陕西省社会科学界联合会、陕西孔子研究会：《中国宝鸡张载关学与东亚文明学术研讨会论文集》2007年10月，第102页。

[2]《孟子译注·滕文公章句上》，杨伯峻译注，中华书局1960年版，第126页。

[3]《论语译注·颜渊篇》，杨伯峻译注，中华书局2009年版，第126页。

[4]《孟子译注·滕文公章句上》，杨伯峻译注，中华书局1960年版，第124页。

[5]（清）王先谦撰：《荀子集解·仲尼篇》，沈啸寰、王星贤点校，中华书局1988年版，第113页。

[6] 桑玉成："确立辩证的公平正义观"，载《上海文汇报》2007年3月19日。

[7] [美] 约翰·罗尔斯：《正义论》，何怀宏、何包钢、廖申白译，中国社会科学出版社1988年版，第1页。

制度、经济制度、文化制度等诸方面，是正义的内在要求。何谓制度正义？现今有关制度正义的概念界定，多是在罗尔斯正义论的框架下建构的，如龚晨将制度正义界定为"某一制度的设计是否具有合法、合理的根据，是否被赋予了正义的属性，是否彰显了绝大多数人的利益"。[1]然而，这显然是不符合中国传统正义观的，不过在借鉴该定义的基础上，制度正义可以表述为：制度规范本身具备正义属性，符合"义"的要求。其二，行为正义（behavior justice）。一般来说，行为正义是指人的行为"符合既有的制度规范"。[2]这一定义是在默认制度本身即为正义的基础上建构的，然而，事实上，并不是所有的制度规范都是符合正义要求的，因此这一定义是不周延的。鉴于此，在借鉴上述定义的基础上，行为正义可以表述为：人的行为符合正义的要求。

（三）"义"的基本原则

儒家的正义论是建构在认识到人的生活情感是渊源于实际社会生活的基础之上的，基于不同的喜爱程度会采取不一样的"利人""利己"措施，"亲之，欲其贵也；爱之，欲其富也"。[3]这是符合普通民众的人之常情的，是"爱有差等"的具体表现。然而，儒家在正视上述社会现实的基础上，还认识到"人皆有不忍人之心"，在宽恕之道和絜矩之道的指导下，采取推扩的方法，将爱己、爱亲之心推扩至社会大众，"有了老安少怀，己饥己溺，泯除小己恩怨的胸襟，就是普爱或至少距普爱的理想不远了"。[4]孔子所谓的"大同之世"，即"选贤与能，讲信修睦。故人不独

---

[1] 龚晨："制度和谐是社会和谐的根本保证"，载《重庆社会科学》2007年第4期。

[2] 黄玉顺：《中国正义论的形成——周孔孟荀的制度伦理学传统》，东方出版社2015年版，第344页。

[3] 《孟子译注·万章章句上》，杨伯峻译注，中华书局1960年版，第213页。

[4] 贺麟：《近代唯心论简释》，商务印书馆2011年版，第236页。

亲其亲，不独子其子，使老有所终，壮有所用，幼有所长，矜寡孤独废疾者，皆有所养"；[1]孟子的理想国家状态，即"老吾老，以及人之老；幼吾幼，以及人之幼"；[2]都是在认识"差等之爱"的基础上，推扩而形成的。因此，建立在"差等之爱"和在此基础上推扩而形成的"一体之仁"的"中国正义论的核心内容是通过对'义'的诠释，提出两条正义原则：（1）正当性原则（公正性准则、公平性准则）；（2）适宜性原则（时宜性原则、地宜性原则）。"[3]

所谓正当性原则，是指建立在"差等之爱"推扩而形成的"一体之仁"的基础上，进而规范社会制度建构的正义原则之一。该原则主要包括两个方面：其一，公正性准则。公正性准则主要表现为"对群体公利的尊重"，[4]落实在政治制度上，可以表述为"政者，正也。子帅以正，孰敢不正"；[5]具体到法律层面，则强调君主和臣民都应遵照法律的规定，"法者天子所与天下公共也"。[6]其二，公平性原则。公平性原则主要表现为"对他者私利的尊重"，[7]如中国传统社会特别强调准确划定水井、土地等资源的经界，"夫仁政，必自经界始。经界不正，井地不钧，谷禄不平……经界既正，分田制禄可坐而

---

〔1〕《礼记译注·礼运》，杨天宇译注，上海古籍出版社2004年版，第265页。

〔2〕《孟子译注·梁惠王章句上》，杨伯峻译注，中华书局1960年版，第16页。

〔3〕黄玉顺："中国正义论的形成——周孔孟荀的制度伦理学传统"，东方出版社2015年版，第266页。

〔4〕黄玉顺："中国正义论的形成——周孔孟荀的制度伦理学传统"，东方出版社2015年版，第257页。

〔5〕《论语译注·颜渊篇》，杨伯峻译注，中华书局2009年版，127页。

〔6〕（汉）班固撰：《汉书·卷五十·张释之传》，（唐）颜师古注，中华书局1962年版，第2310页。

〔7〕黄玉顺：《中国正义论的形成——周孔孟荀的制度伦理学传统》，东方出版社2015年版，第257页。

定也"。[1]这固然是基于保障国家赋税收入的需要，但也从另一方面反映了国家强调对百姓土地所有权的尊重和保护。所谓适宜性原则，是指建立在"差等之爱"的基础上，同时依据所处时间、空间的具体情况而建构和适用社会制度的正义原则之一。"义者，宜也。"[2]该原则主要包括两个方面：第一，时宜性原则。时宜性原则主要是指人的行为、制度的制定等应该符合历史发展的需求，即强调时间上的合宜。时宜性原则不仅要求社会制度的制定和实施要符合时间上的需求，严苛而言，就连人在生活中的一举一动亦要切合时机，如"夫子时然后言，人不厌其言；乐然后笑，人不厌其笑；义然后取，人不厌其取"[3]的行为模式。落实在法律层面，如基于"亲亲""尊尊"的原则，儒家允许乃至鼓励百姓的复仇行为，然基于国家治理的需要，历代统治者都对复仇行为予以一定程度的限制，但是不同时期的惩戒力度却轻重不一。第二，地宜性原则。地宜性原则主要是指人的行为、制度的制定等应该符合场域的要求，即空间、场合等的适宜性。如辽太祖耶律阿保机在建国之初，注意到本部族、其他少数民族和汉人的发展程度不一，因此主张蕃汉分治，即制定"治契丹及诸夷之法，汉人则断以《律令》"。[4]

二、儒家学派的正义观

在百家争鸣时代，墨家在"兼爱""尚贤"思想的基础上，极其推崇"公义"，主张"不义不富，不义不贵，不义不亲，不

---

〔1〕《孟子译注·滕文公章句上》，杨伯峻译注，中华书局1960年版，第118页。

〔2〕《礼记译注·中庸》，杨天宇译注，上海古籍出版社2004年版，第700页。

〔3〕《论语译注·宪问篇》，杨伯峻译注，中华书局2009年版，第148页。

〔4〕（元）脱脱等撰：《辽史·卷六十一·刑法志上》，中华书局1974年版，第937页。

义不近",〔1〕"把义看作最高道德准则";〔2〕道家极为崇尚自然，认为"礼义"本身就是社会败落、混乱之后的产物，"故失道而后德，失德而后仁，失仁而后义，失义而后礼。夫礼者，忠信之薄，而乱之首",〔3〕因此主张"绝圣弃智，……绝仁弃义";〔4〕法家在认清社会纷乱现实的基础上，认为当今之世凭恃道德仁义是很难达致社会治理、国富兵强的，因此主张"不别亲疏，不殊贵贱，一断于法",〔5〕"建构起了一种家国本位的正义，将个体转换为国家实力的充实单位，利用严密整齐的官僚制实现了以国家利益为绝对主导的价值再造";〔6〕而儒家在正视"爱之差等"和超越"爱之差等"，追求"一体之仁"的基础上构建的伦理正义观更加符合现实生活情境和历史的需要。经过汉武帝时期的"罢黜百家，表章《六经》",〔7〕儒家的"维齐非齐"的伦理正义观"透过士大夫共治、尊重社会和地方治理的架构更新……保障大一统天下对于公义精神的真正维系",〔8〕从而成了主导的正义观，贯穿于整个中国传统社会。并且，"中国正义论……其实在周公、孔子、孟子、荀子等人那里便已经基本成型了，此后两千年来的继承与发展其实都并没有超出他们

---

〔1〕（清）孙诒让撰：《墨子闲诂·尚贤上》，孙启治点校，中华书局 2001 年版，第 44 页。

〔2〕闫虹："中国传统正义观和西方正义观的差异"，载《新西部（理论版）》2012 年第 Z4 期。

〔3〕陈鼓应：《老子注译及评介·三十八章》，中华书局 1984 年版，第 212 页。

〔4〕陈鼓应：《老子注译及评介·十九章》，中华书局 1984 年版，第 136 页。

〔5〕（汉）班固撰：《汉书·卷六十二·司马迁传》，（唐）颜师古注，中华书局 1962 年版，第 2713 页。

〔6〕任锋："中国传统文化中的正义观"，载《中国文化报》2014 年 4 月 3 日。

〔7〕（汉）班固：《汉书·卷六·武帝纪》，（唐）颜师古注，中华书局 1962 年版，第 212 页

〔8〕任锋："中国传统文化中的正义观"，载《中国文化报》2014 年 4 月 3 日。

所制定的基本理论范围"。〔1〕鉴于中国传统正义观以儒学为主导，在孔子、孟子、荀子的建构下已基本成型。因此，我们要探讨中国传统正义观，需要对他们的正义观有一个相对准确的把握。

（一）"义以为质"——孔子的正义观

孔子极为推崇"义"，主张有高尚品德的人在待人接物时不应根据其与自身关系的亲疏远近而厚此薄彼，一切均以"义"为行为的准则。"君子之于天下也，无适也，无莫也，义之与比。"〔2〕因此，君子也可被称为"通达之士"，其本身也是品性正直、遵从正义的人，"君子义以为质"、〔3〕"夫达也者，质直而好义"；唯有如此，再辅之以察言观色、宽以待人，方能做到"在邦必达，在家必达"。〔4〕孔子将"义"作为一切行为的准则，要求：

第一，人们的言语应当符合"义"的要求，否则夸夸其谈，也只是小聪明的表现而已。"群居终日，言不及义，好行小慧。"〔5〕并且，只有这种符合"义"的言语才能得到实行，"信近于义，言可复也"〔6〕

---

〔1〕 黄玉顺：《中国正义论的形成——周孔孟荀的制度伦理学传统》，东方出版社2015年版，第3页。不过，也有学者主张中国传统正义观的基本定型确立于董仲舒。"经过一番探讨，至董仲舒从儒家学说出发，吸收各派思想成果，完成了汉代以下两千年占正统地位的伦理学说体系，义作为这个体系中的基本道德范畴确定下来。后代对义的解释的种种变化，大体属于在董仲舒完成的伦理学说体系范围内的修补和发展。"参见刘宝才、马菊霞："中国传统正义观"，载眉县人民政府、陕西省社会科学界联合会、陕西孔子研究会：《中国宝鸡张载关学与东亚文明学术研讨会论文集》2007年10月，第98页。

〔2〕《论语译注·里仁篇》，杨伯峻译注，中华书局2009年版，第36页。

〔3〕《论语译注·卫灵公篇》，杨伯峻译注，中华书局2009年版，第164页。

〔4〕《论语译注·颜渊篇》，杨伯峻译注，中华书局2009年版，第128页。

〔5〕《论语译注·卫灵公篇》，杨伯峻译注，中华书局2009年版，第163页。

〔6〕《论语译注·学而篇》，杨伯峻译注，中华书局2009年版，第8页。

第二，人们在行动时应该遵循"义"：

有君子之道四焉：其行己也恭，其事上也敬，其养民也惠，其使民也义。[1]

义然后取，人不厌其取。[2]

见善如不及，见不善如探汤。吾见其人矣，吾闻其语矣。隐居以求其志，行义以达其道。[3]

第三，对于符合"义"的行为，人（类）应该勇于实践；否则，会被视为懦弱之人。"见义不为，无勇也。"[4]但是，这种勇敢的行为必须符合"义"的内在要求，因为"君子有勇而无义为乱，小人有勇而无义为盗。"[5]

第四，人们在行为后还要考虑自身之所为、所得是否符合"义"的要求，"君子有九思：……见得思义"[6]，"士见危致命，见得思义。"[7]

然而，究竟在孔子那里什么是"义"呢？纵观《论语》一书，孔子始终未对之作出准确的界定。然结合子路所言"不仕无义。长幼之节，不可废也；君臣之义，如之何其废之？欲洁其身，而乱大伦。君子之仕也，行其义也"[8]，大致可知孔子所谓的"义"应该是人伦，即"君君，臣臣，父父，子子"。[9]

[1] 《论语译注·公冶长篇》，杨伯峻译注，中华书局2009年版，第46页。
[2] 《论语译注·宪问篇》，杨伯峻译注，中华书局2009年版，第148页。
[3] 《论语译注·季氏篇》，杨伯峻译注，中华书局2009年版，第175页。
[4] 《论语译注·为政篇》，杨伯峻译注，中华书局2009年版，第21~22页。
[5] 《论语译注·阳货篇》，杨伯峻译注，中华书局2009年版，第188页。
[6] 《论语译注·季氏篇》，杨伯峻译注，中华书局2009年版，第175页。
[7] 《论语译注·子张篇》，杨伯峻译注，中华书局2009年版，第197页。
[8] 《论语译注·微子篇》，杨伯峻译注，中华书局2009年版，第194页。
[9] 《论语译注·颜渊篇》，杨伯峻译注，中华书局2009年版，第126页。

不过，此时的人伦尚没有后世学者所赋予的"三纲"之意，而主要是指君主、臣下、父亲、儿子等都应按照各自的身份，各行其道，这从孔子主张"以道事君，不可则止"[1]中可窥一斑。不限于此，孔子还主张人们应该根据"义"去改变和提升自己的行为，而"闻义不能徙，……是吾忧也"。[2]趋向于实现"义"的具体方法是提升自身的道德水准，"徙义，崇德也"。[3]

（二）"居仁由义"——孟子的正义观

孟子承袭孔子的观点，也十分推崇"义"，认为讲求仁义是人（类）在世上最为舒适的生活方式。其中，出言诋毁礼义是自己糟蹋自己的行为，不能够践行仁义也是自我放弃的表现。对于上述这样的人，孟子认为是十分悲哀的，主张道不同不相为谋。"言非礼义，谓之自暴也；吾身不能居仁由义，谓之自弃也。仁，人之安宅也；义，人之正路也。旷安宅而弗居，舍正路而不由，哀哉！"[4]对于那些不符合"义"的行为，即使伴随着高官厚禄，贤达之人也是不屑为之的。"非其义也，非其道也，禄之以天下，弗顾也；系马千驷，弗视也。非其义也，非其道也，一介不以与人，一介不以取诸人。"[5]"非义之义，大人弗为。"[6]孟子认为，"义"本身是由贤达之人制定的，"礼义由贤者出"。[7]与此同时，孟子主张"义"本身是人之四端之一，而"羞恶之心"则是"义"的初端。在拥有人之四端的基础上，人们应该正视并通过"推扩"的方法保护它、传播它，

---

[1]《论语译注·先进篇》，杨伯峻译注，中华书局2009年版，第116页。
[2]《论语译注·述而篇》，杨伯峻译注，中华书局2009年版，第66页。
[3]《论语译注·颜渊篇》，杨伯峻译注，中华书局2009年版，第125页。
[4]《孟子译注·离娄章句上》，杨伯峻译注，中华书局1960年版，第172页。
[5]《孟子译注·万章章句上》，杨伯峻译注，中华书局1960年版，第225页。
[6]《孟子译注·离娄章句下》，杨伯峻译注，中华书局1960年版，第188页。
[7]《孟子译注·梁惠王章句下》，杨伯峻译注，中华书局1960年版，第52页。

从而能安治天下；否则，不能保家孝亲。"凡有四端于我者，知皆扩而充之矣，若火之始然，泉之始达。苟能充之，足以保四海；苟不充之，不足以事父母。"[1]不限于此，孟子还明确提出了保存"义"的方法："义"的保存和维护不是出自外在，而是靠自身内心的培养，"反求诸己而已矣。"[2]基于此，孟子还特别批评了告子的观点，认为其把"义"看成外在于心的东西，是不知"义"的表现。"告子未尝知义，以其外之也。"[3]

"义"在孟子那里之所以如此重要，是因为：第一，"义，人之正路也。"[4]遵循"义"是人类所走的最为正确的道路，因此对于不义之事，即使能够获得巨大的利益也不当为。"行一不义，杀一不辜，而得天下，皆不为也。"[5]第二，"义"能够培养浩然正气。孟子认为，浩然正气需要与"义"配合行使，否则便缺乏力量。而且，这一配合行使应当是经常性的，因为偶尔的"义"是达不到培养浩然正气的目标的。"其为气也，配义与道；无是，馁矣。是集义所生者，非义袭而取之也。"[6]第三，"义"的存在与否是人与禽兽区别的关键所在。孟子认为，人与禽兽差别不大，其关键在于人能够明晓人伦，践行礼义。"人之所以异于禽兽者几希，……察于人伦，由仁义行。"[7]而人若不讲究"义"，则会出现"率兽食人，人将相食"[8]的场面。第四，能否践行"义"是国家兴亡的关键所在。孟子认为，

---

[1]《孟子译注·公孙丑章句上》，杨伯峻译注，中华书局1960年版，第80页。
[2]《孟子译注·公孙丑章句上》，杨伯峻译注，中华书局1960年版，第81页。
[3]《孟子译注·公孙丑章句上》，杨伯峻译注，中华书局1960年版，第62页。
[4]《孟子译注·离娄章句上》，杨伯峻译注，中华书局1960年版，第172页。
[5]《孟子译注·公孙丑章句上》，杨伯峻译注，中华书局1960年版，第63页。
[6]《孟子译注·公孙丑章句上》，杨伯峻译注，中华书局1960年版，第62页。
[7]《孟子译注·离娄章句下》，杨伯峻译注，中华书局1960年版，第191页。
[8]《孟子译注·滕文公章句下》，杨伯峻译注，中华书局1960年版，第155页。

君主、臣民没有"义"比城防没有完善、兵士甲器不完备、土地没有开垦、物资不够丰富还可怕，是真正的亡国原因。"城郭不完，兵甲不多，非国之灾也；田野不辟，货财不聚，非国之害也；上无礼，下无学，贼民兴，丧无日矣。"[1]不过，孟子虽然十分推崇"义"，但也认识到脱离社会生活现实讲求"义"是不切实际的。因此，孟子主张在满足人们生活的基本需求后方能讲求、践行礼义。"今也制民之产，仰不足以事父母，俯不足以畜妻子；乐岁终身苦，凶年不免于死亡。此惟救死而恐不赡，奚暇治礼义哉？"[2]并且，孟子反对那些不符合中道，走极端的行为。如其认为陈仲子"以兄之禄为不义之禄而不食也，以兄之室为不义之室而不居也"[3]的行为不是真正的廉洁，更遑论合于"义"了。

而"义"究竟为何呢？恰如前文所述，人与禽兽的区别在于人懂得"义"。而孟子又言人与禽兽大体相同，区别在于人能受教于人伦。而所谓人伦是指"父子有亲，君臣有义，夫妇有别，长幼有叙，朋友有信"。[4]据此可知，在孟子那里，"义"主要也是指人伦，即父子间应有骨肉之亲、君臣间应有手足腹心之义、夫妇间应有内外之别、长幼间应有尊卑上下之序、朋友间应有诚信之道。对于那些不能够践行"义"的人，孟子认为他们就应该被他人所役使。若想摆脱这种命运，不应该简单地放弃那些被人役使的工作或职业，而是应该践行礼义。"不仁、不智，无礼、无义，人役也。人役而耻为役，由弓人而耻为弓，矢人而耻为矢也。如耻之，莫如为仁。"[5]对于那些不符

---

〔1〕《孟子译注·离娄章句上》，杨伯峻译注，中华书局1960年版，第162页。
〔2〕《孟子译注·梁惠王章句上》，杨伯峻译注，中华书局1960年版，第17页。
〔3〕《孟子译注·滕文公章句下》，杨伯峻译注，中华书局1960年版，第159页。
〔4〕《孟子译注·滕文公章句上》，杨伯峻译注，中华书局1960年版，第125页。
〔5〕《孟子译注·公孙丑章句上》，杨伯峻译注，中华书局1960年版，第81页。

合道义的行为，应立即改正。"如知其非义，斯速已矣，何待来年？"〔1〕孟子穷其一生都在宣扬其仁政观念，因此在谈论"义"时，也十分注重表述为君之义、为臣之义。具体表现为：一方面，通过与齐宣王的对话可知，孟子主张君主应该践行"义"，否则其与匹夫无异。并且，其主张讨伐那些如桀、纣一样的暴君是符合"义"的内在要求的。"贼仁者谓之'贼'，贼义者谓之'残'。残贼之人谓之'一夫'。闻诛一夫纣矣，未闻弑君也。"〔2〕孟子之所以如此强调君主应当讲求、践行"义"，是因为一国之君只有具备表率作用，方能治民安国。"君仁，莫不仁；君义，莫不义；君正，莫不正。一正君而国定矣。"〔3〕另一方面，对于臣民而言，孟子尽管主张君臣父子是人之大伦，但并不认为对君主百依百顺是孝忠、尊敬君主的行为，而是主张"以道事君""以义事君"才是真正尊君的表现。"齐人无以仁义与王言者，岂以仁义为不美也？其心曰，'是何足与言仁义也'云尔，则不敬莫大乎是。我非尧舜之道，不敢以陈于王前，故齐人莫如我敬王也。"〔4〕并且，孟子主张爵禄、年龄和德行仁义应该在各自的领域发挥功能，不应以爵禄折损"义"和"年长者"。"天下有达尊三：爵一，齿一，德一。朝廷莫如爵，乡党莫如齿，辅世长民莫如德。恶得有其一以慢其二哉？"〔5〕因为，在孟子看来，尊重君王等上位者与敬重贤达之士，其内在原理是一致的。"用下敬上，谓之贵贵；用上敬下，谓之尊贤。贵贵尊贤，其义一也。"〔6〕

〔1〕《孟子译注·滕文公章句下》，杨伯峻译注，中华书局1960年版，第153页。
〔2〕《孟子译注·梁惠王章句上》，杨伯峻译注，中华书局1960年版，第42页。
〔3〕《孟子译注·离娄章句上》，杨伯峻译注，中华书局1960年版，第180页。
〔4〕《孟子译注·公孙丑章句下》，杨伯峻译注，中华书局1960年版，第89页。
〔5〕《孟子译注·公孙丑章句下》，杨伯峻译注，中华书局1960年版，第89页。
〔6〕《孟子译注·万章章句下》，杨伯峻译注，中华书局1960年版，第237页。

（三）"制礼义以分之"——荀子的正义观

荀子在承袭孔子、孟子正义思想的基础上，将儒家正义观发扬光大，对后世传统中国影响至深。以致清末主张变法维新的谭嗣同言："两千年来之学，荀学也。"[1]《荀子》一书提及"义"字的地方多达316处，并且"特别值得一提的是，汉语学术文本中，率先将社会正义论意义上的'义'明确表达为'正义'的正是《荀子》"。[2]除了"正义"一词连用表述今之正义的含义外，"义"自己单用亦有正义的内涵，如"夫义者，所以限禁人之为恶与奸者也"，[3]较有特色的是荀子将"仁义"二字连用，该用法在《荀子》一书中多达116处，除了有"礼与义"的含义外，尚有"礼之义"的含义，即"意指礼制背后的、作为礼制的支持根据的'义'，亦即荀子所说的'正义'——正义原则"。[4]如荀子在批评惠施、邓析等人时，指出他们"不法先王，不是礼义，而好治怪说，玩琦辞，甚察而不惠，辩而无用，多事而寡功，不可以为治纲纪"。[5]

荀子的正义观是建立在其"人性恶"的论断之上的，这也是礼义存在的原因所在。"人生而有欲，欲而不得，则不能无求；求而无度量分界，则不能不争；争则乱，乱则穷。先王恶其

〔1〕 谭嗣同：《仁学——谭嗣同集》，加润国选注，辽宁人民出版社1994年版，第70页。

〔2〕 黄玉顺：《中国正义论的形成——周孔孟荀的制度伦理学传统》，东方出版社2015年版，第311页。

〔3〕 （清）王先谦撰：《荀子集解·疆国篇》，沈啸寰、王星贤点校，中华书局1988年版，第305页。

〔4〕 黄玉顺：《中国正义论的形成——周孔孟荀的制度伦理学传统》，东方出版社2015年版，第330页。

〔5〕 （清）王先谦撰：《荀子集解·非十二子篇》，沈啸寰、王星贤点校，中华书局1988年版，第93~94页。

乱也，故制礼义以分之，以养人之欲，给人之求。"〔1〕并且，荀子主张"义"是人区别于草木禽兽而称首于万物的关键所在。"水火有气而无生，草木有生而无知，禽兽有知而无义，人有气、有生、有知，亦且有义，故最为天下贵也。"〔2〕鉴于战国后期的乱状，荀子不再将"义"局限于是人的本质，而是将之纳入国家范畴。"天下之要，义为本。"〔3〕"义"的关键在于"分"，因为"分"是"养天下之本"，其内容是"使有贫富贵贱之等"。〔4〕因此，荀子主张仁人君子在位应当根据人的德性、才能、年龄、人情、社会现实等因素，"规划出一套能反映这一实情的、有差等的社会层级结构"，〔5〕即"先王案为之制礼义以分之，使有贵贱之等，长幼之差，知愚、能不能之分，皆使人载其事而各得其宜"。〔6〕之所以说"义"的关键在"分"，是因为只有"分"，人类才能战胜自身的动物属性而"群"，从而役使万物为人所用。"人何以能群？曰：分。分何以能行？曰：义。故义以分则和，和则一，一则多力，多力则强，强则胜物，故宫室可得而居也。故序四时，裁万物，兼利天下，无它故焉，得之分义也。"〔7〕

---

〔1〕（清）王先谦撰：《荀子集解·礼论篇》，沈啸寰、王星贤点校，中华书局1988年版，第346页。

〔2〕（清）王先谦撰：《荀子集解·王制篇》，沈啸寰、王星贤点校，中华书局1988年版，第164页。

〔3〕（清）王先谦撰：《荀子集解·疆国篇》，沈啸寰、王星贤点校，中华书局1988年版，第305页。

〔4〕（清）王先谦撰：《荀子集解·王制篇》，沈啸寰、王星贤点校，中华书局1988年版，第152页。

〔5〕杨豹："荀子的社会正义观"，载《东方论坛》2009年第2期。

〔6〕（清）王先谦撰：《荀子集解·荣辱篇》，沈啸寰、王星贤点校，中华书局1988年版，第70页。

〔7〕（清）王先谦撰：《荀子集解·王制篇》，沈啸寰、王星贤点校，中华书局1988年版，第164页。

在此基础上，我们可以将荀子正义观的内涵归纳为如下几个方面：其一，"义"具备正当、公正等方面的含义。如荀子认为，为了利益而放弃正义是一种"贼""毁""败"的行为，"保利弃义谓之至贼"；[1]臣子只顾结党营私，而不明事君之公义，则是悖逆之臣，"不恤公道通义，朋党比周，以环主图私为务，是篡臣者也"；[2]不为恶、不为奸的行为是符合正义要求的行为，"夫义者，所以限禁人之为恶与奸者也"；[3]等等。其二，"义"具备适宜、适当、合宜等方面的内涵。如荀子认为，符合"义"的行为本身应是符合道理的行为，"义者循理"[4]"义，理也，故行"[5]。人死后的丧葬祭祀之礼等都是合宜的，是符合礼义的。"大象其生以送其死，使死生终始莫不称宜而好善，是礼义之法式也"，[6]是儒者的表现。君子之所以尊贵、厚重是因为其行、其言、其名符合"礼义"的中正之道，是合乎时宜的。"然而君子不贵者，非礼义之中也。""君子行不贵苟难，说不贵苟察，名不贵苟传，唯其当之为贵。"[7]其三，"义"蕴含一定的公平、平等的意蕴。如前文所述，"义"的关键在于

---

〔1〕（清）王先谦撰：《荀子集解·修身篇》，沈啸寰、王星贤点校，中华书局1988年版，第24页。

〔2〕（清）王先谦撰：《荀子集解·臣道篇》，沈啸寰、王星贤点校，中华书局1988年版，第247页。

〔3〕（清）王先谦撰：《荀子集解·疆国篇》，沈啸寰、王星贤点校，中华书局1988年版，第305页。

〔4〕（清）王先谦撰：《荀子集解·议兵篇》，沈啸寰、王星贤点校，中华书局1988年版，第279页。

〔5〕（清）王先谦撰：《荀子集解·大略篇》，沈啸寰、王星贤点校，中华书局1988年版，第491页。

〔6〕（清）王先谦撰：《荀子集解·礼论篇》，沈啸寰、王星贤点校，中华书局1988年版，第372页。

〔7〕（清）王先谦撰：《荀子集解·不苟篇》，沈啸寰、王星贤点校，中华书局1988年版，第37页。

"分",即荀子特别强调和尊重社会本身具有的差异性和不平等性。但是,在此基础上,他也强调一定的公平性和平等性。如荀子主张根据物之情性来分别对待,给予适当的公平会产生天下平的社会效果。"皇天隆物,以示下民,或厚或薄,帝不齐均。……大参乎天,精微而无形。行义以正,事业以成。可以禁暴足穷,百姓待之而后宁泰。"[1]

综上而言,孔子、孟子和荀子的正义观都是建立在"爱有差等",承认"物之不齐"的自然现实的基础上,同时又通过"推扩"的方法,意图超越"爱之差等"构建"一体之仁"的理论架构,这是适应当时社会现实的正义观念,也是符合人伦需要的"维齐非齐"的伦理正义观。该正义观的主要内容是"父子有亲,君臣有义,夫妇有别,长幼有叙,朋友有信"。[2]与此同时,人与人之间的交往还要吻合"仁、义、礼、智、信"的要求,从而达致"乐和同",即谋求整个社会的和谐。这也是中国传统正义观的基本要求,以至于有学者将中国传统正义结构概括为"仁→利→知→义→智→礼→乐;或者:仁爱情感→利益问题→良知智慧或正义感→正义原则→理智或者工具理性→社会规范及其制度→社会和谐"。[3]该正义观落实在政治和社会领域,则表现为"社会层级结构是因事而分工,在人与事的安排和配置上,讲求才德、位分与谷禄三者横向关系上的适当对称,承认差等为自然,但强调'以类相从'各载其事,各得其宜"。[4]这一正义观是符合中国传统社会现实需要的,对当

---

〔1〕 (清)王先谦撰:《荀子集解·赋篇》,沈啸寰、王星贤点校,中华书局1988年版,第473页。

〔2〕《孟子译注·滕文公章句上》,杨伯峻译注,中华书局1960年版,125页。

〔3〕 黄玉顺:《中国正义论的形成——周孔孟荀的制度伦理学传统》,东方出版社2015年版,第2页。

〔4〕 吴进安:"先秦儒家正义观探析",载《孔子研究》2012年第6期。

下正义观的建构仍能发挥积极作用。这是因为中国传统正义观将"社会正义落在社会层级结构"上，"唯有如此，生活于其中的人才能建立真正的共识，且愿接受随之而有的公共规范，舒缓平息人与人因自私自利所造成的冲突"，[1]进而实现社会和谐。

三、"义"与相关概念的辨析

诚如上述，中国传统正义结构是"仁→利→知→义→智→礼→乐"，其中蕴含多对关系，究其重要及与本书主旨利害相关者则为"义"与"仁"、"义"与"礼"和"义"与"利"三对基本关系。

（一）"义"与"仁"

"义"与"仁"在儒家思想体系中一直是极为重要的一对关系，具体表现为对立统一，均被视为人之为人的关键所在。"是以立天之道曰阴与阳，立地之道曰柔与刚，立人之道曰仁与义。"[2]当"仁"与"义"并称时，多用来指称人的整体道德，如荀子认为圣贤之人是指具备"仁义"、明白是非，言行一致的人。"圣人也者，本仁义，当是非，齐言行，不失豪厘，无它道焉，已乎行之矣。"[3]前文已言，"义"乃中国传统社会的正义观，而"仁"究竟为何呢？据《说文解字》可知，"仁，亲也。从人，从二"。徐铉在为之作界定时言："仁者兼爱，故从二。"[4]即

---

〔1〕 曾春海：《儒家的淑世哲学——治道与治术》，文津出版社1992年版，第44页。

〔2〕 （魏）王弼注：《周易正义·说卦》，（唐）孔颖达疏，李申、卢光明整理，吕绍纲审定，北京大学出版社1999年版，第326页。

〔3〕 （清）王先谦撰：《荀子集解·儒效篇》，沈啸寰、王星贤点校，中华书局1988年版，第142页。

〔4〕 （汉）许慎撰：《说文解字·第八上》，（宋）徐铉校定，中华书局2013年版，第159页。

"仁"本身内涵是从己、从亲及人的兼爱情感，即"爱人"。[1]在这一理解的基础上，我们来探讨一下"仁"与"义"之间的具体关系，其中孔子、孟子和荀子均从自身的学说体系对此进行了系统的论述，具体表现如下：

纵观《论语》一书，孔子虽未直接将"仁"与"义"作区别和联系，但不难看出，符合"义"的种种行为都是符合"仁"的内在要求的：

信近于义；[2]
见义不为，无勇也；[3]
君子喻于义；[4]
君子有勇而无义为乱，小人有勇而无义为盗。[5]

而君子本身是具备"恭""敬""惠""义"之人。[6]从中可知，孔子所言"义"的具体表现无非都是在"仁"的德目之下而已。

较之孔子而言，孟子不止一次谈及"仁"与"义"之间的关系：

仁，人心也；义，人路也。舍其路而弗由，放其心而不知求，哀哉！[7]

---

[1] 如《论语》记载："樊迟问仁。子曰：'爱人'。"参见《论语译注·颜渊篇》，杨伯峻译注，中华书局 2009 年版，第 129 页。
[2] 《论语译注·学而篇》，杨伯峻译注，中华书局 2009 年版，第 8 页。
[3] 《论语译注·为政篇》，杨伯峻译注，中华书局 2009 年版，第 21~22 页。
[4] 《论语译注·里仁篇》，杨伯峻译注，中华书局 2009 年版，第 38 页。
[5] 《论语译注·阳货篇》，杨伯峻译注，中华书局 2009 年版，第 188 页。
[6] 孔子曾对子产言："有君子之道四焉：其行己也恭，其事上也敬，其养民也惠，其使民也义。"参见《论语译注·公冶长篇》，杨伯峻译注，中华书局 2009 年版，第 46 页。
[7] 《孟子译注·告子章句上》，杨伯峻译注，中华书局 1960 年版，第 267 页。

> 仁，人之安宅也；义，人之正路也。〔1〕

即孟子认为"仁"是人心的本质，即人的内在道德；"义"是达致"仁"的正确路途，即内在道德的外在行为表现。舍此，无以得其本心。"其内在的有机联系则是'居仁由义'"，〔2〕"居恶在？仁是也；路恶在？义是也。居仁由义，大人之事备矣"。〔3〕也就是说，士人、大人在为人处事上应以仁心为本，据义行事。于此可知，在孟子眼里，"仁义是统一的，要进入仁，门是礼，路是义。内容与方式、目的与手段、志向与途径，是本质的一致"。〔4〕

荀子承袭孟子的观点，认为"仁"是人的内在道德，"义"是人内在道德的外在行为表现。"唯仁之为守，唯义之为行。"〔5〕不限于此，荀子对"仁"与"义"的关系有了进一步的表述：

> 仁有里，义有门。仁非其里而虚之，非礼也。义非其门而由之，非义也。推恩而不理，不成仁；……君子处仁以义，然后仁也。〔6〕

即荀子不仅承袭了孟子的"居仁由义"说，还主张通过"义"来限制"仁"，即"处仁以义"。此处的"仁""义"的

〔1〕《孟子译注·离娄章句上》，杨伯峻译注，中华书局1960年版，第172页。
〔2〕蒋锡寿："仁义关系浅论"，载《郑州工业大学学报（哲学社会科学版）》1996年第2期。
〔3〕《孟子译注·尽心章句上》，杨伯峻译注，中华书局1960年版，第316页。
〔4〕杨建祥：《儒家"熟仁"新探》（上卷），江西人民出版社2013年版，第115页。
〔5〕（清）王先谦撰：《荀子集解·不苟篇》，沈啸寰、王星贤点校，中华书局1988年版，第46页。
〔6〕（清）王先谦撰：《荀子集解·大略篇》，沈啸寰、王星贤点校，中华书局1988年版，第491~492页。

内涵特别吻合《韩诗外传》对它们的界定，即"爱由情出谓之仁，节爱理宜谓之义"；[1]即"仁"主要是指仁爱情感，"义"主要是指对仁爱情感的正当、合宜的节制。

综上，一方面，"仁"作为"义"的生活来源，即仁爱情感这类生活情感是正义原则的现实根据。因此，在现实生活中，我们据以制定的正义原则与承载"义"的行为都应该符合"仁"，即生活情感的内在要求，即"居仁由义"。另一方面，完全根据生活情感来制定正义原则或行"义"，显然并不符合正义原则中的正当性要求，因为人的生活情感的现实是"爱有差等"的。因此，应当从正当性的角度考虑，通过"推扩"方式对"爱有差等"的生活情感作一定程度的超越，即构建儒家的"一体之仁"。从"仁"与"义"的关系角度来说，就是"处仁以义"。

（二）"义"与"礼"

"'礼'起源于原始宗教信仰、自然法则与人性管理。"[2]这在《说文解字》中"礼"的释义可窥一斑。"禮，履也。所以事神致福也。"[3]其中有关"事神致福"的解释是最为狭义的"礼"，即礼仪；广义的"礼"成了"人人当践履的意义，……变成一切行为的轨范了"，[4]包括"政治制度和伦理道德"[5]在

---

〔1〕（汉）韩婴撰：《韩诗外传集释·卷四》，许维通校释，中华书局 1980 年版，第 153 页。

〔2〕田君："论'礼'的自源、起源、属性与结构"，载《四川大学学报（哲学社会科学版）》2014 年第 5 期。

〔3〕（汉）许慎：《说文解字·第一上》，（宋）徐铉校定，中华书局 2013 年版，第 1 页。

〔4〕梁启超：《国学小史》，夏晓虹、陆胤校，商务印书馆 2014 年版，第 114 页。

〔5〕朱义禄主编：《中国近现代人文名篇鉴赏辞典》，上海辞书出版社 2014 年版，第 182 页。

内，即“礼者，履也”。[1]此处探讨的“礼”与“义”的关系中的“礼”显然是广义上的“礼”。而中国传统正义理论所研究的核心问题是“社会规范建构及其制度安排所依据的正义原则（principles of justice）问题；在中国传统话语中，这就是‘礼’所依据的‘义’的问题”。[2]而对于“礼”与“义”的关系究竟为何，孔子、孟子、荀子均有自己相对独到的论述：

孔子认为，君子的本质是“义”，践行“义”的行为则是“礼”的表现。“君子义以为质，礼以行之。”[3]这也就是说，凡是社会规范及其相关制度，即“礼”的设置和建立都应该符合正义原则，即“义”的内在要求。这隐含着“义”是“礼”的根据所在。因此，对“礼”的损益应该也是以“义”为基本准则的。孟子在孔子认识的基础上，主张“夫义，路也；礼，门也。惟君子能由是路，出入是门也”。[4]这体现了孟子一方面认为秉持“义”的君子方能践行“礼”，即“义”是“礼”的内在根据；另一方面，践行内含“义”的社会规范及其制度，方能达致正义，即行“礼”方能达“义”。并且，“孟子其实在一定程度上已经意识到：‘礼’一旦作为制度规范确定起来，就取得了一定的独立性，在这种情况下，‘礼’有可能违背仁义”。[5]这也就是孟子所言的“非礼之礼”，并且对于这样的“礼”，贤达之人可不必践行。“非礼之礼，……大人弗为。”[6]

---

〔1〕《荀子·大略》《尔雅》《说文》《礼记·仲尼燕居》等俱有记载。

〔2〕黄玉顺：《中国正义论的形成——周孔孟荀的制度伦理学传统》，东方出版社2015年版，第5页。

〔3〕《论语译注·卫灵公篇》，杨伯峻译注，中华书局2009年版，第164页。

〔4〕《孟子译注·万章章句下》，杨伯峻译注，中华书局1960年版，第248页。

〔5〕黄玉顺：《中国正义论的形成——周孔孟荀的制度伦理学传统》，东方出版社2015年版，第232页。

〔6〕《孟子译注·离娄章句下》，杨伯峻译注，中华书局1960年版，第188页。

纵观《荀子》一书，"礼"与"义"连用多达116次，根据汉语语法可知，此处有两层含义：其一，"'礼之义'，意指礼制背后的、作为礼制的支持根据的'义'，亦即荀子所说的'正义'——正义原则"。[1]其中，法作为社会规范及其制度，即"礼"的重要组成部分，荀子注意到它的制定、修改亦应循"义"而行，否则"不知法之义而正法之数者，虽博，临事必乱"。[2]其二，"礼"和"义"，即一种并列称谓，指代的是社会制度及其规范与社会通用的正义观念和正义原则。当然，我们在此处讨论的是第二种含义。荀子所言的"礼"除了"事生，饰驩也；送死，饰哀也；军旅，施威也"[3]这样的礼制之外，更多的是指社会规范及制度。其中特别需要注意的是，法律制度和规范不仅涵纳其中，并且占有极为重要的篇幅。在这一认识的基础上，荀子首先认为"义"是"礼"制定的根据。如荀子多称"礼义之统"，乃是因为"礼依义而成"。[4]其次，"礼"是"义"的外在表现形式，并践行着"义"。"礼"主要是通过"断长续短""损有余，益不足"的方式来实现"义"。[5]最后，"礼"据"义"制定后，还需要通过践行"礼"方能达致"义"。"义，理也，故行。礼，节也，故成。……行义以礼，然

---

〔1〕 黄玉顺：《中国正义论的形成——周孔孟荀的制度伦理学传统》，东方出版社2015年版，第330页。

〔2〕 （清）王先谦撰：《荀子集解·君道篇》，沈啸寰、王星贤点校，中华书局1988年版，第230页。

〔3〕 （清）王先谦撰：《荀子集解·大略篇》，沈啸寰、王星贤点校，中华书局1988年版，第490页。

〔4〕 韦政通：《荀子与古代哲学》，台湾商务印书馆股份有限公司1966年版，第6页。

〔5〕 （清）王先谦撰：《荀子集解·礼论篇》，沈啸寰、王星贤点校，中华书局1988年版，第363页。

后义也；制礼反本成末，然后礼也。"[1]"义者循理。"[2]

综上，儒家的礼义观主要表现在如下三个方面：第一，他们主张"礼"，即社会规范及制度制定的根据是"义"，即当时的正义观；第二，他们认为若想真正实现"义"，则需要践行依"义"制定的"礼"；第三，据"义"制定的"礼"具有一定的独立性，其可能会不符合"义"的要求，这时候仁人君子不仅可以不遵守这样的"礼"，还需要据"义"损益"礼"的相关规定。这也是符合中国传统社会正义观内在要求的礼义观。

（三）"义"与"利"

对义利关系的关注不仅限于法家、墨家，其同时也是儒家学说的重要构成部分，孔子、孟子、荀子均对此提出了自己的看法。其中，"义"与"利"之间的关系，更是被朱熹称为"儒者第一义"。[3]

孔子虽然主张"义以为上"，认为"君子喻于义，小人喻于利"，[4]但并不是将"义"与"利"对立起来，而是指"君子能够把对于利益的追求，控制在合理的范围内"。[5]因为完全放任人们追求利欲，只会招致纷乱、怨恨。"放于利而行，多怨。"[6]那么，究竟什么是"合理的范围内"呢？孔子对此作了很好的解答，要求"见利思义"，即以"义"为取利的准则：

---

〔1〕（清）王先谦撰：《荀子集解·大略篇》，沈啸寰、王星贤点校，中华书局1988年版，第491~492页。

〔2〕（清）王先谦撰：《荀子集解·议兵篇》，沈啸寰、王星贤点校，中华书局1988年版，第279页。

〔3〕（宋）朱熹：《朱子全书·第二十一册·晦庵先生朱文公全集》，刘永翔、朱幼文主编，上海古籍出版社、安徽教育出版社2002年版，第1082页。

〔4〕《论语译注·里仁篇》，杨伯峻译注，中华书局2009年版，第38页。

〔5〕曾仕强、曾仕良：《论语的现代智慧》（上），北京时代华文书局2015年版，第123页。

〔6〕《论语译注·里仁篇》，杨伯峻译注，中华书局2009年版，第37页。

不义而富且贵，于我如浮云。〔1〕

富与贵是人之所欲也，不以其道得之，不处也；贫与贱是人之所恶也，不以其道得之，不去也。〔2〕

今之成人者何必然？见利思义，见危授命，久要不忘平生之言，亦可以为成人矣。〔3〕

君子有九思：视思明，听思聪，色思温，貌思恭，言思忠，事思敬，疑思问，忿思难，见得思义。〔4〕

孔子认为，富贵等利欲需求是人所共追求的，在追求的过程中，需要考虑其是否符合"义"的追求，即"见得思义""见利思义"。若不能吻合"义"的要求，则宁可舍弃之。在此基础上，孔子还主张利益本身是有大小之分的，因此需要区别大利与小利，舍小利而就大利。"无欲速，无见小利。欲速，则不达；见小利，则大事不成。"〔5〕何谓"大利"呢？根据《论语》的相关论述可知，孔子将百姓的利益视为"大利"，"博施于民而能济众"〔6〕"修己以安人，……修己以安百姓"〔7〕等均被称为"大利"。不只于此，孔子还特别注重以合乎老百姓内心需求的方式"安百姓""施民济众""顺乎民情，依乎民心，合乎民意"，〔8〕即"因民之所利而利之"。〔9〕

〔1〕《论语译注·述而篇》，杨伯峻译注，中华书局 2009 年版，第 69 页。
〔2〕《论语译注·里仁篇》，杨伯峻译注，中华书局 2009 年版，第 35 页。
〔3〕《论语译注·宪问篇》，杨伯峻译注，中华书局 2009 年版，第 147 页。
〔4〕《论语译注·季氏篇》，杨伯峻译注，中华书局 2009 年版，第 175 页。
〔5〕《论语译注·子路篇》，杨伯峻译注，中华书局 2009 年版，第 137 页。
〔6〕《论语译注·雍也篇》，杨伯峻译注，中华书局 2009 年版，第 63 页。
〔7〕《论语译注·宪问篇》，杨伯峻译注，中华书局 2009 年版，第 156~157 页。
〔8〕尹砥廷：《承传与超越：现代视野中的孔子思想研究》，甘肃人民出版社 2005 年版，第 187 页。
〔9〕《论语译注·尧曰篇》，杨伯峻译注，中华书局 2009 年版，第 208 页。

较之孔子而言，孟子对于义利关系的论述则更为深入。首先，孟子反对怀着利欲的想法去待人接物，否则会导致身丧、家破、国败。"为人臣者怀利以事其君，为人子者怀利以事其父，为人弟者怀利以事其兄。是君臣、父子、兄弟终去仁义，怀利以相接，然而不亡者，未之有也。"[1]其次，孟子反对以利为名，主张以仁义为名。因为以利为名，全国上下都会谋求自身的利益，而忽视国家的利益，最后导致君弑国危。因此，梁惠王在问孟子以何利其国时，孟子曰："王！何必曰利？亦有仁义而已矣。王曰，'何以利吾国？'大夫曰，'何以利吾家？'士庶人曰，'何以利吾身？'上下交征利而国危矣。万乘之国，弑其君者，必千乘之家；千乘之国，弑其君者，必百乘之家。万取千焉，千取百焉，不为不多矣。"[2]当然，这并不是说孟子不讲究利，而是反对以利为名、唯利是求、后义先利。尤其是在面对功名利禄时，更应该以义为行为准则，先义后利：

生亦我所欲也，义亦我所欲也；二者不可得兼，舍生而取义者也。……万钟则不辩礼义而受之。万钟于我何加焉？[3]

非其义也，非其道也，禄之以天下，弗顾也；系马千驷，弗视也。非其义也，非其道也，一介不以与人，一介不以取诸人。[4]

最后，孟子通过批评杨朱的完全利己主义和墨翟的无差等的"兼爱"思想，表明其既反对极端追求个人私利的行为，同时也反对过分泛爱的极端公利行为，"而是倾向于子莫（人名）式的'执中'。用今天的话来说，孟子主张的就是'公私兼

---

〔1〕《孟子译注·告子章句下》，杨伯峻译注，中华书局 1960 年版，第 280 页。
〔2〕《孟子译注·梁惠王章句上》，杨伯峻译注，中华书局 1960 年版，第 1 页。
〔3〕《孟子译注·告子章句上》，杨伯峻译注，中华书局 1960 年版，第 265 页。
〔4〕《孟子译注·万章章句上》，杨伯峻译注，中华书局 1960 年版，第 225 页。

顾'"。[1]"杨子取为我,拔一毛而利天下,不为也。墨子兼爱,摩顶放踵利天下,为之。子莫执中。执中为近之。执中无权,犹执一也。所恶执一者,为其贼道也。"[2]这也是儒家伦理正义观的内在要求。

荀子也是十分注重在待人接物时以"义"为准则,尤其是"志爱公利"。[3]当义利相冲突时,应当弃利择义。"义之所在,不倾于权,不顾其利,举国而与之不为改视,重死持义而不桡,是士君子之勇也。"[4]但是,相比于孔孟的论述而言,荀子充分肯定人自身的利欲需求,认为那也是人的本质属性之一,是禹桀汤纣所共同具备的:

凡人有所一同:饥而欲食,寒而欲暖,劳而欲息,好利而恶害,是人之所生而有也,是无待而然者也,是禹、桀之所同也。[5]
人之生固小人,无师无法则唯利之见耳。[6]

在充分肯定人的利欲需求的基础上,荀子也反对凡事唯利是求,认为那是小人行径。"言无常信,行无常贞,唯利所在,

---

〔1〕 黄玉顺:《中国正义论的形成——周孔孟荀的制度伦理学传统》,东方出版社 2015 年版,第 241 页。
〔2〕《孟子译注·尽心章句上》,杨伯峻译注,中华书局 1960 年版,第 313 页。
〔3〕 (清)王先谦撰:《荀子集解·赋篇》,沈啸寰、王星贤点校,中华书局 1988 年版,第 481 页。
〔4〕 (清)王先谦撰:《荀子集解·荣辱篇》,沈啸寰、王星贤点校,中华书局 1988 年版,第 56 页。
〔5〕 (清)王先谦撰:《荀子集解·荣辱篇》,沈啸寰、王星贤点校,中华书局 1988 年版,第 63 页。
〔6〕 (清)王先谦撰:《荀子集解·荣辱篇》,沈啸寰、王星贤点校,中华书局 1988 年版,第 64 页。

无所不倾，若是，则可谓小人矣。"〔1〕荀子认为，较为妥帖的做法是：其一，先义后利。荀子认为，做人做事时应当先看所作所为是否符合"义"的要求，之后再看其是否能够获取利益。其实，这本身也是一种趋利的行为。因为，"先义而后利者荣，先利而后义者辱；荣者常通，辱者常穷；通者常制人，穷者常制于人：是荣辱之大分也"。〔2〕其二，以义克利。荀子认为，无论是像尧舜那样的圣王，还是像桀纣那样的暴君，都很难完全做到"去利好义""去义好利"。而若想实现上古那样的治世，就需要"以义克利"。"义与利者，人之所两有也。虽尧、舜不能去民之欲利，然而能使其欲利不克其好义也。虽桀、纣不能去民之好义，然而能使其好义不胜其欲利也。故义胜利者为治世，利克义者为乱世。"〔3〕不过，此处"显然说的是统治集团克服自己的私利，为人民谋公利"。〔4〕具体落实到个人身上，则表现为"以公义胜私欲"。〔5〕

言而总之，在"维齐非齐"的伦理正义观下，儒家所追求的理想义利关系必然是"义以为上"的。但是，需要注意的是，他们也十分注重对利的追求，尤其是对公利的追求。当"义"与"利"发生冲突时，如何在它们之间寻求平衡呢？儒家学者对此亦给出了自己的解决办法："见利思义""先利后义""以义克利"。

〔1〕（清）王先谦撰：《荀子集解·不苟篇》，沈啸寰、王星贤点校，中华书局1988年版，第51页。

〔2〕（清）王先谦撰：《荀子集解·荣辱篇》，沈啸寰、王星贤点校，中华书局1988年版，第58页。

〔3〕（清）王先谦撰：《荀子集解·大略篇》，沈啸寰、王星贤点校，中华书局1988年版，第502页。

〔4〕黄玉顺：《中国正义论的形成——周孔孟荀的制度伦理学传统》，东方出版社2015年版，第364页。

〔5〕（清）王先谦撰：《荀子集解·修身篇》，沈啸寰、王星贤点校，中华书局1988年版，第36页。

第三节 "平"——中国传统社会的司法理念

中国传统司法理念作为一个法律概念，是从理念、司法理念等概念中衍生出来的。认识和理解中国传统司法理念，需要置身于传统社会这个大环境中，并且还要结合当时的秩序观和正义观来认识。因为，秩序和正义是法的目的价值体系中的两种核心价值，司法则通过解决纠纷、处理案件等方式来维持社会秩序、彰显社会正义，而司法理念又贯穿于司法全过程，是司法制度设计和司法活动展开的理论基础。正如前文所述，在儒家"礼治"秩序和法家"法治"秩序的主导下，中国传统社会的统治者形成了"王道平"的理想秩序观。这是一种等级结构秩序观，体现出了鲜明的等级性和差异性，同时为了国家治理和社会稳定的需要，统治者又在一定范围内讲求平等性和公平性。中国传统社会的正义观与秩序观的基本精神是一致的，在维护身份等差和血缘伦理的基础上，也在一定程度上讲求公平性，可以概括为"维齐非齐"的伦理正义观，其核心范畴是"义"。中国传统社会的秩序观和正义观与中国传统司法理念是一种相辅相成的关系：一方面，传统社会秩序观和正义观是中国传统司法理念形成的思想前提和基础，直接影响着它的内涵、基本原则等；另一方面，中国传统司法理念通过影响司法制度设计、指导司法实践又可以强化传统社会的秩序观和正义观。与上述秩序观和正义观相适应，中国传统司法理念在强调"等者同等"和"不等者不等"的基础之上，也重视"等与不等的辩证统一"。因此，在对中国传统社会的秩序观和正义观进行论述的基础上，本节将对中国传统司法理念进行阐释，主要是从如下三个方面来认识中国传统司法理念：其一，"司法理念"的概念界定，这是认识传统司法理念的基础；其二，中国传统司法理念的具体内涵及其在司法领域中的具体表现；其三，中国传统司法理念的基本原则。

一、"司法理念"的含义

(一)"理念"与"法的理念"

界定"司法理念"，首先要考察"理念"一词。"理念"是一个译介自西方哲学的舶来词。"它源自于古希腊文（eidos），意为看到的东西，即形象。它是客观唯心主义哲学的用语。"[1]"苏格拉底把它扩展为关于共相（理念、普遍性、同一性概念）的一般理论。"[2]柏拉图受毕达哥拉斯、赫拉克利特、巴门尼德等人特别是在苏格拉底哲学思想的影响，创立了"理念论"。这一理论的逻辑起点是建立在对智者学派主张的"不存在实在的知识以及普遍的绝对的评判标准"[3]的怀疑主义和相对主义的批判的基础之上。柏拉图认为，"理念"不能通过我们的感官来理解，需要用自身的理性来把握，"理念是第一实在（实体）"，[4]是"事物本身的原型"，[5]它比现实纷繁复杂的世界更具有价值，是一种人类理想的表达。并且，柏拉图主张"与那些可变的理念表现相比，理念本身是普遍不变的。它们不存在于我们的思想

---

〔1〕 昝淑珍："论经济法理念缺失与对策"，载《政治与法律》2003 年第 5 期。

〔2〕 王申："理念、法的理念——论司法理念的普遍性"，载《法学评论》2005 年第 4 期。

〔3〕 赵广明：《理念与神——柏拉图的理念思想及其神学意义》，江苏人民出版社 2004 年版，第 57 页。

〔4〕 ［挪］G. 希尔贝克、N. 伊耶：《西方哲学史——从古希腊到二十世纪》，童世骏、邹振华、刘进译，上海译文出版社 2004 年版，第 52 页。

〔5〕 ［德］伊曼努尔·康德：《纯粹理性批判》，李秋零译，中国人民大学出版社 2004 年版，第 283 页。

中，它们客观存在；且普遍有效"。[1]

后世哲学家和思想家继承和发展了柏拉图的"理念论"，其中贡献最为突出的是德国的两位哲学家——伊曼努尔·康德和黑格尔。康德在《纯粹理性批判》一书中对亚里士多德的相关观念作了简明扼要的批判，认为柏拉图的"理念论"在很大程度上"远远超越亚里士多德所探讨的知性概念的东西"。[2]并且，他认为"理念"是"纯粹理性的概念"。[3]在此认识的基础上，康德第一次将"理念"引入了法律范畴，注意到了"理念"在法律制定和实施过程中的重要作用。他主张，宪法的制定需要自由这一必要的法的理念的全方位的渗透，认为理念与立法、治理等结合的力度越高，刑罚的适用就会越少，逐步趋向于实现人类最大的幸福。[4]第一次明确提出"法的理念"这一专有词汇的是黑格尔。他在《法哲学原理》一书的"导论"中明确指出法哲学的研究对象是"法的理念"，"即法的概念及

---

〔1〕 ［挪］G. 希尔贝克、N. 伊耶：《西方哲学史——从古希腊到二十世纪》，童世骏、邹振华、刘进译，上海译文出版社 2004 年版，第 53 页。

〔2〕 ［德］伊曼努尔·康德：《纯粹理性批判》，李秋零译，中国人民大学出版社 2004 年版，第 283 页。

〔3〕 王申：《法官的实践理性论》，中国政法大学出版社 2013 年版，第 263 页。

〔4〕 康德在《纯粹理性批判》的第二编"先验辩证论"的第一卷"论纯粹理性的概念"中这样讲道："一部按照使得每一个人的自由能够与其他人的自由共存的法律而具有最大的人类自由（不是具有最大的幸福，而是最大的幸福将已经自行接踵而至）的宪法，毕竟至少是一个必要的理念，人们不仅在一部国家宪法的最初制定中，而且就所有的法律而言都必须以这一理念为基础，而此时人们必须一开始就抽掉当下的障碍，这些障碍也许不仅仅是不可避免地产生自人类的本性，而且毋宁说是产生自立法时对真正的理念的忽视。……立法和治理越是与这一理念一致地建立起来，刑罚当然就会越是稀少，而此时（像柏拉图所断言的那样），如果立法和治理有一完善的安排就会根本不需要诸如此类的刑罚，那是完全合情合理的。即使后者永远不可能实现，但理念毕竟是完全正确的，这就将这种最大值提升为原型，以便根据它使人们的法律状况越来越接近最大可能的完善。"参见 ［德］伊曼努尔·康德：《纯粹理性批判》，李秋零译，中国人民大学出版社 2004 年版，第 284~285 页。

其现实化"。[1]此外，黑格尔还主张"法的理念是自由，为了得到真正的理解，必须在法的概念及其定在中来认识法"。[2]基于如上的理解和阐述，黑格尔认为："任何定在，只要是自由意志的定在，就叫作法。所以一般说来，法就是作为理念的自由。"[3]

（二）司法理念

当前，为了全面依法治国，更为了深入推进司法改革，学术界和实务界意识到了司法理念在其中起到的重要作用，掀起了研究现代司法理念的热潮。然而，就目前来说，对于"司法理念"的概念、内涵，学界尚未形成统一的认识，众说纷纭，莫衷一是。[4]为了研究的深入和便利，有学者认为，法学界使用"理念"这一语词"已然跳出哲学上的抽象概念"，应当采用更能为大众接受和理解的概念界定，认为"理念"主要是指"对某一理论领域本质与规律的认识与观念"，"或者更为简单地界定'理念'，就是指原理、原则、信念，或价值和精神趋向"。[5]在立基于这一理解，同时结合卞建林教授、江必新教授、范愉教

---

〔1〕［德］黑格尔：《法哲学原理》，范扬、张企泰译，商务印书馆1961年版，导论第1页。

〔2〕［德］黑格尔：《法哲学原理》，范扬、张企泰译，商务印书馆1961年版，导论第1~2页。

〔3〕［德］黑格尔：《法哲学原理》，范扬、张企泰译，商务印书馆1961年版，导论第36页。

〔4〕根据江必新教授的总结，对司法理念主要有五种不同的理解："第一种观点认为，司法理念是关于司法的理想和观念；第二种观点认为，司法理念是关于司法的基本理论和观念；第三种观点认为，司法理念是关于司法的基本价值、基本追求；第四种观点认为，司法理念是关于司法的基本指导思想或者指导性的观念；第五种观点认为，司法理念是关于实现司法公正应当具备的必要条件和基本条件。"参见江必新：《良善司法的制度逻辑与理性构建》，中国法制出版社2014年版，第1~2页。

〔5〕卞建林主编：《现代司法理念研究》，中国人民公安大学出版社2012年版，第4页。

授等学者对"司法理念"的界定,〔1〕笔者认为"司法理念"是司法的重要组成部分,是人们在对不同的意识形态、文化传统的吸收和沉淀的基础上,形成的对司法本质、司法规律、司法价值、司法原则等的根本性认识,进而能够指导司法制度设计和司法实践的重要因素。

"司法理念"具备如下五个方面的特征:

第一,司法理念具有民族性和历史性。恰如历史法学派代表人物萨维尼所主张的那样,法律有其民族性和历史延续性。司法理念也不例外,它也"是属于一个民族特定的法律观念和法律文化范畴,是历史长期积累和沉淀的产物"。〔2〕

---

〔1〕 卞建林教授在《现代司法理念研究》一书中认为,司法理念"是指人们对有关司法理论本质及其规律的理性认识与整体把握,是司法实践中人们对司法性质的感悟、对司法精神的理解和对司法价值的解读而形成的一种观念模式,它是指导司法制度设计和司法实际运作的理论基础和主导价值观,也是人们基于不同的意识形态、文化传统对司法的功能、性质和应然模式等的系统思考,是司法的一个重要组成部分,属于哲学中的实践理性"。参见卞建林主编:《现代司法理念研究》,中国人民公安大学出版社 2012 年版,第 4 页。江必新教授在《良善司法的制度逻辑与理性建构》中认为:"司法理念是指导司法制度设计和司法实际运作的理论基础和主导的价值观,也是基于不同的价值观、意识形态或文化传统,对司法的功能、性质和应然模式的系统思考。同时,司法理念作为司法实践的指南和实现司法公正的价值基础,是司法活动的重要组成部分,体现在司法体制、司法组织、司法程序中,并直接作用于司法人员,成为司法实践的重要因素。总之,司法理念是一定时期、一定阶段、一定地域的人们关于司法的基本观念、基本理论或者基本价值的总和。"参见江必新:《良善司法的制度逻辑与理性构建》,中国法制出版社 2014 年版,第 2 页。范愉教授在《现代司法理念漫谈》中认为:"司法理念即指导司法制度设计和司法实际运作的理论基础和主导的价值观,也是基于不同的价值观(意识形态或文化传统)对司法的功能、性质和应然模式的系统思考。司法理念是司法的重要组成部分:司法体制、司法组织、司法程序、司法人员、司法实践、司法理念和司法环境,后三个因素是把法从'书本上的法'转化为'行动中的法'必须考虑的因素"。参见范愉:"现代司法理念漫谈",载中国法律网:http://www.jus.cn/ShowArticle.asp? ArticleID=229,最后访问时间:2018 年 3 月 20 日。

〔2〕 江必新:《良善司法的制度逻辑与理性构建》,中国法制出版社 2014 年版,第 2 页。

第二，司法理念具有从属性。司法理念从属于社会治理理念、国家治理理念。司法本身是国家治理和社会治理的一部分，其在设置之初就是为了维护社会秩序和统治需要的社会关系。"因此指导司法行为的司法理念必然要与国家治理、社会的整体理念和方式相一致、相契合。"[1]

第三，司法理念具有实践性，它不是抽象的存在，而是具体存在于司法实践过程中的。司法理念之所以具有存在的意义，主要是因为它能够被运用于制度实践，并且起到指导司法活动的作用。"理念的合理性必须与具体的制度及其运作环境相结合才有真实的意义。"[2]甚至有学者直接以"司法理念是具体的"为著作命名。[3]

第四，司法理念具有发展性。司法理念是不断变动和发展的，是一定时期社会、经济、政治、文化的产物。随着社会的发展变化，司法理念的内涵也会呈现不同程度的变化发展：当社会大环境没有发生质变时，司法理念的根本没有发生变化，但其内涵会逐步损益和完善；当社会发生质变时，司法理念也会随之改变。

第五，司法理念具有相对独立性。司法理念与政治、经济、文化等社会条件的发展程度并不总是完全吻合。虽然"司法理念产生于一定的社会物质条件之上并受之制约，但是司法理念的发展变化并非与一定社会物质条件的发展变化同步"，[4]尤其是在社会革新时期，传统司法理念依然会在很多方面发挥影响力。

---

〔1〕 卞建林主编：《现代司法理念研究》，中国人民公安大学出版社2012年版，第5页。

〔2〕 柯葛壮等：《诉讼法的理念及运作》，上海人民出版社2005年版，第2页。

〔3〕 参见邹川宁：《司法理念是具体的》，人民法院出版社2012年版。

〔4〕 江必新：《良善司法的制度逻辑与理性构建》，中国法制出版社2014年版，第2页。

二、对中国传统司法理念"平"的界定

在认识司法理念的基础上，本书认为，中国传统司法理念是指中国传统社会的统治者在当时社会政治、经济、文化等的基础上，形成的对传统司法本质、司法规律、司法原则、司法价值等方面的根本认识。并且，中国传统司法理念是指导中国传统社会司法制度设计和司法实践的重要因素，最终为实现"王道平"的秩序观和"维齐非齐"伦理正义观奠定坚实的基础。而为了实现"王道平"这一政治理想，中国传统社会的统治者基本上都宣称法律是参照自然天理而制定的。"先王立礼，'则天之明，因地之性'也。刑罚威狱，以类天之震曜杀戮也；温慈惠和，以效天之生殖长育也。《书》云'天秩有礼'，'天讨有罪'。故圣人因天秩而制五礼，因天讨而作五刑。"[1]而按照自然天理建立的法律亦是符合"维齐非齐"正义观的内在要求的，也是符合"礼乐"秩序要求的，否则"礼乐不兴，则刑罚不中；刑罚不中，则民无所错手足"。[2]在此基础上制定的法律是以实现"平"为最高价值追求的，"法者，天下平，与公共为之"[3]，"法者，公天下持平之器"。[4]例如，《唐律疏议》之所以被称为中国传统社会法律精神的集大成者，正是因为其

[1] （汉）班固撰：《汉书·卷二十三·刑法志三》，（唐）颜师古注，中华书局1962年版，第1079页。

[2] （汉）班固撰：《汉书·卷二十三·刑法志三》，（唐）颜师古注，中华书局1962年版，第1094页。

[3] （宋）欧阳修、宋祁撰：《新唐书·卷九十四·张亮传》，中华书局1975年版，第3829页。

[4] （元）脱脱等撰：《金史·卷四十五·刑志》，中华书局1975年版，第1020页。

"一准乎礼，以为出入得古今之平"。[1]在此评价中，我们可以得出中国传统司法的最终依归是"天下之平"，它是指导中国传统司法制度设计和实践的重要因素。据此，我们可以说，中国传统司法理念是"平"。

（一）"平"的内涵

中国传统司法理念是"平"，但这里"平"的内涵不是一般意义上的常见表达，而是专指司法领域。不过，理解司法理念领域中"平"的内涵首先需要结合"平"的一般用法和语义。根据清人张玉书在《康熙字典》中的总结，"平"字在古代有二十余种用法和语义：[2]

《说文》：平，语平舒也。《广韵》：平，正也。《增韵》：平，坦也。《易泰卦》：无平不陂。

又《广韵》：平和也。《书·尧典》：平章百姓。《传》：平和章明。《疏》：和协显明于百官之族姓。

又成也，谓解恕和好也。《尔雅释诂》：平，成也。《春秋宣十五年》：宋人及楚人平。

又治也。《书·大禹谟》：地平天成。《传》：水土治曰平。

又治之也。《诗·大雅》：修之，平之，其灌，其栵。

又平服也。《诗·大雅》：四方既平，王国庶定。

又《玉篇》：平齐，等也。《增韵》：平均也。《易乾卦》：云行雨施，天下平也。《疏》言：天下普得其利而均平，不偏陂。

---

〔1〕（唐）长孙无忌等撰：《唐律疏议》，刘俊文点校，法律出版社1999年版，第677页。

〔2〕（清）张玉书等编著：《康熙字典·寅集下·干部》，正业书局2004年版，第267~268页。

又《广雅》：平均赋。《史记·平准书注》索隐曰：大司农属官有平准令丞者，以钧天下郡国输敛，贵则粜之，贱则买之，平赋以相准，输赋于京都，故命曰平准。

又乐声不相逾越也。《周语》：乐从和，和从平。

又岁稔也。《前汉食货志》：再登曰平，三登曰太平。

又谥法，执事有制曰平，治而无眚曰平，布纲治纪曰平。

又《尔雅释地》：大野曰平。

又腊月曰嘉平。《史记·秦始皇纪》更名腊曰嘉平。

又华平，瑞木名。《宋书·符瑞志》：华平，其枝正平，王者有德则生。

又廷尉平，官名。

又平原、太平、平陆，并地名。《尔雅·释地》：广平曰原，高平曰陆。

又州名。《唐书·地理志》：平州，北平郡。

又姓。《广韵》：齐相，晏平仲之后。

又《广韵》：房连切。

又《韵会》：均也。

又《韵会》：皮命切，音病，平物贾也。

又古与便、辩通。《史记·五帝纪》：便章百姓。《注》：索隐曰：古文《尚书》作平，平既训便，因作便章。其今文作辩章，古文平字亦作便，便则训辩，遂为辩章。

又叶皮阳切，音庞。张籍祭韩愈诗：……烦苦稍已平。

又《集韵》：拼，古作平。

然而，"平"的所有意涵并不均围绕中国传统司法领域。与此同时，关于中国传统社会如何进行司法制度设计和司法实践的论述很多，散见在各种历史典籍中。史籍中的"刑法志"作为记载该朝法治基本面貌的材料，有助于我们理解中国传统司法理念的具体内涵。此处本书即以较为集中阐述该理念的历代刑法志为分析范本，全面认识和探讨中国传统司法理念。结合中国传统司法理念"平"在法律实践中的用法，其应当具备如下内涵：

第一，作为中国传统司法理念的"平"应当具备"当"的意蕴，即罚当其罪。在中国传统社会，圣君明主制定刑法的目的之一便是使每一个犯罪人都为其犯罪行为承担相应的刑事责任。"凡制刑之本，将以禁暴恶，且惩其末也。杀人者不死，伤人者不刑，是惠暴而宽恶也。……刑不当罪，不祥莫大焉。夫征暴诛悖，治之威也。杀人者死，伤人者刑，是百王之所同也。"[1]而根据此法律进行的司法实践自然是符合中国传统司法理念的内在要求的，也是符合天人之和的内在要求的。"则刑可畏而禁易避，吏不专杀，法无二门，轻重当罪，民命得全，合刑罚之中，殷天人之和，顺稽古之制，成时雍之化。"[2]在此种意蕴下，作为中国传统司法理念的"平"亦可被表述为"中""当""宜"等语汇。

第二，作为中国传统司法理念的"平"应当具有等级性。在传统中国，赖以进行司法活动的法本身是参天地之性制定的，具有等级性。因此，在司法过程中所欲达致的"平"不应当是我们理解的"等"，而是有差异性、等级性，这也是实现"王道平"的内在要求。"以人得罪与人同，以法得罪与法同。侵生害死，不可齐其防；亲疏公私，不可常其教。礼乐崇于上，故降其刑；刑法闲于下，故全其法。是故尊卑叙，仁义明，九族亲，

---

[1] （汉）班固撰：《汉书·卷二十三·刑法志三》，（唐）颜师古注，中华书局1962年版，第1111页。

[2] （汉）班固撰：《汉书·卷二十三·刑法志三》，（唐）颜师古注，中华书局1962年版，第1112页。

王道平也。"[1]

第三，作为中国传统司法理念的"平"应当具备一定程度的平等性和公平性。在承认刑法等差性的基础上，中国传统社会也特别注重审判人员在司法中秉持公平的原则。"人之命无以复生，国之刑不可滥举。虽一成之典，务在公平；而三覆其词，所宜详审。"[2]否则将会招致祸患，身败国灭。"（梁）武帝敦睦九族，优借朝士，有犯罪者，皆讽群下，屈法申之。百姓有罪，皆案之以法。其缘坐则老幼不免，一人逃亡，则举家质作。人既穷急，奸宄益深。"[3]

第四，作为中国传统司法理念的"平"常"与儒家一贯倡导的恕道相联系"，[4]具备重生、宽和、钦恤等仁爱意蕴。所以，在诉讼过程中，司法官出于恤刑重命的目的，能够在拷讯、定罪量刑时相对宽和、宽厚，一般亦被认为是"狱讼平""司法平"的表现。如汉章帝接受尚书陈宠的谏言，"决罪行刑，务于宽厚。其后遂诏有司，禁绝钻鑽诸酷痛旧制，解袄恶之禁，除文致之请，谳五十余事，定著于令"的行为被史家称颂为"狱法和平"。[5]就连动荡不安、政权频仍更迭的五代十国时期，统治者对此亦多有强调。如后汉乾祐二年（公元 949 年）正月，高祖刘知远即"敕：'政贵宽易，刑尚哀矜，虑滋蔓之生奸，寔

---

〔1〕 （唐）房玄龄等撰：《晋书·卷三十·刑法志》，中华书局 1974 年版，第929 页。

〔2〕 （宋）薛居正等撰：《旧五代史·卷一百四十七·刑法志》，中华书局 2015年版，第 2295 页。

〔3〕 （唐）魏征等撰：《隋书·卷二十五·刑法志》，中华书局 1973 年版，第700 页。

〔4〕 霍存福："'断狱平'或'持法平'：中国古代司法的价值标准——'听讼明'、'断狱平'系列研究之一"，载《华东政法大学学报》2010 年第 5 期。

〔5〕 （唐）房玄龄等撰：《晋书·卷三十·刑法志》，中华书局 1974 年版，第919 页。

轸伤而是念。今属三元改候，四序履端，将冀和平，无如狱讼。应三京、邺都、诸道州府见系罪人，委逐处长吏躬亲虑问，其于决断，务在公平，但见其情，即为具狱，勿令率引，遂致淹停，无纵舞文，有伤和气'"。〔1〕

除了上述比较宏观的内容之外，为了在司法领域践行中国传统司法理念，当时的统治者还会作出相应的专门性要求：第一，在审断案件过程中，司法官员应该依法审断，方能达致司法"平"。"狱，重事也。用法一倾，则民无所措手足。比年以来，治狱之吏，巧持多端，随意轻重之，朕甚患焉。其自今革玩习之弊，明审克之公，使奸不容情，罚必当罪，用迪于刑之中。"〔2〕并且，赖以遵守和实施的法还应当具备统一性，否则也会有碍中国传统司法理念"平"的实现。"是法多门，令不一，则吏不知所守，下不知所避。奸伪者因法之多门，以售其情，所欲浅深，苟断不一，则居上者难以检下，于是事同议异，狱犴不平，有伤于法。"〔3〕第二，在审断案件过程中，司法人员还应当查清案情，根据案情进行审断，方能达致"平"。"王者所用，唯在赏罚，赏贵适理，罚在得情。"〔4〕第三，对于"情轻法重"或"情重法轻"的案件，为求得中国传统司法理念"平"的实现，中国传统社会往往要求司法者将案件上奏，由作为最高立法者和司法者的皇帝来定罪量刑。例如，宋徽宗于崇

〔1〕（宋）薛居正等撰：《旧五代史·卷一百四十七·刑法志》，中华书局2015年版，第2296页。

〔2〕（元）脱脱等撰：《宋史·卷二百·刑法志二》，中华书局1985年版，第4994页。

〔3〕（唐）房玄龄等撰：《晋书·卷三十·刑法志》，中华书局1974年版，第936页。

〔4〕（唐）魏征等撰：《隋书·卷二十五·刑法志》，中华书局1973年版，第705页。

宁五年（1106年）下诏规定："民以罪丽法，情有重轻，则法有增损。故情重法轻，情轻法重，旧有取旨之令。……自今宜遵旧法取旨，使情法轻重各适其中，否则以违制论。"〔1〕

（二）"平"在司法领域中的具体表现形式

作为中国传统司法理念的"平"，不仅能够指导中国传统司法制度的设计，还能够指导传统司法活动的实际运行。因此，历代统治者在司法领域均以达致司法"平"为价值追求。大体上来说，其具体表现为如下五个方面：

第一，统治者往往将"平"作为司法活动意欲实现的目标，希望达致狱讼平允。例如，长孙无忌在回答唐太宗李世民关于当时刑罚是否存在"枉滥"时，就曾言"陛下欲得刑法宽平"。〔2〕据此可知，唐太宗是以"平"作为司法理念及价值追求的。宋太宗为了达致"狱讼平允"，也曾"亲录京城系囚，遂至日旴"。〔3〕中国传统社会常常根据天象来检视当时施政之得失。如明太祖希望"贯所中虚"，而达致司法"平"。"贯索七星如贯珠，环而成象名天牢。中虚则刑平，官无邪私，故狱无囚人；贯内空中有星或数枚者即刑繁，刑官非其人；有星而明，为贵人无罪而狱。今法天道置法司，尔诸司其各慎乃事，法天道行之，令贯索中虚，庶不负朕肇建之意。"〔4〕

第二，后人对前朝统治者的政治状况进行评价时，常常以

---

〔1〕（元）脱脱等撰：《宋史·卷二百一·刑法志三》，中华书局1985年版，第5013页。

〔2〕（后晋）刘昫等撰：《旧唐书·卷五十·刑法志》，中华书局1975年版，第2141页。

〔3〕（元）脱脱等撰：《宋史·卷一百九十九·刑法志一》，中华书局1985年版，第4970页。

〔4〕（清）张廷玉等撰：《明史·卷九十四·刑法志二》，中华书局1974年版，第2305页。

司法"平"作为其政治清明的主要表现。如《隋书》在肯定晋朝功绩时，着重强调其一定程度上贯彻了司法"平"。"晋氏平吴，九州宁一，乃命贾充，大明刑宪。内以平章百姓，外以和协万邦，实曰轻平。"[1]《旧唐书》在评价隋文帝早期之政治时，也特别强调了其司法"宽平"的历史功绩。"隋文帝参用周、齐旧政，以定律令，除苛惨之法，务在宽平。"[2]

第三，中国传统社会常常将司法者称为"执平者"。如时任三公尚书的刘颂在向晋惠帝上疏时常常以"执平者"指代司法者。"夫法者，固以尽理为法，而上求尽善，则诸下牵文就意，以赴主之所许，是以法不得全。刑书征文，征文必有乖于情听之断，而上安于曲当，故执平者因文可引，则生二端。……上古议事以制，不为刑辟。夏殷及周，书法象魏。三代之君齐圣，然咸弃曲当之妙鉴，而任征文之直准，非圣有殊，所遇异也。今论时敦朴，不及中古，而执平者欲适情之所安，自托于议事以制。臣窃以为听言则美，论理则违。"[3]

第四，中国传统社会欲求政治昌明、刑狱无冤滥时多擢用"持法平者"为司法官员。如汉宣帝鉴于当时狱案不平的现状，专门设置了"廷平"这一职位，以求狱讼平。"间者吏用法，巧文寝深，是朕之不德也。夫决狱不当，使有罪兴邪，不辜蒙戮，父子悲恨，朕甚伤之。今遣廷史与郡鞫狱，任轻禄薄，其为置

---

〔1〕（唐）魏征等撰：《隋书·卷二十五·刑法志》，中华书局1973年版，第696页。

〔2〕（后晋）刘昫等撰：《旧唐书·卷五十·刑法志》，中华书局1975年版，第2133页。

〔3〕（唐）房玄龄等撰：《晋书·卷三十·刑法志》，中华书局1974年版，第935~937页。

廷平，秩六百石，员四人。其务平之，以称朕意。"〔1〕明孝宗，被视为仁德之君，其主要的政绩即所任用的司法官员多是"持法平者"。"孝宗初立，……前后所任司寇何乔新、彭韶、白昂、闵珪皆持法平者，海内翕然颂仁德焉。"〔2〕

第五，中国传统社会将司法官吏的主要政绩界定为执法平允，并基于此给予一定的奖励。如已亡故的唐代司仆少卿徐有功因在世时执法平允，被朝廷追赠高官且荫及子孙。"中宗神龙元年，制以故司仆少卿徐有功，执法平恕，追赠越州都督，特授一子官。"〔3〕唐玄宗因刑罚措置不用，认为时任宰相、大理寺官员司法平允，而予以奖擢。"大理狱院，由来相传杀气太盛，鸟雀不栖，至是有鹊巢其树。于是百僚以几至刑措，上表陈贺。玄宗以宰相燮理、法官平允之功，封仙客为邠国公，林甫为晋国公，刑部大理官共赐帛二千匹。"〔4〕

三、中国传统司法理念"平"的原则

依据上述分析可知，中国传统司法理念可谓是"平"，〔5〕

---

〔1〕　（汉）班固撰：《汉书·卷二十三·刑法志三》，（唐）颜师古注，中华书局1962年版，第1102页。

〔2〕　（清）张廷玉等撰：《明史·卷九十四·刑法志二》，中华书局1974年版，第2324页。

〔3〕　（后晋）刘昫等撰：《旧唐书·卷五十·刑法志》，中华书局1975年版，第2149页。

〔4〕　（后晋）刘昫等撰：《旧唐书·卷五十·刑法志》，中华书局1975年版，第2150~2151页。

〔5〕　将"司法平"或"决狱平"视为传统中国司法理念或司法价值的研究主要有霍存福："'断狱平'或'持法平'：中国古代司法的价值标准——'听讼明'、'断狱平系列研究之一'"，载《华东政法大学学报》2010年第5期；张伟仁："天眼与天平：中西司法者的图像和标志解读"，载《法学家》2012年第1期；陈晓枫："决狱平，平于什么?"，载陈晓枫主编：《中国传统司法理念与文明》，武汉大学出版社2017年版，第30~40页。

亦有学者将"平"视为中国传统法文化的最高境界，所以有"天下平"之说。[1]根据前文对中国传统社会秩序观和正义观的梳理可知，此处的"平"绝不是"平等"，即"人或事物的地位完全处于同一标准或水平，都被同样对待"，[2]这一语词所能涵盖的。作为在"王道平"的秩序观和"维齐非齐"的伦理正义观共同影响下构建的中国传统司法理念"平"，内中"包含了平等与不平等的合理，亦即等者同等、不等者不等的有机统一"。[3]

（一）"等者同等"

现代人很容易理解"同等"的概念和内涵，即"相同"，意思是等级或地位相同。但何谓"等者同等"呢？其实，之所以在"同等"前面加一个限定词"等者"，也是为了更好地解读下述"不等者不等"这一司法理念原则。若想把握"等者同等"，我们需要知道中国传统社会划分人等级和地位的标准，除了依据宗法血脉，就是个人所具备的德性及其所蕴含的理。因为，人是由形而上的"理"和形而下的"气"所构成的，其中"理"是人之为人的根本。"天地之间，有理有气。理也者，形而上之道也，生物之本也；气也者，形而下之器也，生物之具也。是以人物之生，必禀此理然后有性，必禀此气然后有形。"[4]而

〔1〕 如汪雄涛副教授将中国法律传统的深层理念或司法原则界定为"平"，张中秋教授将中国传统法律的最高境界界定为"平"，等等。参见汪雄涛："平：中国法律传统的深层理念"，载《中国法律史学会 2012 年学术年会论文集》；张中秋："传统中国司法文明及其借鉴"，载《法制与社会发展》2016 年第 4 期。

〔2〕 ［英］戴维·M. 沃克：《牛津法律大辞典》，北京社会与科技发展研究所组织翻译，光明日报出版社 1988 年版，第 303 页。

〔3〕 张中秋："传统中国司法文明及其借鉴"，载《法制与社会发展》2016 年第 4 期。

〔4〕 （宋）朱熹：《朱子全书·第二十三册·晦庵先生朱文公文集》，徐德明、王铁主编，上海古籍出版社、安徽教育出版社 2002 年版，第 2755 页。

"理"本身即是纷繁复杂的,"惟其理有许多,故物有许多"〔1〕。但恰恰是"理"决定了人与人之间的根本区别。是以,"等者同等"是指具有相同"质""理",处于同一社会阶层、身份的人在司法过程中享受同等的待遇。该原则被落实在司法领域大致表现为两个方面:其一,具备同一"理"。即处于同一社会阶层、身份的人触犯相同罪名时,其司法待遇亦相同。如汉高祖攻破咸阳后,与关中百姓约定的"杀人者死,伤人及盗抵罪"〔2〕就体现了"等者同等"的内在要求。其二,古代立法者、司法者在借鉴从原始社会流传下来的"以眼还眼,以牙还牙"的朴素正义观的基础上,还相当注意犯罪人和被害人之间的平等,即"凡制刑之本,将以禁暴恶,且惩其未也。杀人者不死,伤人者不刑,是惠暴而宽恶也"〔3〕。

(二)"不等者不等"

何为"不等者不等"?《四库全书总目提要》对《唐律疏议》的基本精神曾作了一个精炼而允当的评价:"唐律一准乎礼,出入得古今之平。"可知,若想实现"平"这一理念追求,法律文本本身就需要"一准乎礼"。"一准乎礼"的理论根据是儒家经典。如《论语·子路》记载:"礼乐不兴,则刑罚不中;刑罚不中,则民无所错手足。"〔4〕也就是说,若想实现中国传统司法理念"平",所实施的法律必须是符合礼的,不符合礼乐精神的法律文本及司法行为,不可能实现中道,更遑论实现司

---

〔1〕 (宋)黎靖德编:《朱子语类·卷九十四·周子之书·太极图》,王星贤点校,中华书局1986年版,第2387页。

〔2〕 (汉)司马迁撰:《史记·卷八·高祖本纪》,(宋)裴骃集解,(唐)司马贞索引,(唐)张守节正义,中华书局1982年版,第362页。

〔3〕 (汉)班固撰:《汉书·卷二十三·刑法志》,(唐)颜师古注,中华书局1962年版,第1111页。

〔4〕 《论语译注·子路篇》,杨伯峻译注,中华书局2009年版,第132页。

法公平、公正了。然而，礼乐本身就是一种序尊卑、明贵贱的制度设施。"礼者，养也。君子既得其养，又好其别。曷谓别？曰：贵贱有等，长幼有差，贫富轻重皆有称者也。"[1]这就意味着中国传统司法理念所追求的"平"不是绝对的均等、人人平等，而是"某种程度的公平"。这种"平"是效法自然的合理之平。因为，"先王立礼。'则天之明，因地之性'"，"圣人因天秩而制五礼，因天讨而作五刑"。[2]至于实现何种程度的公平，则主要依赖于后世王朝颁布的律令等法律规范和"儒家经典及其后的历史发展而来"的礼仪、礼制和礼义。此一礼亦包含当时王朝颁布或认可的礼。[3]之所以会有上述的差别对待，是因为每一类人与另一类人的"质""理""气"都有所差异，其矫正方式自然也就有所差别。这也是实现"王道平"所必需的，故而可言"君子知耻，小人知畏，天下平矣"。[4]所

---

[1]（清）王先谦撰：《荀子集解·礼论篇》，沈啸寰、王星贤点校，中华书局1988年版，第347页。

[2]（汉）班固撰：《汉书·卷二十三·刑法志》，（唐）颜师古注，中华书局1962年版，第1079页。

[3]关于唐律所准之礼，学界的认识存在一定的差异。苏亦工教授认为："唐律所据以为准的'礼'是唐礼，亦即秦汉以来繁衍变异了的礼。这种礼及其所代表的价值观念或称之为'礼教'，或称其为'名教'，构成了秦汉以后历代帝制王朝的官方正统（或如一些学者所称的'政统'），畅行两千多年不衰。这种'礼'与孔子所倡导的礼已经有了实质性的差别。"（苏亦工：《天下归仁：儒家文化与法》，人民出版社2015年版，第120页。）而高明士教授则认为："所谓'唐礼'，通常是指《贞观礼》《显庆礼》，乃至《开元礼》等，……这些礼典，基本上是规定当时（指唐朝）的礼之仪、礼之制，关于礼之义极少。唐律所见的唐礼，在礼之仪、礼之制方面，相关条文并不多，反而多见于唐令，……礼之义方面则有较多规定，尤其是关于尊卑、贵贱、亲疏、长幼、男女等之伦理等差秩序。所以，唐律根据礼所规定的这种伦理等差秩序，基本上是源自儒家经典及其后的历史发展而来并非基于当时的'唐礼'。"笔者结合两位教授的观点，认为每一王朝法律所一准的"礼"既包含源远流长的礼仪、礼制和礼义，亦包含是时国家颁布或认可的礼。

[4]（元）脱脱等撰：《金史·卷四十五·刑法志》，中华书局1975年版，第1013页。

以，"无论是平等还是不平等，只要是建立在理上，都是公平合理的，亦都是正义的。因此，我们把这种正义观称之为合理正义观，以区别于单一机械的平等正义观"。[1]这一点在经典的记述中已经得到很好的概括和总结，即根据事的"理"来区别对待，使各得其所是恰当的表现，亦即"宜者，分别事理，各有所宜也"。[2]这恰恰亦是"义"的内在要求，因为"义者，宜也"。[3]这样，符合上述"义"的要求的行为，亦是符合天理、事理和人与人相处之道的，因为"理者义也"。[4]而这亦正是"礼"的要求，因为"礼也者，理也"。[5]

（三）"等与不等的辩证统一"

何谓"等与不等的辩证统一"？这一中国传统司法理念的原则与中国传统社会的正义观是息息相关的。因为，"法律又依据人的精神生命和社会生命价值的高低这个理，来分配权利义务和定罪量刑，高者高，低者低，等者同等，不等者不等。这样，法律在理的这个支点上又形成了可上下移动的阶梯结构，其结果即是我们所看到的礼法合一的差序构造"。[6]落实在司法领域，这主要是指"等者同等""不等者不等"中所谓的"等者""不等者"以及"不等者"之间的差距并不是一成不变的。其

---

〔1〕 张中秋："传统中国司法文明及其借鉴"，载《法制与社会发展》2016年第4期。

〔2〕 （宋）朱熹撰：《四书章句集注·"中庸章句"》，中华书局1983年版，第30页。

〔3〕 《礼记译注·中庸》，杨天宇译注，上海古籍出版社2004年版，第700页。

〔4〕 《礼记译注·丧服四制》，杨天宇译注，上海古籍出版社2004年版，第854页。

〔5〕 《礼记译注·仲尼燕居》，杨天宇译注，上海古籍出版社2004年版，第666页。

〔6〕 该段论述可参见张中秋："传统中国司法文明及其借鉴"，载《法制与社会发展》2016年第4期。

可以被分为时间和空间两个角度来探讨。第一，就时间层面而言，可分为两个方面来理解：其一，起初的"等者"可能通过外在的学习、教化等因素的介入而变为"不等者"，其在司法中的待遇也相应地发生一定程度的变化。如同为农民阶层的人起初是平等的，但其中一部分人通过科举考试、军功等晋升为士人和官僚阶层，其在司法中所享有的待遇自然与之前以及其他农民不尽相同。其二，出于国家治理和社会管理的需要，统治者可能会扩大或限制某一阶层在司法中所享有的待遇，这与之前同一阶层所享有的待遇自不相同。第二，就空间层面而言，也可以分为两个方面来理解：其一，人与人之间的关系是相对的，相对应地，他们之间的权利义务亦是不对等的。如作为儿子，其面对父亲所享有的权利和承担的义务自然不同于其作为父亲面对儿子所享有的权利和承担的义务。其二，因各阶层之间司法待遇发生变化，也就意味着各阶层之间的差距或扩大或缩小，自然与之前不同。其实，这亦是中国传统社会正义观，因为司法理念不过是法的正当性的司法表达而已。[1]

小　结

作为中国传统司法理念的"平"，与中国传统社会的秩序观和正义观有着密切联系。先秦诸子百家学说体系中有关秩序建构的论述是中国传统社会秩序观的重要思想来源，其中产生较大影响的是儒家和法家。礼治秩序作为儒家学派的理想社会秩序，是在对天道自然秩序和伦理秩序模仿和推崇中建构的，具

---

〔1〕譬如，《尚书·吕刑》中所说的"刑罚世轻世重，惟齐非齐，有伦有要。……非佞折狱，惟良折狱，罔非在中"的"中"就是这个意思。《尚书·吕刑》，王世舜、王翠叶译注，中华书局 2012 年版，第 329~330 页；张中秋："传统中国司法文明及其借鉴"，载《法制与社会发展》2016 年第 4 期。

有极强的等级性。为了实现礼治秩序，儒家学派主张在治国理政中应当"德礼政刑"并举，综合为治。法治秩序作为法家学派的理想社会秩序，是以承认和维护君主专制独裁为前提，进而参照自然运行之道建构的，具有极强的社会等级性。为了实现法治秩序，法家学派主张在治国理政中应当将"法""术""势"作为治国之具。在儒、法家两学派的主要影响下，中国传统社会历朝历代统治者无不以"王道平""天下平"为最高政治理想。

中国传统社会的正义观是以"义"为核心范畴的，也可表述为"中""道""正""宜""当"等，是一种"维齐非齐"的伦理正义观。这一正义观是建立在世间万物本就不平等的认识论和儒家学派正义观的基础上的，是以"差等之爱"和在此基础上推扩而成的"一体之仁"中衍生的，具备正当性原则和公平性原则。中国传统社会的正义观大致具备如下七种含义：其一，人之为人的准则之一；其二，人（类）的思想、言论、行为等是适宜的、恰当的；其三，具备善、美、贤等意蕴；其四，人（类）的行为有益于人、物、天地；其五，正当、正道；其六，符合伦理的差序；其七，国家利益、社会利益的优先性。

在"王道平"的秩序观和"维齐非齐"的伦理正义观的指导下，中国传统司法理念是"平"，也可表述为"中""当""宜"等，内中包含了平等与不平等的有机统一，亦即等者同等、不等者不等、等与不等的辩证统一。其中，作为中国传统司法理念的"平"具备如下内涵：其一，具备"当"的意蕴，即"罚当其罪"；其二，"平"不是绝对的"平等"，应当符合"维齐非齐"的伦理正义观的要求，具备等级性和差异性；其三，"平"具备一定程度上的平等性和公平性，即"平允""公平"等；其四，"平"本身符合儒家恕道的要求，具备重生、宽和、钦恤等意蕴。

第二章
中国传统司法理念在国家
法律中的体现[1]
——以《唐律疏议》为例

诚如应劭所言："夫国之大事，莫尚载籍也。载籍也者，决嫌疑，明是非，赏刑之宜，允执厥中。"[2]也就是说，若想实现中国传统司法理念"平"，必须要有法典的保障和贯彻。《唐律疏议》作为中国传统法的典型代表，之所以能成为后世王朝的楷模，很重要的一点就是其"出入得古今之平"。[3]因此，本章将以《唐律疏议》为基本范本，分析中国传统司法理念"平"在传统法律体系中的体现，认识传统中国是如何从规范层面具体彰显中国传统司法理念三原则的，即"等者同等""不等者不等"和"等与不等"是如何在国家法律中实现辩证统一的。

第一节　"等者同等"与法律的普遍性

作为维护李唐王朝统治的基本法律规范，《唐律疏议》处处彰显着等级性和差异性，这一点是毋庸置疑的。但是，为了帝制王朝的国祚延绵，唐朝统治者在格外注重保障差异性和特定

---

〔1〕　本章内容亦可参见拙文"论《唐律疏议》的'出入得古今之平'"，载《西部法学评论》2019 年第 5 期。

〔2〕　（唐）房玄龄等撰：《晋书·卷三十·刑法志》，中华书局 1974 年版，第920 页。

〔3〕　（唐）长孙无忌等撰：《唐律疏议·附录·四库全书总目唐律疏议提要》，刘俊文点校，法律出版社 1999 年版，第 677 页。

阶层优越性的同时，也特别注意将"等者同等"这一原则落实在国家法律中。根据《唐律疏议》相关条文，结合"等者"范围的广度和深度，本节将之分为两个方面来解读：一是部分罪名适用于所有犯罪主体；二是相对平等的主体之间享有相同的司法待遇。这与现代法律的普遍性特征若合符节。

一、部分罪名适用于所有犯罪主体

部分罪名适用于所有犯罪主体是指《唐律疏议》中所载部分罪名，根据行为人所犯罪行，不区分犯罪主体的身份、阶层等，一体断罪量刑。根据立法意图和适用范围的广度和深度，结合《唐律疏议》中所载相关律条，我们可以从如下三个方面来理解部分罪名适用于所有犯罪主体。

首先，出于维护国家利益和专制皇权——特别是李氏皇族的统治权——的需要，部分罪名不区分犯罪主体的身份，绝对适用同一法律，科处相同的刑罚处罚。众所周知，"十恶"因为"亏损名教，毁裂冠冕"被视为严重危害专制统治秩序和社会伦理秩序的最为恶劣的犯罪，因此"特标篇首，以为明诚"。[1]而这专门用以维护专制政权、皇权和纲常名教的罪名，也恰恰彰显了"等者同等"的意蕴。因为，无论是否享有"八议""上请"，还是"减""赎"等司法特权，行为人在触犯"十恶"中的犯罪后，都"死罪不得上请，流罪以下不得减罪"。[2]在一般情况下，杂犯死罪的行为人，其"祖父母、父母老疾应侍，家无期亲成丁"时，可以"上请"，看是否能够"权留养亲"。

〔1〕（唐）长孙无忌等撰：《唐律疏议·卷一·名例律·"十恶"》，刘俊文点校，法律出版社 1999 年版，第 6 页。

〔2〕（唐）长孙无忌等撰：《唐律疏议·卷二·名例律·"八议者（议章）"》，刘俊文点校，法律出版社 1999 年版，第 36~37 页。

然而，若所犯为"十恶"，则不得"上请"。[1]不限于此，对于那些最为直接和严重危害专制政权和皇权的犯罪，即"谋反""谋大逆"和"谋叛"三类犯罪，《唐律疏议》还对之作出了许多专门的规制：其一，剥夺亲属之间相为容隐和要求部曲、奴婢为主隐的权利。一般来说，法律允许且要求一定范围内的亲属之间相互容隐和部曲、奴婢为主隐，"诸同居，若大功以上亲及外祖父母、外孙，若孙之妇、夫之兄弟及兄弟妻，有罪相为隐；……部曲、奴婢为主隐……其小功以下相隐"，或"皆勿论"或较凡人之间的容隐减等论处；不过当犯罪人"犯谋叛以上者，……并不得相隐"；也不得适用相隐之律免罪或减罪。[2]其二，突破血缘伦理和孝的限制，允许子孙举告祖父母、父母及其他服制较近的尊亲属。一般而言，子孙"告祖父母、父母者，绞"，"告期亲尊长、外祖父母、夫、夫之祖父母，虽得实，徒二年"。[3]但祖父母、父母、期亲尊长等所犯为"谋反、大逆及谋叛以上"等不臣之罪时，"子孙告亦无罪"。[4]其三，突破部曲、奴婢的人身依附性和从属性，允许其状告主人。一般而言，"为了维护封建伦理纲常"，[5]唐律禁止部曲、奴婢论告主人，"诸部曲、奴婢告主，……皆绞。但主人若系"不臣之人"，即"其主若犯谋

〔1〕（唐）长孙无忌等撰：《唐律疏议·卷三·名例律·"犯死罪应待家无期亲成丁"》，刘俊文点校，法律出版社1999年版，第76~77页。

〔2〕（唐）长孙无忌等撰：《唐律疏议·卷六·名例律·"同居相为隐"》，刘俊文点校，法律出版社1999年版，第141页。

〔3〕（唐）长孙无忌等撰：《唐律疏议·卷二十三·斗讼律·"告祖父母父母"；卷二十四·斗讼律·"告期亲以下缌麻以上尊长"》，刘俊文点校，法律出版社1999年版，第465~466、第469页。

〔4〕（唐）长孙无忌等撰：《唐律疏议·卷二十三·斗讼律·"告祖父母父母"；卷二十四·斗讼律·"告期亲以下缌麻以上尊长"》，刘俊文点校，法律出版社1999年版，第465~466、第469页。

〔5〕陈少林、顾伟：《刑事诉权原论》，中国法制出版社2009年版，第96页。

反、逆、叛"，允许奴婢论告。〔1〕其四，突破投递匿名文书告发他人犯罪而被论罪的规制，并且，官府应当接收告发该类犯罪的匿名投书。出于维护专制统治秩序和社会治安秩序的需要，以投匿名书信的方式告发他人犯罪，"无问轻重"，投书人俱"流二千里"，得书人若将匿名书信送至官司的"徒一年"，受理的官府"徒两年"。但所告若为"谋反、大逆"这两类罪，得书不得即焚烧，"许送官府闻奏"，官府亦在可审问所告是实是虚的情况下作出审断。〔2〕

其次，出于法律适用的需要，《唐律疏议》中带有解释意蕴和彰显立法技术的规范适用于所有犯罪主体。限于篇幅，兹举几例以说明之：其一，在"称日年及众谋"条中准确界定了法律层面上的"日""年""众""谋"等语汇，而该界定适用于所有犯罪主体的所有犯罪行为。"诸称'日'者，以百刻。计功庸者，从朝至暮。（役庸多者，虽不满日，皆并时率之）。称'年'者，以三百六十日。称'人年'者，以籍为定。称'众'者，三人以上。称'谋'者，二人以上。（谋状彰明，虽一人同二人之法）。"〔3〕其二，在"称加减"条中系统阐述了如何在定罪量刑中适用具体律文所言的"加罪"和"减罪"，而该界定亦适用于所有犯罪主体的所有犯罪行为。"诸称'加'者，就重次；称'减'者，就轻次。惟二死、三流，各同为一减。加者，数满乃坐，又不得加至于死；本条加入死者，依本条。（加入绞者，不加至斩。）其罪止有半年徒，若应加杖者，杖一百；应减

---

〔1〕　（唐）长孙无忌等撰：《唐律疏议·卷二十四·斗讼律·"部曲奴婢告主"》，刘俊文点校，法律出版社 1999 年版，第 472 页。

〔2〕　（唐）长孙无忌等撰：《唐律疏议·卷二十四·斗讼律·"投匿名书告人罪"》，刘俊文点校，法律出版社 1999 年版，第 474 页。

〔3〕　（唐）长孙无忌等撰：《唐律疏议·卷六·名例律·"称日年及众谋"》，刘俊文点校，法律出版社 1999 年版，第 152～153 页。

者，以杖九十为次。"〔1〕其三，在"官物之例"条中界定了何为"官物"，且以分门别类的方式予以阐述：①"官物应当给赐"或借贷给"官人及百姓"，已出库藏，但仍储藏在官府的，纳入官物的范畴。②私家之物"借充官用及应征课税之类"，已经送至官府的，纳入官物的范畴。③"公廨物及官人月俸"等"应供官人之物"，纳入官物的范畴。④一切由官府"守掌"的，并非供官人使用之物，如赃物、赃款等，也纳入官物的范畴。〔2〕其四，保辜期限的设定根据斗殴中所使用的工具或受害人受伤的程度而有时间长短之分，但其适用于所有触犯该类犯罪的行为人。"手足殴伤人限十日，以他物殴伤人者二十日，以刃及汤火伤人者三十日，折跌支体及破骨者五十日。"〔3〕

最后，从规范本身来说，所有主体均适用该类规范。不过需要注意的是，这类规范在适用后，会依据行为人的年龄、身份等因素，导致原定的刑罚发生一定范围的波动。限于篇幅，兹举几例以说明之：其一，出于维护国家安全和利益的需要，唐朝规定"水陆等关，两处各有门禁，行人来往皆有公文"，"诸私度关者，徒一年。越度者，加一等"。〔4〕就私度或越度行为本身来说，所有犯罪行为人均受到此律条的规制，只是在司法审断时需要根据犯罪人的身份、地位等因素相应地加减刑罚。

---

〔1〕 （唐）长孙无忌等撰：《唐律疏议·卷六·名例律·"称加减"》，刘俊文点校，法律出版社 1999 年版，第 153~155 页。

〔2〕 参见"官物之例"的规定："诸官物当应入私，已出库藏而未付给；若私物当供官用，已送在官及应供官人之物；虽不供官用，而守掌在官者；皆为官物之例。"（唐）长孙无忌等撰：《唐律疏议·卷十五·厩库律·"官物之例"》，法律出版社 1999 年版，第 321 页。

〔3〕 （唐）长孙无忌等撰：《唐律疏议·卷二十一·斗讼律·"保辜"》，刘俊文点校，法律出版社 1999 年版，第 420 页。

〔4〕 （唐）长孙无忌等撰：《唐律疏议·卷八·卫禁律·"私度及越度关"》，刘俊文点校，法律出版社 1999 年版，第 188 页。

其二，出于维护国家或私人土地财产权的需要，唐朝规定"妄认公私之田，称为己地，若私窃贸易，或盗卖与人"，"一亩以下笞五十，五亩加一等；过杖一百，十亩加一等，罪止徒二年"。[1]就妄认公私田这种侵占国家或私人土地权益的行为而言，所有犯罪行为人均受到此律条的规制。但在具体审断某一案件时需要考量当事人的身份、双方当事人之间的关系等可能影响定罪量刑的因素，从而加减刑罚以求司法之平。其三，基于维护社会秩序和个人人身安全的需要，唐律规定根据受伤程度判定斗殴双方的刑事责任。"折齿，毁缺耳鼻，眇一目及折手足指，（眇，谓亏损其明而犹见物。）若破骨及汤火伤人者，徒一年；折二齿、二指以上及髡发者，徒一年半。"[2]就斗殴双方而言，需要以上述法条来厘清双方的法律责任，但是在具体的司法适用时，需要考虑当事人的身份、年龄、双方当事人的关系等来准确加减刑罚、定罪量刑。

二、相对平等的主体之间享有相同的司法待遇

除了上述条文本身适用于所有犯罪主体之外，我们还需要注意相对平等的存在，即相对平等的主体之间享有相同的司法待遇。所谓相对平等的主体之间享有相同的司法待遇主要是指在法律规制层面，相同地位人的司法待遇是相同的。根据行为人所处环境和人物关系之间的差异，即行为人处于何种角色，笔者将之按照社会身份和家庭身份这两种主要的因素来区别和解读：

---

〔1〕　（唐）长孙无忌等撰：《唐律疏议·卷十三·户婚律·"妄认盗卖公私田"》，刘俊文点校，法律出版社 1999 年版，第 267 页。

〔2〕　（唐）长孙无忌等撰：《唐律疏议·卷二十一·斗讼律·"斗殴折齿毁耳鼻"》，刘俊文点校，法律出版社 1999 年版，第 415 页。

其一，就社会身份而言，当人们处在同一社会阶层时，社会地位基本相当，其享有的司法待遇亦是相同的。这主要表现为如下几个方面：第一，当均为享有某一特权的阶层时，其所享有的司法待遇是相同的。如都是"皇帝袒免以上亲及太皇太后、皇太后缌麻以上亲，皇后小功以上亲"，[1]非犯"十恶"者，则都享有"犯死罪，皆条所坐及应议之状，先奏请议，议定奏裁；流罪以下，减一等"的司法特权；[2]如均是"皇太子妃大功以上亲、应议者期以上亲及孙、若官爵五品以上"，非犯"十恶，反逆缘坐，杀人，监守内奸、盗、略人、受财枉法"等罪时，则都享有"犯死罪者，上请；流罪以下，减一等"的司法特权；[3]如均是"七品以上之官及官爵得请者之祖父母、父母、兄弟、姊妹、妻、子孙，犯流罪已下，各从减一等之例"；[4]等等。第二，当均处于良人阶层时，人们所享有的司法待遇自然是相同的。这一含义是不言自明的，因为一部法律的制定本身就是为了调整、规范和维护大多数百姓的行为和权益。第三，当均处于贱民阶层时，其享有的司法待遇亦是相同的。关于部曲、奴婢等贱民阶层的法律规制主要包括两个部分：一方面，针对该群体的行为，法律予以特殊的规制，如部曲、奴婢犯徒流罪时，出于保护主家财产权益的需要，并不真徒、真流，而是"加杖，免居作"，折算方式为"徒一年，加杖一百二

---

〔1〕（唐）长孙无忌等撰：《唐律疏议·卷一·名例律·"八议者（议章）"》，刘俊文点校，法律出版社1999年版，第17页。

〔2〕（唐）长孙无忌等撰：《唐律疏议·卷二·名例律·"八议者（议章）"》，刘俊文点校，法律出版社1999年版，第36页。

〔3〕（唐）长孙无忌等撰：《唐律疏议·卷二·名例律·"皇太子妃（请章）"》，刘俊文点校，法律出版社1999年版，第37-38页。

〔4〕（唐）长孙无忌等撰：《唐律疏议·卷二·名例律·"七品以上之官（减章）"》，刘俊文点校，法律出版社1999年版，第38页。

十；一等加二十，徒三年加杖二百。准犯三流，亦止杖二百。决讫，付官、主"；当需要对部曲、奴婢征赃款、赃物或赎免而无财时，可以"皆据其本犯及正赃，准铜每二斤各加杖十，……铜数虽多，不得过二百"，勘杖完毕后，将之放还给官府或主人。[1]另一方面，当部曲、奴婢等贱民阶层触犯其他无特殊规制的犯罪时，其定罪量刑与一般良民毫无二致，"诸官户、部曲、（称部曲者，部曲妻及客女亦同。）官私奴婢有犯，本条无正文者，各准良人"。[2]

其二，就宗族、家庭等涉及宗法伦理上的身份而言：当犯罪行为人承担同一角色时，其在法律上的权利、义务是一样的，进而司法待遇亦是相同的。众所周知，《唐律疏议》是一部"一准乎礼"的律典，切实贯彻了符合当时社会治理需要的"亲亲尊尊"原则，有效地维护了专制等级秩序。是故，在法律规定中，尊长、卑幼、夫妻、妻妾等之间相犯，角色地位不相当的双方之间享有和承担不相一致的权利和义务。根据犯罪行为人与被害人之间的服制关系，大致可以被分为两类来论述：①当犯罪行为人均为尊亲属时，其法律地位和司法待遇自然也是相同的。例如，作为父母均享有主婚权，而与之相对应的是承担悔婚责任。"诸许嫁女，已报婚书及有私约，（约，谓先知夫身老、幼、疾、残、养、庶之类。）而辄悔者，杖六十。（男家自悔者，不坐，不追聘财。）……若更许他人者，杖一百；已成者，徒一年半。后娶者知情，减一等。女追归前夫，前夫不娶，

---

〔1〕　（唐）长孙无忌等撰：《唐律疏议·卷六·名例律·"官户部曲官私奴婢有犯"》，刘俊文点校，法律出版社1999年版，第142~143页。

〔2〕　（唐）长孙无忌等撰：《唐律疏议·卷六·名例律·"官户部曲官私奴婢有犯"》，刘俊文点校，法律出版社1999年版，第142页。

还聘财，后夫婚如法。"[1]②当犯罪行为人均为卑亲属时，其法律地位和司法待遇是相同的，如卑幼谋杀尊长时，其所承担的刑事责任亦是一样的，只是根据与被害人的服制关系的远近而承担相应的刑罚。"诸谋杀期亲尊长、外祖父母、夫、夫之祖父母、父母者，皆斩。诸谋杀缌麻以上尊长者，流二千里；已伤者，绞；已杀者，皆斩。"[2]

第二节 "不等者不等"与礼制的等差性

恰如刘俊文先生在《唐律疏议》点校说明中所言："唐律疏议作为封建法典，……它以礼为中心，以君主专制、等级制度和宗法制度为支柱，构筑全部封建法律理论体系。……它在维护尊卑、贵贱、长幼之别时是那样严峻周密，它在贯彻'刑不上大夫'原则时是那样曲尽其微，它在声称'奴婢贱隶，律比畜产'时是那样直言不讳。"[3]也就是说，《唐律疏议》是一部处处彰显等级性、伦理等差色彩的法律，从规范层面严格地落实"不等者不等"，具体表现可以概括为三个方面：不同社会阶层之间享有不同的司法待遇；依据服制亲疏尊卑厘定亲属之间的法律责任；基于仁爱和其他原因导致刑罚的差异性适用。

一、不同社会阶层之间享有不同的司法待遇

根据不同人群所处社会地位的不同，我们可以将唐代社会

---

〔1〕（唐）长孙无忌等撰：《唐律疏议·卷十三·户婚律·"许嫁女辄悔"》，刘俊文点校，法律出版社1999年版，第276~277页。

〔2〕（唐）长孙无忌等撰：《唐律疏议·卷十七·贼盗·"谋杀期亲尊长"》，刘俊文点校，法律出版社1999年版，第354~355页。

〔3〕（唐）长孙无忌等撰：《唐律疏议》，刘俊文点校，法律出版社1999年版，点校说明第4页。

阶层分为贵族官僚地主、庶民地主、乡村次户与下户、佃农和屯田兵民、客户、部曲、奴婢、官户、杂户等大类。[1]同时，根据法律地位的不同，可以再将这些阶层划分为特权阶层、良民阶层和贱民阶层等三大类。《唐律疏议》对于这三类人群规定了不同的司法待遇，明显贯彻了"不等者不等"的原则。

首先，特权阶层在律典中享有明显优于一般良人的司法待遇，较为突出的表现是在类似刑法总则的《名例律》中明确赋予他们"议""请""减"等司法特权。并且，唐律曲尽其微地规定了这些特权在司法适用中的规则和顺序。"诸一人兼有议、请、减，各应得减者，唯得以一高者减之，不得累减。若从坐减、自首减、故失减、公坐相承减，又以议、请、减之类，得累减。"[2]在维护专制统治秩序的前提下，为了最大限度地保障官员阶层的司法特权，尽可能落实"刑不上大夫"的远古遗训，唐律极尽曲当地规定了存在或曾经存在官员身份的人在各种时间点犯罪时应当如何取赎、定罪量刑。"诸无官犯罪，有官事发，流罪以下以赎论。（谓从流外及庶人而任流内者，不以官当、除、免。犯十恶及五流者，不用此律。）卑官犯罪，迁官事发；在官犯罪，去官事发；或事发去官：犯公罪流以下各勿论，余罪论如律。其有官犯罪，无官事发；有荫犯罪，无荫事发；无荫犯罪，有荫事发：并从官荫之法。"[3]其中特别需要注意的是，特权阶层相对于良民阶层、贱民阶层享有如上特权。但就特权阶层内部自身而言，也处处充斥着差别性与不平等性。具体表现为：其一，皇帝作为最高统治者，《唐律疏议》根本未将

---

〔1〕　参见张泽咸：《唐代阶级结构研究》，中州古籍出版社1996版。

〔2〕　（唐）长孙无忌等撰：《唐律疏议·卷二·名例律·"人兼有议请减"》，刘俊文点校，法律出版社1999年版，第43~44页。

〔3〕　（唐）长孙无忌等撰：《唐律疏议·卷二·名例律·"无官犯罪"》，刘俊文点校，法律出版社1999年版，第47~48页。

其纳入法律规制的范围。并且，律典不仅给予皇帝及与之人身安全相关的最为严格的保护。如"谋反"[1]罪的设立要求臣民无条件地忠于皇帝和李唐专制政权；"谋大逆"[2]罪的设立是为了维护皇家的宗庙、山陵和宫阙；"大不敬"[3]中的相关罪名，包括盗乘舆服御物、盗及伪造御宝、合和御药有误、造御膳犯食禁等亦是为了充分维护皇帝的人身安全和其至高无上的权威；等等。此外，《唐律疏议》还充分赋予了皇帝的亲属、旧识等一系列的法律特权，如"皇帝祖免以上亲及太皇太后、皇太后缌麻以上亲、皇后小功以上亲""故旧"[4]等享有"议"的特权；"皇太子妃大功以上亲"[5]享有"请"的特权；等等。其二，不同品级的官员享有的法律特权亦不尽相同。如"职事官三品以上，散官二品以上及爵一品"[6]能够享有"议"的特权；

---

〔1〕《唐律疏议》规定："谋反。（谓谋危社稷。）《疏》议曰：案《公羊传》云：'君亲无将，将而必诛。'谓将有逆心，而害于君父者，则必诛之。《左传》云：'天反时为灾，人反德为乱。'然王者居宸极之至尊，奉上天之宝命，同二仪之覆载，作兆庶之父母。为子为臣，惟忠惟孝。乃敢包藏凶慝，将起逆心，规反天常，悖逆人理，故曰'谋反'。"（唐）长孙无忌等撰：《唐律疏议·卷一·名例律·"十恶"》，刘俊文点校，法律出版社 1999 年版，第 7 页。

〔2〕《唐律疏议》规定："谋大逆。（谓谋毁宗庙、山陵及宫阙。）《疏》议曰：此条之人，干纪犯顺，违道悖德，逆莫大焉，故曰'大逆'。"（唐）长孙无忌等撰：《唐律疏议·卷一·名例律·"十恶"》，刘俊文点校，法律出版社 1999 年版，第 7 页。

〔3〕《唐律疏议》规定："大不敬。（谓盗大祀神御之物、乘舆服御物；盗及伪造御宝；合和御药，误不如本方及封题误；若造御膳，误犯食禁；御幸舟船，误不牢固；指斥乘舆，情理切害及对捍制使，而无人臣之礼。）。"（唐）长孙无忌等撰：《唐律疏议·卷一·名例律·"十恶"》，刘俊文点校，法律出版社 1999 年版，第 10 页。

〔4〕（唐）长孙无忌等撰：《唐律疏议·卷一·名例律·"八议"》，刘俊文点校，法律出版社 1999 年版，第 17~18 页。

〔5〕（唐）长孙无忌等撰：《唐律疏议·卷二·名例律·"皇太子妃（请章）"》，刘俊文点校，法律出版社 1999 年版，第 37 页。

〔6〕（唐）长孙无忌等撰：《唐律疏议·卷一·名例律·"八议"》，刘俊文点校，法律出版社 1999 年版，第 19 页。

"文武职事官四品以下、散官三品以下、勋官及爵二品以下，五品以上"〔1〕享有"请"的特权；"六品、七品文武职事、散官、卫官、勋官等身"享有"犯流罪已下"减一等科罚的特权；〔2〕而八品、九品之官则只能享有"犯流罪以下，收赎"〔3〕的特权。而且，"五品以上之官，是为'通贵'。妾之犯罪，不可配决。若犯非十恶，流罪以下，听用赎论"。〔4〕其三，低品阶官员犯高品阶官员处刑较常人相犯为重，且所犯品阶越高处刑越重。如"诸流外官以下，殴议贵者，徒二年；伤者，徒三年；折伤者，流二千里。殴伤五品以上，减二等；若减罪轻及殴伤九品以上，各加凡斗伤二等"；〔5〕"诸流内九品以上殴议贵者，徒一年。伤重及殴伤五品以上，若五品以上殴伤议贵，各加凡斗伤二等"；〔6〕等等。

其次，良民侵犯官僚贵族阶层处刑一般较凡人相犯为重。如律典规定：凡人相殴，"折齿，毁缺耳鼻，眇一目及折手足指，（眇，谓亏损其明而犹见物。）若破骨及汤火伤人者，徒一年；折二齿、二指以上及髡发者，徒一年半"；〔7〕而殴打

---

〔1〕（唐）长孙无忌等撰：《唐律疏议·卷二·名例律·"皇太子妃（请章）"》，刘俊文点校，法律出版社1999年版，第37页。

〔2〕（唐）长孙无忌等撰：《唐律疏议·卷二·名例律·"七品以上之官（减章）"》，刘俊文点校，法律出版社1999年版，第38页。

〔3〕（唐）长孙无忌等撰：《唐律疏议·卷二·名例律·"应议请减（赎章）"》，刘俊文点校，法律出版社1999年版，第39页。

〔4〕（唐）长孙无忌等撰：《唐律疏议·卷二·名例律·"五品以上妾有犯"》，刘俊文点校，法律出版社1999年版，第43页。

〔5〕（唐）长孙无忌等撰：《唐律疏议·卷二十一·斗讼律·"流外官以下殴议贵等"》，刘俊文点校，法律出版社1999年版，第431页。

〔6〕（唐）长孙无忌等撰：《唐律疏议·卷二十二·斗讼律·"九品以上殴议贵"》，刘俊文点校，法律出版社1999年版，第435页。

〔7〕（唐）长孙无忌等撰：《唐律疏议·卷二十一·斗讼律·"斗殴折齿毁耳鼻"》，刘俊文点校，法律出版社1999年版，第415页。

"使、本属府主、刺史、县令……徒三年；伤者，流二千里；折伤者，绞。（折伤，谓折齿以上。）……即殴佐职者，徒一年；伤重者，加凡斗伤一等；死者，斩"；[1]殴打皇家"五世祖免之亲"，"徒一年；伤者，徒二年；伤重者，加凡斗二等。缌麻以上，各递加一等。死者，斩"。[2]并且，一般良民殴打本属府主、刺史、县令的祖父母、父母、妻子、子孙等，处刑亦较常人相犯为重，"徒一年；伤重者，加凡斗伤一等"。[3]不限于此，诬告本属府主、刺史、县令处刑较常人相诬告为重。一般来说，诬告反坐。而诬告上述官员则"加所诬罪二等"[4]科罚。

再次，良贱相犯，处刑呈两极分化趋势。具体表现如下：

一方面，"奴婢贱隶，唯于被盗之家称人，自外诸条杀伤，不同良人之限"。[5]因此，唐律明确规定良民犯贱人，尤其是主家犯自家部曲、奴婢处刑较常人相犯为轻，这主要表现为：①除"谋叛"以上，部曲、奴婢有为主人隐瞒犯罪的义务，"漏露其事及擿语消息亦不坐"；[6]若告发主人犯罪的，则是"部曲、奴婢为主首"，[7]即告发主人犯罪的部曲、奴婢等同于替主

---

〔1〕（唐）长孙无忌等撰：《唐律疏议·卷二十一·斗讼律·"殴制使府主刺史县令"》，刘俊文点校，法律出版社1999年版，第426-428页。

〔2〕（唐）长孙无忌等撰：《唐律疏议·卷二十一·斗讼律·"殴皇家祖免以上亲"》，刘俊文点校，法律出版社1999年版，第430页。

〔3〕（唐）长孙无忌等撰：《唐律疏议·卷二十一·斗讼律·"殴府主刺史县令祖父母"》，刘俊文点校，法律出版社1999年版，第429页。

〔4〕（唐）长孙无忌等撰：《唐律疏议·卷二十四·斗讼律·"诬告府主刺史县令"》，刘俊文点校，法律出版社1999年版，第473页。

〔5〕（唐）长孙无忌等撰：《唐律疏议·卷四·名例律·"老小及疾有犯"》，刘俊文点校，法律出版社1999年版，第91页。

〔6〕（唐）长孙无忌等撰：《唐律疏议·卷六·名例律·"同居相为隐"》，刘俊文点校，法律出版社1999年版，第141页。

〔7〕（唐）长孙无忌等撰：《唐律疏议·卷五·名例律·"犯罪未发自首"》，刘俊文点校，法律出版社1999年版，第111页。

人自首，并且须承担相应的刑事责任。"非谋反、逆、叛者，皆绞；（被告者同首法。）告主之期亲及外祖父母者，流；大功以下亲，徒一年。诬告重者，缌麻，加凡人一等；小功、大功，递加一等。即奴婢诉良，妄称主压者，徒三年；部曲，减一等。"〔1〕②一般而言，"杀一家非死罪三人"〔2〕则构成"十恶"中的"不道"条，但所杀若系部曲、奴婢，则不构成。并且，若主人殴打之初，"不识奴，殴打之后，然始知悉"，〔3〕须依殴打奴婢论处。③一般良人殴、杀、伤他人部曲、奴婢，处刑较凡人相犯为轻。"其良人殴伤杀他人部曲者，减凡人一等；奴婢，又减一等。若故杀部曲者，绞；奴婢，流三千里。"〔4〕④主人殴、杀、伤部曲、奴婢处刑较凡人为轻，尤其是部曲、奴婢自身行为有错时。"诸奴婢有罪，其主不请官司而杀者，杖一百。无罪而杀者，徒一年。（期亲及外祖父母杀者，与主同。下条部曲准此)。"〔5〕"诸主殴部曲至死者，徒一年。故杀者，加一等。其有愆犯，决罚致死及过失杀者，各勿论。"〔6〕即使殴伤的是旧部曲、奴婢，处刑亦较凡人相犯为轻。"殴旧部曲、奴婢，折伤以

---

〔1〕（唐）长孙无忌等撰：《唐律疏议·卷二十二·斗讼律·"部曲奴婢告主"》，刘俊文点校，法律出版社1999年版，第472页。

〔2〕（唐）长孙无忌等撰：《唐律疏议·卷一·名例律·"不道"》，刘俊文点校，法律出版社1999年版，第9页。

〔3〕（唐）长孙无忌等撰：《唐律疏议·卷六·名例律·"本条别有制"》，刘俊文点校，法律出版社1999年版，第145页。

〔4〕（唐）长孙无忌等撰：《唐律疏议·卷二十二·斗讼律·"部曲奴婢良人相殴"》，刘俊文点校，法律出版社1999年版，第437页。

〔5〕（唐）长孙无忌等撰：《唐律疏议·卷二十二·斗讼律·"主杀有罪奴婢"》，刘俊文点校，法律出版社1999年版，第438页。

〔6〕（唐）长孙无忌等撰：《唐律疏议·卷二十二·斗讼律·"主殴部曲死"》，刘俊文点校，法律出版社1999年版，第439页。

上，部曲减凡人二等，奴婢又减二等；过失杀者，各勿论。"〔1〕并且，殴亲属的部曲、奴婢，处刑亦较凡人为轻。"诸殴缌麻、小功亲部曲奴婢，折伤以上，各减杀伤凡人部曲奴婢二等；大功，又减一等。过失杀者，各勿论。"〔2〕⑤主人奸本家部曲妻及客女不构成犯罪，无需承担刑事责任。奸他人部曲、奴婢，处刑亦较凡人相奸为轻。"奸他人部曲妻，杂户、官户妇女者，杖一百。强者，各加一等。折伤者，各加斗折伤罪一等。"

另一方面，贱民犯良人，尤其是部曲、奴婢犯主，处刑极为严苛。其一，部曲、奴婢杀主及主之亲属处刑较常人相杀为重，且该亲属与主人的服制愈近，处刑愈重。"诸部曲、奴婢谋杀主者，皆斩。谋杀主之期亲及外祖父母者，绞；已伤者，皆斩。"〔3〕即使是部曲、奴婢过失杀主，亦处绞刑。"伤及詈者，流。即殴主之期亲及外祖父母者，绞；已伤者，皆斩；詈者，徒二年；过失杀者减殴罪二等，伤者又减一等。殴主之缌麻亲，徒一年；伤重者，各加凡人一等。小功、大功，递加一等。（加者，加入于死。）死者，皆斩。"〔4〕即便是故意殴、杀、伤的主人为旧主，其处刑依然较凡人相犯为重。"诸部曲、奴婢詈旧主者，徒二年；殴者，流二千里；伤者，绞；杀者，皆斩。"〔5〕其二，因部曲、奴婢具有极强的人身依附性——"身系于主"，因

---

〔1〕（唐）长孙无忌等撰：《唐律疏议·卷二十三·斗讼律·"部曲奴婢殴詈旧主"》，刘俊文点校，法律出版社 1999 年版，第 458 页。

〔2〕（唐）长孙无忌等撰：《唐律疏议·卷二十二·斗讼律·"殴缌麻小功亲部曲奴婢"》，刘俊文点校，法律出版社 1999 年版，第 441 页。

〔3〕（唐）长孙无忌等撰：《唐律疏议·卷十七·贼盗律·"部曲奴婢谋杀主"》，刘俊文点校，法律出版社 1999 年版，第 355 页。

〔4〕（唐）长孙无忌等撰：《唐律疏议·卷二十二·斗讼律·"部曲奴婢过失杀伤主"》，刘俊文点校，法律出版社 1999 年版，第 440 页。

〔5〕（唐）长孙无忌等撰：《唐律疏议·卷二十三·斗讼律·"部曲奴婢殴詈旧主"》，刘俊文点校，法律出版社 1999 年版，第 457 页。

此若主人被杀害，其"受财私和，知杀不告"，则科以"流二千里"的刑罚处罚。[1]其三，一般而言，造厌魅、符书"欲以疾苦人"、残害死尸或抛尸水中、于他人墓冢熏狐狸而烧尸烧棺椁的行为都可减等处罚，但上述行为若均系部曲、奴婢施加于主人，则不得减等论处。"诸有所憎恶，而造厌魅及造符书咒诅，欲以杀人者，各以谋杀论减二等；以故致死者，各依本杀法。欲以疾苦人者，又减二等。（子孙于祖父母、父母，部曲、奴婢于主者，各不减）。"[2]"诸残害死尸，（谓焚烧、支解之类。）及弃尸水中者，各减斗杀罪一等；弃而不失及髡发若伤者，各又减一等。即子孙于祖父母、父母，部曲、奴婢于主者，各不减。"[3]"诸穿地得死人不更埋，及于冢墓熏狐狸而烧棺椁者，徒二年；烧尸者，徒三年。……若子孙于祖父母、父母，部曲、奴婢于主冢墓熏狐狸者，徒二年；烧棺椁者，流三千里；烧尸者，绞。"[4]其四，部曲殴伤与主家没有关系的其他良人，"（官户与部曲同。）加凡人一等。（加者，加入于死。）奴婢，又加一等。若奴婢殴良人折跌支体及瞎其一目者，绞；死者，各斩"。[5]其五，部曲、奴婢奸良人，处刑较凡人为重。"诸奸者，徒一年半；有夫者，徒二年。部曲、杂户、官户奸良人者，

---

〔1〕（唐）长孙无忌等撰：《唐律疏议·卷十七·贼盗律·"亲属为人杀私和"》，刘俊文点校，法律出版社1999年版，第362页。

〔2〕（唐）长孙无忌等撰：《唐律疏议·卷十八·贼盗律·"憎恶造厌魅"》，刘俊文点校，法律出版社1999年版，第368~369页。

〔3〕（唐）长孙无忌等撰：《唐律疏议·卷十八·贼盗律·"残害死尸"》，刘俊文点校，法律出版社1999年版，第371页。

〔4〕（唐）长孙无忌等撰：《唐律疏议·卷十八·贼盗律·"穿地得死人"》，刘俊文点校，法律出版社1999年版，第372~373页。

〔5〕（唐）长孙无忌等撰：《唐律疏议·卷二十二·斗讼律·"部曲奴婢良人相殴"》，刘俊文点校，法律出版社1999年版，第437页。

各加一等。"〔1〕"诸奴奸良人者，徒二年半；强者，流；折伤者，绞。"〔2〕而强奸的对象如果是主人及主人的亲属，处刑则更重。"其部曲及奴，奸主及主之期亲，若期亲之妻者绞，妇女减一等；强者，斩。即奸主之缌麻以上亲及缌麻以上亲之妻者，流；强者，绞。"〔3〕

另外，还需要注意的是：①出于维护官府、主家等的财产权益的考虑，工、乐、杂户、太常音声人、部曲、奴婢等犯流、徒刑时，一般是折换为杖刑，并不真流、真徒。"诸工、乐、杂户及太常音声人，犯流者，二千里决杖一百，一等加三十，留住，俱役三年；（犯加役流者，役四年。）若习业已成，能专其事，及习天文，并给使、散使，各加杖二百。犯徒者，准无兼丁例加杖，还依本色。"〔4〕"若犯流、徒者，加杖，免居作。应征正赃及赎无财者，准铜二斤各加杖十，决讫，付官、主；……即同主奴婢自相杀，主求免者，听减死一等。"〔5〕②唐律规定人们缔结婚姻应该"色类须同"，当色为婚，禁止良贱通婚。因此，"诸与奴娶良人女为妻者，徒一年半；女家，减一等。离之。其奴自娶者，亦如之。主知情者，杖一百；因而上籍为婢者，流三千里"；〔6〕杂户与良人通婚，"杖一百。官户娶

〔1〕（唐）长孙无忌等撰：《唐律疏议·卷二十六·杂律·"凡奸"》，刘俊文点校，法律出版社1999年版，第530页。

〔2〕（唐）长孙无忌等撰：《唐律疏议·卷二十六·杂律·"奴奸良人"》，刘俊文点校，法律出版社1999年版，第533页。

〔3〕（唐）长孙无忌等撰：《唐律疏议·卷二十六·杂律·"奴奸良人"》，刘俊文点校，法律出版社1999年版，第533页。

〔4〕（唐）长孙无忌等撰：《唐律疏议·卷三·名例律·"工乐杂户及妇人犯流决杖"》，刘俊文点校，法律出版社1999年版，第81~82页。

〔5〕（唐）长孙无忌等撰：《唐律疏议·卷六·名例律·"官户部曲官私奴婢有犯"》，刘俊文点校，法律出版社1999年版，第142-143页。

〔6〕（唐）长孙无忌等撰：《唐律疏议·卷十四·户婚律·"奴娶良人为妻"》，刘俊文点校，法律出版社1999年版，第293页。

良人女者，亦如之。良人娶官户女者，加二等"。[1]③唐律规定
养子孙必须当色相养，若"养杂户男为子孙者，徒一年半；养
女，杖一百。官户，各加一等，与者，亦如之。……虽会赦，
皆合改正"。[2]不过，唐律并非一味压制贱民阶层，而是在一定
程度上维护部曲、奴婢等贱民阶层的人身权益，如律条规定主
家将已放为良的部曲"压为贱者，徒二年；若压为部曲，及放
奴婢为良而压为贱者，各减一等"。[3]

最后，贱民阶层中亦存在不平等性，最为突出的表现是部
曲、奴婢有别。一般而言，部曲殴良人虽较凡人相殴加一等论
处，但奴婢殴良人，"又加一等"论处。也就是说，部曲殴良人
处刑较奴婢殴良人为轻。不限于此，部曲、奴婢之间相殴，部
曲处刑为轻，奴婢科刑较重。"即部曲、奴婢相殴伤杀者，各依
部曲与良人相殴伤杀法"，即加凡人一等论处。[4]

二、依据服制亲疏尊卑厘定亲属之间的法律责任

自从西晋《泰始律》确立了"峻礼教之防，准五服以治
罪"[5]的原则，后世王朝基本均对其予以沿承和发展，亲属之
间的犯罪均是"根据五服所表明的亲疏尊卑关系来确定行为人的

---

〔1〕（唐）长孙无忌等撰：《唐律疏议·卷十四·户婚律·"杂户官户与良人
为婚"》，刘俊文点校，法律出版社1999年版，第294页。

〔2〕（唐）长孙无忌等撰：《唐律疏议·卷十二·户婚律·"养杂户等为子
孙"》，刘俊文点校，法律出版社1999年版，第259-260页。

〔3〕（唐）长孙无忌等撰：《唐律疏议·卷十二·户婚律·"放部曲奴婢还
压"》，刘俊文点校，法律出版社1999年版，第261页。

〔4〕（唐）长孙无忌等撰：《唐律疏议·卷二十二·斗讼律·"部曲奴婢良人
相殴"》，刘俊文点校，法律出版社1999年版，第437~438页。

〔5〕（唐）房玄龄等撰：《晋书·卷三十·刑法志》，中华书局1974年版，第
927页。

不同法律责任"。[1]这落实在《唐律疏议》上主要表现为如下四个方面：

首先，亲属之间斗殴、杀、伤、詈骂等相犯的处罚规制。根据亲属之间的尊卑关系，笔者将之分为：①卑亲属侵害尊亲属，处刑较凡人相犯为重；且服制越近，科罚越重。如为了维护与君权相通的父权，《唐律疏议》认为"父母之恩，昊天罔极"，[2]要求子孙必须"善事父母"，[3]否则入于"十恶"中的"不孝"；若有殴打、谋杀等行为，则入于"恶逆"。以谋杀、殴打为例，如果是卑幼谋杀尊长，则处刑较凡人相犯为重。"诸谋杀期亲尊长、外祖父母、夫、夫之祖父母、父母者，皆斩。谋杀缌麻以上尊长者，流二千里；已伤者，绞；已杀者，皆斩。"[4]卑幼殴杀尊长处刑亦较凡人相犯为重。"诸殴缌麻兄姊，杖一百。小功、大功，各递加一等。尊属者，又各加一等。伤重者，各递加凡斗伤一等；死者，斩。即殴从父兄姊，准凡斗应流三千里者，绞。"[5]②尊亲属侵害卑亲属，处刑较凡人相犯为轻；且服制越近，科罚越轻。同样，以谋杀、殴伤为例，尊亲属殴杀卑亲属的处刑较上述科刑大为减轻，也比凡人相殴杀为轻。"即尊长谋杀卑幼者，各依故杀罪减二等；已伤者，减

---

〔1〕 屈永华："准五服以制罪是对儒家礼教精神的背离"，载《法学研究》2012年第5期。

〔2〕 （唐）长孙无忌等撰：《唐律疏议·卷一·名例律·"十恶"》，刘俊文点校，法律出版社1999年版，第8页。

〔3〕 （唐）长孙无忌等撰：《唐律疏议·卷一·名例律·"十恶"》，刘俊文点校，法律出版社1999年版，第12页。

〔4〕 （唐）长孙无忌等撰：《唐律疏议·卷十七·贼盗律·"谋杀期亲尊长"》，刘俊文点校，法律出版社1999年版，第354~355页。

〔5〕 （唐）长孙无忌等撰：《唐律疏议·卷二十二·斗讼律·"殴缌麻兄姊等"》，刘俊文点校，法律出版社1999年版，第444页。

一等；已杀者，依故杀法。"[1]"若尊长殴卑幼折伤者，缌麻减凡人一等，小功、大功递减一等；死者，绞。"[2]

其次，亲属之间性犯罪的处罚规制。唐律规定，不区分强奸，还是和奸，凡是"奸小功以上亲、父祖妾"的行为均构成"内乱"。[3]具体到刑罚方面，亲属之间的服制关系越近，科刑越重。"诸奸缌麻以上亲及缌麻以上亲之妻，若妻前夫之女及同母异父姊妹者，徒三年；强者，流二千里；折伤者，绞。妾，减一等。"[4]"诸奸从祖祖母姑、从祖伯叔母姑、从父姊妹、从母及兄弟妻、兄弟子妻者，流二千里；强者，绞。"[5]"诸奸父祖妾、（谓曾经有父祖子者。）伯叔母、姑、姊妹、子孙之妇、兄弟之女者，绞。即奸父祖所幸婢，减二等。"[6]

再次，亲属之间财产犯罪的处罚规制。《唐律疏议》规定尊亲属既在，"子孙无所自专"，同居卑幼不得私辄用财，否则"十疋笞十，十疋加一等，罪止杖一百"。[7]不过，亲属之间有通财之义和相互扶助的义务。因此，亲属之间一般财产犯罪处刑较常人相犯为轻，且服制越近，处刑越轻。"诸盗缌麻、小功

〔1〕（唐）长孙无忌等撰：《唐律疏议·卷十七·贼盗律·"谋杀期亲尊长"》，刘俊文点校，法律出版社 1999 年版，第 355 页。

〔2〕（唐）长孙无忌等撰：《唐律疏议·卷二十二·斗讼律·"殴缌麻兄姊等"》，刘俊文点校，法律出版社 1999 年版，第 444 页。

〔3〕（唐）长孙无忌等撰：《唐律疏议·卷一·名例律·"十恶"》，刘俊文点校，法律出版社 1999 年版，第 16 页。

〔4〕（唐）长孙无忌等撰：《唐律疏议·卷二十六·杂律·"奸缌麻以上亲及妻"》，刘俊文点校，法律出版社 1999 年版，第 531 页。

〔5〕（唐）长孙无忌等撰：《唐律疏议·卷二十六·杂律·"奸从祖母姑等"》，刘俊文点校，法律出版社 1999 年版，第 532 页。

〔6〕（唐）长孙无忌等撰：《唐律疏议·卷二十六·杂律·"奸父祖妾等"》，刘俊文点校，法律出版社 1999 年版，第 532 页。

〔7〕（唐）长孙无忌等撰：《唐律疏议·卷十二·户婚律·"同居卑幼私辄用财"》，刘俊文点校，法律出版社 1999 年版，第 263 页。

亲财物者，减凡人一等；大功，减二等；期亲，减三等。"[1]若是同居亲属，则处刑更为轻省。"诸同居卑幼，将人盗己家财物者，以私辄用财物论加二等。"[2]不过，需要注意的是，以"恐喝"的方式谋取亲属财物的，尊亲属恐喝卑亲属则处刑较凡人相犯为轻，且服制愈近，处刑越轻；卑亲属恐喝尊亲属，则处刑较凡人相犯为重，且服制愈近，科刑越重。"缌麻以上自相恐喝者，犯尊长，以凡人准盗论加一等。强盗亦准此者，谓别居期亲以下卑幼，于尊长家行强盗者，虽同于凡人家强盗得罪，若有杀伤，应入十恶者，仍入十恶。……谓恐喝缌麻、小功卑幼取财者，减凡人一等，五疋徒一年；大功卑幼减二等，五疋杖一百；期亲卑幼减三等，五疋杖九十之类。"[3]

最后，亲属之间论告的相关规制。出于"发自内心、自然而然，爱亲人、敦亲情、睦伦理"[4]的基本人性及法律儒家化的加深，《唐律疏议》规定亲属之间有相互容隐的义务，且服制愈近，因容隐而科罪的处刑愈轻。"诸同居，若大功以上亲及外祖父母、外孙，若孙之妇、夫之兄弟及兄弟妻，有罪相为隐；……即漏露其事及擿语消息亦不坐。其小功以下相隐，减凡人三等。若犯谋叛以上者，不用此律。"[5]在此基础上，自然禁止亲属之间相互论告的行为。其中，"缌麻以上亲属，有罪

---

〔1〕（唐）长孙无忌等撰：《唐律疏议·卷二十·贼盗律·"盗缌麻小功亲财物"》，刘俊文点校，法律出版社1999年版，第395页。

〔2〕（唐）长孙无忌等撰：《唐律疏议·卷二十·贼盗律·"卑幼将人盗己家财"》，刘俊文点校，法律出版社1999年版，第396页。

〔3〕（唐）长孙无忌等撰：《唐律疏议·卷十九·贼盗律·"恐喝取人财物"》，刘俊文点校，法律出版社1999年版，第391页。

〔4〕张国钧："亲属容隐的人性根源"，载《政法论坛》2014年第2期。

〔5〕（唐）长孙无忌等撰：《唐律疏议·卷六·名例律·"同居相为隐"》，刘俊文点校，法律出版社1999年版，第141页。

不合告言"，〔1〕子孙告言祖父母父母入于"不孝"，〔2〕"告夫及大功以上尊长、小功尊属"〔3〕入于"不睦"。具体到刑罚方面则是：①论告尊长处刑较为严苛，且服制越近，处刑越重，"非缘坐之罪及谋叛以上"而告祖父母、父母的，处绞刑；〔4〕非谋叛以上，"告期亲尊长、外祖父母、夫、夫之祖父母，虽得实，徒二年；其告事重者，减所告罪一等；（所犯虽不合论，告之者犹坐。）……告大功尊长，各减一等；小功、缌麻，减二等"。〔5〕②尊长状告卑幼也须承担一定的刑事责任，不过服制越近，科刑越轻。"诸告缌麻、小功卑幼，虽得实，杖八十；大功以上，递减一等。"〔6〕然而，需要注意的是，诬告需相隐的亲属，若所诬为尊亲属，则处刑较凡人相诬告为重，"诬告重者，加所诬罪三等"；〔7〕若引虚"诬告期亲尊长、外祖父母、夫、夫之祖父母，及奴婢、部曲诬告主之期亲、外祖父母"，不能按照诬告他人"流罪以下，前人未加拷掠，而告人引虚者"减一等科罚之

〔1〕（唐）长孙无忌等撰：《唐律疏议·卷五·名例律·"犯罪共亡捕首"》，刘俊文点校，法律出版社1999年版，第117页。

〔2〕《唐律疏议》中规定："七曰不孝。（谓告言、诅詈祖父母父母，……）"（唐）长孙无忌等撰：《唐律疏议·卷一·名例律·"十恶"》，刘俊文点校，法律出版社1999年版，第12页。

〔3〕（唐）长孙无忌等撰：《唐律疏议·卷一·名例律·"十恶"》，刘俊文点校，法律出版社1999年版，第14页。

〔4〕（唐）长孙无忌等撰：《唐律疏议·卷二十三·斗讼律·"告祖父母父母"》，刘俊文点校，法律出版社1999年版，第465页。

〔5〕（唐）长孙无忌等撰：《唐律疏议·卷二十四·斗讼律·"告期亲以下缌麻以上尊长"》，刘俊文点校，法律出版社1999年版，第469页。

〔6〕（唐）长孙无忌等撰：《唐律疏议·卷二十四·斗讼律·"告缌麻以上卑幼"》，刘俊文点校，法律出版社1999年版，第471页。

〔7〕（唐）长孙无忌等撰：《唐律疏议·卷二十四·斗讼律·"告期亲以下缌麻以上尊长"》，刘俊文点校，法律出版社1999年版，第469页。

例。[1]若所诬为卑幼，则处刑较凡人相犯为轻，"诬告重者，期亲，减所诬罪二等；大功，减一等；小功以下，以凡人论。即诬告子孙、外孙、子孙之妇妾及己之妾者，各勿论"。[2]并且，《唐律疏议》还明确规定除谋叛以上犯罪外，缌麻以上亲共同逃亡，其中一人"捕亲属首者，得减逃亡之坐"，但因所捕为缌麻以上亲，故"本犯之罪不原，仍依伤杀及告亲属法"论处。[3]

三、基于仁爱和其他原因导致刑罚的差异性适用

中国传统司法理念内中尚有仁爱、钦恤等意蕴。因此，为了实现实质意义上的"平"，中国传统社会多会给予弱势群体以特别的照顾。是故，老弱病残孕等弱势因素可能会影响行为人的定罪量刑，这落实在《唐律疏议》中主要表现为如下几个方面：

首先，犯罪行为人的年龄、健康状况会影响其定罪量刑。在充分维护专制统治的前提下，《唐律疏议》在规定年幼、年老、身患残疾等因素都会影响对行为人的定罪量刑。在一般情况下，此类犯罪行为人并不真流、真徒；且年幼者愈幼、年老者愈老、残疾程度愈高，他们的科刑会相对愈轻。"诸年七十以上、十五以下及废疾，犯流罪以下，收赎。（犯加役流、反逆缘坐流、会赦犹流者，不用此律；至配所，免居作。）八十以上、十岁以下及笃疾，犯反、逆、杀人应死者，上请；盗及伤人者，亦

---

〔1〕（唐）长孙无忌等撰：《唐律疏议·卷二十三·斗讼律·"诬告人流罪以下引虚"》，刘俊文点校，法律出版社 1999 年版，第 465 页。

〔2〕（唐）长孙无忌等撰：《唐律疏议·卷二十四·斗讼律·"告缌麻以上卑幼"》，刘俊文点校，法律出版社 1999 年版，第 471 页。

〔3〕（唐）长孙无忌等撰：《唐律疏议·卷五·名例律·"犯罪共亡捕首"》，刘俊文点校，法律出版社 1999 年版，第 117 页。

收赎。（有官爵者，各从官当、除、免法。）余皆勿论。九十以上、七岁以下，虽有死罪，不加刑；（缘坐应配没者不用此律。）即有人教令，坐其教令者。若有赃应备，受赃者备之。"[1]即使是需要加杖免居作的官户、部曲、奴婢等贱民阶层，"若老小及废疾"，亦不得加杖，即使是无财产征赎，也要放免。[2]为了最大限度地贯彻矜老恤幼、哀矜残疾人的法律观念，律典明确规定了犯罪时未年老、未残疾而事发时年老、残疾，犯罪时尚年幼而事发时已长成的处理原则，即仍按照存在老、疾、幼等弱势因素来论处。"诸犯罪时虽未老、疾，而事发时老、疾者，依老、疾论。若在徒年限内老、疾，亦如之。犯罪时幼小，事发时长大，依幼小论。"[3]不限于此，律典还禁止对一定年龄范围内的年老者和年幼者、一定残疾程度的犯罪行为人进行拷讯或要求其履行作证义务：七十岁以上的老年人、十五岁以下的幼年人及"腰脊折，一支废"[4]的残疾人犯罪时，"并不合拷讯，皆据众证定罪，违者以故失论"；官府不能要求八十岁以上的老年人、十岁以下的幼儿及身患笃疾的残疾人作证，否则"减罪人罪三等"科处。[5]

---

〔1〕（唐）长孙无忌等撰：《唐律疏议·卷四·名例律·"老小及疾有犯"》，刘俊文点校，法律出版社1999年版，第89~92页。

〔2〕《唐律疏议》规定："诸官户、部曲、（称部曲者，部曲妻及客女亦同。）官私奴婢有犯，本条无正文者，各准良人。若犯流、徒者，加杖，免居作。应征正赃及赎无财者，准铜二斤各加杖十，决讫，付官、主；若老小及废疾，不合加杖，无财者放免。"（唐）长孙无忌等撰：《唐律疏议·卷六·名例律·"官户部曲官私奴婢有犯"》，刘俊文点校，法律出版社1999年版，第142~143页。

〔3〕（唐）长孙无忌等撰：《唐律疏议·卷四·名例律·"犯时未老疾"》，刘俊文点校，法律出版社1999年版，第93~94页。

〔4〕（唐）长孙无忌等撰：《唐律疏议·卷二十二·斗讼律·"妻妾殴詈夫父母"》，刘俊文点校，法律出版社1999年版，第448页。

〔5〕（唐）长孙无忌等撰：《唐律疏议·卷二十九·断狱律·"议请减老小疾不合拷讯"》，刘俊文点校，法律出版社1999年版，第590页。

其次，与其他被连坐人相比，个体因年龄、性别、身体健康状况等原因，其刑罚可以相对减轻或免除。如在谋反、谋大逆这类犯罪中，《唐律疏议》明确规定："父子年十六以上皆绞，十五以下及母女、妻妾、（子妻妾亦同。）祖孙、兄弟、姊妹若部曲、资财、田宅并没官，男夫年八十及笃疾、妇人年六十及废疾者并免。"[1]在叛国类犯罪中，一般情况下，"妻、子仍流二千里"，但若"妻及子年十五以下合赎，妇人不可独流，须依留住之法，加杖、居作。若子年十六以上，依式流配，其母至配所免居作。在室之女，不在配限"[2]。不限于此，考虑到八十岁以上的老年人、十岁以下的幼儿及"两目盲，二支废"[3]的残疾人缺少必要的生活能力，不能独自生活，《唐律疏议》还明确规定因家人造畜蛊毒而被牵连配流的上述人在无家口陪同时，无需科处流刑。"造畜者虽会赦，并同居家口及教令人，亦流三千里。（八十以上、十岁以下及笃疾，无家口同流者，放免）。"[4]

最后，其他因素导致刑罚的差异性规定。如出于对胎儿生命权的保护，《唐律疏议》明确规定了犯罪人为孕妇时的一些审断禁制：孕妇犯死罪需处决的，须在"产后一百日乃行刑。若未产而决者，徒二年；产讫，限未满而决者，徒一年。失者，各减二等"[5]。"犯罪应拷及决杖笞，若未产而拷、决者，杖

---

〔1〕（唐）长孙无忌等撰：《唐律疏议·卷十七·贼盗律·"谋反大逆"》，刘俊文点校，法律出版社1999年版，第348页。

〔2〕（唐）长孙无忌等撰：《唐律疏议·卷十七·贼盗律·"谋叛"》，刘俊文点校，法律出版社1999年版，第353页。

〔3〕（唐）长孙无忌等撰：《唐律疏议·卷二十二·斗讼律·"妻妾殴詈夫父母"》，刘俊文点校，法律出版社1999年版，第448页。

〔4〕（唐）长孙无忌等撰：《唐律疏议·卷十八·贼盗律·"造畜蛊毒"》，刘俊文点校，法律出版社1999年版，第366页。

〔5〕（唐）长孙无忌等撰：《唐律疏议·卷三十·断狱律·"妇人怀孕犯死罪"》，刘俊文点校，法律出版社1999年版，第612页。

一百；伤重者，依前人不合捶拷法；产后未满百日而拷决者，减一等。失者，各减二等"。〔1〕如出于对人命的重惜，允许人们收养三岁以下的被遗弃的异姓小儿为子嗣。"异姓之男，本非族类，违法收养，故徒一年；违法与者，得笞五十。养女者不坐。其小儿年三岁以下，本生父母遗弃，若不听收养，即性命将绝，故虽异姓，仍听收养，即从其姓。"〔2〕又如道士、尼姑、僧人等为方外之人，若犯反逆之罪，只坐其身，不得缘坐其俗家亲属。"道士及妇人，若部曲、奴婢犯反逆者，止坐其身。"〔3〕

第三节 "等与不等的辩证统一"与动态合理正义观

中国传统司法理念"平"中所蕴含的正义观是动态合理的，即其不仅遵循"等者同等""不等者不等"的原则，还贯彻了"等与不等的辩证统一"。而"等与不等的辩证统一"是如何在律典中贯彻的呢？根据是否处于同一时空下，笔者将之分为如下两个方面来探讨：同一时空下的"等与不等的辩证统一"和不同时空下的"等与不等的辩证统一"。

一、同一时空下的"等与不等的辩证统一"

通过对上文的分析可知，同一时空下的"等与不等的辩证统一"也可以从不同社会阶层之间的"等与不等的辩证统一"和亲属之间的"等与不等的辩证统一"两个方面来分析。

---

〔1〕（唐）长孙无忌等撰：《唐律疏议·卷三十·断狱律·"拷决孕妇"》，刘俊文点校，法律出版社 1999 年版，第 612 页。

〔2〕（唐）长孙无忌等撰：《唐律疏议·卷十二·户婚律·"养子舍去"》，刘俊文点校，法律出版社 1999 年版，第 259 页。

〔3〕（唐）长孙无忌等撰：《唐律疏议·卷十七·贼盗律·"缘坐非同居"》，刘俊文点校，法律出版社 1999 年版，第 351 页。

（一）不同社会阶层之间的"等与不等的辩证统一"

根据时间和空间的不同，不同社会阶层之间的"等与不等的辩证统一"主要表现为如下两个方面：

其一，从空间上来说，阶层的相对性会导致"等与不等的辩证统一"。就官员阶层而言，其相互之间的官品、官阶若是相等的，他们在法律上的地位自然是相等的。但是，相对于良民阶层而言，官员阶层显然是法律明定的特权阶层，依据其品阶可能享有"议""请""减""官当"等诸多特权。而相对于皇帝来说，官员阶层的法律地位却又是相对低下的，他们必须履行对皇帝效忠的义务，因为"君亲无将，将而必诛"。[1]依此类推，就良民阶层而言，良民阶层之间的地位是平等的，在《唐律疏议》中享有同样的权利和义务。然而，良民阶层相对于特权阶层而言，其法律地位则略显低下。但是，良民阶层相对于贱民阶层来说，其法律地位相对较高。就贱民阶层而言，其同作为部曲、奴婢、官户、乐户、杂户等的法律地位大致是平等的，彼此之间的权利义务亦是相对对等的。但是，贱民阶层相对于良民阶层而言，其法律地位是相对卑下的，相对于特权阶层来说，其法律地位则更为卑下。

其二，从时间上来说，阶层的流动性导致"等与不等的辩证统一"。阶层的流动性导致各主体之间的法律地位的变动主要分为向上的流动和向下的流动两个方面。其中，向下的流动无非是特权阶层、良民阶层因为犯罪、叛乱等被免除特权身份，乃至充军为奴等，其自然不能再享有相应的特权。如唐代规定："谋反者男女奴婢没为官奴婢，隶司农，……男子入于蔬圃，女

〔1〕（战国）公羊高撰：《春秋公羊传·昭公元年》，顾馨、徐明校点，辽宁教育出版社1997年版，第111页。

子入于厨饩。"[1]而向上的流动主要可以分为两个方面：①一般良民通过科举考试取得士大夫身份，成为特权阶层。尽管科举选拔官员的体制在唐代尚未完善，未能像宋代那样形成"完全意义的科举制度"，尚未做到"不讲门第，不论贫富，只问成绩，从而为下层平民子弟参加科举打开了大门"。[2]但不能否认，其"最初的设计原则抑或是理论构想是排除阶层、出身、出处等因素，唯以才艺短长衡定仕宦机会之有无"，并且实实在在地打破了之前唯以门第论高低的九品中正制，"从而在官僚体系和社会阶层间构建起了人才流通之孔道"。[3]唐代通过设立"秀才""明法""俊士""明经""进士""明算""明字"等诸科[4]大开取士之门，开通了一般民众通过研读儒家经典及其他经世致用的书目等进入仕途的渠道，进而使之有机会成为士大夫阶层，从而享有之前作为良民阶层所不能享有的法律特权。②贱民阶层通过放免程序成为良民阶层。唐代法律规定奴婢可以通过放免的方式成为良民，特别是在令典中详细地规制了官奴婢基于国家赦免政策、个人年龄及身体素质等原因可以成为良民的程序。"一免为番户，再免为杂户，三免为良人，皆因赦宥所及则免之。年六十及废疾，虽赦令不该，并免为番户；七十则免为良人，任所居乐处而编附之。"[5]经放免程序成为良民后，

---

〔1〕 （宋）欧阳修、宋祁撰：《新唐书·卷五十六·刑法志》，中华书局1975年版，第1411页。

〔2〕 何忠礼："贫富无定势：宋代科举制度下的社会流动"，载《学术月刊》2012年第1期。

〔3〕 王伟："唐代科举与社会阶层流动之关系及其意义——以士族为考察中心"，载《中华文化论坛》2010年第4期。

〔4〕 （宋）欧阳修、宋祁撰：《新唐书·卷四十四·选举志上》，中华书局1975年版，第1159页。

〔5〕 （唐）李林甫等撰：《唐六典·卷六·尚书刑部·都官郎中》，陈仲夫点校，中华书局2014年版，第193页。

其社会地位亦随之提高，享受法律赋予良民阶层的权利与义务。

（二）亲属之间的"等与不等的辩证统一"

根据时间和空间的不同，亲属之间的"等与不等的辩证统一"主要表现为如下两个方面：其一，从空间上来说，亲属之间关系的相对性导致"等与不等的辩证统一"。从原则上来说，处于同一尊卑序列的亲属之间的地位是相等的，不同尊卑序列的亲属之间的地位是不等的。然而，人在亲属之间的身份是相对的。如相对于父母而言，其是子女；相对于祖父母而言，其是孙子女；相对于子女而言，其是父母；相对于孙子女而言，其又是祖父母；等等。自然，随着各自相对亲属关系的转变，行为人的法律地位亦不能等而视之，在司法上也不能作划一处理。兹举一例以观察之：相对于子女而言，父母的地位是相等的，子女有孝养的义务，如子女在父母丧葬期间不得生子及别籍异财，否则科以相应的刑罚处罚。"诸居父母丧，生子及兄弟别籍、异财者，徒一年。"〔1〕但就父母之间来说，他们是夫妻关系，在"夫为妻纲"的理念下，他们之间的地位自然是不相等的。如丈夫殴打自己的妻子，原则上处刑远较凡人相犯为轻。"诸殴伤妻者，减凡人二等；死者，以凡人论。"〔2〕而妻子殴打自己的丈夫，处刑远较凡人相犯为重。"诸妻殴夫，徒一年；若殴伤重者，加凡斗伤三等；（须夫告，乃坐。）死者，斩。"〔3〕

其二，从时间上来说，行为人身份的变动导致"等与不等的辩证统一"。随着人（类）自然生长轨迹的变化，他（她）会成

〔1〕（唐）长孙无忌等撰：《唐律疏议·卷十二·户婚律》，刘俊文点校，"居父母丧生子"，法律出版社1999年版，第258页。

〔2〕（唐）长孙无忌等撰：《唐律疏议·卷二十二·斗讼律·"殴伤妻妾"》，刘俊文点校，法律出版社1999年版，第442页。

〔3〕（唐）长孙无忌等撰：《唐律疏议·卷二十二·斗讼律·"妻殴詈夫"》，刘俊文点校，法律出版社1999年版，第442页。

为某人的子女，变成某人的丈夫或某人的妻子、某人的父母、某人的祖父母等等。而其在每一阶段的身份决定了其与上一阶段或下一阶段身份的法律地位不尽相同。如其作为子女时，除特定情况外，基本不享有婚姻自主权。"诸卑幼在外，尊长后为定婚，而卑幼自娶妻，已成者，婚如法；未成者，从尊长。违者，杖一百。"[1]而其作为父母时，却享有子女的主婚权，但相应地也要承担悔婚的法律责任。"诸许嫁女，已报婚书及有私约，（约，谓先知夫身老、幼、疾、残、养、庶之类。）而辄悔者，杖六十。"[2]

二、不同时空下的"等与不等的辩证统一"——以《天圣·狱官令》为例[3]

"唐、宋两朝中经五代，承接极近，唐律完备化所居有的封建法典的楷模地位，以及宋代君臣立法者的模式思维、潜移意向，使得《宋刑统》'贯彼旧章'十分明显"，[4]以致"近代学者程树德认为'《刑统》今其书尚存，质言之，即《唐律》也'"。[5]虽然该论断受到了现代学者的诸多批驳，[6]但大致

---

〔1〕（唐）长孙无忌等撰：《唐律疏议·卷十四·户婚律·"卑幼自娶妻"》，刘俊文点校，法律出版社 1999 年版，第 290 页。

〔2〕（唐）长孙无忌等撰：《唐律疏议·卷十三·户婚律·"许嫁女辄悔"》，刘俊文点校，法律出版社 1999 年版，第 276 页。

〔3〕该部分内容可参见潘萍："《天圣·狱官令》与唐宋司法理念之变——以官员、奴婢的司法待遇为视点"，载《法制与社会发展》2017 年第 6 期。

〔4〕（宋）窦仪等撰：《宋刑统》，薛梅卿点校，法律出版社 1999 年版，点校说明第 3 页。

〔5〕杨廷福：《唐律初探》，天津人民出版社 1982 年版，第 151 页。

〔6〕如李俊先生在其论文《〈宋刑统〉的变化及法史料价值探析》一文中认为该论断有失偏颇，并从"《宋刑统》的体例渊源与立法特色"和"《宋刑统》内容变化特点及解析"两个方面论述了《宋刑统》特色及历史价值，据以驳斥"视《宋刑统》为《唐律》之'翻版'的认识"。参见李俊："《宋刑统》的变化及法史料价值探析"，载《吉林大学社会科学学报》1998 年第 5 期。

上是无误的。因此，若对《唐律疏议》与《宋刑统》进行对比研究，较难看出中国传统司法理念"平"在不同时空下的"等与不等的辩证统一"。是以，笔者为了论述的便利，选择制定时间与《唐律疏议》和《宋刑统》相隔无几的《开元二十五年令·狱官令》和《天圣令·狱官令》作对比研究，[1]以窥测司法理念在不同时空下的"等与不等的辩证统一"。根据时间和空间的不同，不同时空下的"等与不等的辩证统一"可以分为两个方面来论述：

（一）从时间维度来说，"等者同等"的内涵发生了变化

结合两朝《狱官令》的条文，笔者认为，从时间维度来说，"等者同等"的内涵发生了两方面的变化：

第一，宋朝官员的司法待遇不同于唐朝官员的司法待遇，整体呈萎缩的趋势。首先，在死刑执行过程中，官员虽然仍属于特权阶层，但唐代官员的司法地位相对于宋代官员而言，具有较高的待遇。具体表现为两个方面：其一，同样是五品以上的官员，在唐代，他们享有斩刑执行场所、斩刑执行方式、监斩官不同于普通百姓的司法特权。"诸决大辟罪，官爵五品以上，在京者，大理正监决；在外者，上佐监决，余并判官监决。"[2]而宋代五品以上的官员基本丧失了该特权。"诸决大辟罪，在京

---

〔1〕 之所以以《开元二十五年令·狱官令》与《天圣·狱官令》作对比研究以窥测唐宋时期司法理念的变化，主要是因为《天圣令》的编纂规则是"取唐令为本，先举见行者，因其旧文，参以新制定之。其令不行者亦随存焉"。而其赖以为本的唐令，则根据戴建国教授的考证系唐《开元二十五年令》。参见（清）徐松辑：《宋会要辑稿·刑法一之四》，刘琳等点校，上海古籍出版社 2014 年版，第 8215 页；戴建国："《天圣令》所附唐令为开元二十五年令考"，载荣新江主编：《唐研究（第十四卷）》，北京大学出版社 2008 年版，第 9~28 页。

〔2〕 天一阁博物馆、中国社会科学院历史研究所天圣令整理课题组校证：《天一阁藏明抄本天圣令校证（附唐令复原研究）》，中华书局 2006 年版，第 613 页。

及诸州，遣它官与掌狱官监决。"〔1〕其二，同样是七品以上的官员，在唐代，他们享有绞杀于隐处的特权。"诸决大辟罪皆于市。五品以上犯非恶逆以上，听自尽于家。七品以上及皇族，若妇人犯非斩者，绞于隐处。"〔2〕到了宋朝，他们基本丧失了上述特权。其次，在其他刑罚执行过程中，一般来说，唐代官员的司法待遇优于宋代官员。具体表现为三个方面：其一，在唐代，不同品级的官员触犯不同的刑罚时，在禁系过程中享有一定的司法特权。"诸应议请减者，犯流以上，若除、免、官当，并锁禁。公坐流，私罪徒，（并谓非官当者。）责保参对。其九品以上及无官应赎者，犯徒以上若除、免、官当者，枷禁。公罪徒，并散禁，不脱巾带，办定，皆听在外参对。"〔3〕而在宋代，相同品级的官员在原则上不享有禁系方面的司法特权，与普通百姓无异。其二，在唐代，三品以上的职事官、散官在禁系时病重，可以有两人入狱照顾。"诸狱囚有疾病，主司陈牒，长官亲验知实，给医药救疗，病重者脱去枷、锁、杻，仍听家内一人入禁看侍。（若职事、散官三品以上，听妇女、子孙内二人入侍）"〔4〕而在宋代，享有两人入狱照顾这一特权待遇的官员品级明显被提高了。"若职事、散官二品以上，听妇女、子孙内二人入侍。"〔5〕其三，在唐代，五品以上职事官或二品以上散

〔1〕　天一阁博物馆、中国社会科学院历史研究所天圣令整理课题组校证：《天一阁藏明抄本天圣令校证（附唐令复原研究）》，中华书局 2006 年版，第 415 页。

〔2〕　天一阁博物馆、中国社会科学院历史研究所天圣令整理课题组校证：《天一阁藏明抄本天圣令校证（附唐令复原研究）》，中华书局 2006 年版，第 612 页。

〔3〕　天一阁博物馆、中国社会科学院历史研究所天圣令整理课题组校证：《天一阁藏明抄本天圣令校证（附唐令复原研究）》，中华书局 2006 年版，第 630 页。

〔4〕　天一阁博物馆、中国社会科学院历史研究所天圣令整理课题组校证：《天一阁藏明抄本天圣令校证（附唐令复原研究）》，中华书局 2006 年版，第 637 页。

〔5〕　天一阁博物馆、中国社会科学院历史研究所天圣令整理课题组校证：《天一阁藏明抄本天圣令校证（附唐令复原研究）》，中华书局 2006 年版，第 637 页。

官在京犯死罪以下需禁系时，需要"先奏后禁"，"诸职事官五品以上、散官二品以上，犯罪合禁，在京者皆先奏；若犯死罪及在外者，先禁后奏"。[1]到了宋朝，不论官员的品级，凡是在京犯死罪以下的，都需要"先奏后禁"。[2]

第二，宋代奴婢的司法待遇不同于唐朝奴婢的司法待遇，整体呈升高的趋势。这体现在：其一，在奴婢触犯死刑执行过程中，唐宋两朝的规制不尽相同。在唐代，部曲、奴婢杀害主人的处刑较宋代为重，且被视为严重危害皇权统治秩序的犯罪行为，春夏可以施行斩刑。"诸决大辟罪，……从立春至秋分，不得奏决死刑。若犯恶逆以上及奴婢、部曲杀主者，不拘此令。其大祭祀及致斋、朔望、上下弦、二十四气、雨未晴、夜未明、断屠月日及假日，并不得奏决死刑。在京决死囚，皆令御史、金吾监决。若囚有冤枉灼然者，停决奏闻。"[3]而宋代则不再将部曲、奴婢杀害主人的行为视为切害，与一般良人犯罪一样，按照相关程序执行刑罚。其二，在流移人在路因事给假时，唐宋两朝依相关人是奴婢与否而规定了不尽相同的假期。在唐代，根据流移人身份的不同，因事所得的假期亦不同。"诸流移人在路，有妇人产者，并家口给假二十日。（客女及婢，给假七日。）

〔1〕 天一阁博物馆、中国社会科学院历史研究所天圣令整理课题组校证：《天一阁藏明抄本天圣令校证（附唐令复原研究）》，中华书局 2006 年版，第 630 页。

〔2〕《狱官令》规定："诸文武官犯罪合禁，在京者皆先奏后禁，若犯死罪及在外者，先禁后奏。（其职事及散官三品以上有罪，敕令禁推者，所推之司皆覆奏，然后禁推。）五品以上，并听别所坐牒。妇人有官品者，亦听。若宿卫官及诸军卫士以上犯罪须追，及为支证者，制狱则听直隶本卫司追掩。（狱系京府者，从府牒，余州准此。）卫司即依发遣。其上番入宿卫者，本卫司录奏发遣，并不得随便追收。即主兵马帐官人、主典须追者，亦准此。"参见天一阁博物馆、中国社会科学院历史研究所天圣令整理课题组校证：《天一阁藏明抄本天圣令校证（附唐令复原研究）》，中华书局 2006 年版，第 418 页。

〔3〕 天一阁博物馆、中国社会科学院历史研究所天圣令整理课题组校证：《天一阁藏明抄本天圣令校证（附唐令复原研究）》，中华书局 2006 年版，第 613 页。

若身及家口遇患，或逢贼难、津济水涨不得行者，并经随近官司申牒请记，每日检行，勘进即遣。（若患者伴多不可停待者，所送使人分明付属随近州县，依法将养，待损，即遣递送。）若祖父母、父母丧者，给假十五日；家口有死者，七日；部曲、奴婢死者，一日。"〔1〕而宋代则不区分流移人的身份，给予相同的假期。"诸流移人在路有产，并家口量给假。若身及家口遇患，或逢贼难、津济水涨不得行者，并经随近官司申牒请记，每日检行，勘进即遣。若患者伴多不可停待者，所送公人分明付属随近州县，依法将养，待损，即遣递送。若祖父母、父母丧，及家口有死者，亦量给假。"〔2〕其三，强奸一直被视为严重危害专制统治秩序的犯罪，但是，根据被强奸对象身份的不同，唐宋两朝的处罚规制不尽相同。在唐代，强奸奴婢不被视为切害，需要遵守"告言人罪"的相关规定。而在宋代，强奸不区分对象是良人还是奴婢，一律视为切害，不需要遵守"告言人罪"的规定。

（二）从空间维度而言，"不等者不等"的内涵发生了变化

就空间维度而言，唐宋时期司法理念"平"的内涵"不等者不等"也发生了一定的变化，唐朝官员、良人、奴婢等各阶层之间司法待遇的差距较大，而宋代各阶层之间的差距显著缩小。具体表现为：①宋代官员的司法特权相对于宋朝的良民阶层而言，两者之间的差距正逐步缩小。这具体表现为两个方面：第一，在死刑执行过程中，就唐代而言，一定品级的官员享有死刑执行场所、死刑执行方式、绞刑执行方式以及在死刑执行

---

〔1〕　天一阁博物馆、中国社会科学院历史研究所天圣令整理课题组校证：《天一阁藏明抄本天圣令校证（附唐令复原研究）》，中华书局2006年版，第619页。

〔2〕　天一阁博物馆、中国社会科学院历史研究所天圣令整理课题组校证：《天一阁藏明抄本天圣令校证（附唐令复原研究）》，中华书局2006年版，第416页。

过程中需要特定监斩官等司法特权。而在宋代，上述官员基本丧失了这些特权。相比于同时代的良民阶层而言，宋代官员与他们之间所享有的司法待遇的差距相对唐朝而言，有所缩小。第二，在其他刑罚执行过程中，就唐代而言，一定品级的官员享有禁系、入狱照顾、"先奏后禁"等方面的司法特权。而到了宋代，官员原则上不再享有禁系方面的特权，并且享有两人入狱照顾的司法特权的品级被提高至二品，缩小了官员与普通百姓之间的差距。但是，出于维护专制统治和中央集权的需要，在京官员不限品级，触犯死罪以下刑名时，都需要"先奏后禁"，则是扩大了官员与普通百姓的差距，这显然是基于政治考量的例外规定。②宋代奴婢的司法地位相对于唐朝而言得到了较大幅度的提升，而相对于本朝的良民阶层而言，两者之间的差距也显著缩小了。这具体表现为三个方面。第一，在死刑执行过程中，相比于唐代部曲、奴婢杀害主人的严酷处刑，宋代有所减轻，这使得其与一般良人之间相杀科刑的差距相对缩小，特别是在执行时间和方式上，基本与一般良人无异。第二，流移人在路因事给假时，唐朝专门区分了流移人的身份是奴婢与否，并给予多少不等的假期。而宋朝对比则不作区分，给予相同的假期，这说明奴婢与良民阶层之间的差距进一步缩小。第三，在唐代，只有强奸的对象是良人才被视为严重危害统治秩序的行为；而在宋代，不再区分被强奸的对象究竟是奴婢，还是良人，一律按照"切害"来定罪处断。这说明奴婢在受到侵害时享有与良人一样的司法保护。

小　结

《唐律疏议》作为"出入得古今之平"的典范，是唐代官员进行司法活动的主要根据。并且，作为中华法系的代表性律典，其内容也被之后的宋、元、明、清等朝代所继承和发展。为了践行中国传统司法理念，《唐律疏议》条文本身即处处渗透和彰显着这一理念。结合上述对整部律典条文的分析，中国传统司法理念在《唐律疏议》中的表现大致可被总结为三点：第一，从规范层面落实"等者同等"。根据"等者"范围的广度和深度，笔者将《唐律疏议》从规范层面落实"等者同等"分为两个方面来解读。①部分罪名适用于所有犯罪主体。②相对平等的主体之间享有相同的司法待遇。第二，从规范层面落实"不等者不等"。根据犯罪行为人的身份及其与其他人的关系的不同，笔者将《唐律疏议》从规范层面落实"不等者不等"分为三个方面来解读。①不同社会阶层之间享有不同的司法待遇。②不同服制的亲属之间相犯的法律责任亦不同。③因仁爱、钦恤等原因导致刑罚的差异性适用。第三，从规范层面落实"等与不等的辩证统一"。根据是否处于同一时空，笔者将《唐律疏议》从规范层面落实"等与不等的辩证统一"分为两个方面来解读。①同一时空下的"等与不等的辩证统一"。②不同时空下的"等与不等的辩证统一"。具体表现为基于社会阶层和亲属身份的不同，他们在国家法律中的地位和司法待遇也就不同。

第三章
中国传统司法理念的诉讼制度设置

中国传统司法理念不仅在国家法律中有所体现，渗透在律文条目中，为了保障其得到落实，传统中国设置了一系列相关制度。其中，诉讼制度是最主要的制度设计。与现代诉讼相类似，中国传统诉讼也设置了案件受理、审理、申诉、复审等相关制度。而且，为了最大限度地实现实质正义和彰显统治者的明德慎罚，传统中国还建立了直诉、录囚等救济性制度。这些诉讼制度的建立自成体系，有助于避免冤假错案的发生。并且，在有可能发生冤假错案时，也能最大限度地雪活冤狱，进而保障中国传统司法理念的实现。

第一节 "父母官型诉讼"下的开放的受理制度

中国传统社会的诉讼模式较之西方、现代，可被概括为"父母官型诉讼"。[1]在这一诉讼模式的要求下，中国传统社会

---

〔1〕 日本学者滋贺秀三在《中国法文化的考察——以诉讼的形态为素材》一文中，将欧洲诉讼的原型概括为"竞技型"，将传统中国的诉讼原型概括为"父母官型"。具体表述为："为政者如父母，人民是赤子，这样的譬喻从古来就存在于中国的传统中。事实上，知州知县就被呼为'父母官'、'亲民官'，意味着他是照顾一个地方秩序和福利的总的'家长'。知州知县担负的司法业务就是作为这种照顾的一个部分一个方面而对人民施予的，想给个名称的话可称之为'父母官诉讼'。"参见［日］滋贺秀三："中国法文化的考察——以诉讼的形态为素材"，王亚新、范愉、陈少峰译，载王亚新·梁治平主编：《明清时期的民事审判与民间契约》，法律出版社1998年版，第1~17页。

渐趋形成了"有告必理"的受理制度，即原则上凡是提起诉讼的案件，司法人员均应受理。同时，"统治者为了从根本上维护其专制统治，不仅要求各级法官对于危害统治阶级利益的犯罪行为所提出的控告，必须依法及时地受理，而且对那些违法受理的法官予以严惩"，[1]规定了他们推抑不受的法律责任。笔者将该受理制度概括为"父母官型诉讼"下的开放的受理制度。但是，基于对维护专制社会统治秩序，节省有限的诉讼资源等的考量，传统社会逐步建立和完善了受理时间的相关规制，且赋予司法人员在特定条件下可依法不予受理相关诉讼。

一、推抑不受的相关规制

所谓"推抑不受"，是指依照相关律令条文的规定，司法官员应当受理当事人的诉讼请求，但其却推诿、不予受理的行为。对于该种行为，早在西周时期，统治者就规定司法官员需要承担相应的司法责任。"凡伤人见血而不以告者，攘狱者，遏讼者，以告而诛之。"[2]就现存史料而言，第一次较为详细的规制司法官员推抑不受应当受理的案件的法律责任的是唐代。不过需要注意的是，唐代对推抑不受的规制还是零散地规定在各类具体犯罪的律文中，并未形成较为系统的规制，如：

"诸知谋反及大逆者，密告随近官司，不告者，绞。知谋大逆、谋叛不告者，流二千里。知指斥乘舆及妖言不告者，各减本罪五等。官司承告，不即掩捕，经半日者，各与不告罪同；

---

〔1〕　巩富文：《中国古代法官责任制度研究》，西北大学出版社 2002 年版，第 15 页。

〔2〕　（汉）郑玄注，（唐）贾公彦疏：《周礼注疏·秋官司寇下·禁杀戮》，赵伯雄整理，王文锦审定，北京大学出版社 1999 年版，第 967 页。

若事须经略，而违时限者，不坐。"〔1〕(官府不受理有关谋反、谋大逆、谋叛、指斥乘舆、妖言等严重危害专制统治秩序的犯罪的法律责任。)

"诸越诉及受者，各笞四十。若应合为受，推抑而不受者笞五十，三条加一等，十条杖九十；即邀车驾及挝登闻鼓，若上表诉，而主司不即受者，加罪一等。其邀车驾诉，而入部伍内，杖六十。(部伍，谓入导驾仪仗中者。)"〔2〕(对于应该受理的越诉案件，特别是邀车驾、挝登闻鼓及上表等直达天听的诉讼，而司法官员推抑不受的法律责任。)

"诸强盗及杀人贼发，被害之家及同伍即告其主司。若家人、同伍单弱，比伍为告。当告而不告，一日杖六十。主司不即言上，一日杖八十，三日杖一百。官司不即检校、捕逐及有所推避者，一日徒一年。窃盗，各减二等。"〔3〕(官府推抑不受强盗、贼杀人等严重侵害百姓生命安全的犯罪的法律责任。)

就司法人员推抑不受需要承担法律责任的条文，宋朝基本承袭了唐朝的相关规定。及至元朝，对于弑君杀父这类严重危害皇权统治和根本伦常的犯罪，法律明确规定了司法人员推抑不受的法律责任。"诸民犯弑逆，有司称故不听理者，杖六十七，解见任，殿三年，杂职叙。"〔4〕不限于此，元朝还在此基础上，在律令条文中形成了一个较为抽象和概括的规定来规制司

〔1〕(唐)长孙无忌等撰：《唐律疏议·卷二十三·斗讼律·"知谋反叛逆不告"》，刘俊文点校，法律出版社1999年版，第460~461页。

〔2〕(唐)长孙无忌等撰：《唐律疏议·卷二十四·斗讼律·"越诉"》，刘俊文点校，法律出版社1999年版，第482页。

〔3〕(唐)长孙无忌等撰：《唐律疏议·卷二十四·斗讼律·"强盗杀人不告主司"》，刘俊文点校，法律出版社1999年版，第483页。

〔4〕(明)宋濂等撰：《元史·卷一百二·刑法志一·职制上》，中华书局1976年版，第2621页。

法人员推抑不受的司法责任。"诸府州司县应受理而不受理，虽受理而听断偏屈，或迁延不决者，随轻重而罪罚之。"〔1〕。这一条文的设立反映了元朝立法技术的提高，是"父母官型诉讼"下的开放的受理制度的一个里程碑式的发展。不过需要注意的是，从司法适用的角度来说，上述规定过于笼统，很难在司法实践过程中得到贯彻和落实。是以，明朝立法者将上述过于笼统的条文规制得更为具体，使之兼具了法律的概括性和可操作性：

　　凡告谋反逆叛，官司不即受理掩捕者，杖一百，徒三年；以致聚众作乱，攻陷城池及劫掠人民者，斩。若告恶逆不受理者，杖一百；告杀人及强盗不受理者，杖八十；斗殴、婚姻、田宅等事不受理者，各减犯人罪二等。并罪止杖八十。受财者，计赃，以枉法从重论。若词讼原告、被论在两处州县者，听原告就被论官司告理归结。推故不受理者，罪亦如之。若都督府、各部监察御史、按察司及分司巡历去处，应有词讼，未经本管官司陈告，及本宗公事未绝者，并听置簿立限，发当该官司追问，取具归结缘由勾销。若有迟错，不即举行改正者，与当该官吏同罪。其已经本管官司陈告，不为受理，及本宗公事已绝，理断不当，称诉冤枉者，各衙门即便勾问。若推故不受理，及转委有司，或仍发原问官司收问者，依告状不受理律论罪。若追问词讼，及大小公事，须要就本衙门归结，不得转委。违者，随所告事理轻重，以坐其罪。（谓如所告公事，合得杖罪，坐以杖罪；合得笞罪，坐以笞罪。死罪已决放者，同罪。未决放，

---

　　〔1〕（明）宋濂等撰：《元史·卷一百五·刑法志四·诉讼》，中华书局1976年版，第2671页。

减等。徒流罪，抵徒流。）〔1〕

从上述律典文本可知，明朝司法人员推抑不受的相关规定主要涵盖如下六个方面的内容：其一，推抑不受状告谋反、谋逆、谋叛这几类严重危害朱明王朝统治秩序的犯罪，司法人员需要承担的法律责任最重；并且，根据推抑不受所造成后果的危害程度来加减其司法责任，加至于"斩"。其二，推抑不受状告恶逆这类严重危害伦常秩序的犯罪，司法人员需要承担的法律责任次重。其三，推抑不受状告杀人、强盗这类严重侵害百姓人身财产权益和国家统治秩序的犯罪，司法人员需要承担的法律责任次次重。其四，推抑不受斗殴、婚姻、田宅纠纷等轻微刑事案件和民事案件的争讼，司法人员需要承担的法律责任最轻，最高不得超过杖八十。其五，律典参照"告状不受理"的相关处罚规制，规定了司法人员因管辖权争议而不受理应当受理的案件的司法责任。其六，律典参照"告状不受理"的相关处罚规制，规定了都督府、各部监察御史、按察司及分司在巡历各处时，对于已经本管官府呈告，而其拒不受理的案件推抑不受或转委有司或将案件发回原问官司的司法责任。清朝承袭了《大明律》中有关"告状不受理"的相关规制，条分缕析地将各类推抑不受的情形一一罗列，分别规制了司法人员的司法责任。

二、受理时间的相关规制

为了维护专制政权的统治秩序，中国传统社会原则上都会受理当事人提起的诉讼。但是，随着时间的推移，统治者愈发

---

〔1〕（明）刘惟谦等撰：《大明律·卷二十二·刑律五·诉讼·"告状不受理"》，怀效锋点校，法律出版社 1999 年版，第 175 页。

意识到有限的官僚队伍已不堪重负。并且，为了使有限的诉讼资源发挥最大的效能，中国传统社会的统治者开始根据诉讼的类型、危害程度等，制定不同的受理时间。一般而言，对统治秩序危害较大的刑事犯罪的告发不受时间的限制；而民事纠纷因其危害较小，且涉及传统社会的根本经济方式——农耕，故在唐朝之后形成了限制其起诉时间的相关规制。在此基础上，传统社会形成了一系列关于案件是否应当受理的时间规制。其中，专门规制受理词讼的时间主要有"放告日"制度；而不得受理词讼的时间有"农忙停讼""隆冬停讼""封印停讼"等。

（一）放告日

在中国传统社会，并没有严格意义上的专职司法人员及司法机构。这些承担司法事务的官员在处理司法事务的同时，还要承担和处理其他纷繁复杂的政务。因此，为了合理安排官员的时间，放告日制度应运而生。所谓"放告日"，是指诉讼当事人只能在特定的时间提起诉讼，其他时间提起的诉讼，官府一般不予受理的制度。就现有资料而言："《大明律》虽然没有'放告日'规定，但明中叶以后地方官自创'放告日'（听讼日）制度，规定一般民事纠纷只在每月逢三、六、九之日才可以起诉。"〔1〕如闻名于后世的大清官海瑞曾言："江南民风刁伪，每放告日，状动以三四千计。"〔2〕以学界通说而言，放告日制度成熟于清朝。当时，"州县衙门均规定放告期日，清代前期（十七、十八世纪）多以每月三六九日（初三、初六、初九、十三、十六、十九、二十三、二十六、二十九等九天）放告，后期（十九世纪以后）多以每月三八日（初三、初八、十三、十

---

〔1〕　陈会林：《地缘社会解纷机制研究——以中国明清两代为中心》，中国政法大学出版社2009年版，第405页。

〔2〕　陈义钟编校：《海瑞集》（上册），中华书局1962年版，第237页。

八、二十三、二十八等六天）放告"。[1]然而，放告日之规定可能导致百姓的冤抑难以得到及时的申诉，官员亦借此拖延诉讼，如以"寻常案件，定于三、八放告日当堂收呈，此外各日切勿滥收"[2]为借口而迁延词讼的刘衡被视为庸吏，其主张亦被视为庸言。是以，为了弥补放告日的不足，清朝规定了喊禀和传呈制度。

（二）不受理案件的时间

（1）农忙止讼。中国传统社会以农立国，极为重视农业生产。因此，"历代政府都十分重视以法律的手段来调整农业生产和农民生活。'农忙止讼'是我国古代'农本'思想在民事诉讼制度上的具体表现"。[3]而所谓农忙止讼，也可称为农忙停讼，是指在农忙时节，为了避免影响农业生产，地方各级官员不得受理户婚田土类民事纠纷。郑显文教授在龙川政次郎教授、奥村郁三教授、仁井田陞教授等人研究的基础上，将农忙止讼首次出现的时间界定为"唐玄宗开元二十五年的《杂令》之中"，[4]"诸诉田宅、婚姻、债负，起十月一日，至三月三十日检校，以外不合。若先有文案，交相侵夺者，不在此例"。[5]在继承唐代相关规制的基础上，宋朝将之进一步地细化：①在事实上缩短了户婚田土类纠纷的受理时间；②明确阐述了拒绝受

---

〔1〕 那思陆：《清代州县衙门审判制度》，中国政法大学出版社2006年版，第62页。

〔2〕 （清）刘衡撰："庸吏庸言·上卷·理讼十条"，载《官箴书集成》编纂委员会：《官箴书集成》（第6册），黄山书社1997年版，第197页。

〔3〕 郑显文："中国古代'农忙止讼'制度形成时间考述"，载《法学研究》2005年第3期。

〔4〕 郑显文："中国古代'农忙止讼'制度形成时间考述"，载《法学研究》2005年第3期。

〔5〕 ［日］仁井田陞：《唐令拾遗·卷三十三·杂令·"诉田宅婚姻债负"》，栗劲等编译，长春出版社1989年版，第788页。

理的原因是涉及农户，受理会影响他们的生产生活。"所有论竞田宅、婚姻、债负之类，（债负，谓法许征理者。）取十月一日以后，许官司受理，至正月三十日住接词状，三月三十日以前断遣须毕，如未毕，具停滞刑狱事由闻奏。如是交相侵夺及诸般词讼，但不干田农人户者，所在官司随时受理断遣，不拘上件月日之限。"〔1〕而元朝有鉴于官府常常利用务限之法，淹延户婚、田土类纠纷，严重搅乱百姓的日常生活，而要求一般户婚田土类纠纷须在一个务开内审理完毕。对于那些涉及较多民众的户婚田土类纠纷，可以相对延长审理期限，但也必须在下一个务开内审理完毕。对于那些涉及较多民众，且地理位置偏远而纠纷较为复杂的案件，可以再一次延长审理期限，但也须在下下一次务开后审理完毕，不得再次迁延。如元成宗大德三年（1299 年）八月规定："百姓争论田宅、婚姻、良贱之事，……须自下而上，先从本处官司归理，比及务停，须要了毕。若事关人众，依例入务，才至务开，即便举行。如地远事难，又复不能了毕，明立案验，要见施行次第所以不了情节，再许务停一次。本年农隙必要结绝，不许更入务停。"〔2〕明朝基层纠纷解决机制相对比较完善（如申明亭等的设立），这大大减轻了官府审理民事纠纷的压力。因此，《大明律》并未承袭上述规制。而清朝则承袭了唐宋元几朝关于农忙止讼的规制，但需要注意的是：①《大清律例》大大缩短了农忙止讼的时间；②农忙期间不得受理的并非只是户婚田土类民事纠纷，还涵盖了百姓状告的除谋反、叛逆、盗贼、人命及贪赃坏法等严重犯罪外的一切

---

〔1〕（宋）窦仪等撰：《宋刑统·卷十三·户婚律·"婚田入务"》，薛梅卿点校，法律出版社 1999 年版，第 233 页。

〔2〕《大元通制条格·卷四·户令·"务停"》，郭成伟点校，法律出版社 1999 年版，第 59~60 页。

诉讼。"每年自四月初一日至七月三十日，时正农忙，一切民词，除谋反、叛逆、盗贼、人命及贪赃坏法等重情，并奸牙铺户骗劫客货，查有确据者，俱照常受理外，其一应户婚、田土等细事，一概不准受理；自八月初一日以后方许听断。"〔1〕

（2）封印停讼。封印停讼也被称为封印止讼，与"农忙停讼"一起构成了清代两个法定的在一定期间内不得受理诉讼的制度。相对于农忙停讼多针对户婚田土类纠纷而言，封印停讼则涵盖所有的诉讼行为，在此期间，原则上不受理任何诉讼。因为，封印停讼在一定程度上相当于是给官员放年假。"每至十二月，于十九、二十、二十一、二十二四日之内，由钦天监选择吉期，照例封印，颁示天下，一体遵行。封印之日，各部院掌印司员必应邀请同僚欢聚畅饮，以酬一岁之劳。"〔2〕"开印则在正月十九，或二十、二十一，选黄历上黄道吉日用之。"〔3〕也就是说，封印期间为岁末年初，时限约为一个月整。然而，鉴于"印封之后，乞丐无赖攫货于市肆之间，毫无顾忌，盖谓官不办事也"，〔4〕以致时人甚至将封印停讼视为恶制、恶法。并且，"民间户婚、田土、口角争讼月月有之，随时审理，庶几争讼渐少，民得安业。计一岁之中，除封印停讼、农忙停讼外，其受词审理者不过八阅月"。〔5〕所以，事实上，清朝各地衙门多

---

〔1〕（清）阿桂等撰：《大清律例·卷三十·刑律·诉讼·"告状不受理"》，田涛、郑秦点校，法律出版社1999年版，第479页。

〔2〕（清）潘荣陛、富察敦崇：《帝京岁时纪胜·燕京岁时记·"封印"》，北京古籍出版社1981年版，第93页。

〔3〕熊月之主编：《稀见上海史志资料丛书·各官衙之封印开印》，上海书店出版社2012年版，第35页。

〔4〕（清）潘荣陛、富察敦崇：《帝京岁时纪胜·燕京岁时记·"封印"》，北京古籍出版社1981年版，第93~94页。

〔5〕（清）陈宏谋撰："培远堂偶存稿"，载《清代诗文集汇编》编纂委员会编：《清代诗文集汇编（二八一）》，上海古籍出版社2010年版，第165页。

将封印停讼的规制束之高阁，流于具文，以"预印"的方式继续审理案件，"其实各官署之印信，类皆封如不封，遇公事依旧临时盖用，曰'预印'者，不过自圆其说耳"。[1]而所谓预印则是指"于封印前一日酌量件数，各用空白印纸并文移封套，以备封印后遇有紧要公文之用，仍各登记号薄。……开印后除用去者登记册籍外，将所存件数各堂官及各印官验明销毁"。[2]

（3）隆冬止讼。隆冬止讼，也被称为隆冬停讼，相比较农忙止讼、封印停讼为法所明定、统治者所允许来说，其属于地方官自为，不为最高统治者所接受，乃至被最高统治者斥责。有学者甚至认为："隆冬停讼则纯属官场惯例，恐怕多半是由于天气寒冷，官吏们不愿辛劳之故。"[3]而这与儒家在效法自然的基础上倡导的"刑以秋冬"的观念恰恰是背道而驰的。再加上这一行为会淹延刑狱，因此隆冬停讼这一规制并不为朝廷所采纳，被视为陈规陋习，几度下令禁止。如乾隆二十二年（1757年），朝廷专门下谕旨规定禁止隆冬停讼。"每年四月至七月农忙停讼，至隆冬原无不收呈词之例，而外省相沿亦行停讼。至是奉谕：嗣后除农忙停讼，不得再沿隆冬停讼之陋习，应准理者，即行准理；应完结者，即行完结；以免稽滞。"[4]不限于此，隆冬停讼还受到了当事人的诟病。"隆冬停讼，固可无事公庭，而州县官懒惰性成，或因停讼之说，将从前准理事件一概

---

〔1〕　熊月之主编：《稀见上海史志资料丛书·各官衙之封印开印》，上海书店出版社 2012 年版，第 36 页。

〔2〕　《钦定大清会典则例·卷二十一·吏部·印信·十三上、下》（影印本），上海古籍出版社 1987 年影印本。

〔3〕　付春杨：《权利之救济——清代民事诉讼程序探微》，武汉大学出版社 2012 年版，第 87 页。

〔4〕　张寿镛等纂："清朝掌故汇编内编"，载沈云龙主编：《近代中国史料丛刊三编》（第 13 辑），文海出版社 1986 年版，第 4194 页。

搁起，以致差票四出在外，不复查销。未到者，株连不一，已到者，守候维艰。"〔1〕

三、依法不得受理的相关规制

为了维护专制统治秩序的平稳运转，当诉讼行为存在如下情况时，司法人员不得受理：

（1）不得受理以匿名文书的方式告发他人犯罪的案件。并且，中国传统社会形成了"投匿名文书告人罪"这一专门律条以规制该类诉讼行为。所谓"投匿名文书告人罪"，是指隐藏自己的姓名或假借他人的姓名以"弃、置、悬"等隐秘的方式，告发他人犯罪的行为。其中，"匿名文书"也可就称为私贴、匿名揭帖等。为了断绝"欺诡之路"，培养善良风气，唐代严厉禁止以匿名文书的方式告发他人除反、逆之外的犯罪，并规定违法受理的各级衙门需要承担相应的法律责任。"诸投匿名书告人罪者，流二千里。……匿名之书，不合检校，得者即须焚之，以绝欺诡之路。得书不焚，以送官府者，合徒一年。官司既不合理，受而为理者，加二等，处徒二年。……若得告反逆之书，事或不测，理须闻奏，不合烧除。"〔2〕明朝虽提升了对投匿名文书告人罪的惩罚力度，但却减轻了司法官员受理该类案件的法律责任，仅科杖刑一百。"凡投隐匿姓名文书，告言人罪者，绞。见者，即便烧毁。若将送入官司者，杖八十。官司受而为理者，杖一百。"〔3〕并且，由于"明太祖鼓励风闻奏事，除了

---

〔1〕（清）雅尔图：《雅公心政录·卷二》，转引自朱勇、郭成伟主编：《中华大典·法律典·诉讼法分典》，巴蜀书社 2011 年版，第 811 页。

〔2〕（唐）长孙无忌等撰：《唐律疏议·卷二十四·斗讼律·"投匿名书告人罪"》，刘俊文点校，法律出版社 1999 年版，第 474 页。

〔3〕（明）刘惟谦等撰：《大明律·卷二十二·刑律五·诉讼·"投匿名文书告人罪"》，怀效锋点校，法律出版社 1999 年版，第 174 页。

科道官外，不论官吏、缙绅、民匠都有御前奏事的权利"，[1]再加上官员受理这类案件司法责任的减轻，导致以匿名文书的方式告发他人犯罪的行为屡禁不止，甚至衍生为以揭帖的方式告发他人犯罪。为了杜绝此类现象，避免人们以私揭害人、互相报复等行为的恶性发展，明神宗于万历七年（1579 年）专门下诏禁止官府受理以私揭方式状告他人犯罪的行为。"今后两京及在外抚、按、监、司衙门，但有投递私揭者，俱不许听理。若挟私忌害，颠倒是非，情重者，即便参奏拿问，比诬告律，反坐。"[2]清朝承袭了上述规制，并在此基础上进一步明确司法人员接受、审理以匿名揭帖的方式告发他人犯罪的行为会受到革职的处分。"凡布散匿名揭帖，及投递部院衙门者，俱不准行，仍将投递之人，拿送刑部，照例治罪。不行拿送者，交该部议处；接受揭帖具题及审理者，革职。"[3]

（2）不得受理囚犯控告他人犯罪的案件。中国传统社会形成了"囚不得告举他事"这一专门律条以规制该类诉讼行为。在押犯不得告举他人犯罪的律条的形成不是一蹴而就的。特别是在秦汉时期，出于维护社会秩序的需要，统治者鼓励告发犯罪，允许乃至鼓励囚犯告发他人犯罪。魏晋时期，"加重囚徒诬告人谋反罪的处罚，要连坐其家属。可见已对在押犯的诉讼资格加以限制"。[4]及至唐朝，这一律条才得以形成，明确规定在

---

〔1〕 李建武、程彩萍："明代匿名文书的流传与管理"，载《山西档案》2016年第 4 期。

〔2〕 （明）刘惟谦等撰：《大明律·问刑条例·刑律五·诉讼·"越讼条例"》，怀效锋点校，法律出版社 1999 年版，第 423 页。

〔3〕 （清）阿桂等撰：《大清律例·卷三十·刑律·诉讼·"投匿名文书告人罪"》，田涛、郑秦点校，法律出版社 1999 年版，第 477 页。

〔4〕 郭建、姚荣涛、王志强：《中国法制史》，上海人民出版社 2006 年版，第381 页。

押犯人除能状告监狱管理人员凌虐自己之外，不得告举他事。并且，该律条还规定了受理该类告讼的司法人员需要承担相应的法律责任。"人有犯罪，身在囚禁，唯为狱官酷己者得告，自余他罪并不得告发。即流囚在道，徒囚在役，身婴枷锁，或有援人，亦同被囚禁之色，不得告举他事。……官司受而为理者，各减所理罪三等。"〔1〕明清两朝继承了唐朝有关现禁囚不得告举他事的规定。不过，不同于唐朝时期，受理该类诉讼的司法人员的法律责任与所论告的罪责息息相关，明清两朝将司法人员受理该类诉讼的责任独立出来，只要受理，即需承担笞五十的刑罚处罚，整体呈减轻趋势。"凡被囚禁，不得告举他事。其为狱官、狱卒非理凌虐者，听告。若应囚禁被问，更首别事，有干连之人，亦合准首。依法推问科罪。……官司受而为理者，笞五十。"〔2〕

（3）不得受理八十岁以上的老人、十岁以下的幼童和身患笃疾的残疾人的一般论告。出于保护弱势群体及其可能造成的社会危害性的考虑，当年老、年幼或残疾人犯罪时，中国传统社会的律典都会减轻或免除他们的刑罚处罚。与此同时，为了避免他们借此优待而滥讼，统治者往往在律典中一定程度地限制他们的诉权，要求他们"除严重政治性犯罪及与自身利益密切相关的犯罪可以控告外"，〔3〕其他犯罪不得论告，且主管官司亦不得受理，否则需要承担相应的法律责任。"老、小及笃疾之辈，犯法既得勿论，唯知谋反、大逆、谋叛，子孙不孝及阙供养，及同居之内为人侵犯，如此等事，并听告举。自余他事，

---

〔1〕（唐）长孙无忌等撰：《唐律疏议·卷二十四·斗讼律·"囚不得告举他事"》，刘俊文点校，法律出版社1999年版，第475页。

〔2〕（明）刘惟谦等撰：《大明律·卷二十二·刑律五·诉讼·"现禁囚不得告举他事"》，怀效锋点校，法律出版社1999年版，第179~180页。

〔3〕付春杨：《权利之救济——清代民事诉讼程序探微》，武汉大学出版社2012年版，第76页。

不得告言。如有告发，不合为受。官司受而为理者，……减所推罪三等。"[1]元朝也规定年老、笃疾等人除告论严重危害专制统治秩序、背离伦常和与其自身有利害关系的犯罪外，其他犯罪仍不得论告，主管官司亦不得受理。然而，为了充分维护上述人等的诉权，元朝在一定程度上突破了对之诉权的限制，允许年老、笃疾之人"令同居亲属人代诉"[2]以控告其他犯罪的行为。同时，"鉴于妇女涉入官司往往衍生出更多纠纷"，"元仁宗时期（1312年至1320年），规定不准妇人参与诉讼案件"，[3]限制其诉权，"合无今后不许妇人告事？若或全家果无男子，事有私下不能杜绝，必须赴官陈告，许令宗族亲人代诉。所告是实，依理归结；如虚不实，止罪妇人，不及代诉"。[4]及至明朝，规定年老、幼弱、重度残疾、妇女等人除可以论告谋反、谋叛、谋大逆这三类严重危害专制统治秩序的犯罪、子孙不孝这类严重背离伦常的犯罪及与自己人身财产权益密切相关的犯罪外，不得状告他事，受理的司法人员亦须承担答五十的刑罚处罚。"其年八十以上、十岁以下及笃疾者，若妇人，除谋反、逆叛、子孙不孝，或己身及同居之内为人盗诈、侵夺财产及杀伤之类，听告。余并不得告。官司受而为理者，答五十。"[5]不过，相较于唐律而言，明朝明显减轻了官员受理该类控告的刑

---

〔1〕（唐）长孙无忌等撰：《唐律疏议·卷二十四·斗讼律·"囚不得告举他事"》，刘俊文点校，法律出版社1999年版，第475页。

〔2〕《元典章·卷五十三·刑部卷十五·代诉·老疾合令代诉》，陈高华等点校，天津古籍出版社、中华书局2011年版，第1774页。

〔3〕陈瑛珣：《清代民间妇女生活史料的发掘与运用》，天津古籍出版社2010年版，第412页。

〔4〕《元典章·卷五十三·刑部卷十五·代诉·不许妇人诉》，陈高华等点校，天津古籍出版社、中华书局2011年版，第1776~1777页。

〔5〕（明）刘惟谦等撰：《大明律·卷二十二·刑律五·诉讼·"现禁囚不得告举他事"》，怀效锋点校，法律出版社1999年版，第179~180页。

罚处罚。在承袭明朝上述规定的基础上，清朝直接将年老、笃疾之人可以让同居亲属代为论告他事的权利以条例的方式规制在律典中。"年老及笃疾之人，除告谋反、叛逆，及子孙不孝，听自赴官陈告外；其余公事，许令同居亲属通知所告事理的实之人代告。诬告者，罪坐代告之人。"[1]

（4）不得受理恩赦之前犯罪的案件。基于"德主刑辅"等观念的影响，中国传统社会的明君认为"应当施恩布德于万民，缓狱肆赦正是施惠于百姓的重要方法"。[2]而恩赦的一个重要内容便是免除或减轻犯罪人的刑罚处罚。因此，为了彰显和贯彻皇帝的仁德，唐朝规定除法律明确要追究的事情外，任何人均不得以赦前事状告他人；官府亦不得受理，否则需承担相应的法律责任，重至加役流。"诸以赦前事相告言者，以其罪罪之。官司受而为理者，以故入人罪论。至死者，各加役流。若事须追究者，不用此律。（追究，谓婚姻、良贱、赦限外蔽匿，应改正征收及追见赃之类。）"[3]《大明律》虽未对该行为作出规制，但结合洪武元年（1368年）的法令可知，明朝亦要求百姓不得状告赦前之事，但未对司法人员受理该类案件是否应当承担法律责任作出规制。"凡以赦前事告言人罪者，以其罪罪之。若系干钱粮、婚姻、田土事须追究，虽已经赦，必合改正征收者，不拘此例。"[4]清朝以条例的方式在"常赦所不原"条中

---

〔1〕（清）阿桂等撰：《大清律例·卷三十·刑律·诉讼·"见禁囚不得告举他事"》，田涛、郑秦点校，法律出版社1999年版，第489页。

〔2〕陈俊强："中国古代恩赦制度的起源、形成与变化"，载张中秋、朱勇主编《中华法系国际学术研讨会文集》，中国政法大学出版社2007年版，第181页。

〔3〕（唐）长孙无忌等撰：《唐律疏议·卷二十四·斗讼律·"以赦前事相告言"》，刘俊文点校，法律出版社1999年版，第477页。

〔4〕（明）申时行等修：《明会典·卷一百七十七·刑部·问拟罪名》（万历朝重修本），中华书局1989年版，第901页。

对此再一次作了确认，但仍未规制司法人员受理该类诉讼的法律责任。"以赦前事告言人罪者，以其罪罪之。若干系钱粮、婚姻、田土等项罪，虽遇赦宽免，事须究问明白。（应追取者，仍行追取。应改正者，仍行改正。）"〔1〕据此，我们有理由推断，早在明朝，主管官司受理该类诉讼便已无需再承担法律责任。

（5）不得受理缺少明确犯罪时间、称疑告举犯罪的案件。至迟在唐代，统治者已经非常重视诉状的格式和内容，对于没有乃至缺少明确犯罪时间、以某某疑似犯某罪论告的案件，官府不得受理，受理的司法人员还需要承担相应的法律责任。"诸告人罪，皆须明注年月，指陈实事，不得称疑。违者，笞五十。官司受而为理者，减所告罪一等。"〔2〕这一规定"对告举犯罪的形式性要求极其严格，这在程序观念淡薄的中国传统法律中是极其罕见的"。〔3〕明清两朝虽然并未在律典中明确规定，但也绝不能以此认为上述规定在此时完全消失。〔4〕如根据《福惠全书》的记载可知，对告举犯罪的形式性要求仍在当时的社会中起到限制滥诉的作用。"一、状内所告无真正年月日者，不准；……一、状不合式并无副状者，不准。"〔5〕

（6）不得受理越诉的案件。唐朝及其以前，为了维护诉讼

〔1〕　（清）阿桂等撰：《大清律例·卷四·名例律上·"常赦所不原"》，田涛、郑秦点校，法律出版社1999年版，第98页。

〔2〕　（唐）长孙无忌等撰：《唐律疏议·卷二十四·斗讼律·"告人罪须明注年月"》，刘俊文点校，中华书局1999年版，第478页。

〔3〕　倪铁：《法文化视角下的传统侦查研究》，复旦大学出版社2011年版，第108页。

〔4〕　如陈光中先生等认为，明清两朝律典中无"告人罪须明注年月"的规定是因为其规定的形式要求过于严苛，很难得行得通的观点是有欠允当的。参见陈光中、沈国锋：《中国古代司法制度》，群众出版社1984年版，第74页。

〔5〕　（清）黄六鸿：《福惠全书·卷十一·刑名部·词讼》，清康熙三十八年（1699年）金陵种书堂刻怀德堂印本，第4页。

秩序，法律明确规定必须自下而上地提起诉讼，不得越诉，否则越诉人及受理越诉的官府均需承担笞四十的刑罚。"凡诸辞诉，皆从下始。从下至上，令有明文。谓应经县而越向州、府、省之类，其越诉及官司受者，各笞四十。"〔1〕《宋刑统》尽管一仍唐律之旧，"但自北宋末至南宋时期，统治者却增立越诉之法，大开越诉之禁"。〔2〕如北宋末期，为了维护百姓人身权益，纠正官府内杖具逾制和决罚过多的情况，彰显仁爱钦恤，宋徽宗于政和三年（1113 年）十二月十一日下御笔规定：当存在上述行为时，相关人员可以直接向尚书省论诉，"五刑之属笞为轻，……置杖有广狭之制，行决有多寡之数。比闻官司辄紊常宪，置杖不如法，决罚多过数，伤肌肤，害钦恤之政。朕甚悯之，辄违前令者，许赴尚书省越诉，以违御笔论"。〔3〕南宋允许越诉的法令则更多，郭东旭先生将之分门别类，概括为如下七类："非法侵人物业，许人户越诉。……典卖田产不即割税，听人户越诉。……官吏受纳税租不依法，许人户越诉。……籴买官物，非理科配，听人户越诉。……私置税场，邀阻客商，许客人越诉。……官吏私自科率百姓，许人户越诉。……官吏受理词讼不依法，许人越诉。"〔4〕大开"越诉"之门，确实加强了中央集权，有益于纠纷的解决，但是也在一定程度上导致了诉讼秩序的混乱。因此，明清两朝从原则上还是禁止越诉的，但是不

〔1〕（唐）长孙无忌等撰：《唐律疏议·卷二十四·斗讼律·"越诉"》，刘俊文点校，法律出版社 1999 年版，第 482 页。

〔2〕郭东旭："南宋的越诉之法"，载《河北大学学报（哲学社会科学版）》1988 年第 3 期。

〔3〕《宋大诏令集·卷二百二·刑法下·"置杖不如法决罚过多许越诉御笔"》，司义祖整理，中华书局 1962 年版，第 752 页。

〔4〕郭东旭："南宋的越诉之法"，载《河北大学学报（哲学社会科学版）》1988 年第 3 期。

再惩罚受理越诉的司法官员。"凡军民词讼，皆须自下而上陈告。若越本管官司，辄赴上司称诉者，笞五十。"[1]

第二节 理冤解纷：申诉、直诉与复审制度

为了最大限度地发现真实，给予当事人公平的对待，中国传统社会建立了申诉与复审相结合的理冤解纷机制。其中，申诉是基于当事人方对司法机关的判决不服而提起的，而复审是基于司法机关的职权或机制本身而提起的。同时，鉴于申诉制度中蕴含的直诉制度是中国传统社会追求实质公平正义的典型表现，因此将之单独列出，以待探讨。

一、基于当事人方请求的申诉制度

早在西周时期，统治者便允许当事人就司法机关所作的判决提起申诉，且根据地理位置的远近，规制了不同的申诉期限。"凡士之治有期日，国中一旬，郊二旬，野三旬，都三月，邦国期。期内之治听，期外不听。"[2]而后，历代专制王朝均对申诉制度作了较为详细的规制。根据当事人提起申诉机关的不同，笔者将之分为向原审机关申诉和向上级机关申诉两个方面来探讨：

（一）向原审机关提起的申诉制度

秦汉时期，"案犯（或称被告）论决后，本人及其直系亲属不认为犯罪或认为适用法律不当，可以请求重新审理"[3]的制

---

[1] （明）刘惟谦等撰：《大明律·卷二十二·刑律五·诉讼·"越诉"》，怀效锋点校，法律出版社 1999 年版，第 174 页。

[2] （汉）郑玄注，（唐）贾公彦疏：《周礼注疏》，赵伯雄整理，王文锦审定，北京大学出版社 1999 年版，第 940 页。

[3] 南玉泉："秦汉的乞鞫与覆狱"，载《上海师范大学学报（哲学社会科学版）》2017 年第 1 期。

度被称为"乞鞫"。当时的法令明确规定："乞鞫"必须要等案件判决后方能向原审机关提出。"以乞鞫及为人乞鞫者，狱已断乃听，且未断犹听殹（也）？狱断乃听之。"[1]为了充分维护案犯的合法权益，汉朝进一步发展了乞鞫制度，要求司法机关在接到当事人的乞鞫后，必须认真聆听、详细记录。"气（乞）鞫者各辞在所县道，县道官令、长、丞谨听，书其气（乞）鞫。"[2]乞鞫者需要对不当乞鞫行为承担法律责任。因此，法令明确规定死罪案犯本人不得自行乞鞫，应由其一定范围的亲属代为乞鞫。"气（乞）鞫不审，驾（加）罪一等；其欲复气（乞）鞫，当刑者，刑乃听之。死罪不得自气（乞）鞫，其父、母、兄、姊、弟、夫、妻、子欲为气（乞）鞫，许之。"在此基础上，汉朝还对乞鞫人的年龄和乞鞫的时限作了限制性规定。"年未盈十岁为气（乞）鞫，勿听。狱已决盈一岁，不得气（乞）鞫。"[3]不过，根据郑玄对《周礼》所作的注可推知，汉朝规定徒罪的乞鞫时限被缩短为3个月。"郑司农云'谓在期内者听，期外者不听，若今时徒论决，满三月，不得乞鞫'。"[4]据此，我们可推测从西周至汉朝，乞鞫期限长短的依据已经发生变化。西周时期，根据地理位置的远近来决定申诉案件的审理期限；汉朝则根据所判处的刑罚种类来决定乞鞫的时限。鉴于狱讼繁杂的现状，曹魏时期进一步限制了能够提起乞鞫的主体资格：法令明

---

〔1〕 睡虎地秦墓竹简整理小组编：《睡虎地秦墓竹简》，文物出版社1990年版，第120页。

〔2〕 张家山二四七号墓汉墓竹简整理小组编著：《张家山汉墓竹简〔二四七号墓〕》（释文修订本），文物出版社2006年版，第24页。

〔3〕 张家山二四七号墓汉墓竹简整理小组编著：《张家山汉墓竹简〔二四七号墓〕》（释文修订本），文物出版社2006年版，第24页。

〔4〕 （汉）郑玄注，（唐）贾公彦疏：《周礼注疏》，赵伯雄整理，王文锦审定，北京大学出版社1999年版，第940页。

确规定二岁刑以上案犯的家人不得为乞鞫者。该规定为晋朝所继承。"二岁刑以上，除以家人乞鞫之制，省所烦狱也。……斯皆魏世所改，其大略如是。"[1]不限于此，根据司马贞对《史记》的索隐可知，晋代司法机关审断狱案后仍旧需要告知囚犯所犯罪状及所科刑罚，案犯若感到冤枉可以乞鞫。"索隐案：《晋令》云'狱结竟，呼囚鞫语罪状，囚若称枉欲乞鞫者，许之也'。"[2]

向原审机关提起申诉的制度在隋唐时期得到了严格的贯彻和执行，并被规定于律典中，形成了狱囚服辩制度。《唐律疏议·断狱》规定："诸狱结竟，徒以上，各呼囚及其家属，具告罪名，仍取囚服辩。若不服者，听其自理，更为审详。违者，笞五十；死罪，杖一百。"[3]从该律条的规定，我们可以得出如下信息：①必须在案件审理结束后，方能向原审机关提起申诉，即"断案已判讫"；②案犯被判处徒以上刑罚时，司法机关必须履行服辩制度，含"徒、流及死罪"；③审断结束后，司法机关需将罪名告知案犯及其家人、亲属，但能够据此不服判决而提起诉讼的仅限案犯本人，因为"其家人、亲属，唯止告示罪名，不须问其服否"；④司法机关若不履行上述服辩制度或不认真审理案犯的申诉，需要根据案犯所犯承担相应的法律责任，"若不告家属罪名，或不取囚服辩及不为审详，流、徒罪并笞五十，死

---

[1]　（唐）房玄龄等撰：《晋书·卷三十·刑法志》，中华书局 1974 年版，第926 页。

[2]　（汉）司马迁撰：《史记·卷九十五·樊郦滕灌列传》，（宋）裴骃集解，（唐）司马贞索引，（唐）张守节争议，中华书局 1963 年版，第 2664 页。

[3]　（唐）长孙无忌等撰：《唐律疏议·卷三十·断狱律·"狱结竟取服辩"》，刘俊文点校，法律出版社 1999 年版，第 609 页。

罪杖一百"。[1]宋、元、明、清诸朝因袭之，并有所发展。其中，明朝相对减轻了司法官员不履行狱囚服辩程序的刑罚力度，并根据地理位置的远近决定是否需要告知案犯家人、亲属其所犯罪名的情状，使该条律文具有更强的可操作性，避免流于具文或借此而致大量狱讼的淹延。"凡狱囚徒、流、死罪，各唤囚及其家属，具告所断罪名，仍取囚服辩文状。若不服者，听其自理，更为详审。违者，徒、流罪，杖四十；死罪，杖六十。其囚家属在三百里之外，止取囚服辩文状，不在具告家属罪名之限。"[2]清朝完全照搬了《大明律》的规定，但需要注意的是，其在律典中界定了何为"服辩"？"服者，心服；辩者，辩理。不当则辩，当则服。或服，或辩，故曰服辩"；进而表明取案犯服辩文状的目的是"以服其心。"[3]

（二）向上级机关提起的上控制度

鉴于"传统中国法律没有现代法学的审级概念"，是以，现代法学意义上的上诉、申诉等词亦难以概括中国传统社会存在的"在不同级别审理的过程中，当事人如不满审理或判决结果"向上控诉的情形，柏桦教授将之界定为"上控"。[4]笔者亦于此处借用该语汇。

如前所述，我国早在西周时期就允许案犯及其家人在对判决不服时提起上控，且上控的期限根据所处地理位置的远近来定。不过，"西周案件的上诉不是逐级上诉，而是直接上诉于中

〔1〕（唐）长孙无忌等撰：《唐律疏议·卷三十·断狱律·"狱结竟取服辩"》，刘俊文点校，法律出版社1999年版，第609~610页。

〔2〕（明）刘惟谦等撰：《大明律·卷二十八·刑律·断狱·"狱囚取服辩"》，怀效锋点校，法律出版社1999年版，第221页。

〔3〕（清）阿桂等撰：《大清律例·卷二十八·刑律·断狱·"狱囚取服辩"》，田涛、郑秦点校，法律出版社1999年版，第596~597页。

〔4〕柏桦："清代的上控、直诉与京控"，载《史学集刊》2013年第2期。

央的司寇，由大司寇亲自审理上诉案件，然后上奏周王，形成三审终审制"。[1]秦汉时期，乞鞫者若对县判决再次不服，可将案件上控至所属郡，由郡守指定都吏复核该案。"对于都吏已复审的案件，郡守或郡的司法官吏再将案件移送至邻近的郡验审（或再复审）。……御史、丞相已复审过的案件再移送至廷尉验审（或再复审）"，[2]"上狱属所二千石官，二千石官令都吏覆之。都吏所覆治，廷及郡各移旁近郡，御史、丞相所覆治移廷"。[3]"魏晋南北朝上控制度在不断完善过程中，既有因循，又有草创，至隋唐始为定制。"[4]鉴于前代官吏滥行苛政，"务锻炼以致人罪"的现状，隋文帝在初受周禅时，即下诏规定了百姓上控的程序及步骤。"诏申敕四方，敦理辞讼。有枉屈县不理者，令以次经郡及州，至省仍不理，乃诣阙申诉。有所未惬，听挝登闻鼓，有司录状奏之。"[5]唐律在此规定基础上，进一步完善上控制度，禁止百姓越级上控，要求"凡诸辞诉，皆从下始。从下至上，令有明文"。[6]而这一律文也在《唐六典》中得到了印证：该令文不仅详细规制了从下至上上控的机关，还要求官府给"不伏"案犯发给法定上控凭证——"不理状"。"凡有冤滞不申欲诉理者，先由本司、本贯；或路远而踬碍者，

〔1〕　韩红俊："和谐理念下的中国古代民事审级制度"，载《西安财经学院学报》2010年第2期。

〔2〕　程政举："张家山汉墓竹简反映的乞鞫制度"，载《中原文物》2007年第3期。

〔3〕　张家山二四七号墓汉墓竹简整理小组编著：《张家山汉墓竹简〔二四七号墓〕》（释文修订本），文物出版社2006年版，第24~25页。

〔4〕　柏桦："清代的上控、直诉与京控"，载《史学集刊》2013年第2期。

〔5〕　（唐）魏征等撰：《隋书·卷二十五·刑法志》，中华书局1973年版，第712页。

〔6〕　（唐）长孙无忌等撰：《唐律疏议·卷二十四·斗讼律·"越诉"》，刘俊文点校，法律出版社1999年版，第482页。

随近官司断决之。即不伏，当请给不理状，至尚书省，左、右丞为申详之。又不伏，复给不理状，经三司陈诉。又不伏者，上表。受表者又不达，听挝登闻鼓。"[1]为加强中央集权，宋朝州、府一级行政机构之上还有监司。是故，其上控程序更加复杂。"人户讼诉，在法先经所属，次本州，次转运司，次提点刑狱司，次尚书本部，次御史台，次尚书省。"[2]元朝亦承袭了上述的上控规定。"诸陈诉有理，路府州县不行，诉之省部台院，省部台院不行，经乘舆诉之。未经省部台院，辄经乘舆诉者，罪之。"[3]明朝也要求："凡民间词讼，皆须自下而上。或府州县省官，及按察司官不为伸理，及有冤抑、机密重情，许击登闻鼓，监察御史随即引奏。"[4]明律规定，"都督府、各部监察御史、按察司及分司"等收到案犯上控的"未经本管官司陈告"或虽陈告但未审理完结的案件时，上述官司须"置薄立限，发当该官司追问，取具归结缘由勾销"。[5]清朝不仅继承了明朝有关上控的规定，还在明确提出"审级"概念的基础上规制了上控程序及上控机关。"凡审级，直省以州县正印官为初审。不服，控府、控道、控司、控院，越诉者答。"[6]

---

〔1〕（唐）李林甫等：《唐六典·卷六·尚书刑部》，陈仲夫点校，中华书局2014年版，第192页。

〔2〕（清）徐松辑：《宋会要辑稿·刑法三》，刘琳等点校，上海古籍出版社2014年版，第8408~8409页。

〔3〕（明）宋濂等撰：《元史·卷一百五·刑法志·诉讼》，中华书局1976年版，第2671~2672页。

〔4〕（明）申时行等修：《明会典·卷一百七十八·刑部·伸冤》（万历朝重修本），中华书局1989年版，第905页。

〔5〕（明）刘惟谦等撰：《大明律·卷二十二·刑律·诉讼·"告状不受理"》，怀效锋点校，法律出版社1999年版，第175页。

〔6〕赵尔巽等撰：《清史稿·卷一百四十四·刑法志三》，中华书局1977年版，第4211页。

需要说明的是，虽然从郑玄对《周礼》所作的注中可知：至迟在汉代，统治者已有意识区别民事案件和刑事案件，"争罪曰狱，争财曰讼"，[1]"讼，谓以货财相告者……狱，谓相告以罪名者"。[2]然而，就诉讼程序而言，中国传统社会并未对之进行严格意义上的区分，民事诉讼与刑事诉讼的上控程序也大体一样。与之相应的是，民事诉讼的处理结果往往以刑事处罚为依托。但是，这并不意味着民事上控程序完全等同于刑事上控程序，其从小处亦自成特色。但未免庞杂，笔者在此仅以民商事活动频繁的宋朝为例，简要叙述之。"宋代政府为了稳定社会秩序，不但制定了相当严密的民事法规来调整各种民事纠纷，而且制定了一套较为完善的民事诉讼程序来保障民事诉讼的正常进行。"[3]，具体表现为如下几个方面：①无论是刑事诉讼还是民事诉讼，在宋朝上控均需经州；不服，经监司；不服，经尚书本部；不服，经御史台；不服，经尚书省。其中需要注意的是，在尚书本部这一环，刑事案件上控的尚书本部系刑部，而民事案件在"元丰正官名"后则由户部左曹负责。"以孝义婚姻继嗣之道和人心，以田务券责之理直民讼，凡此归于左曹"。[4]②宋朝政府允许当事人就民事案件上控是为了充分维护他们的合法财产权益，但是有宋一代借此滥诉者层出不穷。因此，宋朝统治者要求官府在审断户婚田土类民事纠纷后发给争讼双方

---

〔1〕 （汉）郑玄注，（唐）贾公彦疏：《周礼注疏》，赵伯雄整理，王文锦审定，北京大学出版社 1999 年版，第 269 页。

〔2〕 （汉）郑玄注，（唐）贾公彦疏：《周礼注疏》，赵伯雄整理，王文锦审定，北京大学出版社 1999 年版，第 905~906 页。

〔3〕 屈超立："宋代民事案件的上诉程序考述"，载《现代法学》2003 年第 2 期。

〔4〕 （元）脱脱等撰：《宋史·卷一百六十三·职官志三》，中华书局 1985 年版，第 3847 页。

“用于作为结案凭据的专门性法律文书”——“断由”。〔1〕而“断由”本身就成了民众对案件审理结果不服而上控府、州、监司，乃至于户部、御史台、尚书省的凭据。“民户所讼如有婚田、差役之类，曾经结绝，官司须具情与法叙述定夺因依，谓之断由，人给一本。如有翻异，仰缴所给断由于状首，不然不受理，使官司得以参照批判，或依违移索，不失轻重。”〔2〕③宋朝政府要求各级衙门必须在受理期限内审断案件，否则允许民众在限外向上级机关申诉。“诸受理词诉限当日结绝，若事须追证者，不得过五日，州郡十日，监司限半月。有故者除之，无故而违限者听越诉。”〔3〕不限于此，鉴于被委派到地方衙门审理的民事案件常常得不到妥善处理而被淹延、积滞的现状，当时的权户部侍郎为了让为政者切实落实“以民事为急”的理念，“向宁宗建言‘责罚’与‘旌擢’并用的策略”，〔4〕“仿财赋殿最之法，岁终将诸路、诸郡所受台部符移，择其淹延最甚者申朝廷，量行责罚。至于留意民政，狱讼平理，并无违滞，亦许以姓名上闻，特加旌擢”。〔5〕

---

〔1〕 张本顺教授在总结前辈学人研究成果的基础上，将“断由”的含义概括为：“‘断由’是指南宋高宗以后，州县、监司在婚田差役类民事讼案审结时当庭或三天之内，给争讼当事人双方所出具的包括案情事实、法律适用和审断理由的不同于判决书或判语的，用于作为结案凭据的专门性法律文书。”参见张本顺：“变革与转型：南宋民事审判‘断由’制度生成的历史成因、价值功能及意义论析”，载《首都师范大学学报（社会科学版）》2015年第3期。

〔2〕 （清）徐松辑：《宋会要辑稿·刑法三》，刘琳等点校，上海古籍出版社2014年版，第8407页。

〔3〕 （清）徐松辑：《宋会要辑稿·刑法三》，刘琳等点校，上海古籍出版社2014年版，第8414页。

〔4〕 张本顺：《宋代家产争讼及解纷》，商务印书馆2013年版，第231页。

〔5〕 （清）徐松辑：《宋会要辑稿·刑法三》，刘琳等点校，上海古籍出版社2014年版，第8414页。

二、上达天听的直诉制度

"直诉，中国古代直接向皇帝告诉或申诉的制度，俗称告御状。"[1]但"作为表述中国古代诉讼程序的词汇，……直至清代在法律术语方面仍无'直诉'之名"。[2]最早将"直诉"一词用于指代传统中国颇具特色的特定诉讼程序的是陈顾远先生。其在《中国法制史概要》一书中谈及："就直诉之方式言：两汉魏晋，为制不详；而其方式之确立，则始于南北朝，登闻鼓之设是也。登闻鼓者，采《周礼》路鼓肺石之义。"[3]该论断成为通说，颇为后世学者所推崇和不加检讨地直接援引。然而，其所赖以分析的材料，多为后人（尤其是"独尊儒术"后远稽上古、推崇三王观念的儒家学者）过度解读上古经典下的误读。较为典型的如邱濬在《大学衍义补》中的表述。关于路鼓之设，"是以间阎之幽，悉达于殿陛之上，畎庶之贱，咸通乎冕旒之前，民无穷而不达，士无冤而不伸，此和气所以畅达，而天地以之而交，治道以之而泰也欤"！[4]关于"肺石"，"先儒谓肺者气之府，而外达乎皮毛。茕独老幼，天民之穷无告者，其微弱也，犹国之皮毛焉，心之气靡不通之也，不通则疾病生焉。故用之达穷民，其有取于是乎"？[5]而王捷在考察传世文献和出土

---

〔1〕《北京大学法学百科全书》编委会编：《北京大学百科全书：中国法律思想史 中国法制史 外国法律思想史 外国法制史》，北京大学出版社2000年版，第1035页。

〔2〕 王捷："'直诉'源流通说辨证"，载《法学研究》2015年第6期。

〔3〕 陈顾远：《中国法制史概要》，三民书局1964年版，第156页。

〔4〕 （明）邱濬：《大学衍义补·卷一百九·治国平天下之要·慎刑宪 伸冤抑之情》，林冠群、周济夫点校，京华出版社1999年版，第937页。

〔5〕 （明）邱濬：《大学衍义补·卷一百九·治国平天下之要·慎刑宪 伸冤抑之情》，林冠群、周济夫点校，京华出版社1999年版，第936页。

文献的基础上，主张"《周礼》所载'路鼓'设立的目的并非专门用于诉讼，而是用于上下讯息沟通。'肺石'设立的最初目的泛指言事，也非专用于直诉，是历代注家附会而'层累'形成的结论"。[1]同时，其主张直诉制度与审级制度相伴相生。这一论断是较为允当的。是以，直诉制度应该肇始于郡县制初创的战国、秦汉时期，而非古人追慕先贤的西周时期。

秦汉时期，最具代表性的直诉制度为诣阙上诉。诣阙上诉是诣阙上书的表现形式之一，主要是指"由于常规司法程序中所造成的冤案或其他原因，当事人或其亲友不满于判决而远赴京师上诉于最高统治者"[2]的行为。如江充"诣阙告太子丹与同产姊及王后宫奸乱，交通郡国豪猾，攻剽为奸，吏不能禁。书奏，天子怒，遣使者诏郡发吏卒围赵王宫，收捕太子丹，移系魏郡诏狱，与廷尉杂治，法至死"。[3]为了避免刑狱冤滥，同时加强中央对地方司法的管控，汉朝统治者特别鼓励百姓存在巨大冤情时的诣阙上诉。特别是汉明帝因"反支日不受章奏"[4]而没有收到诣阙上诉的书表，而专门下诏"赦公车受章，无避反支"。这主要是因为他极为体恤民众，认为"民既废农远来诣阙，而复使避反支，是则又夺其日而冤之也"。[5]晋武帝初即位，有鉴于曹魏政权刑罚滥酷的现状，于宫门左阙处设登闻鼓受理民众冤情，"世祖即位，以刑禁重，……阙左悬登闻

〔1〕 王捷："'直诉'源流通说辨正"，载《法学研究》2015年第6期。

〔2〕 赵光怀："'告御状'：汉代诣阙上诉制度"，载《山东大学学报（人文社会科学版）》2002年第1期。

〔3〕 （汉）班固：《汉书·卷四十五·蒯伍江息夫传》，（唐）颜师古注，中华书局1962年版，第2175页。

〔4〕 （南朝·宋）范晔撰：《后汉书·卷四十九·王充王符仲长统列传》，（唐）李贤等注，中华书局1965年版，第1640页。

〔5〕 （汉）王符撰：《潜夫论笺校正·卷四·爱日》，（清）汪继培笺、彭铎校正，中华书局1985年版，第221页。

鼓，人有穷冤则挝鼓，公车上奏其表"，[1]这是后世挝登闻鼓诉冤的源头。隋朝对于经过上控程序仍未满足其诉讼请求的当事人，法律允许其"挝登闻鼓，有司录状奏之"。[2]唐朝继承并发展了前朝的直诉制度，主要的直诉方式包括如下四种：①挝登闻鼓。当前述上控程序不能实现当事人诉求时，唐朝允许其挝登闻鼓直诉，"挝于鼓者，右监门卫奏闻"。[3]如唐文宗太和九年（公元835年）六月丁酉，京兆尹杨虞卿坐妖言罪被御史台拘捕，其"弟司封郎中汉公并男知进等八人挝登闻鼓称冤"[4]。②立肺石。立肺石作为一种直诉方式，在唐朝主要是针对特定的弱势群体，"若茕、独、老、幼不能自申者，乃立肺石之下"，"若身在禁系者，亲、识代立焉。立于石者，左监门卫奏闻"。[5]同时为了便于百姓通过挝鼓或立肺石的方式申诉冤情，武则天于垂拱元年（公元685年）二月癸未下诏要求："朝堂所置登闻鼓及肺石，不须防守，有挝鼓立石者，令御史受状以闻"。[6]③邀车驾。一般而言，皇帝出巡不得冲撞，否则需要承担相应的法律责任，"诸车驾行，冲队者，徒一年；冲三卫仗者，徒二年"。[7]

---

〔1〕　（北齐）魏收撰：《魏书·卷一百一十一·刑罚志》，中华书局1974年版，第2874页。

〔2〕　（唐）魏征等撰：《隋书·卷二十五·刑法志》，中华书局1973年版，第712页。

〔3〕　（唐）李林甫等撰：《唐六典·卷六·尚书刑部》，陈仲夫点校，中华书局2014年版，第192页。

〔4〕　（后晋）刘昫等撰：《旧唐书·卷十七下·文宗本纪下》，中华书局1975年版，第558页。

〔5〕　（唐）李林甫等撰：《唐六典·卷六·尚书刑部》，陈仲夫点校，中华书局2014年版，第192页。

〔6〕　（宋）司马光：《资治通鉴·卷二百零三·"则天垂拱元年二月"》，中华书局2011年版，第6548页。

〔7〕　（唐）长孙无忌等撰：《唐律疏议·卷七·职制律·"车驾行冲队杖"》，刘俊文点校，法律出版社1999年版，第178页。

但是百姓若有重大冤情，可以跪在车驾途经的路旁告状伸冤。④置匦投状。置匦投状作为直诉方式的一种，系武则天所独创。垂拱二年（公元686年）三月，武则天接受鱼保宗的建言，"置匦以受四方之书"，以求下情上达，其中白匦专门用于诉理冤情，"铸铜匦四，涂以方色，列于朝堂：青匦曰'延恩'，在东，告养人劝农之事者投之；丹匦曰'招谏'，在南，论时政得失者投之；白匦曰'申冤'，在西，陈抑屈者投之；黑匦曰'通玄'，在北，告天文、秘谋者投之"。并且，武则天还专门设立相应的官职来处理四方之书，"以谏议大夫、补阙、拾遗一人充使，知匦事；御史中丞、侍御史一人，为理匦使。其后同为一匦"。[1] 不过，为了维护统治秩序，避免百姓滥用直诉方式，唐律还明确规定了行为人邀车驾、挝登闻鼓等不以实的刑罚责任，"诸邀车驾及挝登闻鼓，若上表，以身事自理诉，而不实者，杖八十；（即故增减情状，有所隐避诈妄者，从上书诈不实论）"。[2]

宋朝的直诉方式主要表现为两种：一为击登闻鼓，一为邀车驾。其中，邀车驾的方式与唐朝的规制大同小异，于此兹不赘述。需要我们注意的是宋朝的登闻鼓制度。在继承唐朝登闻鼓制度的基础上，宋太宗于雍熙元年（公元984年）秋七月壬子改唐"匦院为登闻鼓院"[3]，设置了专门的直诉机构——登闻鼓院。登闻鼓院的设置是宋朝所独创，这一历史功绩也为时人所认识，"'魏世祖悬登闻鼓以达冤人。'乃知登闻鼓其来甚久，第

---

〔1〕（宋）欧阳修、宋祁撰：《新唐书·卷四十七·百官志二》，中华书局1975年版，第1206~1207页。

〔2〕（唐）长孙无忌等撰：《唐律疏议·卷二十四·斗讼律·"邀车驾挝鼓诉事不实"》，刘俊文点校，法律出版社1999年版，第481页。

〔3〕（元）脱脱等撰：《宋史·卷四·太宗本纪一》，中华书局1985年版，第72页。

院之始，或起于本朝也"。[1]其中"登闻检院，隶谏议大夫；登闻鼓院，隶司谏、正言"，负责"掌受文武官及士民章奏表疏。凡言朝政得失、公私利害、军期机密、陈乞恩赏、理雪冤滥，及奇方异术、改换文资、改正过名"等事项。就理诉冤滥而言，其陈乞程序为"先经鼓院进状；或为所抑，则诣检院"。[2]南宋时期，统治者意识到仅凭"召土著有居止之人委保"难以遏制百姓随意击登闻鼓、诣登闻检院的滥讼之风，在接受登闻检院建言的基础上，于绍兴二十八年（1158年）十月规定"今后应上书进状人，如系有官人即召本色有官人，进士、布衣即召见在上庠生，僧道百姓召临安府土著有家业居止之人，军人召所属将校各一人作保，仍令逐院籍书铺户系书保识，方许收接投进"。[3]辽朝在参照唐宋两朝官制的基础上，在门下省内设立了登闻鼓院和匦院，由"登闻鼓使"和"知匦院使"负责处理直诉事宜。[4]金朝仿照宋朝建立登闻鼓院和登闻检院。其中，登闻鼓院有知登闻鼓院、同知登闻鼓院事各一员，"知法二员"，"女直、汉人各一员"，"掌奏进告御史台、登闻检院理断不当事"；登闻检院有知登闻检院、同知登闻检院各一员，知法二员，"女直、汉人各一员"，主要负责"奏御进告尚书省、御史台理断不当事"。[5]元初，也将击登闻鼓作为主要的直诉方式予

---

〔1〕（宋）吴曾：《能改斋漫录·卷二·事始·登闻鼓院之始》，上海古籍出版社1979年版，第20页。

〔2〕（元）脱脱等撰：《宋史·卷一百六十一·职官志一》，中华书局1985年版，第3782页。

〔3〕（清）徐松辑撰：《宋会要辑稿·刑法三》，刘琳等点校，上海古籍出版社2014年版，第3087页。

〔4〕（元）脱脱等撰：《辽史·卷四十七·百官志·南面·南面朝官》，中华书局1974年版，第778页。

〔5〕（元）脱脱等撰：《金史·卷五十六·百官志》，中华书局1975年版，第1279~1280页。

以规制。元世祖至元十二年（1275年）四月甲寅"谕中书省议立登闻鼓"，并规制了击登闻鼓诉讼的必须是"为人杀其父母兄弟夫妇，冤无所诉"的重大冤抑，若以其他"细事唐突者，论如法"。[1]明初，太祖朱元璋允许乃至鼓励百姓上京面奏，认为那是帮助其更好治理国家的行为，不过这是重典治吏下的产物，其针对的主体亦是各级官吏，"自布政司至于府、州、县官吏，若非朝廷号令，私下巧立名色，害民取财，许境内诸耆宿人等，遍处乡村市井连名赴京状奏"。[2]而赴京直诉的主要方式为击登闻鼓和赴通政司，"民人冤抑，止许赴通政司或登闻鼓下投递本状，在京听法司，在外听抚按官，参详虚实施行"。[3]待明政权步入正轨后，朝廷对百姓赴京上奏案件的范围作了限缩性规制，"除叛、逆、机密等项重事，许其赴京奏告"外，其他事干人命、官吏贪渎的案件也必须遵守自下而上的诉讼程序来控告，"其有亲邻全家被人残害及无主人命，官吏侵盗系官钱粮，并一应干己事情，俱要自下而上陈告"。[4]需要注意的是，"明代并没有成立专门机构来负责管理登闻鼓案件的接受和传达，……由都察院负责登闻鼓案件审理工作"。[5]清朝将直诉方式表述为"叩阍"，主要包括击登闻鼓和邀车驾两种方式，"其投厅击鼓，或遇乘舆出郊，迎驾申诉者，名曰叩阍"。[6]清初，登闻鼓隶属于都察院。

〔1〕（明）宋濂等撰：《元史·卷八·世祖本纪》，中华书局1976年版，第165页。

〔2〕杨一凡：《〈明大诰〉研究》，江苏人民出版社1988年版，第225页。

〔3〕中央研究院历史语言研究所校印：《明实录·明世宗实录·卷六十八·"嘉靖五年九月乙酉条"》，上海书店1982年版，第1544页。

〔4〕（明）刘惟谦等撰：《大明律·问刑条例（万历十三年舒化等辑）·刑律五·诉讼·"越诉条例"》，怀效锋点校，法律出版社1999年版，第424页。

〔5〕应步潮、梁敬："明代登闻鼓制度小议"，载《经济研究导刊》2011年第33期。

〔6〕（清）赵尔巽等撰：《清史稿·卷一百四十四·刑法志三》，中华书局1977年版，第4212页。

顺治十三年（1656 年），将之设立在右长安门外，"每日科道官一员轮值"；最后，将之移入通政司，"别置鼓厅"。[1]不限于此，清律还将邀车驾直诉的具体方式和要求规制在律文中，并且对不如法、不如实邀车驾者，规制了相关刑罚处罚，"若有申诉冤抑者，止许于仗外俯伏以听。若冲入仪仗内，而所诉事不实者，绞。（系杂犯，准徒五年。）得实者，免罪"。"圣驾出郊，冲突仪仗，妄行奏诉者，追究主使教唆捏写本状之人，俱问罪，各杖一百，发边卫充军。所奏情词，不分虚实，立案不行。"[2]

　　直诉作为中国传统社会的特色上控制度之一，之所以能受到历朝历代统治者的青睐，主要是基于如下四个方面的原因：其一，直诉是皇帝彰显仁政、宽慰人心的主要方式之一。直诉，一般名义上都是由皇帝亲自审理，体现最高统治者关心民瘼，能够起到聚拢民心的作用。就连拥兵自重的董卓为了树立和维护其爱护百姓的形象，也联合"司徒黄琬、司空杨彪"诣阙上书，"追理陈蕃、窦武及诸党人案"，为他们平冤昭雪。"悉复蕃等爵位，擢用子孙"，而其实质目的则是"以从人望"。[3]其二，虽然"细民冤结，无所控告，下土边远，能诣阙者，万无数人，其得省治，不能百一"，[4]但是它确实为老百姓提供了一条雪冤之路，而且形式和部分实质的审理者是被百姓视为最公正的最高统治者——皇帝，这有效地起到了疏解民愤的作用。

---

　　〔1〕（清）赵尔巽等撰：《清史稿·卷一百四十四·刑法志三》，中华书局 1977 年版，第 4211~4212 页。

　　〔2〕（清）阿桂等撰：《大清律例·卷十八·兵律·宫卫·"冲突仪仗"》，田涛、郑秦点校，法律出版社 1999 年版，第 304 页。

　　〔3〕（南朝·宋）范晔撰：《后汉书·卷七十二·董卓列传》，（唐）李贤等注，中华书局 1965 年版，第 2325 页。

　　〔4〕（汉）王符：《潜夫论笺校正·卷四·三式》，（清）汪继培笺、彭铎校正，中华书局 1985 年版，第 208 页。

其三，直诉能够下情上达，起到监督地方司法的功能，能够在一定程度上减少基层司法腐败、滥用酷刑的行为。这也被视为践行王政的一种特殊救济方法。"然王政所以保穷济无告，其有深抑重冤而莫伸者，亦不可不有非常救济之方法，故历代狱讼于普通审判程序，复有直诉方式之规定，用资调节焉。"〔1〕其四，直诉的案件原则上需要皇帝亲自审理，然政务驳杂，个人精力和能力亦是有限的。"不可能全部接见或亲自审理，要看机遇，看内容，还要视皇帝的心情而定，因此只有极少数人能够得到皇帝的接待。"〔2〕并且，直诉案件的受理和审理具有较大的主观随意性，在一定程度上是看皇帝个人的意志。如康熙帝在南巡过程中遇到叩阍直诉的情况一律不予受理，主要是因为他主张"民人果有冤抑，地方督抚等官尽可申诉。今因朕巡幸，纷纭控告，不过希图幸准，快其私怨，若一经发审，其中事理未必皆实。地方官奉为钦件，转转驳讯，则被告与原告皆致拖累，以小忿而破身家，后悔无及矣"。〔3〕而宋太宗基于天下无冤民的美好愿景，亲自审理淳化四年（公元 993 年）十月平民牟晖因家中奴仆丢失小猪而直诉至登闻鼓的案件，并慨叹："似此细事悉诉于朕，亦为听决，大可笑也。然推此心以临天下，可以无冤民矣。"〔4〕

三、基于官府申请的复审制度

除了上述基于当事人申请而启动的申诉程序外，中国传统

---

〔1〕 张金鉴：《中国法制史概要》，正中书局 1972 年版，第 92 页。

〔2〕 程民生："宋代的诣阙上诉"，载《文史哲》2012 年第 2 期。

〔3〕《清圣祖实录·卷一一七·"康熙二十三年辛亥条"》（影印本，第 5 册），中华书局 2008 年版，第 222 页。

〔4〕（宋）李焘撰：《续资治通鉴长编·卷三十四"淳化四年十月丁丑"条》，上海师范大学古籍整理研究所、华东师范大学古籍整理研究所点校，中华书局 2004 年版，第 757 页。

社会尚有官府基于职权而主动介入对案件进行复审的制度。根据官府介入的原因，笔者将之分为：①基于案件本身疑难复杂而移送上级机关复审；②基于管辖权而将案件移送至上级机关复审。

（一）疑难案件下的"移送"制度

早在西周时期，就已存在疑难案件需要上报上级机关审理的制度。如《周礼·秋官·讶士》规定："讶士掌四方之狱讼，谕罪刑于邦国。凡四方之有治于士者，造焉。"而贾公彦对之所作的疏恰恰是帮助我们理解西周疑难案件移送制度的最好注脚。"谓四方诸侯有疑狱不决，遣使来上王府士师者，故云'四方之有治于士者'。知士是士师者，以其士师受中，故知疑狱亦士师受之也。"[1]在此基础上，针对疑难案件的处理，汉朝形成了谳狱制度，而其于"汉高祖刘邦时已基本形成"。[2]汉朝的谳狱制度要求各级司法机关逐级进行移送复审，直至移送给廷尉、皇帝。"县道官狱疑者，各谳所属二千石官，二千石以其罪名当报之。所不能决者，皆移廷尉，廷尉亦当报之；廷尉所不能决，谨具为奏，傅所当比律令以闻。"[3]中元五年（公元前145年），汉景帝对何种案件可界定为疑狱作了解释，即审理结果虽然符合法律的规定，但是不符合人情、人心基本要求的案件可以被称为"疑狱"。"诸狱疑，若虽文致于法而于人心不厌者，辄谳之。"[4]原则上，上级机关谳狱的结果如果与下级机关的审

---

〔1〕（汉）郑玄注，（唐）贾公彦疏：《周礼注疏·卷三十五·秋官司寇·讶士》，赵伯雄整理，王文锦审定，北京大学出版社1999年版，第935页。

〔2〕程政举："汉代谳狱制度考论"，载《河南政法管理干部学院学报》2010年第2期。

〔3〕（汉）班固撰：《汉书·卷二十三·刑法志》，（唐）颜师古注，中华书局1962年版，第1106页。

〔4〕（汉）班固撰：《汉书·卷五·景帝》，（唐）颜师古注，中华书局1962年版，第148页。

理结果不同，下级相关官员可能需要承担相应的法律责任。但是，为了鼓励下级官员积极将疑难案件逐级上报至上级机关审理，汉景帝于后元元年（公元前143年）春正月下诏免除他们的法律责任。"狱疑者谳有司。有司所不能决，移廷尉。有令谳而后不当，谳者不为失。"〔1〕随着法律儒家化的加深，太平真君六年（公元445年）三月庚申，北魏太武帝下诏要求疑难案件应当由中书根据儒家经义来审断。"诸有疑狱皆付中书，以经义量决。"〔2〕贞观五年（公元631年），唐太宗要求疑难案件报送至大理寺，仍得不到妥善审断时，由尚书省官员集体讨论后决定。并且，若该审断结果能够为后来审理同类案件提供参照，需要将之送到秘书省备案。"天下疑狱谳大理寺不能决，尚书省众议之，录可为法者送秘书省。"〔3〕并且，唐律明确规定疑狱的处理原则是：不仅要依法断案，还要以情审断。"狱有所疑，法官执见不同，议律论情。"〔4〕宋朝在承袭上述规定的基础上，再次强调那些法律与人情、人心不相符的案件应当移送上级机关复审，尤其是那些情可矜恤、怜悯的案犯。"若情可矜悯，而法不中情者谳之，皆阅其案状，传例拟进。"〔5〕元朝初期即确定了疑狱的处理原则：在复审时尽量依法从轻处理，尽显钦恤之情，爱惜民命之意。如元世祖要求："自后继体之君，惟刑之恤，凡

---

〔1〕（汉）班固撰：《汉书·卷五·景帝》，（唐）颜师古注，中华书局1962年版，第150页。

〔2〕（唐）李延寿撰：《北史·卷二·魏本纪第二·世祖太武帝本纪》，中华书局1974年版，第57页。

〔3〕（宋）欧阳修、宋祁撰：《新唐书·卷五十六·刑法志》，中华书局1975年版，第1411页。

〔4〕（唐）长孙无忌等撰：《唐律疏议·卷三十·断狱·"疑罪"》，刘俊文点校，法律出版社1999年版，第617页。

〔5〕（元）脱脱等撰：《宋史·卷一百六十三·职官志三·刑部》，中华书局1985年版，第3857页。

郡国有疑狱，必遣官覆谳而从轻，死罪审录无冤者，亦必待报，然后加刑。"[1]就疑难案件的复审制度而言，明清两朝承袭了前朝的规定。

（二）管辖权下的"审转"制度

所谓"审转"，是指"古代地方司法机关对于不属于自己定审的刑事案件，在其拟定判决之后，应主动详报上级复核，每一级都将不属于自己定审权限的案件报至有权作出判决之审判机关复审定案"。[2]虽然有学者主张早在商朝、西周时期就有此方面的规制，不过很难得以确论。根据《二年律令》的规定，虽然汉朝尚没有形成系统的级别管辖制度，但是已经开始有意识地将死罪的审断机关提高至郡一级。"县、道官所治死罪及过失、戏而杀人，狱已具，勿庸论，上狱属所二千石官。二千石官令毋害都吏复案，问（闻）二千石官，二千石丞谨掾，当论，乃告二千石官以从事。彻侯、邑上在所郡首。"[3]

隋唐时期，上述审转制度成为定制，并被纳入法令的规制范围内。"诸犯罪者，杖罪以下，县决之，徒以上，县断定到送州复审讫，徒罪及流，应决杖，若应赎者，即决配征赎。其大理寺及京兆、河南府断徒及官人罪，并后有雪减，并申省。省司复审无失，速即下知。如有不当者，随事驳正。若大理寺及诸州断流以上，若、除、免官当者，皆连写案状申省。大理寺及京兆、河南府，即封案送，若驾行幸，即准诸州例，案复理尽申奏。若按复事有不尽，在外者遣使就复，在京者追就刑部，

---

〔1〕（明）宋濂等撰：《元史·卷一百二·刑法志一》，中华书局1976年版，第2604页。

〔2〕张晋藩主编：《中华法学大辞典：法律史学卷》，中国检察出版社1999年版，第371页。

〔3〕张家山二四七号墓汉墓竹简整理小组编著：《张家山汉墓竹简〔二四七号墓〕》（释文修订本），文物出版社2006年版，第62页。

复以定之。"〔1〕也就是说，县只能审断杖一类的轻罪案件，徒罪以上案件审断后，需要申报到州；而州只能审断徒罪案件。"流罪和死罪案件，则必须逐级审报到中央复审，即由尚书省刑部复审后，再上奏皇帝裁决。"〔2〕为了加强中央集权，将人命重罪案件的审断权逐级收归中央，针对那些应当向上审转的案件，相关衙门不予审转时需要承担相应的法律责任。"诸断罪应言上而不言上，应待报而不待报，辄自决断者，各减故失三等"，即"故不申上、故不待报者，于所断之罪减三等；若失不申上、失不待报者，于《职制律》'公事失'上各又减三等。即死罪不待报，辄自决者，依下文流二千里"。〔3〕

宋元基本承袭了上述规定，明朝更是将各级衙门的司法管辖范围直接纳入了《大明律》，明确规定笞、杖、徒、流四类案件的管辖权在县、州、府，而死刑案件必须审转至监察御史或提刑按察司，审断结束后还要上报刑部，并上奏皇帝。"凡狱囚鞫问明白，追勘完备，徒、流以下，从各府、州、县决配。至死罪者，在内听监察御史，在外听提刑按察司审录，无冤，依律议拟，转达刑部定议奏闻回报。直隶去处，从刑部委官，与监察御史，在外去处，从布政司委官，与按察司官，公同审决。"〔4〕清律基本承袭明朝的规制，但清政府在地方设置了总督、巡抚这一行政单位，因此在外的死罪案件须审转至督抚处。

〔1〕 ［日］仁井田陞：《唐令拾遗》，栗劲等编译，长春出版社1989年版，第689页。

〔2〕 陈光中："中国古代的上诉、复审和复核制度"，载《法学评论》1983年第Z1期。

〔3〕 （唐）长孙无忌等撰：《唐律疏议·卷三十·断狱律·"应言上待报而辄自决断"》，刘俊文点校，法律出版社1999年版，第603页。

〔4〕 （明）刘惟谦等撰：《大明律·卷二十八·刑律·断狱·"有司决囚等第"》，怀效锋点校，法律出版社1999年版，第219页。

"至死罪者,在内法司定议,在外听督抚审录无冤。"〔1〕

第三节 重惜民命:会审与死刑复奏制度

为了准确查明案情、避免冤假错案的发生,追求司法正义,践行中国传统司法理念"平"同时塑造和彰显最高统治者皇帝是重惜民命的圣君明主形象,中国传统社会建构了对重大疑难案件、死刑案件等的会审制度和死刑复奏制度。

一、会审制度

在中国传统社会,人们很早就意识到了个人智力、能力的有限性,主张在重要政务的处理过程中应当数人共同办理,避免个人专断。"凡事不可一人独断,如一人独断,必至生乱。"〔2〕这一认识落实在司法领域,形成了独具中国传统特色的会审制度。所谓"会审制度",是一种在中国传统社会,遇到重大疑难案件时,由多个官员会同审理,最终审判结果须由皇帝核定的审判组织制度。对于会审制度缘起于何时,学界众说纷纭,莫衷一是。〔3〕若以形成众官共同审断案件这种会审形式而言,笔者认

---

〔1〕 (清)阿桂等撰:《大清律例·卷三十七·刑律·断狱·"有司决囚等第"》,田涛、郑秦点校,法律出版社1999年版,第588页。

〔2〕《太祖高皇帝圣训·卷四·明法令》,见《钦定四库全书·史部》(复印本),第63页。

〔3〕 谢冬慧在《中国古代会审制度考析》一文中将学界关于会审制度缘起的看法做过一个汇总:①"造在西周时期就已经有了法官会审制度或者至少是雏形了"。代表人物和论著是巩富文:"中国古代法官会审制度",载《史学月刊》1992年第6期;敖惠、徐晓光:"中国古代会审制度及其现代思考",载《贵州民族学院学报(哲学社会科学版)》2005年第1期。②始于汉代的"录囚制度"。代表人物和论著是杜向前、曲晓春:"论中国明清时期的会审制度"。③学界的普遍观点认为始于唐朝。代表人物及论著是陈光中、沈国锋:《中国古代司法制度》,群众出版社

为，其早在西周时期即已存在。"大司寇以狱之成告于王，王命三公参听之。三公以狱之成告于王，王三又（宥），然后制刑。"[1]但若以形成众官审断案件这种会审制度来说，笔者认为，其初步形成于唐朝，定型和完善于明清时期。根据会审在中国传统社会渐趋演变的过程及在各个时期呈现的形态，笔者将之分为三个阶段来探讨：

（一）萌芽时期：汉朝"杂治"

所谓"杂"是指"谓以他官共治之也"，[2]而"杂治"是指"交杂共同治之也"。[3]从上述颜师古对"杂""杂治"的界定中我们可以看出："杂治"是众多官员对重大疑难案件共同审理的一种审判方式，是后世会审制度的雏形或萌芽，"凡狱讼多言'杂治'之，犹今言会审也。"[4]在中国传统社会，"杂治"也常被称为"杂问""杂考""杂案"等。据此，虞云国教授将汉朝"杂治"界定为："皇帝对谋反不道或犯有其他不赦重罪的王侯后主、公卿大臣及罪涉不道的吏民要犯，指派公卿大臣或其副贰和重要属官以及相关邻近的州郡长吏进行会审的司法制度。"[5]根据两汉"杂治"的具体司法实践[6]可知：①"杂治"人员的构

（接上页）1984 年版，第 111 页；薛梅卿、叶峰：《中国法制史稿》，高等教育出版社 1990 年版，第 298 页；参见谢冬慧："中国古代会审制度考析"，载《政法论坛》2010 年第 4 期。

〔1〕《礼记译注·王制》，杨天宇译注，上海古籍出版社 2004 年版，第 160 页。

〔2〕（汉）班固撰：《汉书·卷三十六·楚元王传》，（唐）颜师古注，中华书局 1962 年版，第 1927 页。

〔3〕（汉）班固撰：《汉书·卷六十·杜延年传》，（唐）颜师古注，中华书局 1962 年版，第 2663 页。

〔4〕（清）朱骏声编著：《说文通训定声·临部第三》，中华书局 1984 年版，第 108 页。

〔5〕虞云国："汉代'杂治'考"，载《史学集刊》1987 年第 3 期。

〔6〕陈玺教授在《唐代杂治考论》一文中将两汉"杂治"的司法实践绘制出表格，具体如下：

成并不具有确定性，在个案需要"杂治"时，由皇帝指派人员参

（接上页）

案发时间	被告人及罪状	杂治人员	资料来源
本始三年	广川惠王刘去及王后昭信滥杀无辜	大鸿胪、丞相、长史、御史丞、廷尉正杂治巨鹿诏狱	《汉书》53
元朔六年	衡山王及子孝涉嫌谋反	宗正、中尉安大行与沛郡杂治	《史记》118
太始三年	赵太子丹涉嫌与同产姐及后宫奸乱等	魏郡诏狱，与廷尉杂治	《汉书》45
元凤元年	桑弘羊子迁逃亡，过父故吏侯史吴	廷尉王平、少府徐仁杂治反事	《汉书》30
初元二年	刘向涉嫌上书诉事	太傅韦玄成、谏大夫贡禹与廷尉杂劾	《汉书》36
永光元年	贾捐之漏泄省中语罔上不道	阳平侯王禁、京兆尹石显杂治	《汉书》64下
永始二年	丞相宣有事与方进相连	五二千石杂问	《汉书》84
建平二年	贺良等反道惑众	光禄勋平当、光禄大夫毛莫如与御史中丞、廷尉杂治	《汉书》75
建平二年	丞相朱博、御史大夫赵玄承狱	诏左将军彭宣与中朝者杂问	《汉书》83
建平中	济川王明杀人	遣廷尉、大鸿胪杂问	《汉书》47
元寿元年	东平王刘云狱	廷尉梁相与丞相长史、御史中丞及五二千石杂治	《汉书》86
元寿元年	王嘉罔上不道	将军以下与五二千石杂治	《汉书》86
建平元年十月	中山王及傅太后祝诅	诏使中谒者令史立与丞相、长史、大鸿胪丞杂治	《汉书》97下

与。就《汉书》《后汉书》所记载的材料来说，参加杂治的官员主要有：宗正或宗正丞、[1]丞相长史、御史丞、[2]光禄勋、光禄大夫、廷尉、少府、[3]外戚、[4]大行或大鸿胪、地方郡守、[5]宦官[6]等。其中需要注意的是，宦官参与"杂治"主要发生在西汉末期和东汉时期。②被列入"杂治"的案件多系大案、要

(接上页)

案发时间	被告人及罪状	杂治人员	资料来源
永平九年	广陵王荆使巫祭祀祝诅	诏长林校尉樊鯈、羽林监任隗杂治	《后汉书》62
延熹元年	渤海王悝、长乐尚书郑飒反逆	黄门山冰与尹勋、侍御史祝瑨杂考	《后汉书》99
熹平二年	悝王宠、嗣陈王国相师迁追奏前相魏愔与宠不道	使中常侍王酺与尚书令、侍御史杂考	《后汉书》80

陈玺："唐代杂治考论"，载《法律科学（西北政法大学学报）》2017 年第2 期。

〔1〕 如汉昭帝时，刘德"为宗正丞，杂治刘泽诏狱"。参见（汉）班固撰：《汉书·卷三十六·楚元王传》，（唐）颜师古注，中华书局1962 年版，第1927 页。

〔2〕 如本始三年（公元前 71 年），"天子遣大鸿胪、丞相长史、御史丞、廷尉正杂治巨鹿诏狱"。参见（汉）班固撰：《汉书·卷五十三·景十三王传》，（唐）颜师古注，中华书局1962 年版，第2432 页。

〔3〕 如元凤元年（公元前 80 年），"廷尉王平与少府徐仁杂治反事"。参见（汉）班固撰：《汉书·卷六十·杜延年传》，（唐）颜师古注，中华书局1962 年版，第2662 页。

〔4〕 如永光元年（公元前 43 年），汉元帝"令皇后父阳平侯禁与显共杂治"贾捐之漏泄省中语等罪。参见（汉）班固撰：《汉书·卷六十四下·严朱吾丘主父徐严终王贾传》，（唐）颜师古注，中华书局1962 年版，第2837 页。

〔5〕 如元狩元年（公元前 122 年），"公卿请遣宗正、大行与沛郡杂治"衡山王等涉嫌参与淮南王谋反一案。参见（汉）班固撰：《汉书·卷四十四·淮南衡山济北王传》，（唐）颜师古注，中华书局1962 年版，第2156 页。

〔6〕 如汉灵帝于熹平二年（公元 173 年）"遂使中常侍张慎与尚书陈褒于掖庭狱杂考"悝王宠、前相魏愔不道一案。参见（南朝·宋）范晔撰：《后汉书·卷十上·皇后纪》，（唐）李贤等注，中华书局1965 年版，第 417 页。

案，常被纳入诏狱的审理范围。通过对两汉"杂治"案件的梳理可知，能够被纳入审理的案件主要包括三类：其一，严重侵害皇权，危害专制统治秩序的犯罪，包括谋反、不道等犯罪。如汉哀帝于建平二年（公元前 4 年），因"贺良等反道惑众"，"执左道，乱朝政，倾覆国家，诬罔主上，不道"，将之及其同伙逮捕入狱，令"光禄勋平当、光禄大夫毛莫如与御史中丞、廷尉杂治"。[1]其二，严重侵害他人生命权益的犯罪，包括滥杀无辜、杀人等犯罪。如本始三年（公元前 71 年），广川王刘去及王后昭信"燔烧亨煮，生割剥人，距师之谏，杀其父子。凡杀无辜十六人，至一家母子三人，逆节绝理"，汉宣帝令"大鸿胪、丞相长史、御史丞、廷尉正杂治"之。[2]其三，宗室贵胄等触犯严重悖逆伦常的罪责，大致涵盖乱伦、奸乱等犯罪。如江充诣阙状告赵"太子丹与同产姐及王后宫奸乱"，汉武帝"遣使者诏郡发吏卒围赵王宫，收捕太子丹，移系魏郡诏狱，与廷尉杂治，法至死"。[3]③"杂治"的启动和裁决基本取决于皇帝的个人意志。就"杂治"的提起而言，一般来说主要是皇帝令或遣一众官员共同审理某一重大案件。但需要注意的是，也存在一定的例外情况：当遇到重大疑难案件时，宰辅重臣等也可以主动上奏皇帝，提请"杂治"。如在"衡山王与子孝涉嫌参与淮南王谋反案"中，"公卿请遣宗正、大行与沛郡杂治王"。[4]

---

〔1〕（汉）班固撰：《汉书·卷七十五·眭两夏侯京翼李传》，（唐）颜师古注，中华书局 1962 年版，第 3193 页。

〔2〕（汉）班固撰：《汉书·卷五十三·景十三王传》，（唐）颜师古注，中华书局 1962 年版，第 2432 页。

〔3〕（汉）班固撰：《汉书·卷四十五·蒯伍江息夫传》，（唐）颜师古注，中华书局 1962 年版，第 2175 页。

〔4〕（汉）班固撰：《汉书·卷四十四·淮南衡山济北王传》，（唐）颜师古注，中华书局 1962 年版，第 2156 页。

而"杂治"的审理结果完全取决于皇帝的个人意志。如广川王刘去与王后昭信多次滥杀无辜，依法应"当伏显戮以示众"。然而，汉武帝不忍心将之置于死地，命公卿大臣议减其罚，仅废除王爵，"与妻子徙上庸"，还给予"汤沐邑百户"。[1]

（二）形成初期：唐宋元三朝的会审制度

"自汉代以降，'杂治'即以诉讼惯例样态长期存续"，[2]在司法实践中发挥着重要作用。"唐代杂治无论在制度渊源、人员遴选抑或具体运作方面，无一不受汉代杂治之直接影响。"[3]尤其是在唐朝前期，重大疑难案件需要众官会同审理时，仍多采用杂治的方式，如纥干承基告发太子李承乾意欲谋反，太宗"诏长孙无忌、房玄龄、萧瑀、李勣、孙伏伽、岑文本、马周、褚遂良"等宰辅重臣"杂治"，最后的审断结果是将其废为庶人，"徙黔州"。[4]不限于此，随着专制主义中央集权的加深，为了减少宰辅重臣等对中央最高司法权的掌控，同时也为了案件得到较为公平、合理的审断，唐朝逐渐"形成了规范化'杂治'模式"，[5]多由固定的司法机关及相应官员会同审理。即产生了"三司推事"这一新的会审方式，并初步形成了会审制度。若想准确把握"三司推事"制度，首先需要了解何谓"三司"？根据《新唐书·刑法志》的记载可知，唐代的"三司"

〔1〕（汉）班固撰：《汉书·卷五十三·景十三王传》，（唐）颜师古注，中华书局1962年版，第2431~2432页。

〔2〕陈玺："唐代杂治考论"，载《法律科学（西北政法大学学报）》2017年第2期。

〔3〕陈玺："唐代杂治考论"，载《法律科学（西北政法大学学报）》2017年第2期。

〔4〕（宋）欧阳修、宋祁撰：《新唐书·卷八十·李承乾传》，中华书局1975年版，第3565页。

〔5〕陈玺："唐代杂治考论"，载《法律科学（西北政法大学学报）》2017年第2期。

是指刑部、御史台、大理寺，"以尚书刑部、御史台、大理寺杂按，谓之'三司'"。[1]所谓"三司推事"，是指遇到重大疑难案件时，"唐代刑部、御史台、大理寺三大司法机关派员组成的临时性联合审判机构"，[2]"其事有大者，则诏尚书刑部、御史台、大理寺同按之，亦谓此为三司推事"。[3]构成"三司推事"的人员被称为三司使。其中，由御史中丞、刑部侍郎、大理寺卿组成的审判机构被称为"大三司使"，主要用于审理重大案件；由刑部员属官、御史台属官、大理寺属官组成的审判机构为"小三司使"，主要用于审理疑难案件。"有大狱即命中丞、刑部侍郎、大理卿鞫之，谓之大三司使。又以刑部员外郎、御史、大理寺官谓之，以决疑狱，谓之三司使。"[4]陈玺教授认为"三司推事"虽早在高宗时期就已出现，但"自始至终是接受差遣审断重大案件的临时机构，终唐之世并未有承担上诉审职能的明确授权"。[5]并且，有时能够严格按照规范的方式，选拔相应的官员实施三司推事，如在会审"御史中丞崔文略受贿案"时，唐敬宗所派遣的三司人员的构成就极为规范，"诏刑部郎中赵元亮、大理正元从质、侍御史温造以三司杂治"。[6]有时则不能按照规范的方式选拔相应的官员进行三司推事，如为了审理

---

〔1〕（宋）欧阳修、宋祁撰：《新唐书·卷五十六·刑法志》，中华书局1975年版，第1414页。

〔2〕巩富文："唐代的三司推事制"，载《人文杂志》1993年第4期。

〔3〕（唐）杜佑撰：《通典·卷二十四·职官六·御史台·侍御史》，王文锦等点校，中华书局1988年版，第672页。

〔4〕（宋）王溥撰：《唐会要·卷七十八·诸使中》，中华书局1955年版，第1440页。

〔5〕陈玺："唐代杂治考论"，载《法律科学（西北政法大学学报）》2017年第2期。

〔6〕（宋）欧阳修、宋祁撰：《新唐书·卷一百六十·崔元略传》，中华书局1975年版，第4974页。

因安史之乱而受到胁从的"两京衣冠",专门设置了三司使。而此时三司使的人员构成明显不是严格意义上的三司使,多系宰辅重臣。"置三司使,以御史大夫兼京兆尹李岘、兵部侍郎吕諲、户部侍郎兼御史中丞崔器、刑部侍郎兼御史中丞韩择木、大理卿严向等五人为之。"〔1〕不过,结合当时的时代背景,三司使成员的构成的反复是可以理解的。这主要是因为:一方面,基于唐朝社会现实治理的需要,对于重大疑难案件的审理不可能每次都能严格按照三司推事的构成来审理;另一方面,新制度在形成过程中,都会对过往的行事方式或相关制度有一定的路径依赖性。〔2〕除了"三司推事"这一会审制度外,唐朝尚有针对享有一定特权的犯罪人的会审方式——"都堂集议"。对于国之大事,唐朝惯于在尚书省的大堂汇聚相应的官员来展开讨论,这被称为"都堂集议"或"都堂聚议"。如当太常寺和博士尉迟汾就宰相李吉甫的谥号争执不定时,张仲方主张应当等平定兵祸后由"都堂聚议"定谥。〔3〕这一方式也被运用在司法方面,当享有八议特权的人犯死罪时,须由都堂集议拟定罪名,上奏皇帝裁决。"八议人犯死罪者,(一)皆条录所犯应死之坐及录亲、故、贤、能、功、勤、宾、贵等应议之状,先奏请议。依令,都堂集议,(二)议定奏裁。"〔4〕

---

〔1〕 (后晋)刘昫等撰:《旧唐书·卷五十·刑法志》,中华书局1975年版,第2151页。

〔2〕 这也被称为"制度路径依赖",主要是"指一种制度一旦形成,不管是否有效,无论是好是坏,在一定时期内都可能沿着这一路径持续下去,并影响其后的制度选择,就好像进入一种特定的'路径'"。参见周道华主编:《制度视域中的和谐社会》,江苏大学出版社2013年版,第31~32页。

〔3〕 (后晋)刘昫等撰:《旧唐书·卷一百七十一·张仲方传》,中华书局1975年版,第4444页。

〔4〕 (唐)长孙无忌等撰:《唐律疏议·卷二·名例律·"议章"》,刘俊文点校,法律出版社1999年版,第36页。

　　"到了宋元时期，三司会审失去了其本应继续发展的契机，基本处于停滞不前的状态。"[1]当然，这并不意味着宋元时期没有以会审的方式审断重大疑难案件的司法实践或法律规范。对于重大疑难案件，宋代以"杂议"的方式进行会同审理。不过，需要注意的是，"杂议"本身并不限于司法适用，而是主要运用于军国大事的讨论和决策。如金朝以南宋朝廷送韩侂胄首级作为议和的条件，宋宁宗"诏令台谏、侍从、两省杂议"。[2]根据《宋史·刑法三》的记载："天下疑狱，谳有不能决，则下两制与大臣若台谏杂议，视其事之大小，无常法，而有司建请论驳者，亦时有焉。"[3]巩富文教授认为，在"宋代，凡大理寺和刑部审理的案件，中书门下如认为不当，即直接向皇帝陈述异议，由皇帝交两制（指翰林学士和知制诰中书舍人）、大臣（指同平章事和参知政事）、台鉴（指御史和谏官）共同审议而定，称为'杂议'"。[4]然而，需要注意的是，原则上"杂议"的主体是两制、大臣和台鉴，但在司法实践中并非所有"杂议"的案件都是遵循该规制的。如大中祥符九年（1016 年），对大臣石普的审断是由百官杂治。"枢密使王钦若言普欲以边事动朝廷，帝怒，命知杂御史吕夷简劾之。狱具，集百官参验，九月下旬日不食。坐普私藏天文，下百官杂议，罪当死。议以官当。诏除名，贬贺州，遣使絷送流所。"[5]在以"杂议"的方式会同

　　〔1〕　张陈铖："明代三司会审制度考"，载《贵州民族学院学报（哲学社会科学版）》2011 年第 5 期。

　　〔2〕　（元）脱脱等撰：《宋史·卷四百一十五·黄畴若传》，中华书局 1985 年版，第 12447 页。

　　〔3〕　（元）脱脱等撰：《宋史·卷二百一·刑法三》，中华书局 1985 年版，第 5005 页。

　　〔4〕　巩富文："中国古代法官会审制度"，载《史学月刊》1992 年第 6 期。

　　〔5〕　（元）脱脱等撰：《宋史·卷三百二十四·石普传》，中华书局 1985 年版，第 10474~10475 页。

审理的案件中，两制、大臣、台鉴等国之重臣并不仅仅限于审理该疑狱，为犯罪人定罪量刑，还"可以解释和补充法条"，[1]如司马光、王安石在"阿云狱"中对何为谋杀自首，均作出了自己的解释，并经大臣反复论难，即是此方面的明证。[2]

根据当时的社会现状和本民族的实际，元朝形成了两个别具特色的会审方式：其一，"五府官会审"。所谓"五府官会审"是指在元代后期遇到重大案件时，需要由中书省、枢密院、御史台、宗正府、刑部等五个行政机构派官员共同审理的会审方式。"凡大狱之当折，要囚之当录，必中书省、枢密院、御史台、宗正府、刑部，参伍听之，号称五府。"[3]不过，需要注意的是，"五府官会审"并不限于上述五个机构，而是"一般情况下的通称"，[4]也有将刑部排除，加上翰林院称为五府的，"五府，中书、枢密、御史、翰林、宗正"。[5]根据相关史料可知：①"五府官会审"的案件范围虽不具有一致性，但大体上都是人命重案。元顺帝至元元年（1333 年），"三月癸未朔，诏遣五府官决天下囚"。[6]及至至元三年（1335 年）七月，为了最大限度地发挥"五府官会审"的效能，将会审案件的范围限缩为人命重案，其他案件则依照常规程序审判即可。"除人命重事之

〔1〕 王云海主编：《宋代司法制度》，河南大学出版社 1992 年版，第 65 页。

〔2〕 参见（元）脱脱等撰：《宋史·卷二百一·刑法志三》，中华书局 1985 年版，第 5006～5007 页。

〔3〕 （元）王思诚："中书断事官厅题名记"，载（元）熊梦祥：《析津志辑佚》，北京古籍出版社 1983 年版，第 10 页。

〔4〕 武波："元代法律问题研究——以蒙汉二元视角的观察为中心"，南开大学 2010 年博士学位论文，第 196 页。

〔5〕 （明）不著人撰："朝鲜史略·卷五·元至元六年"，载张元济、王云五主编：《四部丛刊广编》（影印本），商务印书馆 2013 年，第 97 页。

〔6〕 （明）宋濂等撰：《元史·卷三十八·顺帝本纪一》，中华书局 1976 年版，第 825 页。

外，凡盗贼诸罪，不须候五府官审录，有司依例决之。"〔1〕②"五府官会审"不仅在京城审理重大案件，也根据需要到地方审理重大案件。并且，"五府官会审"还形成了特定的时间周期。在京师，原则上要求"五府官会审"每季举行，"如今这五府官人每说：'俺依年例，则审断一季'。"〔2〕然而，五府官怠于职守，"托故不聚"，或者借口上述审理周期淹延刑狱，导致"明正其罪者百无一二，死于囹圄者十有八九"。因此，至正二年（1342年）四月初九日，中书省上奏皇帝，要求"今后五府审囚官，除圣节、正日拜贺表章、迎接诏书外，每日早聚晚散，参考审理应禁囚徒。……仍于季月二十日已里，先行呈省，催差次季官员，都省随即差官，依上接审，毋以限逼为词"。〔3〕在地方，则要求"五府官会审"每三年举行一次，至元二年（1336年）八月庚子，元顺帝下诏"强盗皆死，盗牛马者劓，盗驴骡者黥额，再犯劓，盗羊豕者墨项，再犯黥，三犯劓；劓后再犯者死。盗诸物者，照其数估价。省、院、台、五府官三年一次审决。著为令"。〔4〕

其二，"约会"审判制度。"'约会'审判制度是元代创立的，规定不同户计，即不同职业、民族、宗教的主体之间因民事及轻微刑事案件发生诉讼时如何管辖和审理的制度。"〔5〕"约

〔1〕（明）宋濂等撰：《元史·卷三十九·顺帝本纪二》，中华书局1976年版，第841页。

〔2〕 韩国学中央研究院编：《至正条格校注本·条格·卷三十四·审理罪囚》，韩国2007年版，第139页。

〔3〕 韩国学中央研究院编：《至正条格校注本·条格·卷三十四·审理罪囚》，韩国2007年版，第140页。

〔4〕（明）宋濂等撰：《元史·卷三十九·顺帝本纪二》，中华书局1976年版，第836页。

〔5〕 吕志兴："元代'约会'审判制度与多民族国家的治理"，载《西南政法大学学报》2011年第4期。

会"审判制度是基于元朝疆域辽阔、民族众多、信仰驳杂等现实因素和"尽收诸国，各依风俗"的基本治国策略等考量的产物。具体主要包括如下两个方面：其一，军民之间发生诉讼，原则上由普通司法机关和主管军官会同审理；若主管军官经三次约会仍不至，可由普通司法机关独自审理。"诸有司事关蒙古军者，与管军官约会问。诸管军官、奥鲁官及盐运司、打捕鹰坊军匠、各投下管领、诸色人等，但犯强窃盗贼、伪造宝钞、略卖人口、发塚放火、犯奸及诸死罪，并从有司归问。其斗讼、婚田、良贱、钱债、财产、宗从继绝及科差不公自相告言者，从本管理问。若事关民户者，从有司约会归问，并从有司追逮，三约不至者，有司就便归断。"〔1〕其二，僧人、道士、儒人基于信仰不同，发生争讼时，由三方各自主管司官会同审理。"诸僧、道、儒人有争，有司勿问，止令三家所掌会问。诸哈的大师，止令掌教念经，回回人应有刑名、户婚、钱粮、词讼并从有司问之。诸僧人但犯奸盗诈伪，致伤人命及诸重罪，有司归问。其自相争告，从各寺院住持本管头目归问。若僧俗相争田土，与有司约会；约会不至，有司就便归问。"〔2〕除此之外，尚有"医户与民户间的词讼、……乐人与民户间的词讼、……投下户与民户间的词讼、……西北各民族间的词讼、……灶户、军户、民户间的词讼"〔3〕等的"约会"审理方式。

（三）定型与完善时期：明清时期的会审制度

会审制度在明清时期得到了进一步的发展，体系更加完备，

---

〔1〕　（明）宋濂等撰：《元史·卷一百二·刑法志一·职制上》，中华书局1976年版，第2619~2620页。

〔2〕　（明）宋濂等撰：《元史·卷一百二·刑法志一·职制上》，中华书局1976年版，第2620页。

〔3〕　参见吕志兴："元代'约会'审判制度与多民族国家的治理"，载《西南政法大学学报》2011年第4期。

种类更加多样化，渐趋于完善。就明代而言，主要包括如下几种会审方式：

（1）"三司会审"。明朝继承唐朝"三司推事"的会审方式，并将之发展为"三司会审"制度。明朝的"三法司曰刑部、都察院、大理寺"，其中"刑部受天下刑名，都察院纠察，大理寺驳正"。[1]所谓"三司会审"，是指在遇到重大、疑难、反复称冤等案件时，由刑部尚书、都御使、大理寺卿会同审理的审判制度。明太祖极为重视对重大疑难案件的审理，在罢除四辅官后，建立专门的三法司机构，负责审断天下疑难案件、人命重案。并且，还制定了三法司审断案件的程序和方法。洪武十五年（1382年）"四辅官罢，乃命议狱者一归于三法司。十六年，命刑部尚书开济等，议定五六日旬时三审五覆之法。十七年，建三法司于太平门外钟山之阴，命之曰贯城"。[2]三法司会审，初审以刑部、都察院审理为主；复审则以大理寺为主。"三法司会审，初审，刑部、都察院为主，覆审，本寺为主。"[3]在弘治以前，三司会审是事实审；而弘治以后，仅仅是书面审，"明初，犹置刑具、牢狱。弘治以后，止阅案卷，囚徒俱不到寺"。[4]明太祖的继承者们在此基础上虽有所损益，但整体上终明之世，始终以"三司会审"的方式审理重大、疑难案件。

（2）"朝审"。鉴于明朝中期刑狱冤滥的社会现实，林聪向

---

〔1〕（清）张廷玉等撰：《明史·卷九十四·刑法志二》，中华书局 1974 年版，第 2305 页。

〔2〕（元）脱脱等撰：《宋史·卷九十四·刑法志二》，中华书局 1985 年版，第 2305 页。

〔3〕（清）张廷玉等撰：《明史·卷七十三·职官志二》，中华书局 1974 年版，第 1783 页。

〔4〕（清）张廷玉等撰：《明史·卷七十三·职官志二》，中华书局 1974 年版，第 1783 页。

明英宗上书《乞缓重狱疏》，促使了"朝审"制的诞生。[1]"朝审"是指在每年霜降以后，三法司、公、侯、伯等国之重臣会同审理死罪重案的制度。"天顺三年（1459年），令每岁霜降后，三法司同公、侯、伯会审重囚，谓之朝审。历朝遂遵行之。"[2]一般来说，"朝审"由吏部尚书秉笔，吏部尚书从缺时，由户部尚书秉笔。"故事，朝审吏部尚书秉笔，时拱适兼吏部故也。至万历二十六年朝审，吏部尚书缺，以户部尚书杨俊民主之。三十二年复缺，以户部尚书赵世卿主之。"[3]"朝审"主要倾向于钦恤重囚，审理结果大致可分为三种：①有可矜恤或可疑的，免除死刑，改为戍边；②若重囚翻异，不承认所判罪责的，需要移交所管官司再次审理；③符合法律规定的，需要依法科处死刑。"矜疑者戍边，有词者调所司再问，比律者监候。"[4]

（3）"大审"。宦官干预司法审判，在明朝早有先例，"内官同法司录囚，始于正统六年，命何文渊、王文审行在疑狱，敕同内官兴安"。[5]而"大审"则是宦官干预司法的突出表现。所谓"大审"，是指创制于明宪宗成化十七年（1481年），三法司和司礼太监一员每5年于大理寺审录案件的制度。"命司礼太监一员会同三法司堂上官，于大理寺审录，谓之大审。南京则

---

〔1〕 关于林聪对朝审制的产生究竟如何起作用，可参看黄幼声："朝审制的缘起——兼谈中国法制史上一个被遗忘的人物"，载《求是学刊》1986年第5期。

〔2〕 （清）张廷玉等撰：《明史·卷九十四·刑法志二》，中华书局1974年版，第2307页。

〔3〕 （清）张廷玉等撰：《明史·卷九十四·刑法志二》，中华书局1974年版，第2308页。

〔4〕 （清）张廷玉等撰：《明史·卷七十二·职官志一》，中华书局1974年版，第1758页。

〔5〕 （清）张廷玉等撰：《明史·卷九十五·刑法志三》，中华书局1974年版，第2340页。

命内守备行之。自此定例，每五年辄大审。"〔1〕"大审"制度的设立"反映了朱明王朝统治时期特务横行，厂卫干预司法的特点"。〔2〕虽然在"大审"制度设立之初，要求每 5 年一审，但有明一朝并未严格遵行之，神宗时期近 15 年未举行。"自万历二十九年旷不举，四十四年乃行之。"〔3〕

（4）"热审"。为了施行仁政，避免狱囚死于酷暑，明成祖于永乐二年（1404 年）实施热审，疏解轻罪囚徒。这为后来帝王的所承袭，并形成了"热审"制度。所谓"热审"，是指在夏天的五月至七月，三法司录上囚徒罪状，对徒流等犯罪予以减轻，对笞刑这类轻微犯罪予以减免的制度。"夏月热审，免笞刑，减徒、流，出轻系。"〔4〕在宽恤、减省的方针指导下，成化年间甚至形成了"重罪矜疑、轻罪减等、枷号疏放"〔5〕的惯例。

（5）"圆审"，也被称为"九卿会审"。所谓"圆审"，是指大理寺等法司多次审理斩立决或绞立决的重囚犯后，囚犯仍然翻异不服的，需要上奏皇帝，由六部尚书会同大理寺卿、都御使和通政使等九名国之重臣审理的制度。"其决不待时重囚，报可，即奏遣官往决之。情词不明或失出入者，大理寺驳回改正，再问驳至三，改拟不当，将当该官吏奏问，谓之照驳。若亭疑谳决，而囚有番异，则改调隔别衙门问拟。二次番异不服，则

---

〔1〕（清）张廷玉等撰：《明史·卷九十四·刑法志二》，中华书局 1974 年版，第 2307 页。

〔2〕巩富文："中国古代法官会审制度"，载《史学月刊》1992 年第 6 期。

〔3〕（清）张廷玉等撰：《明史·卷九十四·刑法志二》，中华书局 1974 年版，第 2308 页。

〔4〕（清）张廷玉等撰：《明史·卷七十二·职官志一》，中华书局 1974 年版，第 1758 页。

〔5〕（清）张廷玉等撰：《明史·卷九十四·刑法志二》，中华书局 1974 年版，第 2308 页。

具奏，会九卿鞫之，谓之圆审。"〔1〕圆审三四次后，狱囚仍翻异不服的，需上奏皇帝，由皇帝下旨裁决。"至三四讯不服，而后请旨决焉。"〔2〕

（6）军民约会词讼。在继承元朝"约会"审判制度的基础上，明朝将军民约会词讼纳入律典的规制范围。因为"明代实行军民分户，故双方发生争端时，常以军民约会词讼的方式予以解决。"〔3〕所谓"军民约会词讼"，是指军官、军人与一般百姓之间发生斗殴、奸盗、诈伪、户婚田土等纠纷时，需要由管军衙门会同一般司法机关共同审理的制度。"凡军官、军人……若奸盗诈伪、户婚田土、斗殴与民相干事务，必须一体约问。"〔4〕

清朝继承和发展了明朝的会审制度，将中国传统社会以会审方式审断案件的制度推至顶峰。具体主要包括如下几种制度：

（1）"三司会审"。早在建国之初，清朝便继承了明朝的三法司会审制度。同时，结合本部族内部相对民主的"议政王大臣会议"，将议政王、贝勒等引入三法司会审死刑犯罪案件。顺治十一年（1654年）十月"丁丑，命重囚犯罪三法司进拟，仍令议政王、贝勒、大臣详议"。〔5〕不限于此，清朝进一步规范了三法司审理人命重案的程序，将之分为两个阶段：会小三法司

---

〔1〕（清）张廷玉等撰：《明史·卷九十四·刑法志二》，中华书局1974年版，第2306页。

〔2〕（清）张廷玉等撰：《明史·卷九十四·刑法志二》，中华书局1974年版，第2306页。

〔3〕赵亚婕："明代刑事审判艺术——以访犯事为例"，载梁津明主编：《天津滨海法学》（第4卷），中国检察出版社2014年版，第231页。

〔4〕（明）刘惟谦等撰：《大明律·卷二十二·刑律·诉讼》，怀效锋点校，法律出版社1999年版，第180页。

〔5〕（清）赵尔巽等撰：《清史稿·卷五·世祖本纪二》，中华书局1977年版，第139页。

和会大三法司。"凡大辟，御史、大理寺官会刑司录问，案法随科，曰会小三法司。录毕，白长官。都御史、大理卿诣部偕尚书、侍郎会鞫，各丽法议狱，曰会大三法司。谳上，复召大臣按覆，然后丽之于辟。"〔1〕不过，需要注意的是，在清朝，三法司会审中起主要作用的并非是大理寺，而是事权逐步增重的刑部。"世祖入主中夏，仍明旧制，凡诉讼在外由州县层递至于督抚，在内归总于三法司。然明制三法司，刑部受天下刑名，都察院纠察，大理寺驳正。清则外省刑案，统由刑部核覆。不会法者，院寺无由过问，应会法者，亦由刑部主稿。"〔2〕及至光绪末年，随着晚清变法新政的推行，三法司会审制度才被湮没在历史的洪流之中。"迨光绪变法，三十二年，改刑部为法部，统一司法行政。改大理寺为大理院，配置总检察厅，专司审判。于是法部不掌现审，各省刑名，画归大理院覆判，并不会都察院，而三法司之制废。"〔3〕

（2）"秋审"。"清朝在继承明朝朝审制度的基础上分为秋审和朝审两种。"〔4〕其中，"秋审"缘起于明朝的奏决单，主要是由三法司、九卿、科、道等国之重臣在每年的八月内于金水桥西，以书面审核的方式审录各省所判处的绞监候、斩监候案件。"录各省囚，谓之秋审"，〔5〕"秋审亦原于明之奏决单，冬

---

〔1〕（清）赵尔巽等撰：《清史稿·卷一百十四·职官志一》，中华书局 1977 年版，第 3290 页。

〔2〕（清）赵尔巽等撰：《清史稿·卷一百四十四·刑法志三》，中华书局 1977 年版，第 4206 页。

〔3〕（清）赵尔巽等撰：《清史稿·卷一百四十四·刑法志三》，中华书局 1977 年版，第 4215 页。

〔4〕陈光中："中国古代的上诉、复审和复核制度"，载《法学评论》1983 年第 Z1 期。

〔5〕（清）赵尔巽等撰：《清史稿·卷一百十四·职官志一》，中华书局 1977 年版，第 3290 页。

至前会审决之。……刑部将原案及法司督抚各勘语刊刷招册，送九卿、詹事、科道各一分，八月内定期在金水桥西会同详核"〔1〕"秋审"的案件原则上需要各省督抚将案犯押送至省城，会同在省的一定品阶范围内的官员审理，并将拟出的审理意见上报至刑部。而刑部将案卷材料及上述督抚的勘语会被刊刷成招册，分送给参与秋审的官员。"秋审则直省各督抚于应勘时，将人犯提解省城，率同在省司道公同会勘，定拟具题。刑部俟定限五月中旬以前，各省后尾到齐，查阅外勘与部拟不符者，别列一册。始则司议，提调、坐办主之。继则堂议，六堂主之，司议各员与焉。议定，刑部将原案及法司督抚各勘语刊刷招册，送九卿、詹事、科道各一分。"〔2〕"秋审"的处理结果起初分为四种："情实、缓决、矜、疑。"后来，雍正年间，加入留养承祀，变为五种。〔3〕其中，"入缓决者，得旨后，刑部将戏杀、误杀、擅杀之犯，奏减杖一百，流三千里，窃赃满贯、三犯窃赃至五十两以上之犯，奏减云、贵、两广极边、烟瘴充军，其馀仍旧监固，俟秋审三次后查办。……入可矜者，或减流，或减徒。留养承祀者，将该犯枷号两月，责四十板释放。案系斗杀，追银二十两给死者家属养赡。情实则大别有三，服制、官犯、常犯是也。……服制册大都杀伤期功尊长之案，既以情轻而改监候，类不句决；情实二次，大学士会同刑部奏请改缓。官犯则情重者，刑部从严声叙，未容幸免；轻则一律免句，十次改缓。常犯之入情实，固罪无可逭者；其或一线可原，

〔1〕（清）赵尔巽等撰：《清史稿·卷一百四十四·刑法志三》，中华书局1977年版，第4207页。

〔2〕（清）赵尔巽等撰：《清史稿·卷一百四十四·刑法志三》，中华书局1977年版，第4208页。

〔3〕（清）赵尔巽等撰：《清史稿·卷一百四十四·刑法志三》，中华书局1977年版，第4207页。

刑部粘签声叙，类多邀恩不句，十次亦改缓"。〔1〕并且，清朝将"秋审"视为国家大典，对之慎之又慎，还于雍正十二年（1734年）专门成立了秋审处。"始别遣满、汉司员各二人，曰总办秋审处。寻佐以协办者四人"。〔2〕而且，朝廷对于总办秋审处官吏的任命极为考究和审慎。"有清一代，于刑部用人最慎。凡总办秋审，必择司员明慎习故事者为之。或出为监司数年，稍回翔疆圻，入掌邦宪，辄终其身，故多能尽职。"〔3〕

（3）"朝审"。"朝审"是指由三法司、九卿、詹事、科道等国之重臣于霜降后十日审理刑部拟定的斩监候、绞监候案件的制度。"本部因，谓之朝审。……初制，刑部会拟朝审，俱本部案件"，〔4〕"先日朝审，三法司、九卿、詹事、科道入座，刑部将监内应死人犯提至当堂，命吏朗诵罪状及定拟实、缓节略，事毕回禁"。〔5〕"朝审"的审理结果与秋审毫无二致，也是分为情实、可矜、可疑、缓决和留养承祀五种。并且，出于重惜民命、推行仁政的考量，凡是多次缓决的，无论是秋审还是朝审，一般都会减等科处。如乾隆三十年（1765年）八月甲辰朔，朝廷曾下诏规定："减朝审、秋审缓决三次以上刑。"〔6〕不限于

---

〔1〕（清）赵尔巽等撰：《清史稿·卷一百四十四·刑法志三》，中华书局1977年版，第4208~4209页。

〔2〕（清）赵尔巽等撰：《清史稿·卷一百十四·职官志一》，中华书局1977年版，第3289~3290页。

〔3〕（清）赵尔巽等撰：《清史稿·卷三百五十二·姜晟金光悌祖之望韩崶传》，中华书局1977年版，第11278页。

〔4〕（清）赵尔巽等撰：《清史稿·卷一百十四·职官》，中华书局1977年版，第3290页。

〔5〕（清）赵尔巽等撰：《清史稿·卷一百四十四·刑法志三》，中华书局1977年版，第4208页。

〔6〕（清）赵尔巽等撰：《清史稿·卷十二·高宗本纪三》，中华书局1977年版，第470页。

此，为了更好地推行秋审、朝审，朝廷还于乾隆三十二年（1767 年）制定了比对条款，并颁至全国，"始酌定比对条款四十则，刊分各司，并颁诸各省，以为勘拟之准绳"。[1]

（4）"九卿会审"。清朝之"九卿会审"制度基本承袭明朝，与此兹不赘述。

（5）"热审"。清初即继承明朝的"热审"制度，要求在每年的小满后十日至立秋前的一日这一段区间内，审录杂犯死罪、充军、流刑等案件的罪犯，一般予以减等科处。"热审"设立的主要目的是钦恤囚犯，疏解狱因，"定每年小满后十日起，至立秋前一日止，非实犯死罪及军、流，俱量予减等"。[2]

（6）"约同会审"。清朝除继承明朝"军民约会诉讼"的相关规制外，还从保护宗室、旗人利益和尊重少数民族习惯的角度出发，以条例的方式规定了其他的"约同会审"的种类：①宗室、觉罗等犯罪，由刑部会同宗人府审理，"若宗室有犯，宗人府会刑部审理"。[3]②旗人在外犯罪需要由理事同知会同地方官员审理，"凡旗人谋、故、斗杀等案，仍照例令地方官会同理事同知审拟"。[4]③沿边蒙古族与一般百姓发生争讼，由"内外扎萨克王公、台吉、塔布囊及协理台吉等"会同地方官审理，"死罪由盟长核报理藩院，会同三法司奏当"。[5]

---

〔1〕（清）赵尔巽等撰：《清史稿·卷一百四十四·刑法志三》，中华书局 1977 年版，第 4208 页。

〔2〕（清）赵尔巽等撰：《清史稿·卷一百四十四·刑法志三》，中华书局 1977 年版，第 4211 页。

〔3〕（清）赵尔巽等撰：《清史稿·卷一百四十四·刑法志三》，中华书局 1977 年版，第 4212 页。

〔4〕（清）阿桂等撰：《大清律例·卷三十·刑律·诉讼·"军民约会词讼"》，田涛、郑秦点校，法律出版社 1999 年版，第 492 页。

〔5〕（清）赵尔巽等撰：《清史稿·卷一百四十四·刑法志三》，中华书局 1977 年版，第 4213 页。

不可否认，中国传统社会的会审制度必然有其历史局限性，但就当时当地而言，其确实发挥过巨大的作用，大体包括如下三个方面：①有利于加强中央尤其是皇帝对司法权的掌控，能够更有效地将朝廷的司法理念、司法倾向贯彻于地方，同时彰显皇帝圣君明王、重惜民命的光辉形象；②在一定程度上起到监督司法的作用，有益于抑制司法腐败，实现司法公正；③在一定程度上减少、延缓了死刑的适用，达到恤刑重命的目的，且发挥提供相对充分的时间以雪活冤狱的作用。

二、死刑复奏制度

中国传统社会的司法虽然有一定的历史局限性，但从整体上来说，其经历了一个从野蛮渐趋于文明的发展过程，较为突出的一个表现即是死刑复奏制度。所谓"死刑复奏制度"，是指"中国古代法律规定的对已判决死刑的案件，要求在行刑之前必须再次奏请皇帝进行核准，只有等待死刑复奏批准命令下达后方可执行，司法机关无权随意处决的一项诉讼制度"。[1]根据死刑复奏制度的渐趋演变和呈现的形态，笔者将之分为如下三个方面来探讨：

（一）死刑复奏制度的初建：北魏

关于死刑复奏制度缘起于何时，学界有两种论断：一种主张"死刑复奏制度正式开始于隋朝"，[2]还有一种较为主流的

---

〔1〕 张明敏："中国古代死刑复奏制度的流变及其现代价值"，载《中国刑事法杂志》2008 年第 2 期。

〔2〕 陈光中："中国古代的上诉、复审和复核制度"，载《法学评论》1983 年第 Z1 期。持有此观点的还有陈永生，他主张"正式的死刑复核制度到隋唐时期才确立"。参见陈永生："对我国死刑复核程序之检讨——以中国古代及国外的死刑救济制度为视角"，载《比较法研究》2004 年第 4 期。

观点认为"死刑复核制度在南北朝时期已经确立"。[1]根据现有史料，笔者更倾向于后一种论断。两汉时期，地方官员司法权力很大，可以自行处断罪犯，包括死刑犯。"守令杀人，不待奏报。"[2]直至北魏时期，太武帝拓跋焘为了标榜慎刑慎杀、爱惜人命的光辉形象，同时为了加强中央集权，将死刑处决权收归中央，在律令中明确规定可能判处死刑的案件必须上呈皇帝，由皇帝亲自核准后方能执行。"当死者，部案奏闻。以死不可复生，惧监官不能平，狱成皆呈，帝亲临问，无异辞怨言乃绝之。诸州国之大辟，皆先谳报乃施行。"[3]

（二）死刑复奏制度的定型与发展：隋唐时期

隋朝继承了北魏的死刑复奏规定，发展为死刑三复奏，于开皇十五年（公元595年）定制，要求"死罪者三奏而后决"。[4]并且，开皇十六年（公元596年）八月丙戌，隋文帝再次下诏强调"决死罪者，三奏而后行刑"。[5]唐太宗因诛大理丞张蕴古未遵守三复奏制度之故，下令要求在死刑执行前务必贯彻三复奏制度。"凡决死刑，虽令即杀，仍三覆奏。"[6]考虑到皇帝

---

〔1〕 王立民："中国古代的死刑复核制度及其思想基础"，载《政治与法律》2002年第6期。持有此观点的还有巩富文、周国均、张明敏等人。参见周国均、巩富文："我国古代死刑复核制度的特点及其借鉴"，载《中国法学》2005年第1期；张明敏："中国古代死刑复奏制度的流变及其现代价值"，载《中国刑事法杂志》2008年第2期；等等。

〔2〕 （清）赵翼：《陔余丛考·卷十六·刺史守令杀人不待奏》，商务印书馆1957年版，第303页。

〔3〕 （北齐）魏收撰：《魏书·卷一百一十一·刑罚志》，中华书局1974年版，第2874页。

〔4〕 （唐）魏征等撰：《隋书·卷二十五·刑法志》，中华书局1973年版，第714页。

〔5〕 （唐）魏征等撰：《隋书·卷二·高祖本纪下》，中华书局1973年版，第41页。

〔6〕 （后晋）刘昫等撰：《旧唐书·卷五十·刑法志》，中华书局1975年版，第2139~2140页。

在一时激愤状态下下令处以死刑，而时间前后无几的三复奏制度很难起到减少或遏制死刑适用的实质作用，唐太宗又将之发展为五复奏制度。"人命至重，一死不可再生。昔世充杀郑颋，既而悔之，追止不及。今春府史取财不多，朕怒杀之，后亦寻悔，皆由思不审也。比来决囚，虽三覆奏，须臾之间，三奏便讫，都未得思，三奏何益？自今已后，宜二日中五覆奏，下诸州三覆奏。"〔1〕于此，唐朝形成了"天下决死刑必三覆奏，在京诸司五覆奏，其日尚食进蔬食，内教坊及太常不举乐"〔2〕的死刑复奏制度。并且，还规定了五复奏的时间和程序，以期其能最大限度地发挥重惜民命的作用。"其五覆奏，以决前一日、二日覆奏，决日又三覆奏。"〔3〕但是，若触犯谋反、谋叛、谋大逆、恶逆及部曲、奴婢杀主这几类严重危害专制统治秩序和伦常的犯罪只需一复奏即可，"若犯恶逆已上，及部曲奴婢杀主者，唯一覆奏"。〔4〕

（三）死刑复奏制度的承袭：明清时期

为了避免淹延刑狱，宋代并未很好地继承死刑复奏制度，仅仅京师一复奏而已，地方死刑案件则无需复奏。"京师大辟虽一覆奏，而州郡狱疑上请。"〔5〕而明清则祖述唐朝，很好地继承了死刑复奏制度，均实行三复奏制度。如永乐十七年（1419

---

〔1〕（后晋）刘昫等撰：《旧唐书·卷五十·刑法志》，中华书局 1975 年版，第 2140 页。

〔2〕（后晋）刘昫等撰：《旧唐书·卷三·太宗本纪三》，中华书局 1975 年版，第 41 页。

〔3〕（后晋）刘昫等撰：《旧唐书·卷五十·刑法志》，中华书局 1975 年版，第 2140 页。

〔4〕（后晋）刘昫等撰：《旧唐书·卷四十三·职官志二·刑部》，中华书局 1975 年版，第 1838 页。

〔5〕（元）脱脱等撰：《宋史·卷一百九十九·刑法志一》，中华书局 1985 年版，第 4975 页。

年）十二月庚辰，出于慎刑、感召天地和气的考量，明成祖要求死刑罪犯须三复奏后才可处决。"刑者，圣人所慎。匹夫匹妇不得其死，足伤天地之和，召水旱之灾，甚非朕宽恤之意。自今，在外诸司死罪，咸送京师审录，三覆奏然后行刑。"[1]而清朝在建国之初，即于顺治十年（1653 年）"九月壬子，复刑部三覆奏例"。[2]并且，明清两朝还将不履行死刑奏报职责的行为纳入法典规制的范围，相应的司法官员须承担一定的法律责任，"凡死罪囚不待覆奏回报而辄处决者，杖八十"。[3]

小　结

传统社会统治者从诉讼制度设置的角度入手，切实保障中国传统司法理念"平"的落实。究其要点，主要包括三个方面：第一，在"父母官型诉讼"模式下形成了相对开放的受理制度，即建立原则上"有告必理"的受理制度。对于推抑不受的官府，法律还要追究相应人员的司法责任。不过，为了维护诉讼秩序，同时也是节约诉讼资源，减轻"父母官"们的诉讼负担，中国传统社会还从诉讼的类型、犯罪的危害程度等角度出发，从受理时间和法定不予受理案件的类型两个方面入手，允许官府在一定条件和一定范围内拒绝受理词讼。第二，建立申诉与复审相结合的理冤解纷机制。其中，基于提起主体的不同，可将该理冤解纷机制分为当事人提起的申诉制度和官府基于职权而提起的复审制度。申诉制度也因复审机关的差异，可被分为向原

〔1〕（清）张廷玉等撰：《明史·卷七·成祖本纪三》，中华书局 1974 年版，第 98 页。

〔2〕（清）赵尔巽等撰：《清史稿·卷五·世祖本纪二》，中华书局 1977 年版，第 135 页。

〔3〕（明）刘惟谦等撰：《大明律·卷二十八·刑律·断狱·"死囚覆奏待报"》，怀效锋点校，法律出版社 1999 年版，第 223 页。

审机关提起的申诉、向上级机关提起的上控制度和上达天听的直诉制度。基于官府的申请而提起的复审制度也可根据提起复审的原因的不同，分为疑难案件下的"移送"制度和管辖权下的"审转"制度。第三，建立会审与死刑复奏制度。其中，会审制度萌芽于汉朝的"杂治"，初步形成于唐朝的"三司推事"，定型和完善于明清的"三司会审""秋审""朝审""九卿会审""约同会审""热审"等制度。其中，死刑复奏制度初建于北魏太武帝时期的死刑谳报制，成型于隋唐时期的死刑三复奏、五复奏制度，完善于明清时期。

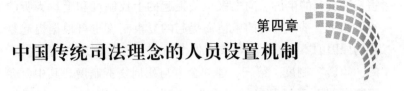

第四章
中国传统司法理念的人员设置机制

　　正如前文所述，中国传统司法理念"平"在国家法律和诉讼制度上都有所体现。而且，也恰恰是这些彰显中国传统司法理念的国家法律和诉讼制度保障了它本身的贯彻与落实。但是，若想将中国传统司法理念真正地贯彻在司法实践过程中，还需要具体人员来负责执行。由此，司法人员在其中所起的作用是极为关键的。"夫律虽本于圣人，然执而行之者，有司也。"[1]中国传统社会司法人员的设置目的即是达致"平"这一司法理念，这在古籍文献中也是班班可考的。如元朝设置推官的目的就是追求司法"平"。"其各路推官，既使专理刑狱，凡所属去处，察狱有不平，系狱有不当，即听推问明白，咨申本路，依理改正。若推问已成，他司审理或有不尽不实，却取推官招伏议罪。"[2]再如，明朝设置三法司的目的也是追求狱讼平。"祖宗设三法司以纠官邪，平狱讼。"[3]因此，本章主要探讨在中国传统社会，各朝统治者是如何从人员设置上保障中国传统司法理念的贯彻与落实的。

---

　　[1]（后晋）刘昫等撰：《旧唐书·卷五十·刑法志》，中华书局1975年版，第2154页。

　　[2]《元典章·卷四十·刑部卷二·察狱·罪囚淹滞举行》，陈高华等点校，天津古籍出版社、中华书局2011年版，第1360页。

　　[3]（清）张廷玉等撰：《明史·卷九十五·刑法志三》，中华书局1974年版，第2337页。

第一节　"明法通经"：中国传统司法人员素养的理想构成

司法人员作为案件的受理者和审判者，其个人素质直接关系着每一位当事人的合法权益，尤其是在中国传统社会。因为，中国传统司法的运作是一个情理法相结合的过程，而"法律中的情、理、法等人为因素由司法主体自己把握"，若司法人员的个人素养不具备合理审断案件的能力，则很容易"导致司法行为的严重情绪化，形成擅断"。[1]因此，历代统治者为了维持本家王朝的长久统治，无一不重视对司法人员的培养和选拔。而"在传统中国，司法行为的运作是与整体的政治运作过程牢牢地结合在一起的，即使在中央一级的政治体制中，各个机构的分工在一些方面是比较明显的，但这种分工又不是绝对的"。[2]因此，一般官员的任免与司法人员的选任，尤其是在中国传统社会的早期，并无多大区别。从整体上来说，"中国古代法官在内的一切官吏的选任都经历了一个由重血缘、出身、门第、等级，向道德品行、知识才能偏重的演化过程"。[3]就司法人员的选拔而言，中国传统社会大致经历了如下四个阶段：

一、"明察宽恕"：秦汉时期司法人员的培养与选拔

早在先秦时期，"本法循理之吏"就为人们所推崇，被视为

---

〔1〕　张曼莉主编：《法律社会学》，中央广播电视大学出版社 2012 年版，第 177 页。

〔2〕　谢冬慧："中国古代会审制度考析"，载《政法论坛》2010 年第 4 期。

〔3〕　吴春雷、司马守卫："中国古代法官选任制度的特征及现代启示"，载《渤海大学学报（哲学社会科学版）》2015 年第 2 期。

"循吏"。[1]也就是说，遵循国法、顺应人情的官吏是当时统治者的首选，也是为官者的楷模。严格贯彻韩非"以法为教""以吏为师"[2]政治主张的秦朝极为重视法律在社会生活秩序维持和国政治理中的作用，并将是否明晓法律作为考察官员优劣与否的重要标准。"凡良吏明法律令，事无不能也……恶吏不明法律令，不智（知）事，不廉（洁），毋（无）以佐上。"[3]但是，结合《史记·循吏列传》中所载循吏的具体事迹而言，当时选拔和推崇的司法官员更多的是"奉职循理"，而非"本法"。[4]

西汉时期选拔官员的方式有：贤良方正、茂才异等、博士弟子、试学童、射策、明经、明法、治剧、异科、聘召名士、举孝廉、孝弟力田、任子、纳赀、鬻官、方伎、郡吏、上书、从军等。[5]从上述选拔方式可知，汉朝任命官员的主要侧重点在于血缘，次之为德行，再次之为学问素养，复次之为治国理民的才干，最后为其他（如依靠财富买卖、特别的技能等方式获取官爵）。值得注意的是，就相对专职的司法官员的选拔来说，汉朝还是比较注重他们的法律素养的，如"郑崇父宾以明

〔1〕 参见（汉）司马迁撰：《史记》，（宋）裴骃集解，（唐）司马贞索引，（唐）张守节正义，中华书局1963版，第3099页。

〔2〕 韩非主张："故明主之国无书简之文，以法为教；无先王之语，以吏为师。"参见《韩非子》，高华平、王齐洲、张三夕译注，中华书局2015年版，第714页。

〔3〕《睡虎地秦墓竹简》整理小组编：《睡虎地秦墓竹简》，文物出版社1990年版，第15页。

〔4〕 如司马迁在《循吏列传》开篇即言："法令所以导民也，刑罚所以禁奸也。文武不备，良民惧然身修者，官未曾乱也。奉职循理，亦可以为治，何必威严哉？"参见（汉）司马迁撰：《史记》，（宋）裴骃集解，（唐）司马贞索引，（唐）张守节正义，中华书局1963年版，第3099页。

〔5〕 参见（宋）徐天麟撰：《西汉会要·卷四十四·选举上、卷四十五·选举下》，上海人民出版社1977年版。

法令为御史""薛宣以明习文法诏补御史中丞"等。[1]然而，随着"罢黜百家，独尊儒术"治国策略的推行，为了进一步加强王朝的统治，西汉统治者开始注意到通过司法行为不仅能够惩治犯罪，还能够起到教化万民的作用。于是，在司法官吏的培养和选拔上，统治者们开始注重他们的儒学素养。如时任廷尉的张汤为了迎合汉武帝治国的实际需要，在选任廷尉史这类司法官吏时，十分注意拣择谙熟《尚书》《春秋》等经典儒家典籍的博士弟子。"是时上方向文学，汤决大狱，欲傅古义，乃请博士弟子治尚书、春秋，捕廷尉史，亭疑法。"[2]为了矫正汉武帝时期遗留下来的酷吏深刻用法的现实，汉宣帝在接受廷史路温舒的建议的基础上，在官制中专门设置了"廷平"这一专司覆察案件的司法官职，所用之人均具备查清案情的办事能力，却又能够在司法中贯彻"中道""恕道"的官员。"其为置廷平，秩六百石，员四人。……于是选于定国为廷尉，求明察宽恕黄霸等以为廷平。"[3]概而言之，在选拔司法官员上，西汉时期不仅注意到了他们的法律素养，还注重其儒学素养。同时，基于司法与行政不分的政治体制，其"父母官"的角色定位要求他们还需要具备治理民政的行政才能。这种集三种素养于一身的官员才是为统治者所称道、为百姓所爱戴的"循吏"。"时少能以化治称者，惟江都相董仲舒、内史公孙弘、倪宽，居官可纪。三人皆儒者，通于世务，明习文法，以经术润饰吏事，天

---

〔1〕（宋）徐天麟撰：《西汉会要·卷四十四·选举上·明法》，上海人民出版社 1977 年版，第 515 页。

〔2〕（汉）司马迁撰：《史记》，（宋）裴骃集解，（唐）司马贞索引，（唐）张守节正义，中华书局 1963 年版，第 3139 页。

〔3〕（汉）班固撰：《汉书·卷二十三·刑法志》，（唐）颜师古注，中华书局1962 年版，第 1102 页。

子器之。"〔1〕

　　在继承西汉选拔官员的主要方式外，东汉光武帝刘秀还创设了四科取士的办法。这一选举官员的办法，着重要求官员能够有德行、知诗书、明法律、善吏事。"一曰德行高妙，志节清白；二曰学通行修，经中博士；三曰明达法令，足以决疑，能按章覆问，文中御史；四曰刚毅多略，遭事不惑，明足以决，才任三辅令，皆有孝悌廉公之行。"〔2〕只有具备上述品质的人员才能够为统治者所欣赏，成为治理一县、一郡的行政官员和司法官员。并且，对于相对专职司法官员的选拔，东汉各统治者也极为重视他们的法律素养，如当时规定专掌复查天下疑难案件的治书侍御史必须是谙熟法律的人。"治书侍御史二人，六百石。本注曰：掌选明法律者为之。凡天下诸谳疑事，掌以法律当其是非。"〔3〕不过需要注意的是，两汉时期选拔官员、司法官员的要求过于宽泛化。何种程度为"贤良方正"？何种程度又为"茂才异等"？何种程度又为"明习文法"？何种程度又为"谙熟法律"？这些虽都为选拔官员及司法官员提供了一个大概的标准，具体可以概括为"明察宽恕"。但是，这些过于宽泛的选拔标准，缺乏具体的、可以量化的考核方式和标准，很难贯彻和落实在司法人员的培养和选拔上，最终不过是成为世家大族争权夺利的工具而已。流传于桓灵时期的童谣恰恰一针见血地反映了这个问题："举秀才，不知书；察孝廉，父别居。寒素清白

〔1〕（汉）班固撰：《汉书·卷八十九·循吏传》，（唐）颜师古注，中华书局1962年版，第3623~3624页。

〔2〕（南朝·宋）范晔撰：《后汉书·志第二十四·百官志一》，（唐）李贤等注，中华书局1965年版，第3559页。

〔3〕（南朝·宋）范晔撰：《后汉书·志第二十六·百官志三》，（唐）李贤等注，中华书局1965年版，第3599页。

浊如泥；高第良将怯如鸡。"〔1〕

二、"儒法两立"：魏晋隋唐时期司法人员的培养与选拔

魏明帝即位之初，在闵乡侯卫觊的建言下，设置律博士，"转相教授"各地官员，以使官员"识律"。〔2〕律博士的设置为两晋南北朝所承袭。如《晋书·职官志》提及廷尉的属官就包含律博士。"廷尉，主刑法狱讼，属官有正、监、评，并有律博士员。"〔3〕律博士在设立之初，主要的功能是教授律令。而随着司法实践的需要，"同时又列诸廷尉或隶属大理而有断狱的实际任务，这样就把法律教育与司法业务两方面合为一体"。〔4〕然而，这一职位及相关性质的职位（如律生、明法等），在司法实践过程中常常会因熟悉法律的便利而舞文弄法，擅作威福，产生诸多不良的后果。如开皇五年（公元585年），隋文帝因"始平县律生辅恩舞文弄法陷害侍官慕容天远案"，下诏废除律博士、明法、律生。"侍官慕容天远，纠都督田元，冒请义仓，事实，而始平县律生辅恩，舞文陷天远，遂更反坐。帝闻之，乃下诏曰：'人命之重，悬在律文，刊定科条，俾令易晓。分官命职，恒选循吏，小大之狱，理无疑舛。而因袭往代，别置律官，报判之人，推其为首。杀生之柄，常委小人，刑罚所以未清，威福所以妄作。为政之失，莫大于斯。其大理律博士、尚书刑部

---

〔1〕　（晋）葛洪撰：《抱朴子外篇全译·卷十五·审举》，庞月光译注，贵州人民出版社1997年版，第323页。。

〔2〕　参见（晋）陈寿撰：《三国志·卷二十一·卫觊传》，（南朝·宋）裴松之注，陈乃乾校点，中华书局1964年版，第611页。

〔3〕　（唐）房玄龄等撰：《晋书·卷二十四·职官志》，中华书局1974年版，第737页。

〔4〕　宋远升：《法学教授论》，中国政法大学出版社2014年版，第26页。

曹明法、州县律生，并可停废。'"〔1〕当然，这并不意味着隋文帝不重视法律，只是其反感长吏在案件审断过程中将案件一概委任给律生、明法、律博士这类谙熟法律却无道德操守的小人。因此，为了矫正律生等舞文弄法的现状，隋文帝下诏要求各曹审断案件，需要在判决书中详细阐明所适用的法令条文。"诸曹决事，皆令具写律文断之。"并且，为了准确适用法律，洗雪冤狱，开皇六年（公元586年），隋文帝下诏要求一定范围内的地方长官必须学习法律，还将他们学律的程度作为考核政绩殿最的标准之一。"诸州长史已下，行参军已上，并令习律，集京之日，试其通不。"〔2〕

唐朝选拔官员的方式主要因袭隋朝。"唐制，取士之科，多因隋旧，然其大要有三。由学馆者曰生徒，由州县者曰乡贡，皆升于有司而进退之。其科之目，有秀才，有明经，有俊士，有进士，有明法，有明字，有明算，有一史，有三史，有开元礼，有道举，有童子。而明经之别，有五经，有三经，有二经，有学究一经，有三礼，有三传，有史科。此岁举之常选也。其天子自诏者曰制举，所以待非常之才焉。"〔3〕不过，就司法官员的培养和选拔来说，唐朝较之隋朝有了长足的进步。具体表现为：严格规范在国子监就学的律学生的员额、年龄、考核方式等。①严格规范在国子监就读律学生的员额，定额为50人。律学生的员额虽不足以与国子学生、太学生、四门学生等员额相比，但是对比书学、算学等科目的员额来说，数额确是相对较高

---

〔1〕（唐）魏征等撰：《隋书·卷二十五·刑法志》，中华书局1973年版，第712~713页。

〔2〕（唐）魏征等撰：《隋书·卷二十五·刑法志》，中华书局1973年版，第713页。

〔3〕（宋）欧阳修、宋祁撰：《新唐书·卷四十四·选举志上》，中华书局1975年版，第1159页。

的。"律学，生五十人，书学，生三十人，算学，生三十人，以八品以下子及庶人之通其学者为之。"[1]②严格规范国子监就读律学生的年龄，年龄范围为 18 岁以上，25 岁以下。律学生的年龄范围，较之其他诸学生的年龄范围而言，总体处于偏大的状态。笔者推测这与律令文本本身相对晦涩难懂，涉及的人物关系相对复杂不无关系。"凡生，限年十四以上，十九以下；律学十八以上，二十五以下。"[2]③明确规范明法科的考核内容为律、令，并且根据考核情况分为甲乙二等。"凡明法，试律七条、令三条，全通为甲第，通八为乙第。"[3]但是，鉴于"律学未有定疏，每年所举明法，遂无凭准"的现实困境，永徽三年（公元 652 年），唐高宗下诏"广召解律人条义疏奏闻"，这也就是《永徽律疏》产生的直接原因，"自是断狱者皆引疏分析之"，其目的是增强司法官员的断案能力。[4]④根据考核后的分等，分别授予明法科选人不同的职位品衔，并且，需要注意的是，其与进士科选人的待遇相同。"进士、明法，甲第，从九品上；乙第，从九品下。"[5]

　　较之秦汉时期，在选拔官员及司法官员方面，隋唐时期有了相对具体的、可以量化的选拔与考核标准，能够得到切实的贯彻与落实。同时，这也在一定程度上减少了世家大族上下其

---

　　[1]　（宋）欧阳修、宋祁撰：《新唐书·卷四十四·选举志上》，中华书局 1975 年版，第 1159～1160 页。

　　[2]　（宋）欧阳修、宋祁撰：《新唐书·卷四十四·选举志上》，中华书局 1975 年版，第 1160 页。

　　[3]　（宋）欧阳修、宋祁撰：《新唐书·卷四十四·选举志上》，中华书局 1975 年版，第 1162 页。

　　[4]　（后晋）刘昫等撰：《旧唐书·卷五十·刑法志》，中华书局 1975 年版，第 2141 页。

　　[5]　（宋）欧阳修、宋祁撰：《新唐书·卷四十五·选举志下》，中华书局 1975 年版，第 1173 页。

手的空间。然而，需要注意的是，在隋唐时期看，进士科、明经科等主要的选举方式只专注于诗赋、儒家经义、时务策等。"凡秀才，试方略策五道，以文理通粗为上上、上中、上下、中上，凡四等为及第。凡明经，先帖文，然后口试，经问大义十条，答时务策三道，亦为四等。"[1]唐朝进士科的考试内容虽经三次变动，但总体上仍在此范围内进行增添删减。"先是，进士试诗、赋及时务策五道，明经策三道。建中二年（公元781年），中书舍人赵赞权知贡举，乃以箴、论、表、赞代诗、赋，而皆试策三道。大和八年，礼部复罢进士议论，而试诗、赋。"[2]而通过前述的论述可知，明法、律生等考核内容则仅仅局限于法律、法令。虽然，早在文明元年（公元684年），唐睿宗便意识到律令格式等法律文本对官员，特别是履行司法职能的官员极为重要，要求将之题在衙署的墙壁上，以便于当职官员经常浏览、诵读，避免将其遗忘，以保证法律之权威。"律令格式，为政之本。内外官人，退食之暇，各宜寻览，仍以当司格令书于厅事之壁，俯仰观瞻，使免遗忘。"[3]不过，这一举措并未从根本上改变隋唐时期司法官员的培养与选拔机制。总的来说，我们可以得出隋唐时期的司法官员的选拔或专注于诗赋、儒家经义、时务策等，或谙熟于法律的结论。就制度设置本身而言，司法官员没有条件，事实上也并未兼通二者，呈现出"儒法两立"的格局。

---

〔1〕（宋）欧阳修、宋祁撰：《新唐书·卷四十四·选举志上》，中华书局1975年版，第1161页。

〔2〕（宋）欧阳修、宋祁撰：《新唐书·卷四十四·选举志上》，中华书局1975年版，第1168页。

〔3〕（宋）王溥撰：《唐会要·卷三十九·定格令》，中华书局1955年版，第705~706页。

三、"经生明法，法吏通经"：宋代以后司法官员的培养与选拔

恰如徐道邻先生所言："中国的传统法律，到了宋朝（公元960年至1279年），才发达到最高峰。……懂法和尊重法律的，比中国任何其他的朝代都多。"[1]有宋一代对法律的重视，在司法官员的培养与选拔上也展现得淋漓尽致。同时，因为进士、诸科、武举、制科等诸种选举方式选拔出来的官员都有可能任亲民官，或专掌司法职权或兼理百姓狱讼，都存在扮演司法官角色的可能性。因此，为了探讨宋代司法官员的培养与选拔，我们可以从如下三个方面来阐述：

（一）"经生明法"：以进士科为主的科举考试需考校律令

"经过唐末、五代十国近百年的战争摧残，世家大族支离破碎，基本沦为历史的记忆"，[2]以至时人慨叹"唐朝崔、卢、李、郑及城南韦、杜二家，蝉联珪组，世为显著。至本朝绝无闻人"。[3]以"资荫"作为选拔官员的主要方式，显然已背离了历史的潮流。"更为重要的是，宋代统治者吸取唐代藩镇割据的历史教训，在立国之初即推行重文抑武的统治政策。而宋初文官的数量难以满足社会治理的需要，这就要求统治者加大科举取士的数量。"[4]在这一社会现实和历史发展趋势的要求下，进士科成了选拔官员最为重要的方式。"宋之科目，有进士，有

---

〔1〕　徐道邻：《中国法制史论集》，志文出版社1975年版，第89页。

〔2〕　潘萍："《天圣·狱官令》与唐宋司法理念之变——以官员、奴婢的司法待遇为视点"，载《法制与社会发展》2017年第6期。

〔3〕　（宋）王明清撰：《挥麈录·前录·卷二·本朝族望之盛》，田松清校点，上海古籍出版社2012年版，第14页。

〔4〕　潘萍："《天圣·狱官令》与唐宋司法理念之变——以官员、奴婢的司法待遇为视点"，载《法制与社会发展》2017年第6期。

诸科，有武举。常选之外，又有制科，有童子举，而进士得人为盛。"[1]宋朝早期，进士科的考试内容与唐朝相比，并无实质性区别，也主要是考校选人的诗、赋、论、策、经义等内容。"凡进士，试诗、赋、论各一首，策五道，帖《论语》十帖，对《春秋》或《礼记》墨义十条。"[2]太平兴国八年（公元983年），宋太宗下诏要求进士、诸科考试在原本考校内容的基础上，增加律义。"进士、诸科始试律义十道，进士免帖经。"不过，该诏令只实行了一年，即被部分的废止，"惟诸科试律，进士复帖经"。[3]神宗朝极为重视官员的法律素养，要求中举进士必须考校法律，但仅限进士第三人以下。"进士第三人以下试法。"[4]针对此诏令，时人认为这不利于治国理政，也不足以鼓励选人及官员学习法律。并且，其列举了自己判断的理由：其一，进士第三人以上均为高科，多被任命为判官或职官，专掌或兼理司法，应当学习法律，"高科任签判及职官，于习法岂所宜缓"；其二，人们本就认为学法习律进而中举之人多为"俗吏"，而非为世人所推崇的"循吏"，皇帝诏令再要求高科无需试律，更是加深了人们的这一认识，选人则更不愿意以试法为入官晋升之道，"昔试刑法者，世皆指为俗吏，今朝廷推恩既厚，而应者尚少，若高科不试，则人不以为荣"。[5]宋神宗采纳

〔1〕（元）脱脱等撰：《宋史·卷一百五十五·选举志一》，中华书局1985年版，第3604页。

〔2〕（元）脱脱等撰：《宋史·卷一百五十五·选举志一》，中华书局1985年版，第3604页。

〔3〕（元）脱脱等撰：《宋史·卷一百五十五·选举志一》，中华书局1985年版，第3607页。

〔4〕（元）脱脱等撰：《宋史·卷一百五十五·选举志一》，中华书局1985年版，第3618页。

〔5〕（元）脱脱等撰：《宋史·卷一百五十五·选举志一》，中华书局1985年版，第3618页。

了该臣僚意见，要求进士及第后均需考校律令，方能注拟官职。

（二）"法吏通经"：以明法科为主的法律考试需考校经义

宋初，明法科考试在考校律令条文的基础上，也须考校经义，不再像隋唐时期专注于法律而忽视儒家经义。"凡明法，对律令四十条，兼经并同《毛诗》之制。各问经引试，通六为合格，仍抽卷问律，本科则否。"[1]淳化三年（公元992年），宋太宗将明法科考试的场数由六场改为七场，并一一细化规定每一场的考核内容。其中，第一场、第二场、第三场、第六场、第七场考校律令及其疏议，第四场、第五场考校《易》《尚书》《春秋公羊传》《春秋谷梁传》等经义。"第一、第二场试律，第三场试令，第四、第五场试小经，第六场试令，第七场试律，仍于试律日杂问疏义"[2]经王安石变法，明法科以新科明法的形式走向了顶峰。[3]其步入巅峰状态的最为突出的表现则为明法及第后，"吏部即注司法，叙名在及第进士之上"。[4]新科明法考校的内容不仅侧重于法律法令，还新增了断案能力的考核。"又立新科明法，试律令、《刑统》大义、断桉，所以待诸科之不能业进士者。"[5]这一专注于律令疏义、断决狱案，而舍弃

---

〔1〕　（元）脱脱等撰：《宋史·卷一百五十五·选举志一》，中华书局1985年版，第3605页。

〔2〕　（元）脱脱等撰：《宋史·卷一百五十五·选举志一》，中华书局1985年版，第3609页。

〔3〕　赵晶在其文章《宋代明法科登科人员综考》中将之具体表述为："作为选拔官吏的一种方式，汉代丞相辟召的四科之一'明晓法令'与察举的三科之一'明律令'，皆可视为作为科举考试一部分的唐代明法科的渊源。而宋代王安石变法一度以新科明法的形式令这种法律考试发展到鼎盛阶段。"参见赵晶："宋代明法科登科人员综考"，载《华东政法大学学报》2011年第3期。

〔4〕　（元）脱脱等撰：《宋史·卷一百五十五·选举志一》，中华书局1985年版，第3620页。

〔5〕　（元）脱脱等撰：《宋史·卷一百五十五·选举志一》，中华书局1985年版，第3618页。

经义的考核方式，在熙宁变法失败后，尤其是在哲宗元祐时期（1086 年至 1093 年）多为臣僚所诟病。他们要求增加《论语》大义作为考试内容，并要求注拟叙名如之前的科目次序。"旧明法最为下科，然必责之兼经，古者先德后刑之意也。欲加试《论语》大义，仍裁半额，注官依科目次序。"〔1〕时任左仆射的司马光更是在秉承着"德礼为政教之本，刑罚为政教之用"的思想观念下，主张选拔官员应该首重德行，次重文采。因为，他认为律令本于仁义，为官者若能尚德行，尊礼义，其所作所为自与法律合，无需专设明法一科。"取士之道，当先德行，后文学；就文学言之，经术又当先于词采。神宗专用经义、论、策取士，此乃复先王令典，百王不易之法。但王安石不当以一家私学，令天下学官讲解。至于律令，皆当官所须，使为士者果能知道义，自与法律冥合；何必置明法一科，习为刻薄，非所以长育人材，敦厚风俗也。"〔2〕在该倡导下，元祐四年（1089 年），宋哲宗下诏废除了明法新科，增设了经义科、诗赋科作为选拔官员的方式。"乃立经义、诗赋两科，罢试律义。"〔3〕

宋室播迁之后，高宗于"建炎三年（1129 年），复明法新科，进士谕荐者听试。绍兴元年（1131 年），复刑法科"。〔4〕他不仅规定了考校的方式与考核的标准，还规制了考官的资质，"凡问题，号为假案，其合格分数，以五十五通分作十分，以所

---

〔1〕（元）脱脱等撰：《宋史·卷一百五十五·选举志一》，中华书局 1985 年版，第 3620 页。

〔2〕（元）脱脱等撰：《宋史·卷一百五十五·选举志一》，中华书局 1985 年版，第 3620 页。

〔3〕（元）脱脱等撰：《宋史·卷一百五十五·选举志一》，中华书局 1985 年版，第 3620 页。

〔4〕（元）脱脱等撰：《宋史·卷一百五十七·选举志三》，中华书局 1985 年版，第 3673 页。

通定分数，以分数定等级：五分以上入第二等下，四分半以上入第三等上，四分以上入第三等中。以曾经试法人为考官。"〔1〕对于中刑法科的官员，高宗虽认同大臣赵鼎"以刑弼教"的建议，但仍主张奖擢，因为"刑名之学久废，不有以优之，则其学绝矣"，遂"以李洪尝中刑法入第二等，命与改秩"。〔2〕绍兴十五年（1145 年），南宋朝廷再一次"罢明法科，以其额归进士，惟刑法科如旧"。〔3〕而后，不知何时又重置明法一科，但从淳熙年间秘书郎李巘的建言可知，当时复置的明法科的考核内容仅仅局限于律令疏义、断决狱案。"本朝命学究兼习律令，而废明法科；后复明法，而以三小经附。盖欲使经生明法，法吏通经。今所试止于断案、律义，断案稍通、律义虽不成文，亦得中选，故法官罕能知书。"〔4〕为了使司法官员不至沦落为"俗吏"，以苛刻为能，宋孝宗采纳了李巘的建言，令明法科也需考校选人经义，进而达致"经生明法，法吏通经"的理想目标。其具体考校准则为"经义定去留，律义定高下"；考核方式为"断案三场，每场止试一道，每道刑名十件，与经义通取，四十分以上为合格"。〔5〕该制度虽在宁宗时期时有反复，但大体仍遵照孝宗时期的规制。"庆元三年（1197 年），以议臣言罢经

---

〔1〕（元）脱脱等撰：《宋史·卷一百五十七·选举志三》，中华书局 1985 年版，第 3673 页。

〔2〕（元）脱脱等撰：《宋史·卷一百五十七·选举志三》，中华书局 1985 年版，第 3673~3674 页。

〔3〕（元）脱脱等撰：《宋史·卷一百五十七·选举志三》，中华书局 1985 年版，第 3674 页。

〔4〕（元）脱脱等撰：《宋史·卷一百五十七·选举志三》，中华书局 1985 年版，第 3674 页。

〔5〕（元）脱脱等撰：《宋史·卷一百五十七·选举志三》，中华书局 1985 年版，第 3674 页。

义，五年又复。"[1]然而，孝宗时期确立的明法科的考核准则、考核方式等受到了臣僚的诟病。他们认为存在三点不足：其一，明法科考试以经义决定选人能否中选，且断案只考校三场，失掉了明法科拣择精习法律人才的目的。"试法设科，本以六场引试，后始增经义一场，而止试五场，律义又居其一，断案止三场而已，殊失设科之初意。且考试主文类多文士，轻视法家，惟以经义定去留，其弊一也。"其二，明法科的考卷字数繁多，选人不能深究法意，仅能誊写题目而已。"法科欲明宪章，习法令，察举明比附之精微，识比折出入之错综，酌情法于数字之内，决是非于片言之间。比年案题字多，专尚困人，一日之内，仅能誊写题目，岂暇深究法意，其弊二也。"其三，明法科考官多是曾考中法科的数人担任，选人易于知悉，容易产生徇私舞弊的现象。"刑法考官不过曾中法科丞、评数人，由是请托之风盛，换易之弊兴，其弊三也"。[2]为了避免明法科场舞弊丛生，宋宁宗采纳了臣僚的建言，以"精于法律者为试官，各供五六题，纳监试或主文临时点定"。同时，在"以五场断案，一场律义"考核的基础上，"复用经义一场，以《尚书》《语》《孟》题各一篇及《刑统》大义，……所出经题，不必拘刑名伦类，以防预备"，进而形成了"以断案定去留，经义为高下"的考核准则。[3]在此基础上，淳祐三年（1243 年），理宗进一步改进法科考试中考官的选任、考校的方法、录取的准则等。"令刑部措置关防，其考试则选差大理丞、正历任中外有声望者，不许

〔1〕 （元）脱脱等撰：《宋史·卷一百五十七·选举志三》，中华书局 1985 年版，第 3674 页。

〔2〕 （元）脱脱等撰：《宋史·卷一百五十七·选举志三》，中华书局 1985 年版，第 3674~3675 页。

〔3〕 （元）脱脱等撰：《宋史·卷一百五十七·选举志三》，中华书局 1985 年版，第 3675 页。

止用新科评事未经作县之人。逮其试中，又当仿省试、中书覆试之法，质以疑狱，观其谳笔明允，始与差除。时所立等第，文法俱通者为上，径除评事；文法粗通者为次，与检法；不通者驳放。"[1]鉴于试法科选人太少，宋度宗于咸淳年间（1265年至1274年）颁布如下措施鼓励选人试法：①考试所出题目必须言简意赅，禁止长篇大论。"考试命题，务在简严，毋用长语。"[2]②放宽应试法科选人的条件和资质。"有过而愿试者，照见行条法，除私罪应徒或入己赃、失入死罪并停替外，余犯轻罪者，与放行收试。"[3]③放宽中举条件，并除授较高的官位。"格法，试法科者，批及八分，方在取放之数。咸淳末，有仅及二分以上者，亦特取一名，授提刑司检法官。"[4]综上，我们可以看出，宋朝以明法科为主的法律考试经历了从单纯的考校律义，到兼考儒家经义，再到考校律义、儒家经义和断案三者。其考核准则也由以律义为主要中举标准，发展至以经义为主要中举标准。"经义定去留，律义定高下。"再到以断案能力为主要中举标准。"以断案定去留，经义定高下。"概括而言，在宋朝，以明法科为主的法律考试的中举人能够达致"法吏通经"，但又颇娴熟法律，能够在司法实践中熟练地审断案件的终极目标。

（三）其他方面

除了以进士科为主的科举考试需兼习律令，以明法科为主

---

〔1〕（元）脱脱等撰：《宋史·卷一百五十七·选举志三》，中华书局1985年版，第3675页。

〔2〕（元）脱脱等撰：《宋史·卷一百五十七·选举志三》，中华书局1985年版，第3675页。

〔3〕（元）脱脱等撰：《宋史·卷一百五十七·选举志三》，中华书局1985年版，第3675页。

〔4〕（元）脱脱等撰：《宋史·卷一百五十七·选举志三》，中华书局1985年版，第3676页。

的法律考试需兼习儒家经义之外，两宋还通过如下几个方面的选拔和培养，以达致司法官员既能谙熟法律，又能明晓儒家经义，进而综合运用天理、国法、人情审断狱案。

首先，量才授官的铨选法也需考校选人的法律素养。宋朝规定在磨勘迁转为京官时，若选人系习儒家经义的，在铨选时不仅要考校经义，还需考核其法律素养。"磨勘迁京官，始增四考为六考，举者四人为五人，曾犯过又加一考。……习经业者人专一经，兼试律，十而通五为中格，听预选。七选以上经三试至选满，京朝官保任者三人，补远地判、司、簿、尉，无举主者补司士参军，或不赴试、亦无举者，永不预选。"〔1〕流外官补为流内官的铨选考校时，也需考察他们的法律素养，其中不同部门的流外官的考核方式不尽相同。"五省、御史台、九寺、三监、金吾司、四方馆职掌，每岁遣近臣与判铨曹，就尚书同试律三道，中者补正名，理劳考。三馆、秘阁楷书，皆本司试书札，中书覆试，补受。后以就试多怀挟传授，乃锁院、巡搜、糊名。凡试百司吏人，问律及疏，既考合格，复令口诵所对，以妨其弊。"〔2〕宋神宗特别注重官员的法律素养，突出表现除了上述的新科明法外，还要求守选之人在铨选时需要考校断案的能力和律令大义。并且，他还规定考核若入上等、优等，则奖擢该人；而不入等或不能参与考校的，则三年后方许为官，且不得任亲民官、司法官。"凡守选者，岁以二月、八月试断按二，或律令大义五，或议三道，后增试经义。差官同铨曹撰式考试，第为三等，上之中书。上等免选注官，优等依判超例升

〔1〕（元）脱脱等撰：《宋史·卷一百五十八·选举志四》，中华书局1985年版，第3703~3704页。

〔2〕（元）脱脱等撰：《宋史·卷一百五十九·选举志五》，中华书局1985年版，第3735页。

资，无出身者赐出身……自是不复试判，仍去免选恩格，若历任有举者五人，自与免试注官。任子年及二十，听赴铨试。其试不中或不能试，选人满三岁许注官，惟不得入县令、司理、司法。"〔1〕

其次，宋朝皇帝格外重视专职司法官员的选拔。鉴于五代十国时期，官员多武将，以专杀为能，宋朝在立国之初就要求启用内含仁恕理念、熟读儒家经义的儒臣为司法官吏。"五季衰乱，禁罔烦密。宋兴，削除苛峻，累朝有所更定。法吏浸用儒臣，务存仁恕，凡用法不悖而宜于时者著之。"〔2〕并且，要求司法人员亲自审断狱案，不得一切由胥吏上下其手。如宋太祖鉴于御史不躬亲决狱，而下诏要求"御史决狱必躬亲，毋得专任胥吏"。〔3〕宋太宗进一步落实太祖时期"法吏浸用儒臣"的政治主张，要求各州司理参军尽用儒士。雍熙"三年，始用儒士为司理判官"。〔4〕并且，太宗要求地方长官审察那些新及第人初次任官即为司理参军时是否谙熟法律、精于断案。若否，则在必要时将之与其他属官对调职位。"狱官关系尤重，新及第人为司理参军，固未精习，令长吏察视，不胜任者，奏，判、司、簿、尉对易其官。"〔5〕不限于此，宋太宗还亲自拣择各州的司理

---

〔1〕　（元）脱脱等撰：《宋史·卷一百五十八·选举志四》，中华书局1985年版，第3705页。

〔2〕　（元）脱脱等撰：《宋史·卷一百九十九·刑法志一》，中华书局1985年版，第4966～4967页。

〔3〕　（元）脱脱等撰：《宋史·卷一百九十九·刑法志一》，中华书局1985年版，第4970页。

〔4〕　（元）脱脱等撰：《宋史·卷一百九十九·刑法志一》，中华书局1985年版，第4971页。

〔5〕　（元）脱脱等撰：《宋史·卷一百五十八·选举志四》，中华书局1985年版，第3699页。

参军。"自端拱以来，诸州司理参军，皆帝自选择。"[1]宋真宗也极为重视狱案的审理，要求：其一，不仅要惩戒不称职的司法官员，还要责罚荐举之人。"执法之吏，不可轻授。有不称职者，当责举主，以惩其滥。"[2]其二，司法人员不仅要恪守法律，还要具备平和、中恕等儒者品质，尤其是路一级的专职司法官员。景德"四年（1007年），复置诸路提点刑狱官。……河北、陕西，地控边要，尤必得人，须性度平和有执守者"；[3]"大理率以儒臣用法平允者为之"。[4]其三，司法官员必须谙熟法律，具备准确适用相关律令条文审断案件的能力。"审刑院举详议官，就刑部试断案三十二道，取引用详明者"。[5]

最后，其他诸科考试和任子等资荫补官方式亦须考校律令。这主要表现在如下几个方面：其一，其他诸科考试的选人因中选后可能出任地方官员，掌理一定的民政、司法等，因此在考核时也需考校律令。就连武举选人的选拔在一定时期也需考校律令。"元丰元年（1078年），立《大小使臣试弓马艺业出官法》：第一等，步射一石，矢十发三中，马射七斗，马上武艺五种，《孙》《吴》义十通七，时务边防策五道文理优长，律令义十通七，中五事以上免短使、减一任监当，三事以上免短使、升半年名次，两事升半年，一事升一季；第二等，步射八斗，

---

〔1〕（元）脱脱等撰：《宋史·卷一百九十九·刑法志一》，中华书局1985年版，第4972页。

〔2〕（元）脱脱等撰：《宋史·卷一百九十九·刑法志一》，中华书局1985年版，第4972页。

〔3〕（元）脱脱等撰：《宋史·卷一百九十九·刑法志一》，中华书局1985年版，第4973页。

〔4〕（元）脱脱等撰：《宋史·卷二百·刑法志二》，中华书局1985年版，第4991页。

〔5〕（元）脱脱等撰：《宋史·卷一百九十九·刑法志一》，中华书局1985年版，第4972页。

矢十发二中，马射六斗，马上武艺三种，《孙》《吴》义十通五，策三道成文理，律令义十通五，中五事免短使、升半年，三事升半年，两事升一季，一事与出官；第三等，步射六斗，矢十发一中，马射五斗，马上武艺两种，《孙》《吴》义十通三，策三道成文理，律令义十通三，计算钱谷文书五通三，中五事升半年，三事升一季，两事与出官。其步射并发两矢，马射发三矢，皆著为格。"[1]画学杂流也可以选择读律作为自己的出官考核方式。"画学之业，曰佛道，曰人物，曰山水，曰鸟兽，曰花竹，曰屋木，以《说文》《尔雅》《方言》《释名》教授。《说文》则令书篆字，着音训，余书皆设问答，以所解义观其能通画意与否。仍分士流、杂流，别其斋以居之。士流兼习一大经或一小经，杂流则诵小经或读律。"[2]其二，以资荫入官的宗室子弟或官僚贵族子弟也需考校律令。如神宗朝要求依靠官位保任子孙出任官职时，子孙须考校律令合格后方能任官。"选人、任子，亦试律令始出官。"[3]并且，为了鼓励官员熟读国家法律法令等。"乃减任子出官年数，去守选之格，概令试法，通者随得注官。"[4]宋徽宗在崇宁时期要求比较疏远的宗室在考核不合格或不参加任官考核的，只需要在礼部读律，就可以授予一定的官职。"疏属年二十五，以经义、律义试礼部合格，分二等附进士榜，与三班奉职，文优者奏裁。其不能试及

---

〔1〕（元）脱脱等撰：《宋史·卷一百五十七·选举志三》，中华书局1985年版，第3681页。

〔2〕（元）脱脱等撰：《宋史·卷一百五十七·选举志三》，中华书局1985年版，第3688页。

〔3〕（元）脱脱等撰：《宋史·卷一百五十五·选举志一》，中华书局1985年版，第3618页。

〔4〕（元）脱脱等撰：《宋史·卷一百五十八·选举志四》，中华书局1985年版，第3708页。

试而黜者，读律于礼部，推恩与三班借职。”[1]

总之，宋朝在以皇帝为代表的统治阶层的努力下进一步发展了司法官员的选拔和培养机制，从不同侧面构建了“经生明法，法吏通经”的选拔和培养机制，而这一机制也是符合“德礼为政教之本，刑罚为政教之用”的治国理政思想的，也更为符合以儒家思想为指导的专制社会的统治需要，为中国传统司法理念的践行奠定了坚实的基础。这也为明清两朝所承袭，不过，他们对法律的重视显然是不能够与宋朝相提并论的。

第二节　“官司出入人罪”的司法责任追究机制

“中国古代司法官吏的司法责任制度的发展历经秦汉、隋唐各朝，发展到清朝时其内容已经非常丰富、完善。”[2]它涉及的方面亦十分广泛，包含受理、勘验、审判、执行等司法的各个环节和方面。[3]然而，若一一讨论，与行文主旨无较大裨益；且限于精力，宏篇巨论于此亦是十分不现实的。因此，本书从写作的目的和现实出发，仅详细阐述该责任追究机制的核心：“官司出入人罪”的司法责任追究机制。

---

　　[1]　（元）脱脱等撰：《宋史·卷一百五十七·选举志三》，中华书局1985年版，第3676页。

　　[2]　林明、王慧：“中国古代司法官司法责任制述略——以清代司法责任制度为例”，载张中秋编：《理性与智慧：中国法律传统再探讨——中国法律史学会2007年国际学术研讨会文集》，中国政法大学出版社2008年版，第366页。

　　[3]　王广彬在《中国古代司法官责任制度探究》一文中对司法官责任的内容进行了比较细致的分类。具体如下："违法受诉的责任，躬亲鞠狱的责任，状外求罪的责任，出入人罪的责任，同职连坐的责任，违法断罪的责任，公判服辩的责任，重罪擅断的责任，违法行刑的责任，淹禁不决的责任。"参见王广彬："中国古代司法官责任制度探究"，载《政法论坛》1998年第5期。

一、"缓深故，急纵出"：秦汉时期的司法责任追究机制

早在西周时期，我们就出现了以"五过之疵"，即"惟官、惟反、惟内、惟货、惟来"[1]等来规范官员渎职枉法的行为。虽然，后世人将之附会解释为：因为上述五种原因出入人罪，司法官员需要承担与犯法者相同的罪责，"以此五过出入人罪，与犯法者等"。然而，"'出入人罪'那样的说法，明显是东汉人的用语了"。[2]春秋时期，史籍中也有司法官员失入人死罪而执意以死抵罪的事例。如"过听杀人"的"李离曰：'理有法，失刑则刑，死则死。公以臣能听微决疑，故使为理。今过听杀人，罪当死。'遂不受令，伏剑而死"。[3]这说明当时即已存在司法官员失入死刑需要抵死的法律规制。然而，就目前所知史料和出土文献来说，专门以法律的形式规制官员出入人罪的司法责任机制首先出现在秦朝。在初步区分行为人的主观是故意，还是过失的基础上，秦朝将官司出入人罪的司法责任划分为三个方面：其一，"失刑"。所谓"失刑"是指"秦时司法官吏适用刑罚不当而构成的犯罪"。[4]如《法律答问》中就有对"失刑"拟制案例的记载："士五（伍）甲盗，以得时直臧（赃），臧（赃）直过六百六十，吏弗直，其狱鞫乃直臧（赃），臧（赃）直百一十，以论耐，问甲及吏可（何）论？甲当黥为城

---

〔1〕《尚书》，王世舜、王翠叶译注，中华书局 2012 年版，第 325 页。

〔2〕周永坤："'出入人罪'的司法导向意义——基于汉、唐、宋、明四代的比较研究"，载《法律科学（西北政法大学学报）》2015 年第 3 期。

〔3〕（汉）司马迁撰：《史记》，（宋）裴骃集解，（唐）司马贞索引，（唐）张守节正义，中华书局 1963 年版，第 3103 页。

〔4〕《中国百科大辞典》编委会：《中国百科大辞典》，华夏出版社 1990 年版，第 491 页。

旦；吏为失刑罪，或端为，或不直。"〔1〕其二，"不直"。根据
《睡虎地秦墓竹简·法律答问》的记载可知，"不直"是指司法
官员在审断案件时故意重罪轻判或故意轻罪重判的犯罪行为。
"罪当重而端轻之，当轻而端重之，是谓'不直'。"〔2〕其中，
《法律答问》中还有何为"不直"的假设案例记载："士五
（伍）甲盗，以得时直臧（赃），臧（赃）直百一十，吏弗直，
狱鞫乃直臧（赃），臧（赃）直过六百六十，黥甲为城旦，问
甲及吏可（何）论？甲当耐为隶臣，吏为失刑罪。甲有罪，吏
智（知）而端重若轻之，论可（何）（也）？为不直。"〔3〕其三，
"纵囚"。根据《睡虎地秦墓竹简·法律答问》的记载可知，
"纵囚"是指司法官员在审断案件时，应当判处罪犯重罪而轻判
或出罪的犯罪行为。"当论而端弗论，及荡其狱，端令不致，论
出之，是谓'纵囚'。"〔4〕其中需要注意的是，"失刑"是内含
故意、过失两种主观心理状态下的司法审断行为，而"不直"
"纵囚"均属于故意的范畴。

　　有鉴于秦朝的暴政、酷法亡国的历史教训，汉初诸帝"躬
修玄默，劝趣农桑，减省租赋"，践行"与民休息"的黄老政
策。具体落实在法律实践领域，则为减省法律，废除严刑苛法。
经过高祖、吕后、惠帝、文帝等几代统治者的努力，汉朝形成
了"刑罚大省"的局面，博得了"断狱四百，有刑错之风"的

　　〔1〕《睡虎地秦墓竹简》整理小组编：《睡虎地秦墓竹简》，文物出版社1990
年版，第102页。
　　〔2〕《睡虎地秦墓竹简》整理小组编：《睡虎地秦墓竹简·法律答问》，文物出
版社1990年版，第115页。
　　〔3〕《睡虎地秦墓竹简》整理小组编：《睡虎地秦墓竹简·法律答问》，文物出
版社1990年版，第101页。
　　〔4〕《睡虎地秦墓竹简》整理小组编：《睡虎地秦墓竹简·法律答问》，文物出
版社1990年版，第115页。

美名。[1]然而，"及至孝武即位，外事四夷之功，内盛耳目之好，征发烦数，百姓贫耗，穷民犯法，酷吏击断，奸轨不胜。于是招进张汤、赵禹之属，条定法令，作见知故纵、监临部主之法"。[2]"见知故纵、监临部主之法"制定后，百姓不举告所知犯罪即构成了"故纵"罪，需要承担相应的刑事责任。具体在司法领域则更为严苛。司法官员故意或过失陷人于重罪、死罪时，只需承担较轻的刑罚责任，甚至不承担刑事责任。而司法人员故意或过失判处罪犯轻罪或无罪时，需要承担较重的刑罚责任，乃至死罪。也就是说，至迟在汉武帝时期，中国传统社会已形成较为完整和系统的官司出入人罪的司法责任追究机制："缓深故之罪，急纵出之诛。"[3]在这一出入人罪的司法责任机制导向下，司法官员为了迎合最高统治者的好恶，同时出于自我保护和职位晋升的需求，以惨刻用法为个人能力的展现，以陷人于罪表示向皇帝尽忠。"今之听狱者，求所以杀之；……今之狱吏，上下相驱，以刻为明，深者获功名，平者多后患。"[4]较为典型的事例是河内太守王温舒以专杀为威，苛刻为能，在不能执行死刑的春天来临之时，"顿足叹曰：'嗟乎，令冬月益展一月，足吾事矣！'"汉武帝听闻此语后竟将之拔擢为中尉。"天子闻之，以为能，迁为中尉。"[5]此后，举朝官吏

---

〔1〕 （汉）班固撰：《汉书·卷二十三·刑法志》，（唐）颜师古注，中华书局1962年版，第1096页。

〔2〕 （汉）班固撰：《汉书·卷二十三·刑法志》，（唐）颜师古注，中华书局1962年版，第1101页。

〔3〕 （汉）班固撰：《汉书·卷二十三·刑法志》，（唐）颜师古注，中华书局1962年版，第1101页。

〔4〕 （汉）班固撰：《汉书·卷二十三·刑法志》，（唐）颜师古注，中华书局1962年版，第1109-1110页。

〔5〕 （汉）司马迁撰：《史记·卷一百二十二·酷吏列传·王温舒》，（宋）裴骃集解，（唐）司马贞索引，（唐）张守节正义，中华书局1963年版，第3148页。

基本都仿效王温舒的司法行为，以深苛为能。"自温舒等以恶为治，而郡守、都尉、诸侯二千石欲为治者，其治大抵尽放温舒，而吏民益轻犯法，盗贼滋起。"[1]昭帝时期，虽然有黄霸这样的循吏执法温和宽厚，但是大将军霍光为巩固自身的政治地位，仍然沿用武帝时期的司法责任制度，是以大多数的"俗吏尚严酷以为能"。[2]汉宣帝在接受廷史路温舒的建言的基础上，设置廷平来复审疑难案件，力求改变俗吏以苛刻为能的司法现状。尽管，在其统治时期出现了"刑狱号为平"的美誉，但终难以纠正在"缓深故之罪，急纵出之诛"的司法责任制度下形成的司法官员以苛刻为能的历史大趋势。就连立国之初的东汉亦不能例外，"建武、永平之间，吏事刻深，亟以谣言单辞，转易守长。故朱浮数上谏书，箴切峻政，钟离意等亦规讽殷勤，以长者为言，而不能得也"。[3]

虽然，在汉武帝时期才确认官司出入人罪的司法责任制度是"缓深故之罪，急纵出之诛"，但是，在整个秦汉时期，司法官员基本都是在此理念指导下审断狱案的。在该司法责任机制的指导下，司法官员候伺皇帝旨意。同时，为了表现自己忠君爱国和谋求晋升之道，他们多以苛刻、残酷为能。皇帝的意旨之所以有如此大的作用，"是由于专制制度的本性和人'趋利避害'的本性所决定的。就制度本性而言，专制制度下的司法权是王权的工具，王权对法官有生杀予夺之权；从人的本性言之，人是趋利避害的动物，法官亦然。这两点决定了专制制度下法

〔1〕（汉）司马迁撰：《史记·卷一百二十二·酷吏列传·王温舒》，（宋）裴骃集解，（唐）司马贞索引，（唐）张守节正义，中华书局1963年版，第3151页。

〔2〕（汉）班固撰：《汉书·卷八十九·循吏传》，（唐）颜师古注，中华书局1962年版，第3628页。

〔3〕（南朝·宋）范晔撰：《后汉书·卷七十六·循吏列传》，（唐）李贤等注，中华书局1965年版，第2457页。

官的司法行为通常是'看今上'的眼色行事的。起码在直观上，'入人罪'有'忠君'的外观；而'出人罪'则有'吃里爬外'之嫌"。[1]对于这一点，早在杜周为廷尉时多根据汉武帝旨意而审断案件、出入人罪为时人所诟病而回应的话语中便可窥一斑："周为廷尉，其治大放张汤而善候伺。上所欲挤者，因而陷之；上所欲释者，久系待问而微见其冤状。客有让周曰：'君为天子决平，不循三尺法，专以人主意指为狱。狱者固如是乎？'周曰：'三尺安出哉？前主所是著为律，后主所是疏为令，当时为是，何古之法乎！'"[2]

二、"重入轻出"司法责任追究机制的初步奠定：隋唐时期

"缓深故之罪，急纵出之诛"的司法责任制度得以确立后，对整个汉朝都有深远的影响，后世王朝或因战乱或因短祚，均未对这一官司出入人罪的司法责任制度作出较大调整，及至隋朝仍然发挥着巨大的作用。隋文帝，"性猜忌，素不悦学，既任智而获大位，以文法自矜，明察临下"。[3]隋炀帝最初也号称"宽政"，但后来"益肆淫刑"。[4]因此，在隋朝，官员在审理案件过程中，也以"深刻"为能，经常牵连枝蔓。如大理寺丞杨远、刘子通等人更以惨刻、"深文"为能而受到隋文帝的赏识，专门委派他们处理诏狱。"大理寺丞杨远、刘子通等，性爱

---

〔1〕周永坤："'出入人罪'的司法导向意义——基于汉、唐、元、明四代的比较研究"，载《法律科学（西北政法大学学报）》2015年第3期。

〔2〕（汉）司马迁撰：《史记·卷一百二十二·酷吏列传》，（宋）裴骃集解，（唐）司马贞索引，（唐）张守节正义，中华书局1963年版，第3153页。

〔3〕（唐）魏征等撰：《隋书·卷二十五·刑法志》，中华书局1973年版，第713页。

〔4〕（唐）魏征等撰：《隋书·卷二十五·刑法志》，中华书局1973年版，第716~717页。

深文，每随牙奏狱，能承顺帝旨。帝大悦，并遣于殿庭三品行中供奉，每有诏狱，专使主之。候帝所不快，则案以重抵，无殊罪而死者，不可胜。[1]然案之《隋书·酷吏传》可知，深文峻法之吏多被视为惨酷之吏，为时人所诟病，最终也为统治者所厌弃。这说明，隋朝已逐渐意识到两汉以来的"缓深故之罪，急纵出之诛"的司法责任制度与当时的整个治国方略是背道而驰的，但是此时尚没有形成一种新的官司出入人罪的司法责任制度来替代这一制度。与之相反，统治者却时常基于自身的好恶而奖励、拔擢这类酷吏。如检校司农卿赵仲卿因在审断"蜀王秀犯罪案"深文牵连州县大半的官吏而受到隋文帝的奖励。"蜀王秀之得罪，奉诏往益州穷按之。秀宾客经过之处，仲卿必深文致法，州县长吏坐者太半。上以为能，赏婢奴五十口，黄金二百两，米粟五千石，奇宝杂物称是。"[2]

为了贯彻"德礼为政教之本，刑罚为政教之用"的治国指导思想，同时，出于重惜民命的考量，唐朝统治者在法律令典中以专条的方式一反两汉"缓深故之罪，急纵出之诛"的司法责任制度，厘定了全新的"官司出入人罪"的制度。具体内容如下：

> 诸官司入人罪者，（谓故增减情状足以动事者，若闻知有恩赦而故论决，及示导令失实辞之类。）若入全罪，以全罪论；（虽入罪，但本应收赎及加杖者，止从收赎、加杖之法。）……从轻入重，以所剩论；刑名易者：从笞入杖、从徒入流亦以所剩论，（从徒入流者，三流同比徒一年为剩；即从近流而入远流者，同比徒半年为剩；若入加役流者，各计加役年为剩。）从笞杖

---

〔1〕 （唐）魏征等撰：《隋书·卷二十五·刑法志》，中华书局 1973 年版，第716 页。

〔2〕 （唐）魏征等撰：《隋书·卷七十四·酷吏传》，中华书局 1973 年版，第1697 页。

入徒流、从徒流入死罪亦以全罪论。其出罪者，各如之。……即断罪失于入者，各减三等；失于出者，各减五等。若未决放及放而还获，若囚自死，各听减一等。……即别使推事，通状失情者，各又减二等；所司已承误断讫，即从失出入法。虽有出入，于决罚不异者，勿论。[1]

根据该条文可知：第一，故意出入人罪重于过失出入人罪。第二，"'故意出入人罪'或以'全罪论'，或以'剩罪论'的处罚，体现了'同态复仇'的原始公平观"。[2]第三，过失入人罪的法律责任明显重于过失出人罪。概而言之，唐朝确立了"重入轻出"的官司出入人罪的司法责任制度，这在一定程度上诱导司法官员在审理案件时恤刑慎杀。但是，这一制度在确立之初并未得到很好的贯彻与落实。唐太宗时，因大理丞张蕴古在审断"李好德'妖妄之言'案"时主张李好德有癫痫病不当科罪而被"斩于东市"。当时，司法官员以张蕴古为前车之鉴，"以出罪为诫"，又加上"时有失入者，又不加罪焉"情形的发生，在事实上一改律典中"重入轻出"的司法责任制度，形成了"失入则无辜，失出则获大罪"的司法责任追究机制。所以，大部分司法官员在审理具体案件时竞相苛刻。这一现象引起了唐太宗的注意。其在大理卿刘德威的建议下，再次下诏要求断狱"失于出入者，令依律文"，复归"重入轻出"的司法责任制度。[3]并且，为了贯彻"重入轻出"的司法责任制度，践行

---

〔1〕（唐）长孙无忌等撰：《唐律疏议·卷三十·断狱律·"官司出入人罪"》，刘俊文点校，法律出版社1999年版，第604～606页。

〔2〕周永坤："'出入人罪'的司法导向意义——基于汉、唐、宋、明四代的比较研究"，载《法律科学（西北政法大学学报）》2015年第3期。

〔3〕参见（后晋）刘昫等撰：《旧唐书·卷五十·刑法志》，中华书局1975年版，第2140页。

中国传统司法理念，长孙无忌劝导太宗不能在审断案件时掺杂个人好恶。"陛下喜怒不妄加于人。"〔1〕然而，这一制度形成的根基并未深厚，其贯彻与落实尚仰赖于在位皇帝的鼎力支持。随着帝王的更迭，"重入轻出"的司法责任制度在唐朝反反复复，很难得到切实的贯彻。如为了巩固大周王朝的统治秩序，武则天"欲以威制天下，渐引酷吏，务令深文，以案刑狱"，〔2〕完全背离了"重入轻出"的司法责任制度。是时，酷吏频出，为苛刻为能。"丘神勣、来子珣、万国俊、周兴、来俊臣、鱼承晔、王景昭、索元礼、傅游艺、王弘义、张知默、裴籍、焦仁亶、侯思止、郭霸、李仁敬、皇甫文备、陈嘉言等"〔3〕皆是武周时期知名的酷吏。中宗时期，虽欲一改武周惨刻之政，大肆贬谪武周时期的酷吏，恢复了"重入轻出"的官司出入人罪制度。然而，江河日下的李唐王朝很难将之贯彻与落实，峻刻深文之吏在最高统治者默许，乃至鼓励之下不绝于书。如罗希奭在唐玄宗时期以持法深刻著称，"罗希奭，……为吏持法深刻"；〔4〕监察御史敬羽在唐肃宗时期以苛刻深文为晋升之道，"及肃宗于灵武即大位，羽寻擢为监察御史。以苛刻征剥求进"；〔5〕等等。

综上，唐朝虽在律典中明文规定"重入轻出"的官司出入人罪的司法责任制度，但是在具体的司法实践中，或基于当时

---

〔1〕 （后晋）刘昫等撰：《旧唐书·卷五十·刑法志》，中华书局 1975 年版，第 2141 页。

〔2〕 （后晋）刘昫等撰：《旧唐书·卷五十·刑法志》，中华书局 1975 年版，第 2143 页。

〔3〕 （后晋）刘昫等撰：《旧唐书·卷一百八十六上·酷吏传上》，中华书局 1975 年版，第 4841 页。

〔4〕 （后晋）刘昫等撰：《旧唐书·卷一百八十六下·酷吏传下》，中华书局 1975 年版，第 4858 页。

〔5〕 （后晋）刘昫等撰：《旧唐书·卷一百八十六下·酷吏传下》，中华书局 1975 年版，第 4860 页。

皇帝的个人主观意志，或基于维护政权统治的需要，或基于巩固民心的需求等，该制度并没有被很好地贯彻和实施。不过，"重入轻出"制度的确立，为后世专制王朝的"官司出入人罪"制度奠定了基本模型，宋、元、明、清诸朝亦是在唐朝构建的框架的基础上来追究官司出入人罪的司法责任。

三、"重入轻出"司法责任追究机制的完善时期：宋朝

有鉴于"五季衰乱，禁罔烦密"的历史教训，宋朝统治者主张在司法中"务存仁恕"。[1]其中一个较为突出的表现就是严格贯彻和落实唐朝确立的"重入轻出"的官司出入人罪的司法责任制度。宋朝不仅承袭了唐朝关于"官司出入人罪"的相关规定，并将之全部律文纳入《宋刑统》，[2]还作了进一步的发展和完善。具体表现如下：为了稳固初建的宋政权，太祖时期严格贯彻"重入轻出"的官司出入人罪的司法责任制度，将峻刻深文作为官员不得迁擢的重要考核指标。"吏一坐深，或终身不进。"[3]并且，严惩那些酷虐用法、故入人死罪的司法官员，如"金州防御使仇超等坐故入死罪，除名流海岛"。[4]鉴于果、达、密、徐四州官员妄断人死罪的现状，刑部向太宗建言，要求失入人死罪的司法官员不得享受减、赎等司法特权，并且需要承担一定的行政责任。宋太宗接受这一建议，并于雍

---

〔1〕（元）脱脱等撰：《宋史·卷一百九十九·刑法志一》，中华书局 1985 年版，第 4966 页。

〔2〕参见（宋）窦仪等撰：《宋刑统·卷三十·断狱律·"官司出入人罪"》，薛梅卿点校，法律出版社 1999 年版，第 552~555 页。

〔3〕（元）脱脱等撰：《宋史·卷一百九十九·刑法志一》，中华书局 1985 年版，第 4967 页。

〔4〕（元）脱脱等撰：《宋史·卷一百九十九·刑法志一》，中华书局 1985 年版，第 4968 页。

熙三年（公元986年）下诏要求："应断狱失入死刑者，不得以官减赎，检法官、判官皆削一任，而检法仍赎铜十斤，长吏则停任。"〔1〕不过，该诏令似乎并未得到很好的落实，以至于宋真宗于景德二年（1005年）再次下诏要求司法官员失入死罪所需承担的法律责任不至于追夺官爵的，在再次任命时，只能充当比较偏僻、遥远地方的官职。"自今失入死罪不至追官者，断冲替，候放选日，注僻远小处官，连署幕职、州县官注小处官，京朝官任知州、通判，知令录、幕职受远处监当，其官高及武臣、内职，奏取进止。"〔2〕同时，由于当时实行"鞫谳分司"的审判制度，宋真宗还专门规制了司法参军拣择法律错误以致出入徒流以上罪的司法责任，并将其失误次数纳入行政考核的范畴。"诸州司法参军有检法不当，出入徒流已上罪者，具案以闻。经三次误错者，替日，令守选。及委长吏察举。"〔3〕但是，为了鼓励重大疑难案件的上奏，对于那些出入徒半年以下的较轻的狱案，宋真宗于大中祥符五年（1012年）免除原勘官、录问官、检法官等的司法责任。"自今诸处奏案有失出入徒半年罪者，其原勘、录问、检法官等，不须问罪。"〔4〕宋仁宗进一步将出入人罪的司法责任与官员守选、降等，乃至追官勒停等行政

---

〔1〕（元）脱脱等撰：《宋史·卷一百九十九·刑法志一》，中华书局1985年版，第4971页。

〔2〕（宋）李焘撰：《续资治通鉴长编·卷六十·"景德二年七月辛亥"条》，上海师范大学古籍整理研究所、华东师范大学古籍整理研究所点校，中华书局2004年版，第1349~1350页。

〔3〕（宋）李焘撰：《续资治通鉴长编·卷七十三·"大中祥符三年四月丙辰"条》，上海师范大学古籍整理研究所、华东师范大学古籍整理研究所点校，中华书局2004年版，第1663页。

〔4〕（宋）李焘撰：《续资治通鉴长编·卷七十七·"大中祥符五年三月辛巳"条》，上海师范大学古籍整理研究所、华东师范大学古籍整理研究所点校，中华书局2004年版，第1759页。

责任密切联系起来，特别是京朝官的铨选与任命同其曾经失入死罪的人数和已决或未决情况密切相关。"磨勘选人历任曾失入死罪未决者，俟再任、举主应格，听引见。其已决者，三次乃许之。若失入二人以上者，虽得旨改官，仍与次等京官。"[1]不限于此，仁宗朝甚至还出现了司法官员曾经失入死罪、终身不得迁擢的规定。"仁宗圣性仁恕，尤恶深文，狱官有失入人罪者，终身不复进用。"[2]在上述规定的基础上，宋仁宗还特别注重身体力行贯彻"重入轻出"的出入人罪的司法责任制度。具体事例大致如下：其一，因刑部举荐的详覆官曾经失入人死罪，宋仁宗主张不得任命其为司法官员，并且科罚举主。"刑部尝荐详覆官，帝记其姓名，曰：'是尝失入人罪不得迁官者，乌可任法吏？'举者皆罚金。"[3]其二，当职官司认为失入人死罪的广州司理参军陈仲约系公罪，应当取赎，但是宋仁宗主张人命关天，遇赦也不得叙复为官。"广州司理参军陈仲约误入人死，有司当仲约公罪应赎。帝谓审刑院张揆曰：'死者不可复生，而狱吏虽废，复得叙官。'命特治之，会赦勿叙用。"[4]其三，宋仁宗主张曾失入死罪的官员不得以恩荫任子为官。"尚书比部员外郎师仲说请老，自言恩得任子，帝以仲说尝失入人死罪，不与。"[5]

---

〔1〕（宋）李焘撰：《续资治通鉴长编·卷一百九十五·"嘉祐六年十月丁酉"条》，上海师范大学古籍整理研究所、华东师范大学古籍整理研究所点校，中华书局 2004 年版，第 4729 页。

〔2〕（清）潘永因编：《宋稗类钞·卷一·君范》，刘卓英点校，书目文献出版社 1985 年版，第 8 页。

〔3〕（元）脱脱等撰：《宋史·卷一百九十九·刑法一》，中华书局 1985 年版，第 4974 页。

〔4〕（元）脱脱等撰：《宋史·卷二百·刑法志二》，中华书局 1985 年版，第 4989 页。

〔5〕（元）脱脱等撰：《宋史·卷二百·刑法志二》，中华书局 1985 年版，第 4989 页。

宋神宗也极为重视法律和司法在国家治理中的功能，在其统治期间进一步巩固和发展"重入轻出"的官司出入人罪的司法责任制度。具体表现为三个方面：第一，将官员承担司法责任、行政责任的轻重与失入死罪的人数联系起来。"失入死罪，已决三人，正官除名编管，贰者除名，次贰者免官勒停，吏配隶千里。二人以下，视此有差。不以赦降、去官原免。未决，则比类递降一等；赦降、去官，又减一等。"〔1〕第二，确立罪犯被"失出"而因赦降原免，"失出"官员亦应原免；罪犯被"失入"而因赦降原免，"失入"官员不能免责的处理原则。熙宁八年（1075 年），应中书堂后官刘衮所请，审刑院、大理寺主张失出罪人因赦降原减、原免的，因"失出"获罪的司法人员亦应原免；而失入罪人因赦降原减、原免的，因"失入"获罪的司法官员则不应原免。"洪州民有犯徒而断杖者，其余罪会恩免，官吏失出，当劾。中书堂后官刘衮驳议，以谓'律因罪人，以致罪，罪人遇恩者，准罪人原法。洪州官吏当原。'又请自令官司出入人罪，皆用此令。而审刑院、大理寺以谓：'失入人罪，乃官司误致罪于人，难用此令。其失出者，宜如衮议'。"〔2〕而后，神宗在此基础上颁布诏令，将失出罪犯因遇恩赦原免，而司法官员能够获得原免的范围限定在应断徒刑而断杖刑这类较轻的犯罪上。"官司失入人罪，而罪人应原免，官司犹论如法，即失出人罪。若应徒而杖，罪人应原免者，官司乃得用因罪人以致罪之律。"〔3〕第三，宋神宗委命专职司法官员考核各级

〔1〕（元）脱脱等撰：《宋史·卷二百一·刑法志三》，中华书局 1985 年版，第 5022 页。

〔2〕（元）脱脱等撰：《宋史·卷二百一·刑法志三》，中华书局 1985 年版，第 5010 页。

〔3〕（元）脱脱等撰：《宋史·卷二百一·刑法志三》，中华书局 1985 年版，第 5022 页。

官员失入人罪责的情况，并且，将失入徒罪 5 人以上作为考察政绩的考核标准，而这一考核结果将直接影响他们的升迁、降级、奖惩等。"令审刑院、刑部断议官，岁终具尝失入徒罪五人以上，京朝官展磨勘年，幕职、州县官展考，或不与任满指射差遣，或罢，仍即断绝支赐。"[1]也有学者将这一制度称为"'岁终比较'的累计责任制"。[2]元祐初年（1086 年），有司主张"失出入者同坐"。但是，出于爱惜民命、恤刑慎杀的考虑，权给事中乔执中驳斥了该主张，认为"先王重入而轻出，恤刑之至也。今一旦均之，恐自是法吏不复肯与生比，非好生洽民之意也"。[3]从此以后，对于失出人罪的司法官员处罚更轻，乃至失出死罪亦不责罚。"法寺断狱，大辟失入有罚，失出不坐。"[4]不过，在朝臣的建言下，哲宗将失出死罪五人比照失入死罪一人科罚，失出徒罪、流罪三人比照失入徒罪、流罪一人科罚，从而彰显其好生之"大德"。"以失出死罪五人比失入一人，失出徒、流罪三名，亦如之。"[5]在即位之初，徽宗废除了司法官员失出人罪的司法责任。"五月丁卯朔，罢理官失出之罚。"[6]

南宋时期，根据失入死罪的人数将司法官员的责任分为四

---

[1]　（元）脱脱等撰：《宋史·卷二百一·刑法志三》，中华书局 1985 年版，第 5022 页。

[2]　季怀银："宋代法官责任制度初探"，载《中州学刊》1993 年第 1 期。

[3]　（元）脱脱等撰：《宋史·卷三百四十七·乔执中传》，中华书局 1985 年版，第 11018 页。

[4]　（元）脱脱等撰：《宋史·卷二百一·刑法志三》，中华书局 1985 年版，第 5023 页。

[5]　（元）脱脱等撰：《宋史·卷二百一·刑法志三》，中华书局 1985 年版，第 5023 页。

[6]　（元）脱脱等撰：《宋史·卷十九·徽宗本纪一》，中华书局 1985 年版，第 359 页。

等，并根据其与案件的利害关系程度与危害结果产生与否来分别厘定当职官员的刑事责任和行政责任。"诸官司失入死罪，一名，为首者，当职官勒停……第二从，当职官冲替……第三从，当职官冲替……第四从，当职官差替……二人，各递加一等，（原注：谓如第四从依第三从之类）为首者，当职官追一官勒停……三人，又递加一等，为首者，当职官追两官勒停……（原注：以上虽非一案皆通计。）并不以去官赦降原减。未决者，各递减一等。（原注：谓第三从依第四从；第四从，三人依二人之类。）会赦恩及去官者，又递减一等。（原注：以上本罪仍依律。其去官会恩者，本罪自依原减法。）即事涉疑虑，若系强盗及杀人正犯，各应配，或中散大夫以上及武官犯者，并奏裁。"[1]

综上可知，宋代继承了唐代确立的"重入轻出"的官司出入人罪的司法责任制度并有所发展。具体表现为：第一，历任皇帝均严格贯彻"重入轻出"的司法责任制度，较少出现唐朝那样制度上"重入轻出"、实践中"重出轻入"的现象；第二，宋朝在谨守"重入"的司法责任制度的基础上，进一步减轻官员失出的责任，乃至失出死罪亦不受罚；第三，宋朝将"重入轻出"的司法责任制度一步步地细化、量化，并将之与官员的政治生命挂钩，使之在司法实践过程中更具有可操作性，也更具有威慑性。这使得宋代"成为中国封建时代执行'入罪从严、出罪从宽'这一原则的比较认真的一个朝代"。[2]

---

〔1〕（宋）谢深甫等撰：《中国珍稀法律典籍续编·第一册·庆元条法事类·卷七十三·刑狱门·出入罪·断狱敕》，戴建国点校，黑龙江人民出版社2002年版，第752页。

〔2〕季怀银："宋代法官责任制度初探"，载《中州学刊》1993年第1期。

四、"重入轻出"司法责任追究机制的沿袭及曲折发展：元明清时期

在基本承袭了唐宋以来的官司出入人罪的相关规定的基础上，元朝增加了未造成危害结果或囚犯自杀这两种特定情况下，减轻故入囚犯死罪的官员的司法责任的规定。"诸有司故入人罪，若未决者及囚自死者，以所入罪减一等论，入人全罪，以全罪论，若未决放，仍以减等论。诸故出人之罪，应全科而未决放者，从减等论，仍记过。诸失入人之罪者，减三等，失出人罪者减五等，未决放者又减一等，并记过。"[1]

明朝继承了唐朝所确立的"重入轻出"的官司出入人罪的司法责任制度。不过，通过对《大明律》条文的解析，可知其在一定程度上减轻了"故入"官员的司法责任：从笞刑、杖刑故入为徒刑、流刑，从徒刑、流刑故入为死刑的；或从死刑故出为徒刑、流刑，徒刑、流刑故出为笞刑、杖刑的，《唐律》以全罪论，"从笞杖入徒流、从徒流入死罪亦以全罪论。其出罪者，各如之"；[2]而《明律》以所增减论，"凡官司故出入人罪，……若增轻作重，减重作轻，以所增减论"。[3]然而，太祖"惩元纵弛之后，刑用重典，然特取决一时，非以为则"；[4]成祖"起

---

〔1〕（明）宋濂等撰：《元史·卷一百三·刑法志二》，中华书局1976年版，第2633页。

〔2〕（唐）长孙无忌等撰：《唐律疏议·卷三十·断狱律·"官司出入人罪"》，刘俊文点校，法律出版社1999年版，第605页。

〔3〕（明）刘惟谦等撰：《大明律·卷二十八·刑律·断狱·"官司出入人罪"》，怀效锋点校，法律出版社1999年版，第218页。

〔4〕（清）张廷玉等撰：《明史·卷九十三·刑法志一》，中华书局1974年版，第2279页。

靖难之师"，〔1〕为宣扬正统、笼络人心，也以重法严刑治理朝政。两位皇帝的治理理政倾向反映在司法领域，官员竞相深刻，如永乐朝的陈瑛、吕震、纪纲等人在司法中勾连不绝，用法刻深，却得到的明成祖的赏识。"而陈瑛、吕震、纪纲辈先后用事，专以刻深固宠"〔2〕。明太祖、明成祖两位皇帝为明朝奠定了刻法严刑的基调，使得司法实践中往往背离《大明律》中所确立的"重入轻出"的官司出入人罪的司法责任制度。嘉靖六年（1527 年），在给事中周瑯的建言下，明世宗有意矫正在司法中"重出罪，轻入罪"的恶习，将用法深刻、酷虐的官员贬斥为民，"且命中外有用法深刻，致戕民命者，即斥为民，虽才守可观，不得推荐"。〔3〕然因嘉靖八年（1529 年），世宗欲曲杀被诬告的"张柱杀张福母亲案"而根连株逮，"重入轻出"的司法责任制度很快便不复遵行，被破坏殆尽。"京师民张福杀母，诉为张柱所杀，刑部郎中魏应召覆治得实。而帝以柱乃武宗后家仆，有意曲杀之，命侍郎许讚尽反谳词，而下都御史熊浃及应召于狱。其后，猜忌日甚，冤滥者多，虽间命宽恤，而意主苛刻。"〔4〕从时任刑部侍郎吕坤的上书中可知，神宗朝也是"重出罪，轻入罪"，"每见诏狱一下，持平者多拂上意，从重者皆当圣心"。〔5〕清朝在承袭明朝"官司出入人罪"规定的基础

〔1〕（清）张廷玉等撰：《明史·卷九十四·刑法志二》，中华书局 1974 年版，第 2320 页。

〔2〕（清）张廷玉等撰：《明史·卷九十四·刑法志二》，中华书局 1974 年版，第 2320 页。

〔3〕（清）张廷玉等撰：《明史·卷九十四·刑法志二》，中华书局 1974 年版，第 2315 页。

〔4〕（清）张廷玉等撰：《明史·卷九十四·刑法志二》，中华书局 1974 年版，第 2324~2325 页。

〔5〕（清）张廷玉等撰：《明史·卷二百二十六·吕坤传》，中华书局 1974 年版，第 5940 页。

上，细化了司法官员"故增笞从徒""故增杖从徒""故增杖从流""故增轻徒从重徒""故增徒从流""故增近流从远流""故增笞杖徒流至死""故减徒从笞""故减徒从杖""故减重徒从轻徒""故减流从笞""故减流从徒""故减死罪从笞杖徒流""失增笞从杖""失增杖从流""失增轻徒从重徒""失增徒从流""失增笞杖徒流入死""失减徒从笞""失减流从笞""失减流从徒""失减死罪从流徒杖笞"等行为具体的司法责任。[1]

　　综上，中国传统社会的官司出入人罪的司法责任制度经历了秦汉的"缓深故之罪，急纵出之诛"模式，到隋唐定型的"重入轻出"模式，历经宋元明清诸朝的发展，日臻完善。其中，"重入轻出"的官司出入人罪的司法责任制度更符合中国传统司法理念的内在要求，能够更好地推进司法实践的展开，更有利于维护广大百姓的生命健康权益。这主要是因为"'出入人罪'责任的规定与官员的前程甚至身家性命息息相关，因此，'出入人罪'的立法常常成为一代司法的指挥棒，即使在成法不变的情况下，法律'重入罪'还是'重出罪'的偏好也常常会影响一代之治"。[2]并且，中国传统社会是一个专制社会、人治社会，司法上即使有法律制度的保障，有时也难免是"惟上是从"，更何况法律上鼓励司法官员峻刻深文，严厉处置宽纵的行为，"那么，一个'深者获公名，平者多后患'的制度，必然使法官争相'深刻'以自保，以逐利"，[3]从而严重摧残百姓的生命、健康；而"重入轻出"的司法责任制度，则鼓励官员在

　　〔1〕　参见（清）阿桂等撰：《大清律例·卷三十七·刑律·断狱下·"官司出入人罪"》，田涛、郑秦点校，法律出版社 1999 年版，第 580~585 页。

　　〔2〕　周永坤："'出入人罪'的司法导向意义——基于汉、唐、宋、明四代的比较研究"，载《法律科学（西北政法大学学报）》2015 年第 3 期。

　　〔3〕　周永坤："'出入人罪'的司法导向意义——基于汉、唐、宋、明四代的比较研究"，载《法律科学（西北政法大学学报）》2015 年第 3 期。

审断案件时能够探求囚犯无罪的证据，进而保护其生命健康权。

小　结

为了践行中国传统司法理念，仅仅依靠法律规范上的贯彻与诉讼制度上的保障显然是不够的，还需从人员的设置上来着手，即培养和选拔符合中国传统司法理念内在要求的司法人员去践行中国传统司法理念。是以，司法人员的素质直接关系着中国传统司法理念能否得到贯彻和落实。因此，中国传统社会极为重视对司法人员的培养与选拔。从总体上来说，中国传统社会理想的司法人员的素养是"明法通经"。而这一司法人员素养的理想构成在中国传统社会的历史长河中，经历了漫长的发展期：秦汉时期的"明察宽恕"；隋唐时期的"儒法两立"；宋朝及其以后各朝的"经生明法，法吏通经"。在司法人员具备"明法通经"的素养后，为了更有效地践行中国传统司法理念，还要确立一个切实可行的司法责任追究机制。其中，"官司出入人罪"的司法责任追究机制是最为关键的环节。纵观中国传统社会的司法责任制，"官司出入人罪"的责任追究机制经历了四个发展阶段：秦汉时期"缓深故，急纵出"的司法责任追究机制；隋唐时期初步确立"重入轻出"的司法责任追究机制；宋朝继续贯彻落实和发展完善"重入轻出"的司法责任追究机制；"重入轻出"的司法责任追究机制在明清时期则是曲折发展。但是，在分析中我们不难发现，无论是"缓深故，急纵出"的秦汉时期，还是实质上落实的是"重出轻入"的隋唐、明清时期，都是向往"重入轻出"的。而这也是践行中国传统司法理念的内在要求，也是实现"王道平"理想社会秩序的必要前提。

第五章
中国传统司法理念在民事司法中的实践

——以《名公书判清明集》为例

　　中国传统司法理念不仅仅停留在静态的法律规范和诉讼制度之中，还真切地落实在各类司法实践中。无论是民事司法实践，还是刑事司法实践，中国传统司法理念都得到了贯彻和落实。本章将首先从民事司法实践角度，分析其中所蕴含的中国传统司法理念。无疑，保存下来的各种判例汇编中与民事司法相关的案例材料是我们利用和考察的最重要资料。然而，中国传统社会留存下来的判例集不胜枚举，限于篇幅与学力，同时也为了更为集中地论述，本书以汇集大量民事判例的《名公书判清明集》（为论述方便，以下简称《清明集》）为范本。它对于我们理解中国传统司法理念在民事司法实践中的落实而言是最有代表性和说服力的文本之一。究其原因，主要包括如下三个方面：其一，宋代商品经济高度繁荣，户婚田土纠纷层出不穷。"宋代统治者一反之前王朝的传统做法——户婚田土之类的纠纷被视为民间细故，明确提出了'为政者皆以民事为急'的理念"[1]。在这一理念指导下，宋代官员在审理民事纠纷时比较慎重和认真。其二，《清明集》所载的民事案件较多，并且集中在《户婚》《人伦》两门，仅纠纷类型就多达四十种：《争业》《赎屋》《抵当》《争田业》《争屋业》《赁屋》《争山》《争

---

　　[1] 张中秋、潘萍："传统中国的司法理念及其实践"，载《法学》2018年第1期。

界至》《立继》《归宗》《检校》《孤幼》《孤寡》《女受分》（也叫《女承分》）、《遗腹》《义子》《户绝》《分析》《遗嘱》《别宅子》《违法交易》《取赎》《坟墓》《墓木》《库本钱》《争财》《婚嫁》《离婚》《接脚夫》《雇赁》《父子》《母子》《兄弟》《夫妇》《孝》《不孝》《乱伦》《叔侄》《宗族》《乡里》。[1]其三，《清明集》中所载案例多发生在南宋中后期，当时的审判者在案件审理过程中不仅继承了宋以前的优良传统，还受到程朱理学的影响，为明清时期的民事司法审判奠定了基本审理趋向。在此基础上，本书基于民事案件主体之间的身份关系以及审理者不同的审断趋向，将《清明集》所载之民事纠纷分为三个方面来探讨：平等主体之间的民事纠纷的受理与审断；不同社会阶层之间的民事纠纷的受理与审断；与"家"相涉的民事纠纷的受理和审断。

第一节　平等主体之间的民事纠纷的受理与审断

此处所言的"平等主体"，虽然借鉴了现代民事法律中的界定和用法，但应当对之作限缩解释，即不仅原告、被告双方当事人在民事诉讼活动中身份相同、地位相等，也要求民事纠纷的任何一方均不得牵扯到与伦常、身份等相关的可能影响审判的因素。根据对《清明集》中所载案件的梳理，大致有二十多个判词涉及的是平等主体之间的民事纠纷，分别为："高七一状诉陈庆占田""曾沂诉陈增取典田未尽价钱""游成讼游洪父抵当田产""章明与袁安互诉田产""吴肃吴镕吴桧互争田产""胡楠周春互争黄义方起立周通直田产""妄诉田业""寺僧争

---

〔1〕　中国社会科学院历史研究所宋辽金元史研究室点校：《名公书判清明集》，中华书局1987年版，第6~19页。

田之妄""乘人之急夺其屋业""契约不明钱主或业主亡者不应受理""重叠交易合监契内钱归还""揩擦关书包占山地""争山各执是非当参旁证""抵当不交业""以卖为抵当而取赎""倚当""伪冒交易""争田业""王直之朱氏争田地""不肯还赁退屋""占赁房（花判）""赁者析屋（花判）""重叠""伪将已死人生前契包占""过二十年业主死者不得受理""揩改契书占据不肯还赎""质库利息与私债不同"等。根据证据是否充分、案情是否清晰明白、案件事实与法律事实之间的关系等，我们可将上述案件分为三个方面来探讨。

一、案情清楚、证佐明白案件的受理与审断

对于案情清楚明白、证据充分且能够有效判断当事人之间是非的民事纠纷案件，司法官员在判词中一般是将案情娓娓道来，在说理中自然地作出相应的判决，如"重叠交易合监契内钱归还"[1]这一判词中所载案件即是这方面的典型代表。在该案中，姚立斋的判词让我们能够清晰无误地把握原被告双方谁是谁非，而其也是在梳理整个案情的基础上，逐一对争讼双方的诉求予以判决。为了便于理解案情，特将判词分解如下：

时间：宋理宗嘉熙一年（1237年）前后
地点：不详
审判者：姚立斋
原告：丘三三
被告：江申四三

---

[1] 中国社会科学院历史研究所宋辽金元史研究室点校：《名公书判清明集·卷五·户婚门·争业下·"重叠交易合监契内钱归还"》，中华书局1987年版，第142~143页。其中后面判词分解所引内容，均系此判词，不再一一标明出处。

案件相关人：江唐宗、徐吉甫

案情：1. 绍定四年（1231年）四月，江申四三向丘三三借一百贯钱，并于五月份将两段田作价一百贯典给丘三三，但在典契内明确说明其不离业，且缴纳田税，"见得江申四三于绍定四年四月，就丘某三三借钱一百贯，五月内将田两段，作一百贯足典契，以成甫命名，代夫江唐宗知契还丘某，契内明言，认供苗，不离业"。

2. 后来，江申又将该段田重叠典与徐吉甫，"丘某受其欺骗，已收苗六年，而不知江申将其田重叠与徐吉甫交易讫"。

3. 江申与丘三三因此事发生互相告讼后，江申假借之前自己欠丘三十、徐乙赌博的债务一案，诬赖借丘三三一百贯钱亦是赌债，"江申却将别项从前已断丘三十、徐乙赌博钱事，衮同诬赖"。

4. 后来，江申又供认确实借丘三三一百贯钱，其中五十贯是见钱，六十五贯是官会，而自己所典的两段田，一段为真，一段为假，"今江申在右院已供，借丘某钱一百贯足，内见钱五十贯足，官会六十五贯，其实但所写典田一段是实，一段是虚"。

判决依据与结果：1. 姚立斋首先确认江申将田典与丘三三是因为借一百贯钱，而非赌债，"其实江某将田还丘三十者，赌钱事也；将田契与丘三三者，借钱事也"。

2. 其次，姚立斋斥责主簿因将丘三十误当作丘三三，而判决失当，"主簿误以丘三十为丘三三，并将其契毁抹"。

3. 再次，姚立斋指出司理因错误认定江申与丘三三之间的借贷关系，认为是有利债负，而作出将钱没入官府的错误判决，"司理以为赌博与借皆是违法，欲追钱入官，却未为是。照得准折有利债负，乃是违法"。

4. 最后，姚立斋在认定江申与丘三三之间的借贷关系不是准折有利债负，认可他们之间的借贷关系。但考虑到江申并未离业，故将该产业判给后典到的业主徐吉甫。且江申因虚写一段田产，欺诈丘某钱财被判处杖八十的刑罚处罚，但因遇赦免于实际刑罚。不过，江申需要将欠丘三三的五十贯见钱、六十五贯官会返还，"江申于四月内借钱，五月内典田，交易在一月之内，未曾有利，即不同上条法。况丘某受其诈，元不知情，难以追钱入官。其田元未离业，合给还业主。但江申不合虚写田段，诈欺丘某钱契，欲照条从杖八十，照赦免断。帖右院押下县，监所供认钱、会还丘某，取领状申"。

不过，有些案件尽管案情十分清楚，当事人之间的争讼焦点也清晰可见，但是审判者为了避免再一次的争讼、缠讼，会在判决中适当调整双方当事人的诉求，将原初订立契约时双方均认可且合法的约定作适当的变动和调整，如"倚当"[1]这一判词所载案例即是这方面的典型代表。在叶岩峰的判词中，我们能够很明确地知道李与权当年与叶渭叟所立的契约是抵当而非典当，并且双方均认可以钱、古画、法帖等偿还之前所欠钱、会的行为。但是，为了避免叶李两家再次因此债权债务关系发生争讼，叶岩峰在一定程度上背离了叶渭叟、李与权之前的行为和想法，主张将古画、法帖等返还给李正大，而李正大需备齐剩余官会交给叶家。为了便于理解案情，特将判词分解如下：

时间：端平二年左右（1235 年）
地点：不详

---

[1] 中国社会科学院历史研究所宋辽金元史研究室点校：《名公书判清明集·卷六·户婚门·抵当·"倚当"》，中华书局1987年版，第170~171页。其中后面判词分解所引内容，均系此判词，不再一一标明出处。

审判者：叶岩峰

原告：叶家

被告：宋天锡、李与权（亡故）

案件相关人：李正大（李与权之子）、叶渭叟干人、李喜（叶渭叟的庄干）

案情：1. 李与权的儿子李正大主张李与权当时是抵当田产与叶渭叟，而非典卖，"李与权之子李正大状称，先父元抵当田亩。所谓抵当者，非正典卖也"。

2. 检得典契，其中记载：嘉定十一年（1218年），李与权在牙保宋天锡的中介和保证下，以四百五十贯的价钱将三十三亩田产典给叶渭叟，但李与权并未离业，只是每次由宋天锡将租钱送给叶渭叟，"李与权于嘉定十一年，将田三十三亩典与叶渭叟，计价四百五十贯，有宋天锡为牙保"。

3. 查得李与权已于嘉定十三年（1220年）还叶渭叟三百贯钱，这在叶渭叟的批领中得到印证。并且李正大主张其父以相关古画等抵销剩下未尽的钱款，且得到叶渭叟干人的证明，"李与权因入三年租息，恐债负日重，于嘉定十三年冬还前项借钱，又有叶渭叟亲批领云：宋天锡与李兄送还钱共三百贯足，执此为照。书押尤分晓。较之原钱，今犹有未尽。李正大称，续有古画梨雀图障一面，高大夫山水四大轴，唐崔内竹鹊四轴，谭帖、降帖各一部，准还前项未尽之券。虽无叶渭叟批领，据叶之干人供称，系庄干李喜收讫"。

4. 叶家认为古画的价值与剩余欠款相比，不足以抵销，而李正大则主张古画的价值远远超过所欠的剩余款项，"但有一说，原钱计四百五十贯，钱、会中半，李与权虽还三百贯足，揆之半钱，已为过数，若以余钱入半会，方及三分之一，纵一图画、一法帖可以凑还，一欲价贱，一欲价贵，低昂不等，所以李有剩钱之语，叶有不直钱之说"。

判决依据与结果：1. 审判官员叶岩峰根据当地风俗、叶渭叟的批领、叶李两家就相关争讼之前的实际处理等，认定李与权之前的行为系抵当而非典当，"此邑风俗，假借色物，以田为质，必立二契，一作抵当，一作正典，时移事久，用其一而匿其一，遂执典契以认业。殊不知抵当与典卖不同，岂无文约可据，情节可考邪？……大凡置产，不拘多少，决是移业易佃，况三十余亩，关涉非轻，何不以干人收起田土，却以牙人宋天锡保抱租钱，已涉可疑。何况宋天锡亦将自己田契一纸相添抵当，有叶渭叟亲批领云：宋天锡与李与权为保借钱，将自契为当，候钱足检还。可见原是抵当分明。……李与权入还钱、会之后，经一十五年，已不管业，不收租矣。抵当之说，偿还之约，委为可信"。

2. 针对他们一方言古画等不足以抵销剩余欠款，一方言古画等远超过剩余欠款的说法，为了避免叶李两家再次争讼，叶岩峰主张李正大还剩余官会与叶家，而叶家将古画等返还给李家，"不若以图画、法帖取还其子李正大，仰自办原会未尽之数，还叶渭叟之家，使其借以钱、会，还以钱、会，尚何辞乎"！

不只是普通百姓之间，即使争讼双方均是仕宦之后，是时的司法者也能够据理援情地审断，并且当刑则刑，如"伪冒交易"[1]这一判词所载案例即是此方面的典型代表。在该案中，根据契约文书的真伪、是否割税，审判者韩竹坡认定是林镕伪

---

[1]　中国社会科学院历史研究所宋辽金元史研究室点校：《名公书判清明集·卷六·户婚门·争田业·"伪冒交易"》，中华书局1987年版，第172～173页。其中后面判词分解所引内容，均系此判词，不再一一标明出处。

造契约，盗卖莫梦回用于祭祀的田产。尽管双方均为仕宦的家人或后人（莫梦回为莫通判户下的家人，林镕为林司法户下的家人，就连案件相关人之一赵孟鏇也是赵知县的家人），但是，这些并没有影响韩竹坡的审断，对于虚立契约文书盗卖他人田产的林镕，也是当刑则刑。为了便于理解案情，特将判词分解如下：

时间：宝祐元年（1253 年）之后

地点：不详

审判者：韩竹坡

原告：莫梦回（莫君实之子）、周八娘（莫梦回生母）

被告：林镕

案件相关人：莫君实（亡故）、赵孟鏇、赵氏（莫君实母亲）、晞孔（林镕叔父）

案情：1. 莫梦回与其生母周八娘状告林镕虚立契约盗卖自己用以祭祀的田产，"莫君实之子梦回，同其所生母周八娘，诉论林镕假契盗卖其烝尝田"。

2. 林镕先以自己所出卖的青梅园契约作为证据，后来被发现双方所论争的田产已被卖给赵孟鏇，又以莫君实将田产卖与自己的契约与自己转卖给赵孟鏇的契约为根据，"初执出所卖青梅园契以为证，继而知其田已转与赵孟鏇，又据孟鏇赍去莫君实卖契及林镕转卖于孟鏇妻"。

判决依据与结果：1. 韩竹坡比对林镕所持卖契中的莫君实字迹与其遗嘱字迹，发现二者实不相同，作为判断莫君实与林镕买卖田产契约真伪与否的证据之一，"周八娘又执出君实临死遗嘱之文，乞与辨验君实押字笔迹。寻与点对，则契上君实押字，与遗嘱笔迹不同，可疑一也"。

2. 韩竹坡比对林镕所持卖契中莫君实母亲赵氏的笔迹，发现二者实不相同，同时结合孟氏的口供，作为判断莫君实与林镕买卖田产契约真伪与否的证据之二，"唤到君实母亲赵氏，不特不认金契，而赵氏当厅亦自能书写，笔迹亦自不同，有可疑二也"。

3. 韩竹坡根据契约上所显示的莫君实与林镕订立契约的日期，到官府投印的日期，发现其违背一般买卖田产到官府投印的时间，合理推断该买卖契约为林镕伪造的，"君实以淳祐十一年死，此契以十年立，契立于君实未死之前，似若可信，而印赤于宝祐元年，乃君实死后之三年也。大凡人家交易，固有未能授印，然契主一亡，便合投印，岂有印契于业主已死三年之后，此盖伪立于君实既死之后，以月日参差，而母亲之金，亦是假伪而为之也"。

4. 林镕在供词中一则说砧基簿与赤契被叔父晞孔收掌，一则说上手赤契为赵孟鏴所藏匿，前后反覆，韩竹坡结合当时合理的交易习惯，据此认为上述买卖田产契约应该为伪造的，"况交易传承，必凭上手与砧基簿，今其契乃云，所有砧基簿并上手契系叔晞孔收，今只凭赤契交关，如将来赍出钻基白契，更不行用，此说大为可矣，不知上手既为晞孔所收，却又凭何人赤契交关，若果有上手赤契，则林镕转卖，自当并缴，今当厅口称为孟鏴所匿，而契上即无声载，则是当来所谓赤契者妄也"。

5. 根据割税事实上是从莫通判户至赵知县户，而没有经过林镕所在的林司法户，韩竹坡认定确实是莫君实并未将用于祭祀的田产卖与林司法户，"至于割税一节，尤可笑之甚者。君实之契则曰，从莫通判户割入赵知县户，若其税林镕已曾收入林司法户，则后来卖与孟鏴，自当从林司法户割出，今从莫通判户割出，则是莫通判之田，不曾变卖与林司法，林司法户亦未尝收莫通判税色"。

6. 综上，韩竹坡根据契约上莫君实、赵氏等人的金字、未曾割税等事实，认定是林镕伪造契约盗卖莫君实田产无疑，据此判处林镕杖刑一百，并将赵孟鋐买田产的钱财返还，该田仍归莫梦回管佃，所有一应伪造、不合理的契约，均毁抹殆尽，"验之契字，纸迹不同，实赵氏不曾金，委既无上手，又不割税，则是林镕虚立死人契字，盗卖莫通判产税与赵知县，为富不仁，一至于此。林镕勘杖一百，监钱还赵孟鋐，田还莫梦回管佃。追到三契，毁抹附案"。

二、案情清晰、证佐明白但存在其他特殊情况的案件的受理与审断

如果案情清楚，证据充分，当事人之间的是非能够很好地得到界定，原则上来说，司法官员会将案情娓娓道来，在叙述中顺理成章地作出判决。但是，当存在如下两种情况时，司法官员会援引必要的法律令条或"乡原体例"来作为审断依据，以增强证明力、说服力和威慑力。

（一）当事人一方或双方健讼、缠讼案件的受理与审断

案情清晰、证佐明白的案件虽然很容易审断，但是当事人若系健讼、缠讼之人，司法官员就不能简单地以说理的方式来审理案件。这主要是因为：一方面，司法官员也是地方行政长官，须履行其父母官职能——维护当地社会秩序，遏制这类非理诉讼；另一方面，为了增强自身判决的说服力和威慑力，他们会适当地选用一些法条，使之不敢再健讼或缠讼。如"寺僧争田之妄"[1]这一判词所载案例即是这方面的典型代表。在该

---

〔1〕 中国社会科学院历史研究所宋辽金元史研究室点校：《名公书判清明集·卷四·户婚门·争业上·"寺僧争田之妄"》，中华书局1987年版，第127~128页。其中后面判词分解所引内容，均系此判词，不再一一标明出处。

案中，方秋崖明知妙缘院僧人告论吴承节所有的田业系本院所有是妄讼，且详细列出了十个妄讼的表现。但是，鉴于妙缘院僧人兴讼不已、五断均不服的缠讼现状，方秋崖遂在判词中援引法条，以增强自身判决的说服力和威慑力，警告妙缘院僧人不得再借此兴讼。为了更好地理解案情，特将判词分解如下：

时间：淳祐十二年（1252 年）之后

地点：江西某州府

审判者：方秋崖

原告：妙缘院僧人

被告：吴承节

援引的法条：以交易法比类言之，契要不明，而钱、业主死者，不在受理。

案情：妙缘院僧人以绍兴十九年（1149 年）的且无结尾一板的砧基薄告论吴承节所据有的某处田业是强占寺院的田业。

判决依据与结果：首先，方秋崖根据砧基薄、公据等，一一指出妙缘院僧人兴讼的虚妄之处。①妙缘院所持的砧基薄缺结尾，无日期可寻，可能是经界之前的废弃文书，"执出砧基，独无结尾一板，安知非经界以前之废文"；②妙缘院僧人主张是经界划一之后的砧基薄，即系绍兴十九年（1149 年）的砧基薄，但是砧基上没有时间标识，何以证明系绍兴十九年的砧基薄，"曰绍兴十九年，江西经界已成，此其年之砧基也。既无岁月，何凭为绍兴十九年之砧基乎"；③假使如妙缘院僧人所言系绍兴十九年（1149 年）的砧基薄，但是相比较吴承节所具有的公据系绍兴三十年（1160 年）的而言，该砧基薄毫无效力，形同废纸，"假如其说真为经界文书，而吴承节公据又在绍兴三十年，如此则前十年之文书久已为废纸矣"；④根据吴承节公据所载认定该处田产系官府没收而后出卖的妙缘院违法的田产，"吴承节公据，乃官司备坐敕旨，将没官户绝田出卖，明言承买妙缘院违法田产，时则此田乃没官之田，非常住之业"；⑤根据绍兴二十八年（1158年）的指挥，方秋崖认定吴氏所执公据是合法的，所据有的产业确实是官方出卖的，而非强占妙缘院的，"出卖没官田产，乃是绍兴二十八年指挥后之公据，请买之时，岁月正合"；⑥方秋崖认定田产系吴氏向官府购买，而非向妙缘院购买，斥责僧人言因香火望不会出卖田产一说，"吴氏纳钱于官，初非买田于寺，而谓寺院香火不绝，断无卖之理，其妄六也"；⑦方秋崖认为吴氏具有该产业九十三年，妙缘院不曾兴讼，应为吴氏之产业，"自绍兴三十年至淳祐十二年，凡九十三年为吴氏之业，而一日兴词，其妄七也"。

其次，方秋崖在总结上述的基础上认定双方所争之田业系百年前妙缘院因违法被没收的产业，而为官府出卖给吴氏，应当为吴氏所据有，并且斥责妙缘院僧人不应为百年前的违法田产而兴讼不已，"合而言之，此田乃妙缘院违法没官之田，官司之所召卖者，于寺僧何与焉？违法于百年之前，嚚讼于百年之后，其妄八也"。

再次，此案凡经六断，妙缘院僧人仍兴讼不已，还状告审断的章司户。妙缘院僧人健讼如此，方秋崖不得不引用相关法条以增强审断的证明力、说服力，"披阅案卷，凡经五断，而章司户所拟特为明允。寺僧敢诬以货，谓之恕断，……以交易法比类言之，契要不明，而钱、业主死者，不在受理。今经百年，吴氏为业者几世，寺僧无词者几传，而乃出此讼，其妄十也"。

最后，方秋崖主张妙缘院僧人妄讼、兴讼不已的行为应该重刑科断，但是鉴于所讼在赦中，未予科处。不过与此同时强调妙缘院僧人若再兴讼，则严惩不贷，以增强自身审断的威慑力，避免其缠讼不已。此外，还确认吴承节享有争讼田业的财产所有权，"僧中罗刹，非斯人也而谁？本合重科，以赦漏纲。吴承节执据管业，妙缘砧基批凿给付，如敢顽讼，则讼在赦后，幸不可再矣！门示。"

（二）当地的惯习做法与法律规定相左时的案件的受理与
　　　审断

南宋百姓在交易时，有时出于当地习惯，有时出于规避国家赋税等的考量，可能会采取一些便利但可能违背国家法律的做法，如买卖不离业、白契等。当司法官员遇到存在上述情况的案件时，往往会在判词中援引法条，增强自身的判决力，以对抗当地的交易习惯等。如"游成讼游洪父抵当田产"〔1〕这一判词所载案例即是这方面的典型代表。在该案中，游朝将田业、住基卖与游洪父后，并未依照法律规定离业，这为后来游成兴讼埋下了隐患。根据诉讼双方当事人所提交的契约文书及相关证人证言，审判者范西堂认识到双方均存在违反法律规定的情状，但在当地的交易习惯中却又是常常存在这类交易后并不离业的情况。在正视这一现实的基础上，范西堂肯定了游洪父的财产所有权，并且据法调整了双方存在的可能引起争讼的违法行为。为了便于理解案情，特将判词分解如下：

时间：嘉定十三年（1220 年）之后
地点：不详
审判者：范西堂
原告：游成（游朝之子）
被告：游洪父

---

〔1〕 中国社会科学院历史研究所宋辽金元史研究室点校：《名公书判清明集·卷四·户婚门·争业上·"游成讼游洪父抵当田产"》，中华书局 1987 年版，第 104~105 页。其中后面判词分解所引内容，均系此判词，不再——标明出处。

案件相关人：游朝（亡故）

援引的法条：1. 准法：应交易田宅，过三年而论有利债负准折，官司并不得受理。

2. 又准法：应交易田宅，并要离业，虽割零典买，亦不得自佃赁。

案情：1. 嘉定十年，游朝将部分田业、住基作价十贯卖与游洪父，且已印契，"游朝将田一亩、住基五十九步出卖与游洪父，价钱十贯，系在嘉定十年，印契亦隔一年有半"。

2. 游朝死后，游成向官府呈告，认为当时绝卖于游洪父的田业、住基是抵当，而非绝卖。

判决依据与结果：1. 范西堂根据当地存在非法抵当的习惯，多系签订典当契约，而非永卖契约，认为争讼双方当时签订的应是买卖契约，而非抵当契约，"且乡人违法抵当，亦诚有之，皆作典契立文。今游朝之契系是永卖，游成供状亦谓元作卖契抵当，安有既立卖契，而谓之抵当之理"。

2. 根据法律法令的规定，买卖田宅后，原所有人必须离业，不得再行佃种。而游成赖以争讼的原因即是游朝父子并未离业，"又准法：应交易田宅，并要离业，虽割零典买，亦不得自佃赁。……只缘当来不曾交业，彼此违法，以至争互"。

3. 鉴于此，双方均违反法律规定，虽确认游洪父对所争讼的田宅拥有所有权，但是范西堂据法要求今年收取庄稼后两家均分，而后游成必须退佃，游洪父也需要安排其他人来佃种，"今岁收禾，且随宜均分，当厅就勒游成退佃，仰游洪父照契为业，别召人耕作"。

三、案情不够清晰、证佐不够明白的案件的受理与审断

事实上，南宋时期的检验手段、侦讯技术等并不十分发达，

并不是所有的案件都是案情清晰、证佐明白，以使当时的官员能够清晰地判定案件当事人之间的是与非的。针对这种案件，南宋名公们大致有如下两类解决办法：

第一，遇到案情不够清晰、证佐不够明白的案件，在审理官员很难确认谁是谁非的情况下，他们在判词中会援引法律，但往往并不依法审断，只是为了增强自身判决的威慑力；同时，其也会基于自身父母官的角色，主张争讼双方私下协商解决，以避免再次因为同样的问题产生纠纷。这主要是因为"传统中国社会基本上可以概括为乡土社会、熟人社会。在此种社会秩序下，一旦发生纠纷，常以乡里调解作为解决纠纷的手段。即使讼至官府，为维护固有的礼教和乡里秩序，州县官在审案中也必贯彻着教化的努力，着力加以调解回护，调解不成再行审断"。[1]其中，"争山各执是非当参旁证"[2]这一判词所载案例即是这方面的典型代表。在该案中，范僧与曾子晦互争宋家源头山。由于双方各有有利于自身的证据，且当年签订契约的人均以亡故，缺乏必要的证人，导致官府很难判断孰是孰非。尽管在判词中两次援引法条，但是审理者在一开始并未按照法律所规定的那样论断，而是要求两家在私下协商解决，以避免再次争讼，浪费官府的司法资源。当范僧、曾子晦均不愿意协商解决时，审理者才开始依据建阳乡例、契约文书、法律规定、双方的交争，判定宋家源头山应归谁所有。为了更好地理解案情，特将判词分解如下：

---

〔1〕 朱文慧：《南宋社会民间纠纷及其解决途径研究》，上海古籍出版社 2014 年版，第 129 页。

〔2〕 中国社会科学院历史研究所宋辽金元史研究室点校：《名公书判清明集·卷四·户婚门·争业下·"争山各执是非当参旁证"》，中华书局 1987 年版，第 160~162 页。其中后面判词分解所引内容，均系此判词，不再一一标明出处。

时间：开庆元年（1259年）前后

地点：建阳

审判者：不详

原告：范僧、曾子晦〔1〕

被告：曾子晦、范僧

案件相关人：杨三六、范崇（应为范僧之祖）、阿黄（范僧之母）、曾大机宜、范八（范僧之兄）等

援引的法条：1. 在法：交易只凭契照。

2. 在法：典卖过二十年，钱主俱存。

案情：1. 范僧主张宋家源头山是自己所有，其所依赖的证据是该山是杨三六于绍熙元年（1190年）十二月〔2〕卖与范崇的，并于绍熙三年（1192年）四月到官府割税备案，"此山元是杨三六业，卖与范崇，契内具出四至分晓，载钱六贯，乃绍熙九年十二月立契，至绍熙三年四月到官，此范僧之所据也"。

2. 曾子晦主张宋家源头山是自己所有，其所依赖的证据是嘉定二年（1209年）九月，范僧与母亲阿黄曾将该山卖与曾子晦，并于绍定二年（1229年）到官府割税，"后来阿黄同男范僧将黄杷园并山卖与曾大机宜，载钱六贯二百文，却不曾具山之四至，以嘉定二年九月日请纸，于绍定二年八月投税，此曾子晦之所执也"。

判决依据与结果：1. 审判者依据法律、契约文书，虽然主

〔1〕 根据对案情的分析，可知该案起源是曾子晦告论范僧伐宋家源头山松树、杉树，而范僧据此告讼该山本为自己所有，因此二人既是原告，也是被告。

〔2〕 此处需要注意的是原文中将杨三六与范崇的买卖契约时间写为绍熙九年十二月，根据光宗绍熙年间并无九年，《名公书判清明集》的修订者合理推测应为绍熙元年，"按绍熙无九年，'九'似'元'字之误"。参见中国社会科学院历史研究所宋辽金元史研究室点校：《名公书判清明集·卷四·户婚门·争业下·"争山各执是非当参旁证"》，中华书局1987年版，第160页。

张宋家源头山应该归曾子晦所有，但是认为在争讼过程中仍存在如下疑点或存在可讨论的空间，难以遽断该山的所有权应归谁所有：一则当时买卖宋家源头山的契约文书，范僧并未亲签、领钱，并且曾子晦在诉讼之初并未执出当时的契约文书，而是以假伪的文书意图占据宋家源头山；一则既然范僧主张当时自己并未与曾家签订买卖契约，则为何不再签订之初论讼，而论争在三十年之后，曾子晦告其伐木时。因此，一方面基于案件确实证据不是很充分；另一方面，基于得业之家与失业之家的优劣对比，再加上为了避免再次争讼，紊烦官府，进而浪费诉讼资源，审判者起初主张二者可以私下协商解决，"在法：交易只凭契照。既是范僧同母亲将此山立契，卖与曾子晦，则既卖之后，寸土株木，自当还曾子晦掌业，纵有元契，岂可复用，在范僧夫复何说？诘其所争者，不无由焉，盖曾子晦所执之契内明言，男将风疾，无钱医治，自是范僧小时阿黄立契，范八依书，范僧亦置于其间。但曾子晦以为范僧亲签，而范僧以为不曾签契领钱；曾子晦以为范僧亲领，而范僧以为不曾领。为曾子晦之说，以为当初果不曾立契，范僧何不争于三十年前，而却争于子晦既论之后；为范僧之说，则以为当初果曾卖与曾子晦，何为半年不肯把契出官，却先以假伪文书执出冒占。在法：典卖过二十年，钱主俱存，而两词枘凿如此，况书契之人并无一存，可以为证。本厅既难根究，何缘可得实情，故未免令两家在外和对，其意无他，亦以曾子晦乃得业之家，范僧乃失业之主，虽愚者已知其有郑、息之势，所以官司再三勉以虞、芮之争，盖欲彼此永绝讼根，免至频频紊烦官府耳"。

2. 范僧、曾子晦不愿私下和解，坚持各自的主张，审判者只能从公论处。根据对案情的分析，审判者认为需要根据黄杷园是否在官府批书，若曾批，则肯定范僧对宋家源头山的财产所有权；若不曾批，则肯定曾子晦的财产所有权。但是限于审理时限，该审判者只将审判意见和方向予以列明，请上级官府再委派别的官员检察证据，审结案件，"唯是曾子晦当初不便将此契出官呈覆，却先把支书以为凭，宜乎范僧之哓哓不已，故官司以其支书者，并以此契疑之。外此又有一说，可以参证，据范僧之兄范八曾将黄栀园典曾子晦交易，建阳乡例，交易往往多批凿元分支书。曾子晦以为黄栀园及宋家源头山并不曾批凿，而范僧执以为只是黄栀园曾批，而此不系卖过，即不曾批。今范僧所分支书见留在使府司户厅，若是两项山园俱不曾批，则曾子晦之说为是，此山合还曾宅管业；如是黄栀园曾批，则范僧之说为正，而曾子晦之契尤有可议。此本文字既难得参详，使、府严限，不敢有违，案具所拟事理申，取自使、府别委官点对结决，庶得公当。契书合给还取领"。

第二，对于那些案情不够清晰、难以判断当事人谁是谁非的案件，审理者有时会主张剥夺当事人双方的财产所有权，将之没入官府，以避免再次争讼。如"契约不明钱主或业主亡者不应受理"[1]这一判词所载案例即是这方面的典型代表。在该案中，由于缺少必要的证人证言，导致审判者方秋崖难以判断郑氏与汤氏所执契约文书孰为真、孰为假。因此，根据法律规定，方秋崖认定对二者的争讼应不予受理。但是，为了避免再次争讼，方秋崖采纳了提刑按察使的意见，将所争之标的没入学官。为了更好地理解案情，特将判词分解如下：

〔1〕 中国社会科学院历史研究所宋辽金元史研究室点校：《名公书判清明集·卷四·户婚门·争业下·"契约不明钱主或业主亡者不应受理"》，中华书局1987年版，第132~133页。其中后面判词分解所引内容，均系此判词，不再一一标明出处。

时间：不详

地点：不详

原告及被告：郏氏与汤氏（因判词疏略，难以清晰判断争讼双方谁为原告，谁为被告。）

案件相关人：李孟传（亡故）

审判者：方秋崖

援引的法条：在法：契要不明，过二十年，钱主或业主亡者，不得受理。

案情：郏氏与汤氏争讼，提刑按察使认为郏氏的主张不对，但是也不肯定汤氏的主张，而是将所争之标的没入学官，而汤执中兴讼不已，"读刑台台判，洞烛物情，亦既以郏氏为不直矣。然郏氏非，则汤氏是，二者必居一，于此而两不然之，举而归之学官，此汤执中之所以不已于讼也"。

判决依据与结果：根据契约文书、法律规定，再加上证人李孟传已经亡故，对郏氏与汤氏之争应当不予受理。方秋崖与提刑按察使审判的依据虽略不相同，但是其结果均是将所争之标的没入学官，以绝两家之争讼，"批阅两契，则字迹不同，四至不同，诸人押字又不同，真有如刑台之所疑者，谓之契约不明可也。在法：契要不明，过二十年，钱主或业主亡者，不得受理。此盖两条也。谓如过二十年不得受理，以其久而无词也，此一条也。而世人引法，并二者以为一，失法意矣！今此之讼，虽未及二十年，而李孟传者久已死，则契之真伪，谁实证之，是不应受理也。合照不应受理之条，抹契附案，给据送学管业。申部照会"。

综上，平等主体之间民事纠纷的审断可以分为三个模式：其一，案情清楚、证佐明白的案件的判决。除个别为增强威慑力、证明力、说服力，引用法条、乡原体例等审断外，更多的是在叙述案情的字里行间将当事人之间的是非娓娓道来。并且，这一审断是符合法律、遵循天理和人们内心对正当的预期的。其二，案情清晰、证佐明白但存在当事人健讼或当地风俗习惯与法律的规定背道而驰等情况的案件的判决。对于此类案件，审判者基本都会援引法条，以图增强自身判决的说服力和威慑力。其三，案情不够清晰、证佐不够明白的案件的判决。南宋司法者针对该类案件有两个比较极端的审断倾向：崇尚宽恕的审判者会主张双方当事人私下协商或从公和对解决；职权色彩浓厚的审判者则主张不予受理争讼，乃至没收争讼的标的。尽管基于案情清晰与否、证佐充分与否，平等主体之间民事纠纷的审理呈现三种模式，但是大体上而言，这些判决基本上都是守法循理的，且当刑则刑，这也是符合中国传统司法理念内在要求的。败诉方只有诚心悔过，且积极履行判决要求，才可以免除刑罚处罚，如在"揩改契书占据不肯还赎案"中，审理者在判词中原本判处妄图占据叶云甫田业的吴师渊杖刑一百，但是其声称若吴师渊能够诚心悔过，且按照合同的约定将产业交还给叶云甫，则可免除其刑罚处罚。"迁延占据，揩改文书二罪论之，吴师渊合照条勘断，但勘下杖一百，押下县，交领寄库钱、会退赎。如能悔过，却与免决，合同文约给还叶云甫管业。"[1]

第二节　不同社会阶层之间的民事纠纷的受理与审断

　　根据对"人户的身份区分"，宋代"有官户与民户、形势户

---

　　〔1〕　中国社会科学院历史研究所宋辽金元史研究室点校：《名公书判清明集·卷九·户婚门·取赎·"揩改契书占据不肯还赎"》，中华书局1987年版，第315页。

与平户之别"。[1]结合王曾瑜先生的分类，可将之具体细化为：农民、地主、官户、吏户、乡村上户、僧道户、干人、商人、手工业者、坊郭户、奴婢、人力、女使等。[2]根据对《清明集》中所载案件的梳理发现，大致有二十余个判词涉及了不同社会阶层之间的民事纠纷。具体包括："使州送宜黄县张椿与赵永互争田产""陈五诉邓楫白夺南原田不还钱""罗柄女使来安诉主母夺去所拨田产""已卖之田不应舍入县学""从兄盗卖已死弟田业""典卖园屋既无契据难以取赎""争山妄指界至""执同分赎地""伪批诬赖""争界至取无词状以全比邻之好""辨明是非""妄称遗腹以图归宗""衣冠之后卖子于非类归宗后责房长收养""监还塾宾攘取财物""典主如不愿断骨合还业主收赎""主佃争墓地""盗葬""庵僧盗卖坟木""背主赖库本钱""士人娶妓""女已受定而复雇当责还其夫""诸定婚无故三年不成婚者听离""时官贩生口碍法""官族雇妻"等。根据发生民事纠纷的社会阶层的不同，我们可将上述案件分为五个方面来理解。

一、仕宦与良民阶层之间的民事纠纷的受理与审断

基于仕宦阶层在民事诉讼过程中的地位，我们可将仕宦与良民阶层之间的纠纷分为如下三类来解读：第一，当仕宦或仕宦的子孙为原告状告他人时，南宋的名公们往往会根据契约文书、证人证言等来查清案情，据理而断，并未因原告身份为仕宦或仕宦之后，而有所偏袒。例如，"典主如不愿断骨合还业主

---

〔1〕　周积明、宋德金主编：《中国社会史论》（下卷），湖北教育出版社 2005 年版，第 250 页。

〔2〕　参见王曾瑜：《宋朝阶级结构》（增订版），中国人民大学出版社 2010 年版。

收赎”〔1〕这一判词所载的案件即是这方面的典型代表。在该案中，审判者并未因范郴是范侂（即范通判）的儿子而有所偏袒，仍是根据契约文书、证人证言，分辩其与丁伯威等之间的是与非，进而作出判决。该判决既维护了产业所有人范郴的产权，即允许其将小郭坂园屋断骨卖与丁伯威方，或听其取赎，或转卖给他人；也维护了现佃人的使用权，即审判者在上述三种方案中，优先允许丁伯威等以时价断骨买小郭坂园屋，在其不愿购买的情况下，才允许范郴取赎或转卖给他人。为了更好地理解案情，特将判词分解如下：

时间：嘉定末宝庆初（1224 年至 1225 年）左右

地点：不详

审判者：不详

原告：范郴

被告：丁伯威

案件相关人：范侂（也叫范庚，范郴之父）、丁逸、丁叔显、丁伯威、丁元珍等

案情：1. 曾任推官范庚以乳名范侂立户，且以该名将小郭坂园屋出典于丁逸，而丁逸家人丁叔显将之转典于丁伯威，“范郴之父初以乳名侂立户，后来却以范庚名领举得官，初于主簿，终于推官，而其户名则终仍范侂之旧，而不改易，故典卖田地，亦用范侂名契。……范侂于乾道三年至淳熙四年，以小郭坂园屋，三次计价钱一百九十二贯足，出典于丁逸。丁逸家人丁叔显等于嘉泰末、开禧初年，两次计价钱一百八十二贯足，缴上

〔1〕 中国社会科学院历史研究所宋辽金元史研究室点校：《名公书判清明集·卷九·户婚门·取赎·“典主如不愿断骨合还业主收赎”》，中华书局 1987 年版，第 321~322 页。其中后面判词分解所引内容，均系此判词，不再一一标明出处。

手转典于丁伯威管业，整整二十年"。

2. 范廊因为贫穷，想将小郭坂园屋断卖或取赎或卖与他人，但丁伯威因范庚两名等原因欲无偿占据该物业，"范廊贫窘，欲断屋骨，则不为之断骨，欲取赎，则不与之还赎，欲召人交易，又不与之卖与他人。偶因其父有二名，又有官称，以此为词，拄应官司，坐困范廊，欲白据其园鼓"。

判决依据与结果：1. 该审判者首先斥责了丁伯威为富不仁，"转典价与原典价已有十千之损，只以此十千之外，所增能几何，与之断骨，则可以塞范廊之望矣。却乃巧词曲说，持讼官府，丁伯威亦可谓不仁之甚者也"。

2. 根据契约文书及证人证言，审判者作出了两个判决方案：由持有范侁上手契的丁元珍根据时价断骨买入；若丁元珍不愿断买，则由范廊备原典钱取赎；若范廊无钱取赎，则由其转卖与其他人，"范侁上手契出于丁元珍之手，范侁契草出于范廊之手，就当厅比对字画，元词年月更无差错。当官唤上识认，丁元珍亦口呿面赤，而无辞以对。如丁元珍愿与断骨，合仰依时价。如丁元珍不与断骨，即合听范廊备元典钱，就丁伯威取赎。如范廊无钱可赎，仰从条别召人交易"。

3. 在上述判决的基础上，该审判者还以警告的口吻威慑丁伯威等不要再阻碍范廊将小郭坂园屋断卖、取赎或卖与他人，否则将根据法律法令等相关规定，依法科罚，"丁伯威如敢仍前障固，到官定从条施行"。

第二，当仕宦或仕宦子孙因民事纠纷为被告时，南宋名公们并没有为了照顾其特权身份，而歪曲法律、枉顾人情、背离事实。为了求得法意与人情的衡平，审理者甚至会号召士人体现自身风范，放弃一时一地的得失，做好表率作用。如"执同分赎地"〔1〕这一判词所载案件即是这方面的典型代表。在该案中，吴恕斋为了求得法意、人情两不相碍且衡平的状态，在基本维护陈自牧、陈潜产权的基础上，号召作为士人的他们能够做好表率作用，舍弃蝇头小利，允许毛永成在条限之外，向他们取赎与其所居屋宇连桁共柱的房屋两间以及存有其祖坟的大堰桑地一亩。为了更好地理解案情，特将判词分解如下：

时间：不详

地点：不详

审判者：吴恕斋

原告：毛永成

被告：陈自牧、陈潜

案件相关人：毛汝良

案情：1. 在纠纷发生十多年前，毛汝良将屋宇、桑地、山地、水田等或卖或典卖于陈自牧、陈潜，而毛永成持众存白约欲取赎，"毛汝良典卖屋宇田地与陈自牧、陈潜，皆不止十年，毛永成执众存白约，乃欲客赎于十年之后"。

2. 县审判者认定毛永成取赎在条限之外，不能取赎，而毛永成兴讼不已，"本县援引条限，坐永成以虚妄之罪，在永成亦可以退听。今复经府，理赎不已，若果生事健讼之徒，所合科断"。

判决依据与结果：1. 吴恕斋主张毛永成的取赎行为尚有与法意人情相合之处，"考究其事，则于法意人情，尚有当参酌者"。于法而言，吴恕斋有如下两个方面的考量：一方面，虽然毛永成取赎上述屋宇田地在条限之外，主要是因为毛汝良的私

---

〔1〕 中国社会科学院历史研究所宋辽金元史研究室点校：《名公书判清明集·卷六·户婚门·赎屋·"执同分赎屋地"》，中华书局1987年版，第165～166页。其中后面判词分解所引内容，均系此判词，不再一一标明出处。

下典卖行为，毛永成很难知情，"大率小人瞒昧同分，私受自交易，多是历年不使知之，所以陈诉者或在条限之外"；另一方面，毛永成所执的众分白约虽然不足以作为其取赎的充足条件，但是也无毛汝良受分的官府契约文书来证明其为伪造的，"永成白约，固不可凭，使果是汝良分到自己之产，则必自有官印干照可凭，今不赍出，何以证永成白约之伪乎"。于人情而言，吴恕斋也有两方面的考量：一方面，毛汝良出卖与陈自牧的屋宇一间系与毛永成所居住的屋宇连桁共柱，若该屋被毁拆，毛永成所居住的屋宇也会倒塌，"汝良所卖与陈自牧屋一间，系与其所居一间连桁共柱，若被自牧毁拆，则所居之屋不能自立，无以庇风雨"；另一方面，毛汝良典卖与陈潜的大堰桑地中有祖坟一所，"汝良将大堰桑地一段、黄土坑一片，又童公沟水田一亩、梅花园桑地一段，典卖与陈潜，内大堰桑地有祖坟一所，他地他田，不许其赎可也，有祖坟之地，其不肖者卖之，稍有人心者赎而归之，此意亦美"。再加上毛汝良的供词，证实当时其典卖屋宇、田地等与陈自牧、陈潜时，并未得到毛永成的同意书押。因此，吴恕斋主张毛永成可以取赎与其屋业连桁共柱的房屋、存有祖坟的大堰桑地，其他田产则仍由陈潜等据契管业，"今汝良供吐，既称当来交易，永成委不曾着押批退，则共柱之屋，与其使外人毁拆，有坟之地，与其使他人作践，岂仍若归之有分兄弟乎！……将屋二间及大堰有祖坟桑地一亩，照原价仍兑还毛永成为业，其余黄土坑山、童公沟田、梅家园桑地，并听陈潜等照契管业"。

2. 吴恕斋劝诫陈自牧、陈潜作为士人应该舍弃蝇头小利，明晓道理，作出表率，"陈自牧、陈潜既为士人，亦须谙晓道理，若能舍此些小屋地，非特义举，亦免争诉追呼之扰，所失少而所得多矣"。

第三，当原本是平等主体之间的纠纷牵扯到仕宦或其后人时，南宋名公们多倾向于对他们"动之以情、晓之以理地进行说教，……而不肯绳之以法"。[1]如"从兄盗卖已死弟田业"[2]这一判词所载案例即是这方面的典型代表。在该案中，依据案件当事人等的供述、证人证言，建阳佐官认定丘庄盗卖从弟丘萱的产业。但无奈身为买方的官宦之家朱府拒不交出买卖田地的元契，建阳佐官在缺乏充足证据的前提下只能期待朱府交出。由于朱府拒不交出元契，建阳佐官只能根据事实和推理认定丘庄盗卖丘萱产业，但对不配合官府行为的朱统领、朱县尉则认为他们是"明贤之阀，举动悉循理法，此等交易，断不肯为"，是被丘庄、干人、佃人等欺瞒而已。因此，审理者不仅不主张惩戒他们，还要求丘庄返还其所领过的购买三瞿里田地的钱财。为了更好地理解案情，特将判词分解如下：

时间：不详

地点：建阳

审判者：建阳佐官

原告：阿刘

被告：丘庄

案件相关人：丘萱（已故，丘庄之从弟、阿刘之夫）、丁千七、朱县尉、朱总领、范寅、刘广边、王傅等

援引的法条：照得在法：交易诸盗及重叠之类，钱主知情者，钱没官，自首及不知情者，理还。犯人偿不足，知情牙保均备。

---

[1] 张利：《宋代司法文化中的"人文精神"》，河北人民出版社2010年版，第213页。

[2] 中国社会科学院历史研究所宋辽金元史研究室点校：《名公书判清明集·卷五·户婚门·争业下·"从兄盗卖已死弟田业"》，中华书局1987年版，第144～146页。其中后面判词分解所引内容，均系此判词，不再一一标明出处。

又在法：盗典卖田业者，杖一百，赃重者准盗论，牙保知情与同罪。

案情：丘庄将从弟丘萱所分得的五十种三瞿里田自立契约，分别卖与朱县尉、朱统领，县衙根据证人证言及相关人供述，认定是丘庄盗卖丘萱产业。然而，丘庄在被县狱释放后又反覆供述，认为在县衙的陈诉是因为被县狱抑勒，"丘庄即丘六四者，丘萱之从兄也。丘萱身死无子，阿刘单弱孀居，丘庄包藏祸心，……竟将丘萱三瞿里已分田五十种，自立两契，为牙卖与朱府。县司当来追到一行人究问，据丘庄已自招伏，盗卖得赃，来历分明，……丘庄义出，寻便反复，且称县狱所供尽是抑勒，惟有到县初款及后来本厅供责，方是本情"。

判决依据与结果：首先，鉴于交易双方及其干人在县衙、建阳等处的供述前后不一，且反覆变更交易人、交易时间以及交易地点，建阳佐官根据常情、常理推断，认为三瞿里田系丘庄盗卖与朱县尉、朱统领，"且如朱县尉一位交易，丘庄在县，初供称在干人丁千七家立契，及到本厅供，则又称本府四孺人来本里龙隐庵醮坟，与之立契，而朱县尉宅干人范寅状，又称丘庄领丘萱到府宅交关。朱总领一位交易，丘庄在县，初供就总领位干人刘广边言议立契，及到本厅供，则又称是淳祐元年十二月总领回任，在本县双溪阁交易，蒙总领台判，送库司陈提辖商议，而总领位干人王傅陈状，又称丘庄领丘萱就府宅投卖。言语异同，其伪可知。况立契，为牙，领钱，只出丘庄一手，岂有交易之地尚前后如此差互无据耶？"

其次，建阳佐官认为朱统领、朱县尉均系贤良士大夫，平素生活遵法循理，上述所言的知情买他人盗卖之田的行为必然不是他们所为，而是其位下的不良干人、佃人所为，"朱府明贤之阀，举动悉循理法，此等交易，断不肯为，未必不为丘庄与干佃辈所误耳?"

最后,建阳佐官依据法律将丘庄勘杖一百,并监管其向朱府讨要交易元契。若朱府赍出买卖田地的元契,则比对契约上是否系丘萱字迹来认定是否系盗卖;若朱府拒不交出买卖田地的元契,则将丘庄所为认定为盗卖,备钱还朱府,并将田契返还给阿刘掌管,但不许其非理典卖,"丘庄未欲尽情根究,欲且照条勘下杖一百,枷监丘庄,自就朱府请出元契,赴官比对,若果是丘萱亲笔,官司当别与施行,若是无契可凭,或是踪迹可疑,即是盗卖,官司却与定断监赃。丘庄自当备领过钱,交还朱府,其田合还阿刘,仍旧照契佃,却不许非理典卖"。

二、仕宦与其他社会阶层之间的民事纠纷的受理与审断

根据其他社会阶层的身份,结合《清明集》中的判词,我们可以发现仕宦与其他社会阶层之间的纠纷主要包括两类:第一,仕宦与"形势户",主要是与牙吏之间。在这两类主体产生民事纠纷时,南宋名公虽然并未偏袒仕宦阶层,但在判词的字里行间都主张牙吏应该认清自己的身份,不应当以下犯上。如"争界至取无词状以全比邻之好"[1]这一判词所载案例即是这方面的典型代表。在该案中,在查清案件事实的基础上,吴恕斋指责刘正甫不应当拆毁与周掌膳家共用的篱笆。同时,他还从二人的身份出发,强调刘正甫是牙吏、周掌膳为士人;刘正甫应该意识到自身地位相对卑下,应当以礼相待周掌膳。为了更好地理解案情,特将判词分解如下:

---

[1] 中国社会科学院历史研究所宋辽金元史研究室点校:《名公书判清明集·卷六·户婚门·争界至·"争界至无词状以全比邻之好"》,中华书局1987年版,第200页。其中后面判词分解所引内容,均系此判词,不再一一标明出处。

时间：不详

地点：不详

审判者：吴恕斋

原告：周掌膳

被告：刘正甫

案情：刘正甫与周掌膳比邻而居，两家共用一个篱笆。刘正甫擅自拆毁篱笆，侵占周掌膳的菜园。周掌膳知道后，找刘正甫理论，导致互相骂詈，"两家共一藩篱，正甫如欲撤而新之，先当以礼告于周掌膳可也。今不告撤篱，直入其圃，……复行抗骂"。

判决依据与结果：首先，吴恕斋先否定刘正甫擅自拆毁篱笆，且不告知周掌膳的行为是自取矛盾的做法，"今不告而撤篱，直入其圃，周乌得而不怨"；其次，吴恕斋否定了刘正甫不备礼告知周掌膳，还与之对骂的行为是招惹词诉的行为，"正甫此时尚能早辞逊谢，则可以全乡曲之义矣。复行抗骂，周又乌得而无词"；再次，吴恕斋认为刘正甫是牙吏，而周掌膳为士人，本身即有高下之别，"况周为士人，刘为牙吏，亦当自识高下，岂应无礼如此"；最后，吴恕斋要求厢官监管刘正甫向周掌膳道歉，重新厘定界至，并且警告刘正甫再敢凭恃自身豪强而侵害周掌膳，则依法严断，"再帖厢官，监刘正甫以礼逊谢，夹截界至，取无词状申。如再恃强，定行断科"。

第二，仕宦或仕宦之后不能与贱民阶层缔结婚姻，否则要依法厘正，这在"士人娶妓"这一判词中得到了严格的贯彻与落实。在该案中，蔡久轩对迎娶官妓的士人公举大加斥责，并将之视为名教罪人、士友之辱。"公举士人，娶官妓，岂不为名

教罪人？岂不为士友之辱？不可！不可！大不可！"〔1〕

三、良民倚托仕宦与他人之间的民事纠纷的受理与审断

基于仕宦阶层所享有的特权及所拥有的权势，南宋时期，"豪富之民与官府内部不法官吏相互勾结欺压贫民"〔2〕的现象层出不穷，具体多表现在与他人产生民事纠纷时，往往央托或依恃官员去影响诉讼，乃至干涉官员的审判活动。是时的名公们虽然能够依据法律法令、契约文书、官府勘验等来辨别民事纠纷中当事人之间的是与非，但对于从中起到"保护伞"作用的仕宦人家却并未给予相应的惩罚。如"已卖之田不应舍入县学"〔3〕这一判词所载案件即是这方面的典型代表。在该案中，审判者翁浩堂明知吴八与郑应瑞争田业之讼之所以能够迁延十多年，而郑应瑞始终得不到公正判决的关键是孔主簿在其中干涉和庇护吴八。"郑应瑞与吴八所争周村桥头田，年租仅五斗耳，十有四年而不决者，盖吴八投托形势孔主簿，应得檐庇之故。"但是，在审理该案时，翁浩堂却未对不仁不义的孔主簿作任何科罚。为了更好地理解案情，特将判词分解如下：

时间：应为淳祐二年（1242 年）之后
地点：不详
审判者：翁浩堂
原告：郑应瑞

〔1〕 中国社会科学院历史研究所宋辽金元史研究室点校：《名公书判清明集·卷九·户婚门·婚嫁·"士人娶妓"》，中华书局 1987 年版，第 344 页。
〔2〕 魏文超：《宋代证据制度研究》，中国政法大学出版社 2013 年版，第 317 页。
〔3〕 中国社会科学院历史研究所宋辽金元史研究室点校：《名公书判清明集·卷四·户婚门·争业上·"已卖之田不应舍入县学"》，中华书局 1987 年版，第 133~134 页。其中后面判词分解所引内容，均系此判词，不再一一标明出处。

被告：吴八

案件相关人：孔主簿、倪权县等

案情：绍定六年（1233 年），郑应瑞从毛仍二处购得周村桥头田；而吴八于端平元年（1234 年）从毛仍一处购得约五斗的水田，位于郑应瑞所购田中。后来，吴八将该田转卖给孔主簿，孔主簿又将该田转卖给郑应瑞。岂料，淳祐二年（1242 年），孔主簿又将该田舍入县学，"今索到干照，得见郑应瑞买此业于毛仍二官人，系绍定六年契。吴八又于端平元年买得毛仍一官人一坵，在郑应瑞所买田内，此五斗谷田是也。已而吴八将此田卖与孔主簿，孔主簿又将此田转卖与郑应瑞，……则应瑞已得连至全业，……不知孔主簿何者乃于淳祐二年，将此已卖之田舍入县学，有倪权县者，不问来由，大书明榜，遽从而招受之"。

判决依据与结果：首先，翁浩堂根据诉讼双方所持的契约文书，认定所争的周村桥头田系郑应瑞所有之业，"今索到干照，……则应瑞已得连至全业，吴八与孔主簿皆可以退听矣"。

其次，翁浩堂斥责孔主簿不应将不属于自己的田业舍入县学，这是玷污孔圣人的行为，"若如此而可以舍受，是以吾至圣文宣王为兼并之媒，县学之田当连阡陌矣，其污先圣，汙学徒，孰甚焉！此非特孔主簿之谋也，实吴八同为之谋也"。

再次，针对郑应瑞主张其葬祖母在所争田地内的主张，翁浩堂在查清事实的基础上，根据情理合理推测这只是其诉求始终得不到实现下的不得已的做法，因而对其抱有同情式的理解，"郑应瑞诉而不得直者十有四年，今此入词，又称葬祖姚骨函在内。切详郑应瑞非火葬之家，水田非埋函之地，盖诉不得直，而假葬地之名以争之，与此见郑应瑞计虑之穷"。

最后，在上述分析的基础上，翁浩堂感叹世风日下，吴八、孔主簿不仁不义，但是只对违法占田的吴八勘杖一百，而对从中起到庇护、拖延词诉的孔主簿则并未科罚，将所争田地给予郑应瑞照契管业，"孔主簿、吴八强不义之可畏矣！世道至此，可叹也哉！吴八违法占田，勘杖一百，县学榜引毁抹，引监未纳租课，孔宅干人权免追断。干照给还郑应瑞管业，并给据与之照应"。

不限于此，对于那些明显以违法形式包庇豪富之民，乃至干涉案件审理的士人，南宋名公们也只是杖责恃强凌虐小民的豪富之民，而对那些有辱士人风骨的败类却姑置不问。如"争山妄指界至"[1]这一判词所载案件即是这方面的典型代表。在该案中，祖主簿作为俞行父兄弟的倚仗，通过拜谒审判者刘克庄和勘验地头的县尉、藏匿邻人，以自己的条印封印邻人的住屋进而规避官府的追查和传唤等方式，来帮助他们侵占傅三七所购买的山地。刘克庄明知祖主簿实施上述违法行为，并严加斥责，但仅仅杖责了凌虐小民的豪富之民俞行父兄弟，并未对祖主簿作任何科罚。为了更好地理解案情，特将判词分解如下：

时间：不详
地点：建阳
审判者：刘后村
原告：俞定国
被告：傅三七
案件相关人：俞行父、祖主簿、刘德成、刘八四等
案情：1. 俞行父与傅三七争山之讼已有定案，而俞行父指

---

〔1〕 中国社会科学院历史研究所宋辽金元史研究室点校：《名公书判清明集·卷五·户婚门·争业下·"争山妄指界至"》，中华书局1987年版，第157~159页。其中后面判词分解所引内容，均系此判词，不再——标明出处。

使其弟俞定国以"标拨界至为词"，勾结保长意图紊乱是非，"俞行父、傅三七争山之讼，昨已定案，而行父使弟定国妄以标拨界至为词，套合保司，意欲妄乱是非"。

2. 祖主簿以俞行父兄弟表亲自居向审判者刘克庄主张俞行父兄弟应当据有该产业，"有祖主簿者来相见，自称是俞行父、定国表亲，以行父兄弟为直，以傅三七为曲"。

3. 在刘克庄怀疑自己之前审断可能存在偏差时，派县尉到地头勘验，祖主簿意欲拜谒，以图达到影响诉讼的目的，"当职寻常听讼，未尝辄徇己见，惟是之从，尚恐祖主簿所言有理，遂委县尉定验。及县尉亲至地头，祖主簿欲以私干县尉"。

4. 在县尉没有接受其拜谒后，祖主簿将与争讼相关的重要邻人藏匿起来，且以自身的条印将邻人房屋的出入口封闭，避免官府的追查和传唤，"县尉不敢纳谒，祖主簿不胜其忿，将紧切邻人藏匿，公然用祖主簿条印封闭邻人门户，不容官司追唤"。

判决依据与结果：首先，刘克庄根据县尉的勘验结果，认定傅三七所买之田与俞行父所买之山隔了一条大沟，两不相碍，并斥责俞行父兄弟等用不洁之物浇泼傅三七地内新坟的做法，"既而县尉见得俞行父所买山，去傅三七所买田，凡隔一堑，二山二处，判然不相干涉，祖主簿、俞行父、定国自知理曲，不伏官司定夺，辄用不洁，将傅三七新坟浇泼作践"。

其次，刘克庄借游郎中、朱侍郎这类位高权重却高风亮节，不侵夺小民的优良士大夫，衬托祖主簿所为有辱斯文，不是贤大夫所为，有违建阳名教礼义之邦的名声，"祖主簿姓祖，而干预姓俞、姓傅人之讼，无乃不干己乎？至于封闭邻人门户，将不洁泼人坟墓，此岂贤大夫之所宜为？建阳乃名教礼义之邦，诸老先生远矣，不可见矣，游郎中家居县后，无一事到县，无一事嘱时官；朱侍郎贵为从橐，每书常切切然恐干仆骗扰村民。祖主簿辈行不高于朱、游，名位不贵于郎从，遽有使豪恃气，武断乡曲之意"。

最后，根据傅三七、俞行父所持的契约文书，刘克庄认定俞行父对所争之山享有所有权，由其管业并安葬亲属，而恃强杖富欺凌小民的俞行父兄弟则被科杖刑一百，"俞行父祖父将仕用钱三百贯，买刘德成田三坵、山十二段，委属可疑。大凡置田，必凭上手干照，刘德成形状有如乞丐，所卖田三坵、山十二段，乃是凭大保长凭由作上手干照，不足凭据，……傅三七所买刘八四山，与俞行父山全无干涉，先给还傅三七管业安葬。行父、定国恃豪富压小民，挟寄居抗官府，各勘杖一百，拘契入案"。

四、存在主佃关系的主体之间的民事纠纷的受理与审断

日本学者高桥芳郎认为："宋代的佃户可以被分为两大类别，一类是根据'主仆之分'被规定身份的阶层，另一类则是根据'主佃之分'而被规定身份的阶层。"[1]为了行文不与下述存在主仆关系的主体之间的民事纠纷的受理和审断的内容重复，笔者在此处对佃户作狭义理解，即"根据'主佃之分'而被规定身份的阶层"。"所谓'主佃之分'，正如其字面所示是依据地主与佃客的租佃关系——典型的情况是通过租契——而成立，是一种如果脱离租契就丧失功能的身份规定。"[2]虽然仍

────────────

　　[1]　[日]高桥芳郎：《宋至清代身份法研究》，李冰逆译，上海古籍出版社2015年版，第56页。

　　[2]　[日]高桥芳郎：《宋至清代身份法研究》，李冰逆译，上海古籍出版社2015年版，第70页。

然强调他们之间的主佃之分，但是佃户的社会地位远高于婢仆。这也被反映在了立法上，如主佃相犯虽然与凡人之间相犯的刑罚处罚存在一定的差距，但较主奴之间相犯的科刑差距明显缩小。"佃客犯主，加凡人一等。主犯之，杖以下勿论，徒以上减凡人一等。谋杀盗诈，及有所规求避免而犯者，不减。因殴致死者不刺面本城，情重者奏裁。"〔1〕这被落实在民事诉讼司法实践中，具体表现为：审判者尽管十分看重主佃之分，但在处理他们之间的具体民事纠纷时，还是根据法律、干照、证人证言及现场勘验结果等来认定争讼双方的是与非，进而作出判决。不过，当出现佃户欺凌田主时，审判者往往会对该行为大加斥责，认为其是枉顾主佃名分的。不过，这一斥责并不影响他们之间的纠纷，审理者在判决中往往还是依据法律和事实作出审断，这也是符合当时普罗大众对租佃关系的理解的。如"盗葬"〔2〕这一判词所载案例即是这方面的典型代表。在该案中，审理者虽然一再强调谢五乙兄弟是吴思敬家的佃客，不该不顾主佃之分，强占其山地盗葬。但是，在最终的审理结果中，却并未因其是佃客欺凌田主而加重惩罚力度。为了更好地理解案情，特将判词分解如下：

时间：嘉定十二年（1219 年）左右
地点：不详
审判者：不详

---

〔1〕　（宋）李焘撰：《续资治通鉴长编·卷四百四十五·"哲宗元祐五年七月乙亥"条》，上海师范大学古籍整理研究所、华东师范大学古籍整理研究所点校，中华书局 2004 年版，第 10716 页。
〔2〕　中国社会科学院历史研究所宋辽金元史研究室点校：《名公书判清明集·卷九·户婚门·坟墓·"盗葬"》，中华书局 1987 年版，第 328~329 页。其中后面判词分解所引内容，均系此判词，不再一一标明出处。

原告：吴思敬（亡故）、段氏（吴思敬之妻）

被告：谢五乙、谢五二

案件相关人：徐洋、游才卿、周庆、姜监镇、荣安、古六十等

案情：吴思敬于生前状告佃客谢五乙、谢五二兄弟在其家购买于徐洋、游才卿的田地中擅自起坟盗葬。谢五乙兄弟则主张所争田地系自己向姜监镇购买，并且勾结健讼之人古六十伪造吴家撤诉文书，不过已被陈知县识破，且对申缴该文书的保正荣安勘杖六十。不过两方争讼牵延六年不决，谢五乙兄弟意欲乘吴思敬亡故，而段氏孤寡时强占土地用以起坟盗葬，"吴太师系新妇段氏夫存日，论诉佃客谢五乙兄弟盗葬本家买来徐大夫男洋及游才卿等地内风水，颠末已经六年，官司虽与定断，至今尚未了绝。……又据段氏干人周庆供称：本主自嘉定五年以来，累经州县论诉，其谢五乙兄弟却结托健讼人古六十，擅自假写本宅退状，付保正荣安申缴，已蒙前政陈知县究见着实，将保正荣安勘杖六十讫。则是谢五乙兄弟意在强葬其地，……今又欺其主母孤寡，一向不肯迁移，致招再状论诉"。

判决依据与结果：首先，该审判者指出盗葬之地远离田主吴思敬平日所居之地，照管不到，方便了谢五乙兄弟盗葬，"推原其盗葬之由，与夫不肯迁移之故，皆缘段氏夫吴思敬寄居本府城内，其所争地乃在本县三十二都，相去四百余里，平时照管不到，是致谢五乙兄弟得以遂其盗葬之私"。

其次，该审判者认定吴思敬与谢五乙兄弟是田主和佃客的关系，有主佃之分，因此一次又一次地斥责谢五乙兄弟不顾及主佃名分，"不复顾主佃名分，辄敢计谋百出，必欲争占，以为己物。比年吴思敬已下世矣，妻寡子幼，谢五乙兄弟愈得以肆行无忌。……谢五乙兄弟见耕段氏之田，一主一佃，名分晓然"。

再次，根据双方契约文书及田亩四至等确定所争之田为吴家所有，"今再索上两处干照及画到地图参考，得见上件山地，吴太师宅系于淳熙八年就余洋买到，庆元二年就游才卿买到，契内具载亩角四至，节节分晓。其谢五乙兄弟买姜监镇一亩一角七十三步之地，却介于吴太师前件山地之间，实在其盗葬阴穴之下，又系开禧二年立契，实在吴太师买来田地年分之后，而契内更不声说其地四至与何人相抵，则是谢五乙兄弟于当年盗葬之余，旋撰此等模糊契字，以为强争影占之具分明"。

最后，在上述分析的基础上，认可吴家对该地的产权，对意图强占盗葬的谢五乙科处杖刑一百，健讼之古六十勘杖六十。并且警告谢五乙兄弟若再不迁移盗葬的坟墓，则连其弟谢五二一并科罚，"合将谢五乙勘杖一百，仍牒定江寨巡检严限监移，如更妄有推托，并追谢五乙弟谢五二同科，以为恃强霸占山地者之戒。其古六十不合假写退状，……亦合勘杖六十，并申使台，取自台旨"。

五、存在主仆关系的主体之间的民事纠纷的受理与审断

"由于社会关系的变化，租佃制普遍确立，契约关系广泛发展，广大劳动者人身依附关系大大减弱了，社会地位有了提高，获得了一定程度的自由权。"[1]伴随着这一发展，宋代婢仆更多的是"佣雇良民"，而非"类比畜产"的贱民。[2]他们大多数

---

〔1〕　戴建国：《唐宋变革时期的法律与社会》，上海古籍出版社2010年版，第329页。

〔2〕　戴建国先生在《唐宋变革时期的法律与社会》一书中阐述道："事实是，在北宋，法律意义上的贱口奴婢这个阶层是存在的，只是这部分奴婢并未构成宋代奴婢的主体而已。"参见戴建国：《唐宋变革时期的法律与社会》，上海古籍出版社2010年版，第307页。

是基于雇佣关系而形成的主仆之分，这种"'主仆之分'是一种依据主人与奴仆——作为法律身份——的关系拟制而成的身份差别，其典型形态虽然是依据长期雇佣契约或者人身典质契约而成立的"。[1]因此，雇佣奴婢的社会地位和法律地位要远高于贱口奴婢、部曲等。不过，"在法的身份上，奴婢对雇主始终处于弱势"。[2]如宋真宗在天禧三年（1019年）采纳了大理寺的谏言，要求"自今人家佣赁，当明设要契，及五年，主因过殴决至死者，欲望加部曲一等；但不以愆犯而杀者，减常人一等；若过失杀者，勿论"。[3]相对于主人及其家人而言，奴婢还是要格外注重主仆之分的，否则会被科以相应的刑罚。如"缪渐三户诉祖产业"[4]所载案件即是这方面的典型代表。在该案中，缪友皋众兄弟争夺其祖产业，范西堂不惩罚故不赍出分关簿书以致迟迟不能据法分家析产的缪康仲，而是惩戒了对缪友皋不逊的干人游邦，指责其不顾主仆之分。"不应在庭不逊，抗对其主。"为了便于理解案情，特将判词分解如下：

　　时间：不详
　　地点：不详
　　审判者：范西堂

---

　　[1]　[日]高桥芳郎：《宋至清代身份法研究》，李冰逆译，上海古籍出版社2015年版，第70页。

　　[2]　戴建国：《唐宋变革时期的法律与社会》，上海古籍出版社2010年版，第326页。

　　[3]　（元）马端临："文献通考·卷十一·户口考·奴婢"，载上海师范大学古籍研究所、华东师范大学古籍研究所整理：《四库家藏·文献通考（一）》，山东画报出版社2004年版，第48页。

　　[4]　中国社会科学院历史研究所宋辽金元史研究室点校：《名公书判清明集·卷四·户婚门·争业上·"缪渐三户诉祖产业"》，中华书局1987年版，第105页。其中后面判词分解所引内容，均系此判词，不再一一标明出处。

原告及被告：缪友皋、缪康仲等

案件相关人：缪昭（亡故，缪友皋等之曾祖）、缪渐（亡故，缪昭之长子）、缪焕（亡故，缪昭之次子）、缪洪（缪昭之幼子）、游邦等

案情：缪昭死后，其长子缪渐为都护，并未分家析产。在缪渐三兄弟死亡后，缪昭户下子孙实分为七户。各户均不负责缪渐户赋役税收，而互相推诿。在官府的干预下，将税钱均分为三份，由缪渐、缪焕、缪洪位下子孙分别缴纳。而缪友皋等上告到官府，认为税钱既然均为三份，缪渐户下田产也应均作三份，"缪昭生三子，长曰渐，次曰焕，幼曰洪。缪昭既死，而以长子渐立户，是缪渐即缪昭之都户。今缪渐兄弟俱亡，其子孙析而为七，各有户名，而祖缪渐犹未倒除，逐年官物互相推托，亏陷已多。保长具申，追到供对，各已招伏，认将缪渐税钱均作三分，入户送纳，已得其直。内一分缪友皋状，诉祖户税钱虽均为三，祖户田业各自占据，未曾分析"。

判决依据与结果：一方面，范西堂认为税钱已作三分，产业自当分析，并且厘定了具体的分析方式，"既是分税，亦合均田。今勒令缪友皋供出缪渐户田产，并有号段，傥果是实，岂有不行均分之理"；另一方面，针对诉讼中，缪康仲的干人游邦对缪友皋不逊的行为，范西堂主张其与缪友皋有主仆之分，不应当无理不逊，将之杖责六十，"游邦系是缪康仲干人，与词首缪友皋自有同关主仆之分，不应在庭不逊，抗对其主，若不惩治，押下地头，必致强横生事，无由绝词。游邦先勘杖六十，仍并监追正身供对"。

当仆人为原告时，南宋名公们会为了维护他们的合法人身权益和财产权益而受理该诉讼。在诉讼过程中也会根据事实，准法而断，并未因被告是主家而有所偏袒。但若是仆人理亏，

虚妄告诉，是时的审判者往往会斥责其背主的行径，并加以一定的刑罚处罚。如"背主赖库本钱"[1]这一判词所载的案件即是这方面的典型代表。在该案中，审理者明知罗居汰与区元鼎有主仆之分，仍然受理了其状告主家枷讯及逼死其妻的案件。但是，当其查明罗居汰所告均是虚妄之讼时，则严厉斥责其不顾主仆之分且背弃其主的行径，并因其背主的行为而科罚其杖刑一百。为了更好地理解案情，特将判词分解如下：

时间：理宗时期

地点：湖南

审判者：不详

原告：罗居汰

被告：区元鼎

案情：罗居汰状告主人区元鼎对其私自使用刑罚，并且逼死其妻，"罗居汰坐牌伸冤，称被主家枷项一月，讯腿两次，传乡院号令，逼死其妻"。

判决依据与结果：首先，审判者意识到罗居汰状告其主区元鼎逼死其妻子是为了让官府重视其的状告，肯定为虚妄；不过考虑到当地确实有豪富之家私设刑狱毒害百姓的现象，所以受理了该案件，"当职一见状词，便知其妻之死不因于此，特欲借之以动官府之听，冀施行之力耳。独于枷讯一事，则不能无疑焉。盖此邦僻在一隅，风俗悍戾，豪富之家率多不法，私置牢狱，擅用威刑，习以成风，恬不为怪"。

其次，审判者将罗居汰的伤痕与其所供受伤日相同的被讯

---

[1] 中国社会科学院历史研究所宋辽金元史研究室点校：《名公书判清明集·卷九·户婚门·库本钱·"背主赖库本钱"》，中华书局1987年版，第337~338页。其中后面判词分解所引内容，均系此判词，不再一一标明出处。

的吏卒的上横相比较，认定罗居汰状告区元鼎枷讯其亦是虚妄的，"罗居汰称五月十六日被讯一百，二十五日又讯三十，仅兼旬耳，当厅看验，了无瘢痕。又于厅前吏卒中唤一同时被讯之人，与之比视，此则形迹班班可考。由此观之，则其虚妄已不难见"。

　　最后，该审判者经讯问方知罗居汰状告缘由，并斥责其不顾主仆之分，背弃主人的行为法所难宥，情亦难容。因此判处其杖刑一百，以惩戒其背主的行径，并要求其将库本钱返还给区元鼎，并要求其在外居住，不得居住在主家，"自庚子年三月为始，节次共领过本钱一千一百贯，每岁收息一分七厘半。湖湘乡例，成贯三分，成百四分，极少亦不下二分。今所收仅一分七厘半，则饶润亦不为不多，又不可谓之为富不仁矣。然区元鼎初何负于罗居汰，而罗居汰乃敢如此反噬哉？若区元鼎果以富而虐贫，其罪固不可恕；今罗居汰既以仆而背主，其情实不可容。且以时暑，从轻勘杖一百，限半月将典本还主家，未尽息免监，出外居住"。

　　正因为是雇佣关系形成的主仆之分，所以当雇佣关系解除后，原主与原婢仆的社会地位和法律地位基本相等，均为良人。这一社会地位和法律地位的变化也反映在了民事司法实践中。一般而言，南宋名公们会根据事实，准法援情来受理故主仆之间的案件，并不会因为其曾为主仆关系而偏袒曾为主人的一方。"辨明是非"[1]这一判词所载案例即是这方面的典型代表。在该案中，周兰姐作为韩知丞之前的婢女，状告韩知丞之子，作为审判者的叶岩峰也只是根据常识、常理、常情来认定双方的是与非。在查出周兰姐是妄诉时，叶岩峰将之勘杖八十以惩戒

─────────

〔1〕　中国社会科学院历史研究所宋辽金元史研究室点校：《名公书判清明集·卷七·户婚门·遗腹·"辨明是非"》，中华书局 1987 年版，第 239~241 页。其中后面判词分解所引内容，均系此判词，不再一一标明出处。

其妄诉之罪，并未因为其曾是韩家婢女而加重刑罚处罚。为了更好地理解案情，特将判词分解如下：

时间：端平三年（1236年）左右

地点：不详

审判者：叶岩峰

原告：韩时觐、周兰姐

被告：韩时觐、桑百二、董三八等

案件相关人：韩知丞（亡故）、林氏（亡故）、韩时宜、韩妳婆等

案情：韩时觐状告桑百二、董三八等持刀冲入其家，毁拆其房屋等，而周兰姐主张其子董三八是韩知丞之子，状告韩时宜不容其进屋为韩知丞守孝的行径，"据韩时觐状，称伯父韩知丞不禄于永丰，扶护棺枢，方归到家，忽桑百二、董三八等持刀拥入，捣破门户，打拆篱障。次据阿周名兰姐状，称男董三八原系韩知丞男，今韩时宜不容入屋守孝"。

判决依据与结果：首先，叶岩峰梳理出互相论诉的原因是周兰姐曾经是韩知丞的女婢，而韩妳婆因为韩知丞曾经惩治其子盗掘祖墓的事情，而怀嫌作伪证指认董三八确系韩知丞之子，"见得周兰姐乃韩知丞之旧婢。嘉定二年，出嫁董三二，而生董三八，今名阿兰，已年及二十七岁矣。兹因韩知丞身故，遂认为韩知丞亲子，欲归宗认产业，且引韩妳婆。盖韩知丞在日，曾治韩妳婆之子盗掘祖坟，监勒移葬，因此挟仇编词"。

其次，叶岩峰虽然主张周兰姐及韩妳婆等人的状词不可信，但鉴于韩知丞已经亡故，也无从获知董三八是否系韩知丞亲生之子，遂从常识、常理、常情出发，指出五个不可信的推断来证成董三八应不是韩知丞之子：①韩知丞是通经明理之士人，原则上不会与婢女生子，即使生了也应于董三八出生之时将之

抱养归家，"韩知丞通经明士，晚登科第，可见洞明理义，饱阅世故，岂不知爱妾之子，犹龙生于蛇腹耳。何忍委弃于卖菜之家，经涉年岁，不复收养，乃自轻遗体如此，何邪？其不可信者一也"。②董三八若果是韩知丞之子，周兰姐应该当时便将其送还主家，若害怕主母林氏悍妒，也应该向官府告论，作为董三八日后归宗的证据，而不是二十七年来从不告论，"周兰姐若果怀妊而出，踰月而产，便当时挈还韩知丞之家。设若主母不容，亦合经官陈词，以为后日证据之地。今其子董三八已娶妻生子矣，二十七年间，杳然无一状及此，何邪？其不可信者二也"。③韩知丞官历数任，早已摆脱贫穷，周兰姐忘记旧恩，让其子处于困窘的状态显然是不可信的，"韩知丞已历数任，脱寒素而享荣贵，弃齑盐而植菖蒥，非曩日比矣。周兰姐不思抱衾之旧恩，耻破败之穷态，反甘心听其子之贫贱，鬻蔬菜于通衢，忍冻馁以度日，略不携造官所以求饱，何邪？此不可信者三也"。④韩知丞子嗣单薄，若董三八果为其子，岂有不认回的道理，"韩知丞亦非多男，仅有前妻所生时宜一子而已。且体羸唇阙，未必惬干蛊之望。设使韩知丞果有所生之子在外，岂不及早收养，饱之以膏粱，教之以诗礼，庶使子舍众多，书种不绝。今乃恝然不恤，何邪？此不可信者四也"。⑤若如周兰姐所言是因为韩知丞之妻林氏悍妒，为何林氏过世之后十多年间，韩知丞仍没有认回董三八，"且周兰姐称，韩知丞甚有意收拾，奈何前孺人林氏妒忌，不容取归，所以狼狈街头日久。此说亦是，但林氏于宝庆二年已身故，是时内无嫉妒之妻矣，董三八何不归来举重服承重，韩知丞何不乘机收回抚养，此十余年间，又略无一语及所生子，何邪？其不可信者五也"。

　　最后，在上述分析的基础上，叶岩峰认为系周兰姐妄诉，将其与董三八各勘杖八十，维护韩时宜的继承权，"今仰韩时宜自保守韩知丞之业，阿周、董三八妄词，各勘杖八十"。

基于争讼双方身份和地位的不同，不同社会阶层之间民事纠纷的受理和审断大致可分为上述五种类型。根据对《清明集》中所载案件的分析，尽管在判词中会强调争讼主体之间的阶层之分、主仆之分、主佃之分，但是南宋名公们大致上都是根据案情、契约文书、勘验报告等，依法界定他们之间的是与非，并据此作出判决。不过，需要注意的是，当地位较为卑下或佃户或婢仆等主体处于理亏一方时，审判者往往会斥责他们枉顾名分，甚至会在部分案件的判决中加大对他们的惩戒力度。并不是像有的学者所认为的那样："凡涉及官民、主佃争讼的案件，司法官均从'贵贱有别'原则出发，或强调'主佃名分'、'主仆之分'，而一概偏袒官宦、地主而压制百姓和佃客。"[1]这些判决结果是符合当时人们对正义与秩序的期许的，也是符合主流价值观的。恰如南宋名公黄榦所言："当职身为县令，于小民之愚顽者，则当推究情实，断之以法；于士大夫则当以义理劝勉，不敢以愚民相待。"[2]这一审断趋向并不限于黄榦，而是浸润在儒家礼教精神下的整体士大夫的共同选择，更是符合中国传统司法理念的内在要求的。

第三节　与"家"相涉的民事纠纷的受理和审断

恰如滋贺秀三先生所言，此处所言的"家"是"作为私法

---

〔1〕　吕志兴：《宋代法制特点研究》，四川大学出版社2001年版，第320页。

〔2〕　（南宋）黄榦："张运属兄弟互诉墓田"，载中国社会科学院历史研究所宋辽金元史研究室点校：《名公书判清明·附录二·勉斋先生黄文肃公文集》，中华书局1987年版，第585页。

意义上的存在"，〔1〕这与公法意义上"家"或"户"是不同的。从广义上来说，它还应当包括"宗""族"等，因为家"是个人以亲族关系——分为同一男系的血脉这样的同宗、同类的关系——为契机所结成了集合体"，〔2〕同时它也"意味着共同保持家系或家计的人们的观念性或现实性的集团，或者是意味着支撑这个集团生活的财产总体的一个用语"。〔3〕结合儒家伦理和法律规定可知，家庭成员之间应该同居共财，如《宋刑统》规定，"父母在及居丧别籍异财"的子孙或祖父母、父母需要承担"徒三年""徒二年"的刑罚处罚。〔4〕推而广之，具有亲缘关系的其他亲属之间亦应有通财之义、扶助之责。如《宋刑统》中规定"盗亲属财物"〔5〕处刑较凡人之间相盗为轻。因此，与"家"相涉的田宅交易纠纷自然与一般人之间的田宅交易纠纷的处理原则不同。〔6〕根据主体之间的关系及纠纷的种类，笔者将与"家"相涉的民事纠纷的受理和审断分为三个方面来解读。

---

〔1〕［日］滋贺秀三：《中国家族法原理》，张建国、李力译，法律出版社2003年版，第57页。

〔2〕［日］滋贺秀三：《中国家族法原理》，张建国、李力译，法律出版社2003年版，第75页。

〔3〕［日］滋贺秀三：《中国家族法原理》，张建国、李力译，法律出版社2003年版，第60页。

〔4〕该条规定：诸祖父母、父母在，而子孙别籍、异财者，徒三年。（别籍、异财不相须，下条准此。）若祖父母、父母令别籍，及以子孙妄继人后者，徒二年，子孙不坐。参见（宋）窦仪等撰：《宋刑统·卷十二·户婚律·父母在及居丧别籍异财》，薛梅卿点校，法律出版社1999年版，第216页。

〔5〕该条规定：诸盗缌麻、小功亲财物者，减凡人一等；大功，减二等；周亲，减三等。参见（宋）窦仪等撰：《宋刑统·卷二十·贼盗律·盗亲属财物》，薛梅卿点校，法律出版社1999年版，第352页。

〔6〕该段论述可参见潘萍："宋代的民事诉讼时效论略"，载《古代文明》2018年第1期。

一、亲属之间的一般财产纠纷的受理和审断

纵观整个《清明集》，我们发现亲属之间的财产纠纷层出不穷，无日不有，涵盖的亲属范围亦是十分广泛的，有父子之间、[1]母子之间、[2]兄弟之间、[3]、叔侄之间[4]甥舅之间[5]等。

---

[1] 父子之间因财产而诉及官府的判词大致可以分为两类：①父讼子，涉及的判词如"妻财置业不系分""子未尽孝当教化之"等；②子讼父，涉及的判词如"卑幼为所生父卖业""子妄以奸妻事诬父"等。参见中国社会科学院历史研究所宋辽金元史研究室点校：《名公书判清明集·卷五·户婚门·争业下·"妻财置业不系分"；卷十·人伦门·父子·"子未尽孝当教化之"；卷九·户婚门·违法交易·"卑幼为所生父卖业"；卷十·人伦门·乱伦·"子妄以奸妻事诬父"》，中华书局1987年版，第140、359、298~299、388页。

[2] 母子之间因财产而诉及官府的判词大致可以分为两类：①母诉子，涉及的判词如"互诉立继家财""母讼其子而终有爱子之心不欲遽断其罪"等；②子讼母，涉及的判词如"继母将养老田遗嘱与亲生女""子与继母争业"等。中国社会科学院历史研究所宋辽金元史研究室点校：《名公书判清明集·卷十·人伦门·母子·"互诉立继家财""母讼其子而终有爱子之心不欲遽断其罪"；卷五·户婚门·争业下·"继母将养老田遗嘱与亲生女"；卷十·人伦门·母子·"子与继母争业"》，中华书局1987年版，第360、363~364、141~142、364页。

[3] 兄弟之间因争财而诉及官府的判词大致可以分为两类：①兄告弟，涉及的判词如"罗琦诉罗琛盗去契字卖田""兄弟争财"；②弟告兄，涉及的判词如"争业以奸事盖其妻""兄弟之争"等。参见中国社会科学院历史研究所宋辽金元史研究室点校：《名公书判清明集·卷四·户婚门·争业上·"罗琦诉罗琛盗去契字卖田"；卷十·人伦门·兄弟·"兄弟争财"；卷六·户婚门·争田业·"争业以奸事盖其妻"；卷十·人伦门·兄弟·"兄弟之争"》，中华书局1987年版，第102、374~375、180~181、366~367页。

[4] 叔侄之间因争财而诉及官府的判词大致可以分为两类：①叔诉侄，涉及的判词如"诉侄盗卖田""叔侄争"等；②侄诉叔，涉及的判词如"吕文定诉吕宾占据田产""侄与出继叔争业"等。参见中国社会科学院历史研究所宋辽金元史研究室点校：《名公书判清明集·卷六·户婚门·争田业·"诉侄盗卖田"；卷六·户婚门·争屋业·"叔侄争"；卷四·户婚门·争业上·"吕文定诉吕宾占据田产"；卷五·户婚门·争业下·"侄与出继叔争业"》，中华书局1987年版，第183~184、188~191、106、135~136页。

[5] 舅甥之间相争而诉及官府的判词在《清明集》中仅一例，即"舅甥争"。

由此可见，南宋名公们并不避讳受理亲属之间相告争财的案件，就连子讼父、妻讼夫[1]这类有碍三纲的案件也会依法受理。通常来说，南宋名公们为了"较为公正地化解亲属间的财产争讼，维护宗族成员间的血缘伦理亲情"，在亲属间发生纠纷时，"根据具体个案事实，在综合考量法意法理、民意民情、风俗习惯、血缘伦理的基础上，以'利益衡平'的司法艺术与精神，追求个案的实质正义和判决的社会良性效果"。[2]基于此，南宋名公们在审理亲属之间的民事纠纷时，多会厘清他们之间的是与非，但又不是完全按照他们之间的是非来准法审断，往往是以劝导的口吻告诫争讼双方不要因蝇头小利而损伤父子、母子、兄弟姐妹、宗族等之间的亲情，应该以"父慈子孝，兄友弟恭"为追求，只有屡训不改的才会依法审断。如"兄弟侵夺之争教之以和睦"[3]这一判词所载案件即是这方面的典型代表。在该案中，胡石壁并未从奉琮、奉璿两兄弟之间的具体财产纠纷入手，而是从同宗睦族这样的大处着眼，主张两兄弟应当敬爱祖先，和睦相处，并对之进行训谕。在此认识的基础上，胡石壁要求两兄弟私下和解。并以威慑的口吻述及二人再因此涉讼，则严

（接上页）〔5〕　具体可参见中国社会科学院历史研究所宋辽金元史研究室点校：《名公书判清明集·卷六·户婚门·争屋业·"舅甥争"》，中华书局1987年版，第191～192页。

〔1〕　如在"妻背夫悖舅断罪听离"判词中，胡石壁就受理了阿张状告丈夫痴愚、公公侵犯自己的状子。具体可参见中国社会科学院历史研究所宋辽金元史研究室点校：《名公书判清明集·卷十·人伦门·夫妇·"妻背夫悖舅断罪听离"》，中华书局1987年版，第379页。

〔2〕　张本顺、陈景良："宋代亲属财产诉讼中的'利益衡平'艺术及其当代借鉴"，载《兰州学刊》2015年第6期。

〔3〕　中国社会科学院历史研究所宋辽金元史研究室点校：《名公书判清明集·卷十·人伦门·兄弟·"兄弟侵夺之争教之以和睦"》，中华书局1987年版，第369～371页。其中后面判词分解所引内容，均系此判词，不再一一标明出处。

法以断。为了更好地理解案情，特将判词分解如下：

时间：不详

地点：不详

审判者：胡石壁

原告及被告：奉璿、奉琮

案情：奉璿、奉琮两兄弟互相侵夺产业。

判决依据与结果：首先，胡石壁为审理家庭、宗族之间的财产纠纷奠定了一个基调：同宗同族之人应该相亲相爱，必须和宗睦族，否则必自取灭亡，"大凡宗族之间，最要和睦，自古及今，未有宗族和睦而不兴，未有乖争而不败。盖叔伯兄弟，皆是祖先子孙，血气骨脉，自呼一源。若是伯叔兄弟自相欺凌，自相争斗，则是一身血气骨脉自相攻相尅。一身血气骨脉既是自相攻相尅，则疾痛病患，中外交作，其死可立而待矣。故圣贤教人，皆以睦族为第一事，盖以此也"。

其次，胡石壁认为奉璿、奉琮互相欺凌、争夺产业的行为是不尊祖先，使之不能瞑目于九泉的悖逆的做法，"奉璿、奉琮皆是一家兄弟，以今日论之，虽曰各父各母，似觉稍疏，然以祖先视之，皆子孙也。祖先之爱奉琮，无以异于爱奉璿；祖先之爱奉璿，无以异于爱奉琮。奉璿、奉琮若能体祖先爱子孙之心，则兄见其弟，必曰是吾祖之孙也，吾何可以不恭之。如此则必无争，必无讼矣。惟其不知以祖先为念，于是尔我始则相视为路人，后则相疾为寇仇。呜呼！祖先养育子孙，只望代代孝顺，人人爱友，以共保家业，以共立门户，而一旦为路人，为寇仇，死者有知，其能瞑目于九泉之下乎？"

再次，胡石壁观察奉璿、奉琮两兄弟的谈吐，认为二人有教化的可能性，之所以同室操戈，是因为缺乏训谕。而自己身为当地的父母官，自当负责委曲教化他们，使他们能够兄友弟恭，相亲相爱，"当职观奉琮兄弟，供吐之间尽有条理，看来亦曾读书，非其他懵然无知者比，而其所以与同室之斗者，度只是一时为利欲所蔽，无人以天理人伦开晓之耳。当职叨蒙上恩，假守于此，布宣德化，训迪人心，正太守之责也。……尔兄弟今当各思吾之身是祖先之所生，兄之身，弟之身，亦祖先之所生，……出入相友，有无相资，缓急相倚，患难相救，疾病相扶持，锥刀小利，务相推逊，唇吻细故，务为涵容"。

最后，在上述训谕的基础上，胡石壁主张奉琮、奉璿两兄弟应该私下和解，和好如初，若再因此细故而致争讼，则据严法审断，"在前如果有侵夺，私下各相偿还，自今以后，辑睦如初，不宜再又纷争，以伤风教。如或不悛，定当重真，无所逃罪矣！"

南宋官员对于姻亲之间的民事纠纷也多是如此处理，特别是涉及男女婚嫁这类可能影响两个家庭、两个家族，乃至两个宗族关系的案件。因为"男女婚姻与他讼不同，二家论诉，非一朝夕，倘强之合卺，祸端方始"。[1]因此，在处理此类纠纷时，南宋名公们莫不在审理时参照当地的风土人情，若实在难以调和，则断之以法意。如"女家已回定帖而翻悔"[2]这一判词所载案例即是这方面的典型代表。在该案中，刘克庄虽一再地援引法律，以之威慑谢迪父子。但是，与此同时，他一次又一次地给谢刘两家时间，希望他们能够协商解决，意图寻求两

---

〔1〕　中国社会科学院历史研究所宋辽金元史研究室点校：《名公书判清明集·卷九·户婚门·婚嫁·"诸定婚无故三年不成婚者听离"》，中华书局1987年版，第351页。

〔2〕　中国社会科学院历史研究所宋辽金元史研究室点校：《名公书判清明集·卷九·户婚门·婚嫁·"女家已回定帖而翻悔"》，中华书局1987年版，第346~348页。其中后面判词分解所引内容，均系此判词，不再一一标明出处。

家关系之和睦，进而得法意与人情之衡平。为了更好地理解该案情，特将判词分解如下：

时间：不详

地点：不详

审判者：刘克庄

原告：刘颖母子

被告：谢迪、谢必洪

案情：作为女方的谢家在回复刘家定婚帖子后翻悔，被男方刘颖母子状告至官府

判决依据与结果：1. 通过书铺的辨验，刘克庄认为谢、刘两家确实存在缔结婚约的状态，依法谢家不得翻悔，而应与之成婚。但是，刘克庄不欲准法而断，而是以警告的口吻告知谢氏父子应当从长计议，押下两家人评议，"谢迪虽不肯招认定亲帖子，但引上全行书铺辨验，见得上件帖子系谢迪男必洪亲笔书写，谢迪初词亦云勉写回帖。……在法：许嫁女，已投婚书及有私约而辄悔者，杖六十，更许他人者，杖一百，已成者徒一年，女追归前夫。定亲帖子虽非婚书，岂非私约乎？律文又云：虽无许婚之书，但受聘财亦是。注云：聘财无多少之限。……况定帖之内，开载套匣数目，明言谢氏女子与刘教授宅宣教议亲，详悉明白，……官司未欲以文法相绳，仰谢迪父子更自推详法意，从长较议，不可待官司以柱后惠文从事，悔之无及。两争人并押下评议，来日呈"。

2. 刘克庄主张虽然依法谢刘两家应当成婚，但其也告诫刘颖母子：两家因诉讼已生嫌隙，若勉强成婚不利于两家交好及婚后的感情维系。因此，刘克庄主张两家应该和对，"合与不合成婚，由法不由知县，更自推详元判，从长较议元承，并劝刘颖母子，既已兴讼，纵使成婚，有何面目相见，只宜两下对定而已"。

3. 刘克庄主张私下和对之事应该由亲戚、邻里这类人来调解，而非官府，再一次给时间让两家私下协商解决，"和对之事，岂无乡曲亲戚可以调护，知县非和对公事之人"。

4. 刘克庄又一次警告谢迪父子应当从长计议，否则必遭刑罚，且又一次给时间由两家私下协商解决，"定帖分明，条法分明，更不从长较议，又不赍出缣帖，必要讯荆下狱而后已，何也?"

5. 刘克庄斥责谢迪父子依托形势意欲干预司法的行为，主张该事应该据理准法而断，但是又一次给时间让双方协商解决，"公事到官，有理与法，形势何预焉? 谢迪广求书札，又托人来干预，谓之倚恃形势亦可。既回定帖与人，又自翻悔，若据条法，止得还亲，再令晚别有施行"。

6. 刘克庄主张据法：刘颖若坚持成婚，谢迪必须履行婚约。不过，仍是给时间让两家从长计议，"在法：诸背先约，与他人为婚，追归前夫。已嫁尚追，况未嫁乎? 刘颖若无绝意，谢迪只得践盟，不然，争讼未有已也。仰更详法制，两下从长对定"。

7. 应是谢刘两家达成一致处理意见，刘克庄根据他们的约定将之释放，且给予双方处理的依据，"照放，各给事由"。

不限于此，南宋名公们在处理一方涉及家庭成员之间关系的案件时，不单单只依据案件事实审断，还顾及法律与人情的衡平，会惩戒破坏他人家庭和睦的人。该类案件较多地存在于买卖物业中涉及众分产业而致双方纷争的案件。如"母在与兄弟有分"[1]这一判词所载案件即是这方面的典型代表。在该案中，在审清魏峻盗卖众分产业而丘汝砺知情故买的情况下，刘

---

〔1〕　中国社会科学院历史研究所宋辽金元史研究室点校：《名公书判清明集·卷九·户婚门·违法交易·"母在与兄弟有分"》，中华书局1987年版，第301~302页。其中后面判词分解所引内容，均系此判词，不再一一标明出处。

克庄依法要求魏峻将盗卖所得来的钱财赍出纳入官府，丘汝砺将产业返还给魏家，以维护李氏及魏峻诸兄弟的财产所有权，还对引诱、蛊惑破荡人家业的牙人危文谟科以杖刑以示惩戒。为了更好地理解案情，特将判词分解如下：

时间：不详

地点：不详

审判者：刘克庄

原告：李氏（魏峻之母）、魏岘（魏峻之兄）、魏峡（魏峻之兄）、魏峤（魏峻之弟）

被告：丘汝砺、危文谟

案情：母亲李氏尚在，与兄弟魏岘等并未分家析产，而魏峻因吃喝赌博擅自将部分田业典卖给丘汝砺，"魏峻母李氏尚存，有兄魏岘、魏峡、弟魏峤，……魏峻不肖饮博，要得钱物使用，遂将众分田业，就丘汝砺处典钱"。

判决依据与结果：首先，刘克庄指出依法母在兄弟未分之产业不应盗卖，"交易田宅，自有正条，母在，则合令其母为契首，兄弟未分析，则合令兄弟同共成契，未有母在堂，兄弟五人俱存，而一人自可典田者"。

其次，刘克庄指责丘汝砺为富不仁，危文谟破荡人家业，"豪民不仁，知有兼并，而不知有条令，公然与之交易。危文谟为牙，实同谋助成其事"。

再次，根据丘汝砺、危文谟前后抵牾的供述，刘克庄认定丘汝砺、危文谟二人明知魏峻为盗卖而擅买，"丘汝砺、危文谟不循理法，却妄称是魏峻承分物业，不知欲置其母兄于何地？又称是魏峻来丘汝砺家交易，危文谟赍契往李氏家着押，只据所供，便是李氏不曾自去交易分明"。

最后，刘克庄依据法律要求魏峻将盗卖田业钱财交出没官，而丘汝砺贾出契约文书毁抹，均因犯在赦前，免予刑事处罚。但对于蛊惑他人子孙破荡的危文谟则科以杖刑以示惩戒，并要求其在魏峻不能完全偿还钱财时补足，"照违法交易条，钱没官，业还主，契且附案，候催追魏峻监钱足日毁抹。丘汝砺、危文谟犯在赦前，自合免罪，但危文谟妄词抵执，欺罔官司，败坏人家不肖子弟，不容不惩，勘杖六十，仍旧召保。如魏峻监钱不足，照条监牙保人均备"。

二、与立继相关的民事纠纷的受理和审断

之所以将与立继相关的民事纠纷的受理和审断单独列出来，是因为它不仅涉及我们常见的亲属之间的财产纷争，还关涉到宗族、家族、家庭血脉的延续，是牵涉人伦孝道的重要问题。依据对《清明集》的整理，我们会发现关于立嗣的案件，南宋名公们的处理结果无非是如下几种：①主张为亡者立嗣，如在"不可以一人而为两家之后别行选立"这一判词中，吴恕斋斥责了"吴烈以祖母遗嘱影射，不肯为季八立嗣"的主张，要求在同宗昭穆相当中拣择人选为之立嗣；[1]②不主张为亡者立嗣，如在"熊邦兄弟与阿甘互争财产"这一判词中，出于"官司从厚"的打算，范西堂不主张为熊资立嗣，也不将其家财作户绝处理，而是"仰除见钱十贯足埋葬女外，余田均作三分，各给其一"；[2]③主张为亡者立两嗣子，如在"同宗争立"这一判

---

〔1〕 参见中国社会科学院历史研究所宋辽金元史研究室点校：《名公书判清明集·卷七·户婚门·立继·"不可以一人而为两家之后别行选立"》，中华书局1987年版，第208~209页。

〔2〕 参见中国社会科学院历史研究所宋辽金元史研究室点校：《名公书判清明集·卷四·户婚门·争业上·"熊邦兄弟与阿甘互争财产"》，中华书局1987年版，第110页。

词中，审理者韩竹坡为了维护志道为文植嗣子的合法权益，与此同时，又顾及志道的本心，而"两立鹤翁、志道"为之嗣子，且要求两人"不许别籍异财，各私其私，当始终乎孝之一字可也"；[1]④主张可以驱逐之前所立嗣子的，如在"出继子不肖勒令归宗"这一判词中，基于石岂子破荡家财、悖逆其母，南宋名公主张勒令其归宗，且"勘杖一百"；[2]⑤主张不可以驱逐之前所立嗣子的，如在"生前抱养外姓殁后难以动摇"这一判词中，尽管作为嗣子的邢坚受到本生舅舅周耀和婢女燕喜的挑唆而破荡家财，其叔邢柟欲将之遣逐归宗，而被审理者吴恕斋所否定，并且"劝谕邢柟，尽释宿憾，当抚其侄如子，戒饬邢坚，悉改前非，当敬事其叔如父。家业不可不检校，周耀、燕喜不可不区处，以决他日之争，以全天伦之义"；[3]等等。纵观南宋名公们的审理结果或有互相抵牾之感，但究其实质而言，他们的理路和目的是一致的，即希望在法意与人情之间寻求衡平，尽量达致生者得养，死者得祀。如"叔教其嫂不愿立嗣意在吞并"[4]这一判词所载案件即淋漓极致地展现了南宋名公们主张立嗣与否的真正着眼点。在该案中，胡石壁明知不与李学文立嗣是枉顾人伦道义的。但是，基于其母阿张的意愿，胡石

---

〔1〕 参见中国社会科学院历史研究所宋辽金元史研究室点校：《名公书判清明集·卷七·户婚门·立继·"同宗争立"》，中华书局1987年版，第209~211页。

〔2〕 参见参见中国社会科学院历史研究所宋辽金元史研究室点校：《名公书判清明集·卷七·户婚门·归宗·"出继子不肖勒令归宗"》，中华书局1987年版，第224~225页。

〔3〕 参见中国社会科学院历史研究所宋辽金元史研究室点校：《名公书判清明集·卷七·户婚门·立继·"生前抱养外姓殁后难以动摇"》，中华书局1987年版，第201~203页。

〔4〕 中国社会科学院历史研究所宋辽金元史研究室点校：《名公书判清明集·卷八·户婚门·立继类·"叔教其嫂不愿立嗣意在吞并"》，中华书局1987年版，第246~247页。

壁只能在法意与人情之间去寻求衡平，即要求李学文之弟李学礼有二子时，必须将一子为其兄立嗣；但若其始终无二子，则尊重阿张意见，不为李学文立嗣。为了更好地理解案情，特将判词分解如下：

时间：不详

地点：不详

审判者：胡石壁

原告：阿张（李学文之母）

被告：无

案件相关人：李学文（亡故）、李学礼（李学文之弟）等

案情：李学文亡故后，其祖曾为之立嗣。后来，李学文之母阿张主张所立嗣子系其子堂弟，不当为嗣子。胡石壁也认为昭穆不顺，要求将之遣还归宗，且令阿张再为之立嗣。而阿张向官府诉称学文在日只愿意立亲弟李学礼之子为嗣，否则不愿立嗣，"李学文既娶而亡，其祖又尝为立嗣，则非未成丁之子矣。阿张昨以所命继子，是李学文亲堂弟，昭穆不顺为词。本府遂与勒令归宗，别令命继。而今此所陈，乃称学文自亲弟下不愿更与之立嗣"。

判决依据与结果：首先，针对阿张的上述主张，胡石壁认为是李学礼为了图占产业而唆使的，因此斥责李学礼败仁忘义，类同禽兽，本欲科罚，但考虑到恩赦，没有对之进行处罚，"阿张，一愚妇耳，无所识，此必是李学礼志在吞并乃兄之家业，遂教其母以入词。忘同气之恩，弃继绝之谊，废其祭祀，馁其鬼神，是可忍也，孰不可忍也！此等禽兽异类，当职恶之如寇仇，若非赦恩在近，便当勘断编管"。

其次，胡石壁要求李学礼会同本宗族尊长供出昭穆相当、能够承嗣李学文的人。然而拣择发现确实无昭穆相当之人，本

宗尊长主张立异姓子为李学文嗣子。而胡石壁认为命继的目的是生者得养，死者得祀，而立异姓本身是败国亡家的做法，命继从来没有立异姓的道理，"且锢身押下金厅，同本宗尊长供具昭穆相当之人，以凭命继。又唤到尊长，供无昭穆相当之人，乞立异姓。国立异姓曰灭，家立异姓曰亡，……后世立法，虽有许立异姓三岁以下之条，盖亦曲徇人情，使鳏夫寡妇有所恃而生耳，初未尝令官司于其人已死，其嗣已绝，而自为命继异姓者"。

最后，在上述分析的基础上，照顾李学文之母阿张的意愿的情况下，胡石壁将李学文家业两分，一分与之前的嗣子，一分给阿张和李学礼掌管。待李学礼有二子时，将其中一个儿子为兄长立嗣；若无，则该份产业由阿张处分，"今李学文既无昭穆相当之子，而其母阿张又常有不愿命继之词，在官司岂可强令求之异姓。但当与之分定一户田业，一分还李惟贤，一分还阿张与李学礼母子共掌管。候李学礼将来如有两子，令将一子以继学文之后。如亦无子，则听阿张区处"。

三、邻里之间或师生之间的民事纠纷的受理和审断

"中国社会是乡土性的"，"世代定居是常态，迁移是变态"。[1]因此，邻里之间亦有相互扶助之责，司法人员在处理他们之间所发生的民事纠纷时不得不从长计议，以能够和睦相处为出发点来审理。这在一定程度上类似于审理与"家"相涉的民事纠纷。同时，鉴于"一日为师，终身为父"，而师又与"天地君亲"相并列，被视为人伦的一项重要内容，也具有类家庭

---

[1] 费孝通：《乡土中国》，人民出版社 2008 年版，第 1、3 页。

性。因此，笔者将邻里之间与师生之间的民事纠纷纳入此处探讨的范围。

（一）邻里之间民事纠纷的受理和审断

对于乡邻之间的民事纠纷，南宋名公们多强调以和睦为主，能私下和解就私下和解，尽量不要诉诸官府。若实在需要诉诸官府，当职司法官员在查清案件事实的基础上，结合当地的风土人情予以解决纠纷的同时，多会以劝谕的方式倡导乡邻之间应该和睦友好，不过这种劝谕多是"一种自上向下的教导式的说教，且这种说教以'天理人伦'为主要内容，目的恰在于'正名分、厚风俗'"。如"乡邻之争劝以和睦"[1]这一判词所载案件即是这方面的典型代表。在该案中，胡石壁用大量的篇幅去倡导乡邻之间应该和睦相处，有无相济，不应该因唇吻细故而紊乱官府，失了邻里和气。为了更好地理解案情，特将判词分解如下：

时间：不详

地点：不详

审判者：胡石壁

原告：唐六一

被告：颜细八、颜十一

案件相关人：杨四

案情：因杨四唆使，唐六一状告乡邻颜细八、颜十一，"今观唐六一诉颜细八、颜十一之由，只是因杨四唆使之故"。

判决依据与结果：首先，胡石壁主张邻里之家应该尽量和

---

〔1〕　中国社会科学院历史研究所宋辽金元史研究室点校：《名公书判清明集·卷十·人伦门·乡里·"乡邻之争劝以和睦"》，中华书局1987年版，第393~394页。其中后面判词分解所引内容，均系此判词，不再一一标明出处。

睦，互相扶持，有无相通，"大凡乡曲邻里，务要和睦。绕自和睦，则有无可以相通，缓急可以相助，疾病可以相扶持，彼此皆受其利。绕自不和睦，则有无不复相通，缓急不复相助，疾病不复相扶持，彼此皆受其害"。

其次，胡石壁认为当今世风日下，人心不古，只知争眼前的蝇头小利，不知从长远打算。倡导人们不应该因小忿去官府打官司，因为可能为未来在乡里生活埋下隐患，"今世之人，识此道理者甚少，只争眼前强弱，不计长远利害。绕有小言语，便去要打官司，不以乡曲为念，且道打官司有甚得便宜处，使了盘缠，废了本业，公人面前陪了下情，着了钱物，官人厅下受了惊吓，喫了打细，而或输或赢，又在官员笔下，何可必也。便做赢了一番，冤冤相报，何时是了。人生在世，如何保得一生无横逆之事，若是平日有人情在乡里，他自众共相与遮盖，大事也成小事，既是与乡邻仇隙，他便来寻针觅线，掀风作浪，小事也成大事矣。如此，则是今日之胜，乃为他日之大不胜也"。

最后，在上述论调的基础上，胡石壁科处了从中搬弄是非，唆使诉讼的杨四，且将唐六一、颜细八、颜十一之讼当廷审断，并各给判词一本，要求他们向邻里展示，以劝导、教化乡民应该和睦，"杨四处乡邻之间，不能劝谏以息其争，而乃斗喋以激其争，遂使两家当次务农正急之时，抛家失业，妄兴词诉，萦烦官司，其罪何可逃也。杨四杖六十，唐六一、颜细八、颜十一当厅责罪赏状，不许归乡生事，并放。仍各人给判语一本，令将归家，遍示乡里，亦兴教化之一端"。

（二）师生之间民事纠纷的受理和审断

对于师生之间的民事纠纷，南宋的司法官员多是根据案情，依法而断。不过需要注意的是，他们在审理的过程中极为注意当事人之间的师生关系，要求学生当尽弟子之道。如"谋诈屋业"[1]这一判词所载案件即是这方面的典型代表。在该案中，叶岩峰总体上都是依据契约文书准法断决涂适道妄赎陈国瑞典到沈宗鲁、沈窗屋业一案。但是其在判词中不只一次地强调涂适道妄赎其师物业、妄告其师是有违弟子之道、"悖乱师道"的不仁不义的行为。为了更好地理解案情，特将判词分解如下：

　　时间：绍定二年后

　　地点：不详

　　审判者：叶岩峰

　　原告：涂适道

　　被告：陈国瑞

　　案件相关人：陈闻诗、沈宗鲁（已故）、沈窗、沈权、楚汝贤等

　　案情：1. 嘉定十三年，陈国瑞、陈闻诗父子租赁沈宗鲁、沈窗之屋，而后分别于宝庆二年春、宝庆三年冬典到，"陈国瑞以假馆养贫，初无室庐可以聚居托处，遂于嘉定十三年租赁沈宗鲁、沈窗书院屋宇三间而居。越六、七载之后，沈宗鲁于宝庆二年春，将上件屋一间半，就典与陈国瑞，契云，所典屋与基地系陈学谕在内居止。续沈窗于宝庆三年冬，复将一间半并典与陈国瑞，契亦云，其屋原系陈学谕居住，所有房门板障，乃陈学谕自己之物"。

　　2. 涂适道典到沈权等屋后，意欲兼并陈国瑞父子典到的房子，而说诱沈宗鲁、沈窗二人重叠交易于他，"涂适道因典到沈

<hr />

　　[1]　中国社会科学院历史研究所宋辽金元史研究室点校：《名公书判清明集·卷六·户婚门·争屋业·"谋诈屋业"》，中华书局1987年版，第192～194页。其中后面判词分解所引内容，均系此判词，不再一一标明出处。

权等屋，便有觊觎之望，……沈宗鲁因讼死矣，不可计奖，遂说谕沈寀重叠交易"。

3. 楚汝贤等作为涂适道的朋党帮助其骗诱陈国瑞赍出之前与沈寀签订的典卖契约文书，并且还逼勒其领回涂适道所出的吝赎钱财、官会，并勒令其撰写相关批约，"楚汝贤等皆涂之党，阳与和对，阴行倾陷，诱陈国瑞赍出沈寀契书，径行兜执，却逼令交领钱、会，勒令批约云，领涂适道吝赎沈宗鲁屋钱、令讫。又云，二契钱、会并领足"。

4. 陈国瑞父子因逼勒与之交易后，反思自己可能无处居住，不愿退赎离业。而涂适道为了兼并该物业，遂给予官会钱帮助陈国瑞父子搬家，而后向官府告发陈国瑞向其索要陪贴，"陈国瑞父子柔懦，似不能言者，一时为涂之亲戚所迫，竟俛首从和，退而思之，交易此屋，色色在先，若一旦平白赎去，则无所棲止，更复依傍谁家门户乎？遂不肯退赎离业。涂适道逐客之念甚急，又虑其无以为徒居里粮之计，损官券十贯，以助搬挈，未几，经县投词，便指此会为陈国瑞妄索陪贴，低价行用，有戾约束"。

判决依据与结果：首先，根据陈国瑞与沈宗鲁、沈寀签订典卖契约的文书和涂适道与沈宗鲁、沈寀签订的契约文书，认定陈国瑞所典是符合法律规定的，而涂适道所买系重叠交易。因此，叶岩峰主张无论按照亲法，还是邻法，涂适道都无吝赎该物业的道理，"以两契观之，可见陈国瑞赁居多年，今从赁至典，正合条法。……重典亦是宝庆三年，并根乃是绍定二年，又欲势凌压之，复与绍定二年假作辛大监立契，殊不知此三数契，皆在陈国瑞宝庆二年交易之后。……陈国瑞赁屋在先，事事正当，若以邻论，陈国瑞既先赁先典，涂适道悉在其后，合是先得业者为主，陈可以赎陈之邻至，涂不应赎陈之业。若以亲论，涂适道与沈宗鲁、沈崀遇是异姓，沈既涂之亲戚，徒安可吝沈之典屋，今书之批领则曰，涂代沈吝赎，有此理否？显见违法背义之甚"。

其次，叶岩峰指出涂适道曾受业于陈国瑞、陈闻诗父子，应当遵守弟子之道，然而其强赎其师物业，且令其奔波于官司中以图破荡其家财而占据物业的行为是不仁不义的行为，悖离师道，"且学谕陈国瑞、陈闻诗父子也，涂适道俱从之为师。……必至（陈国瑞父子）破荡生生之资而后已，此屋将不待攻而自还。殊不念既夺其业，失蔽风寒之所，又诬以罪，推堕陷阱之中，宁不狼狈于乡里，流离于道路，何忍使一老先生受困至此，岂非欲置其师于冻馁之地乎？涂适道操心不仁，见利忘义，莫甚于此，亦乡论所切齿也"。

最后，在上述分析的基础上，结合相关契约文书，叶岩峰主张陈国瑞将领取的吝赎的钱、会及搬家官会返还给涂适道，要求毁抹涂适道重叠交易的契约文书及批领，该屋业仍由陈国瑞父子居住，沈崀将重叠交易的钱财返还给涂适道，而后将重叠交易的沈崀、背离弟子之道还妄图吝赎其师物业的涂适道各杖责八十。若能按照所断执行，则免予科处二人的刑罚，"陈国瑞即经丞厅入词，悔还吝赎钱、会，就徐士显家付还搬挈官会，并未曾接受在己。今仰索上件钱、会，勒涂适道交领，仍将涂适道重叠弊契及批领，毁抹附案，并监沈崀重典卖钱还涂适道。仰陈国瑞二契管业居住，……沈崀不合故违条法，重并交易，涂适道不合悖慢师道，妄吝屋业，并合勘杖八十，照疏决免断"。

南宋名公们在处理民事案件纠纷时，始终坚守其父母官的角色，以"厚人伦，美教化为第一义"，这一审判趋向在审理与"家"相涉的民事纠纷中体现得最为明显。在该类案件的审理过程中，司法人员在查清案情的基础上，或准法判决；或责令私下和解；或当厅调解等，都是为了在民事司法实践过程中践行中国传统司法理念，进而建构"王道平"的理想社会秩序。在"母讼其子而终有爱子之心不欲遽断其罪"这一判词中，胡石壁将南宋名公审理此类案件的初衷作了较为精炼地概括，"每遇听讼，于父子之间，则劝以孝慈；于兄弟之间，则劝以爱友；于亲戚、族党、邻里之间，则劝以睦姻任邮"。[1]

小　结

根据民事纠纷中各主体的身份及他们之间关系的不同，结合对《清明集》中所载判词的分析，笔者将中国传统司法理念在民事司法实践中的体现分为三个方面来解读：第一，平等主体之间民事纠纷的受理和审断。平等主体之间的民事纠纷诉至官府时，无论案情是否清晰、证佐是否明白，南宋名公们基本都能够根据契约文书、勘验结果、证人证言等，依法作出判决。而这些判决都是遵法循理的，是符合中国传统司法理念内在要求的。第二，不同社会阶层之间民事纠纷的受理和审断。不同社会阶层之间的民事纠纷诉至官府时，南宋名公们尽管在判词中会强调争讼主体之间的阶层之分、主仆之分、主佃之分等，但是就审理结果而言，基本都是根据案情、契约文书、勘验报告等准法而断的。不过，浸润在儒家礼教思想下的南宋名公们对涉及士大夫的民事纠纷，多在判词中以劝谕的方式开解他们不要只顾及眼前的蝇头小利。第三，与"家"相涉的民事纠纷的受理和审断。与"家"相涉的民事纠纷诉至官府时，为了宗

---

　　〔1〕　中国社会科学院历史研究所宋辽金元史研究室点校：《名公书判清明集·卷十·人伦门·母子·"母讼其子而终有爱子之心不欲遽断其罪"》，中华书局1987年版，第363页。

族和睦、家庭关系和谐，南宋名公们在查清案情的基础上，一般都是责令当事人私下和解或当厅调解。只有针对那些屡劝不改的，才会根据当事人之间的关系，依法作出判决。概而言之，在审理平等主体之间的民事纠纷时，审判者基本坚持了"等者同等"的原则。无论在判词中引用法律与否，审理者基本都会依法判决，而法律文本本身即渗透了中国传统司法理念的原则及内涵。在审理不同社会阶层之间的民事纠纷时，审判者也基本坚持了"不等者不等"的原则，这也体现了中国传统司法理念的内在要求。同时，根据具体案情的不同，审判者在审理时也会从多方面综合考量，以达致法意与人情之间的衡平，这是"等与不等的辩证统一"原则的体现。总之，中国传统司法理念在民事司法实践中得到了贯彻和落实。

第六章
中国传统司法理念在刑事
司法中的实践

——以《驳案汇编》为例

　　在上一章中，笔者对中国传统司法理念在民事司法中的实践作了探讨，本章则关注其在中国传统刑事司法实践中的表现。对于中国传统司法，无论是持"民刑不分"论点的学者，还是持"民刑有分"论点的学者，都不能否认其在实践过程中刑事色彩更重。因此，中国传统司法实践留存了大量关于刑事领域的判例、判牍材料。[1]这些材料为我们认识中国传统司法理念在刑事司法中的实践提供了宝贵的论据。限于篇幅和学力，本书主要以《驳案汇编》为范本，认识中国传统司法理念在刑事司法实践中的体现。这较具代表性和说服力，究其原因，主要包括如下三个方面：其一，《驳案汇编》成书于清代乾嘉时期，而清代又是中国传统社会的最后时期，各朝各代之刑事法律、司法理念等被其继承和发展，以之为范本探析中国传统司法理念在刑事司法实践中的体现是比较具有代表性的。其二，《驳案汇编》所载案例是按照《大清律例》的编排体例汇纂的，即《名例》《吏律》《户律》《吏律》《礼律》《兵律》《刑律》，总

----

　　[1]　较具代表性的刑事判例、判牍材料主要有：后晋和凝父子编纂的《疑狱集》，南宋郑克编纂的《折狱龟鉴》，南宋桂万荣编纂的《棠阴比事》，清朝全士潮等主编的《驳案汇编》，清朝祝庆祺等编纂的《刑案汇览》，等等。参见：杨奉琨校释：《疑狱集·折狱龟鉴校释》，复旦大学1988年版；（南宋）桂万荣编撰：《棠阴比事选》，（明）吴讷删正、续补，陈顺烈校注、今译，群众出版社1980年版；（清）全士潮等纂辑：《驳案汇编》，何勤华等点校，法律出版社2009年版；（清）祝庆祺等编纂：《刑案汇览全编》，尤韶华等点校，法律出版社2009年版。

计7篇39卷，其中《驳案新编》32卷317宗驳案，涉及案例319个；[1]《驳案续编》2卷62宗驳案，涉及案例62个。其涉及面之广，种类之多，为我们的研究提供了较为全面和翔实的材料。其三，《驳案汇编》所记载的案例具有较强的证明力和说服力，其中"大部分是经过刑部'奉上谕指驳改拟'，以及大臣援案准奏永为定例的成案"，是当时的司法官员"用作实际上的'引证比附之取资'"，[2]更能彰显中国传统司法理念在刑事司法实践中的贯彻和落实。正体现了阮葵生所言："刑部'每驳一案、定一例，各出所见，讲明而切究之；开惑剖蔽，要皆阐发律义例义之精微，本经术而酌人情，期孚乎中正平允而止'。"[3]在此基础上，根据犯罪人与被害人之间的关系、身份地位以及侵犯的客体等综合方面来考虑，笔者将《驳案汇编》所载案例分为四个方面来探讨：平等主体之间的刑事案件的受理和审断；不同社会阶层之间的刑事案件的受理和审断；亲属之间的刑事案件的受理和审断；其他存在影响定罪量刑因素的主体之间的刑事案件的受理和审断。

---

〔1〕 其中"本应重罪犯时不知"这一宗驳案中涉及两个案例，即"平武县民王仁极殴伤大功服兄王殿一身死、匿不报验一案"和"保安州李文魁殴伤伊兄李文正身死一案"；"杀奸案内加功照余人律"这一宗驳案中也包含两个案例，即"合浦县民陈万财等谋杀奸夫王文哲身死一案"和"宜都县民向万友等捉奸捆溺许添佩身死一案"。参见（清）全士潮等纂辑：《驳案汇编·驳案新编·卷三·名例下》，"本应重罪犯时不知"；卷十三·刑律·人命，"杀奸案内加功照余人律"，何勤华等点校，法律出版社2009年版，第40～43、268～271页。

〔2〕（清）全士潮等纂辑：《驳案汇编》，何勤华等点校，法律出版社2009年版，前言第1页。

〔3〕（清）全士潮等纂辑：《驳案汇编》，何勤华等点校，法律出版社2009年版，前言第2页。

第一节 平等主体之间的刑事案件的受理和审断

通过对《驳案汇编》381 个案例的梳理和分析，我们发现有 160 余个案件是发生在平等主体之间的。以是否有恰当的律例条文、是否在特定地区发生等因素为考量，刑部及相关衙门在审理这类刑事案件时有不同的审理趋向，大致可分为三个方面：情法相适案件的受理和审断；无法可依案件的受理和审断；特定地域案件的受理和审断。

一、情法相适案件的受理和审断

通过对《驳案汇编》中所载案件的梳理可知，在有法可依的情况下，对于平等主体之间的刑事案件，各级审判者一般在查清案情的基础上，拣择与之相对应的律文条例等，准法定罪量刑。为了更清晰地理解该审理模式，兹举一例以观察之，如"濮州魏琰家被窃牛只拿获逃徒王舟等案"[1]即体现了这一审断趋向。在该案中，无论是山东巡抚崔应阶，还是刑部驳审官员，都是在查清王舟、刘良、苏老兰所犯案件事实的基础上，拣择正确的法律去定罪量刑。为了更好地理解案情，特将驳案分解如下：

时间：乾隆三十二年（1767 年）九月二十日[2]

---

〔1〕（清）全士潮等纂辑：《驳案汇编·驳案新编·卷一·名例上·"逃徒行窃二次"》，何勤华等点校，法律出版社 2009 年版，第 16~17 页。其中后面驳案分解所引内容，均引自该案，不再一一标明出处。

〔2〕因案件中所涉及的时间段较多，此处所列时间为最后核定罪刑的时间。嗣后其他案件分析中所列时间亦为最后核定罪刑的时间，不再多加说明。其中，后面案情分析分解所引内容，均系此驳案，不再一一标明出处。

地点：山东

被告人：刘良、王舟、苏老兰

被害人：翟润、侯心药、王英武、魏琰等

案情：1. 乾隆二十六年（1761 年）四月，逃犯刘良伙同王舟盗窃他人牛只被抓，定陶县判处他们"杖枷，王舟递籍安插，刘良仍发驿补配"。

2. 乾隆二十八年（1763 年）八月二十七日，刘良在配逃跑，于十月内伙同王舟盗窃"翟润、侯心药等家牛猪"。其中，王舟被定陶县抓获，"审拟杖徒。刘良闻拿潜逃"。

3. 乾隆三十年（1765 年）正月二十七日，王舟在配役过程中潜逃，后伙同刘良、苏老兰盗窃魏琰家三头牛，并将卖钱分用。被魏琰告发，而牵连出之前相关盗窃事宜，"至八月十六日，王舟与刘良抵濮州苏老兰门外地窖住歇。十二月初八日，王舟起意行窃，二更时分，王舟、刘良、苏老兰同伙三人齐至魏琰家偷牛三只，将钱分用。当据事主报县差辑王舟等到案，并究出刘良伙窃翟润等各案，又究出王舟行窃王英武等各案"。

判决依据与结果：1. 山东巡抚崔应阶根据王舟、刘良、苏老兰所犯罪行，准法断罪量刑，"将王舟拟绞，刘良拟遣，苏老兰拟徒"。

2. 根据律令条例中有关窃盗的规定，结合王舟、刘良、苏老兰所犯，刑部主张山东巡抚崔应阶所判王舟的罪名和刑罚是符合法律规定的，而刘良的定罪则是援引法律错误，存在案情相同、罪罚不一的状况而被驳斥，"经臣部等衙门查例载'窃盗三犯赃至五十两以上，拟绞监候。'又律载'窃盗得财，以一主为重、分别首从论，是窃盗三犯计赃定拟。虽连窃多案，若同时并发，止以一主赃多拟罪，数至五十两以上者方拟绞候。'今此案王舟前因犯窃拟徒，在配潜逃，又肆窃十一案，统计所窃赃银一百一十三两零，将该犯照'窃盗三犯赃至五十两以上'例拟绞，自属准情定罪。则案内伙同行窃之刘良前经犯窃拒捕拟徒，复两次在配脱逃，又叠窃七案，统计赃银一百三十七两，计其赃数较王舟尤多。今该抚将该犯照'积匪'例拟遣，是案情相同，拟罪互异，似未允协。应令该抚另行妥拟，到日再议等因"。

3. 因刘良第一次盗窃在乾隆二十四年（1759年）恩赦之前，而其赦后仅犯两案，与王舟潜逃后肆窃十一次的所犯不尽相同，是以山东巡抚崔应阶坚持原判，"王舟在配脱逃后复又连窃魏琰等家十一案，虽查所犯各案窃赃俱在五十两以下，但该犯在配潜逃，复敢纠伙肆窃，四案为首，七案为从，法难宽纵，是以准情定罪。统计三犯所窃各案之赃，照'窃盗赃至五十两以上'例拟绞。至刘良一犯，初次行窃在乾隆二十四年恩诏以前，例得免其并计，是刘良赦后仅止犯窃二次，与王舟之前后三次并未遇赦者更有不同。若与王舟一律拟绞，似无区别。将王舟比例拟绞，刘良拟遣，苏老兰拟徒"。

4. 根据法律条例的规定和三人所犯，刑部最终认可了崔应阶的审断，"应如该抚所题王舟比照'窃盗三犯赃至五十两者，绞监候'例应拟绞监候，秋后处决。刘良应仍照原拟依'积匪滑贼'例发云贵两广极边烟瘴充军，至配所折责四十板。苏老兰仍照'积匪'例，量减一等，杖一百、徒三年"。

二、无法可依案件的受理和审断

当遇到缺乏相对应的律例条文等规制的案件时，根据现有律例中是否存在可以比附而致情法两平的条文，刑部及各相关衙门呈现两种不同的审理模式：若存在可以比附，且能达至司法平允的情况，审理人员往往会比附该条文进行审断；若现有律例条文均不能使该案件达致情法两平，则刑部乃至皇帝会制定新的条例来审理该案件。

（一）比附其他法条

为了能够在司法中达至情法两平，当出现缺乏对应律例条文的刑事案件，但存在可以比附的律例条文时，清代审理者往往会援引与案情相关的条文来审理该案件。如"建安县审详钟子尧等吓诈逼迫陈万幅自缢身死案"[1]即反映了这一审理趋向。在该案中，刑部驳斥了福建巡抚以"棍徒扰害"这一条例科处钟子尧冒认彭氏为其亲嫂而多次吓诈陈万幅，以致其被逼难堪、气愤自缢的案件。刑部认为，福建巡抚援引法条错误，难以达致情法两平，遂比照"蠹役吓诈致毙人命"的条例，科处钟子尧绞监候，秋后处决。为了更好地理解案情，特将驳案分解如下：

时间：嘉庆九年（1804年）九月二十四日

地点：福建

被告人：钟子尧、罗茂

被害人：陈万幅

案件相关人：钟租戊、钟步溪、彭氏、邱炳元、江元滔、马廷周等

案情：1. 嘉庆七年（1802年）十月初八，陈万幅娶上杭县钟租戊寡居的弟媳彭氏为妻，被在本地佣工的上杭县人钟子尧所知，遂与罗茂商量冒认彭氏为其亲戚意图诈赖钱财，"钟子尧

---

〔1〕　（清）全士潮等纂辑：《驳案汇编·驳案续编·卷五·"吓诈致人自缢"》，何勤华等点校，法律出版社2009年版，第717~718页。其中后面驳案分解所引内容，均引自该案，不再一一标明出处。

籍隶上杭县，向在建安地方佣工度日，与陈万幅素识无嫌。有钟租戊亦系上杭县人，与钟子尧同姓不宗。嘉庆七年十月初八日，陈万幅凭媒邱炳元娶钟租戊故弟钟步溪之妻彭氏为室。钟子尧闻知彭氏系钟姓出嫁，起意冒认亲属图诈，与素识之罗茂商允"。

2. 钟子尧、罗茂以陈万幅所娶彭氏系其嫂子为名，多次至其家昏诈钱财。在图诈无果时，还打砸陈万幅之家。并且至媒人邱炳元处索诈番银四元，"十一月十八日钟子尧、罗茂偕赴陈万幅家，捏称彭氏系钟子尧亲嫂，不知被何人串嫁，令陈万幅指出主婚姓名，以便告究。陈万幅查询彭氏与钟子尧素不相识，斥其诈冒。钟子尧不依吵闹，罗茂假意劝回。十九日，钟子尧又同罗茂至媒人邱炳元家吓诈。邱炳元争论，被钟子尧扯住欲殴，经江元滔路过解劝，令邱炳元给钱息事。邱炳元无奈，许给番银四元。因无现银，即托江元滔代写银票一纸交给钟子尧，约定十日后付银而散。二十一日、二十三等日，钟子尧、罗茂又至陈万幅家，令其送给财礼番银十元，方肯甘休。陈万幅不允。二十五日上午，钟子尧复同罗茂至陈万幅家恐吓，陈万幅躲避不出。钟子尧即将陈万幅家桌椅打毁，旋各走回"。

3. 陈万幅因被多次图赖、逼诈，而心生短见，自杀身亡，其妻彭氏将钟子尧、徐茂等诉至官府，"诬陈万幅因叠被诈逼，一时情急，遽萌短见，即于是日中午潜赴房内自缢殒命。经伊妻彭氏经见，喊同邻人马廷周解救无及"。

判决依据与结果：1. 根据钟子尧等人的口供，结合纠纷的始末，福建巡抚依"棍徒无故生事行凶扰害"的条例科处钟子尧发遣，但又依威逼他人致死例征偿埋葬银，罗茂徒刑，"获犯先后讯供通详。……提犯覆鞫，据供前情不讳。诘无有心逼死及另犯别案，矢口不移，案无遁饰。查钟子尧因陈万幅娶钟租戊寡居弟妇彭氏为妻，起意冒认亲属，叠次吓诈，打毁椅桌，以致陈万幅被逼难堪，情急自尽，实属生事扰害，将钟子尧照'棍徒扰害'例拟遣，仍依威逼本法追埋葬银一十两，罗茂拟徒"。

2. 结合相关案情，刑部认为钟子尧所犯与棍徒扰害不尽相同。且驳斥福建巡抚所援引的法条是一事两引，不是很恰当，难以达致"情法两平"，是以要求福建巡抚重新科断，"经臣部以诈赃吓毙不同，因事威逼而棍徒扰害，除光棍外原无人命可科。……是陈万幅之自缢由于该犯之诈赃。历查办理吓诈毙命各成案，俱系比照'蠹役诈赃毙命'例科断，拟以绞监候。钟子尧等自应比例定拟，乃该抚略其吓诈之情，遽照棍徒拟以遣徒，竟置人命于不问。又复牵引威逼之条勒追埋葬银两，实属一事两引，殊失轻重之平。案关诈赃毙命罪名生死出入，未便率覆。应令该抚另行按例妥拟俱题"。

3. 福建巡抚在核清案情的基础上，接受刑部的驳斥意见，按照"蠹役诈赃毙命"的条例科处钟子尧绞监候，从犯罗茂流刑。该审理意见也为刑部所接受，并获嘉庆帝批准，"应如该抚所题，钟子尧因比照'蠹役吓诈致毙人命，不论赃数多寡，拟绞监候'例拟绞监候，秋后处决。该抚即称'罗茂听从帮诈，实属济恶，应于钟子尧绞罪上减一等，拟杖一百、流三千里，到配所折责安置。江元滔并不依理劝解，辄为代写银票，殊属不合，应照'不应'重律杖八十'等语，均应如该抚所题完结"。

（二）制定新法

当现有的律例条文均不能有效审理某一案件的被告人，即存在情重法轻或情轻法重的情况时，最高统治者皇帝或刑部会根据业已发生的案情，制定新的条例，以达致情法适平。如

"杨玉等行劫郭全家案"[1]即反映了这一审理趋向。在该案中，刑部认为刘四既告知强盗杨玉等郭全家有钱且家内人口较少，还为他们指引道路。尽管他没有入室搜赃，但若依据现有律例条文科处"强盗为从"，显然不足以惩戒刘四的恶劣行径，略显情重法轻。因此，刑部制定新的条例，将盗首并不知行劫何家，而引路人告知"事主姓名"，且得财的，即使不同行搜赃，也视作盗首论罪处罚。在此新条例的基础上，刑部将刘四比照盗首杨玉拟斩立决。为了更好地理解案情，特将驳案分解如下：

时间：乾隆四十四年（1779 年）十一月十二日

地点：山西

被告人：杨玉、崔文起、刘四、王二、王五、魏近礼

被害人：郭全

案情：1. 乾隆三十九年（1774 年）十二月，杨玉伙同王五、魏近礼、崔文起盗窃他人家三头驴，并将之卖钱分用，"有素识的王五、魏近礼、崔文起到我（因犯罪过程系杨玉供述，故本次案情中"我"均指代杨玉）家来，我邀他们同去偷了不知姓名人家三个驴，卖钱分用"。

2. 乾隆三十九年（1774 年）十二月初七日，杨玉、魏近礼、崔文起、王五及杨玉母舅刘四念及家贫，意欲偷窃。其中，刘四指出营盘沟郭全家比较富有，他们遂有意行劫，并邀王二入伙，"我同魏近礼、崔文起、王五佣工回来，见我母舅刘四先在我家坐着，大家说起年底穷苦难过。我原对刘四说如今将近年底，你可晓得谁家有钱，我们同去偷些东西过年。刘四说营

〔1〕（清）全士潮等纂辑：《驳案汇编·驳案新编·卷七·刑律·盗贼上·"现审强盗引线分赃例"》，何勤华等点校，法律出版社 2009 年版，第 122～124 页。其中后面驳案分解所引内容，均引自该案，不再一一标明出处。

盘沟郭全家有钱，家里人又少。我就与他们商量同去打劫，崔文起等应允。我又邀了表连襟王二到家，一共六人，即于是日起身"。

3. 杨玉、魏近礼、王五、崔文起四人携带绳鞭、小刀等工具，刘四、王二二人空手。其中，刘四在指路后回家，王二在院内接赃，其余四人行劫郭全家。而后将盗窃来的衣物首饰等在当铺典当，并分别分给各个人钱财花用，"我带了绳鞭，魏近礼带了小刀，王五带了铁尺，崔文起带着小刀、火煤，刘四、王二空手，在路上偷了一根杉槁，魏近礼扎了一个软梯。于起更后到了营盘沟。刘四指给我们道路，他就回家去了。我们五人把软梯竖立墙边，扒进墙去。到了事主院内，我就在院子里舞着绳鞭吓唬事主，王二在院内等候接赃，王五、崔文起、魏近礼点起火煤，用铁尺打破窗户进去。王五们拿出衣服、首饰等物递出窗外，交给王二，用事主家口袋、被套装了分负出来。连夜走至我家，打开看时，都是些灰鼠羊皮棉夹、单衣并首饰零星等物，……这些赃物我同魏近礼先后拿到张家湾通州当铺里分当了一百四十余千钱，分给刘四四十吊、王二十吊、崔文起五吊，魏近礼分的数目我记不清了，余剩的钱都是我自己花用了"。

判决依据与结果：1. 在杨玉、魏近礼未被抓获前，根据崔文起、王五等人的口供，依据"强盗"律科处崔文起、王五斩刑，而仅是指给道路的刘四和并未入室搜赃的王二则减等发遣至黑龙江，"准步军统领衙门拿获行劫广渠门外营盘沟民人郭全家伙盗崔文起、刘四、王二三名，续获王五一名。俱经臣等审明，将法无可贷之崔文起、王五正法，情有可原之刘四、王二发遣。……指给道路之刘四一犯，……因其于各盗未经进院时先行回家，将该犯与并未入室搜赃之王二均照'情有可原从盗'

例拟发黑龙江"。

2. 在盗首杨玉抓获后,刑部根据其供述,查清案件的来龙去脉,核实各案犯之间的口供,根据各人所犯,依据"强盗"律,科处其斩刑。并且因刘四不仅指给道路,还首先将郭全家有钱事告知杨玉等,所犯类同盗首。因此,刑部认为之前科处刘四为发遣是罪行不相适应的,改判为斩刑,将之在发遣地黑龙江正法。与此同时,魏近礼被相关衙门抓获,等其被解到部再行审断,"查律载'强盗已行而但得财者,不分首从皆斩'等语,今杨玉起意行劫郭全家,得赃独多,当变花用,实属此案盗首,合依'强盗已行得财,皆斩'律拟斩立决。……今据杨玉供称,刘四告知郭全家有钱人少,并经指引道路。……核其情节,实与起意之盗首无异。查得财盗首,无论是否同行,俱不得以情有可原声请。臣等前将刘四拟以情有可原发遣,实未允协。应将刘四与盗首杨玉一并依'法无可贷'例改拟斩决,行文黑龙江将军,将刘四即在遣所正法。在逃伙盗魏近礼据该县报称现经沧州拿获,应俟解到再行审办"。

3. 根据现有法律条例,向来根据是否造意者分别强盗首从,为强盗引路、提供藏赃地方等人不是造意者,均照强盗为从论。然而结合刘四所犯,刑部认为应当分清盗首是否知道行劫何人、何家来为引路人定罪,从而制定规制该类行为的新条例:若盗首知道行劫何人、何家,则引路人只作从犯科处;若盗首不知行劫何人、何家,而引路人提供信息,且得财的,即使并未同行,也比照盗首拟罪,这也是刘四被科以斩立决的法律依据,"查例载'窝线同行上盗得财者,照强盗律定拟;如不上盗又未得财,但为贼探听事主消息、通线引路者,照'强盗窝主不行,又不分赃'律杖一百、流三千里。'又律载'窝主若不造意,但行而不分赃及分赃而不行,减造意一等,仍'为从'论。'又例载'盗劫伙犯，并未入室搜赃行劫，止此一次者，仍以情有可原免死发遣'各等语，向来办理通线、引路，业经得财盗犯，若讯非造意之人，俱照'为从'伙盗按其曾否入室搜赃及行劫次数分别定拟。但思指引道路之犯，若起意盗首先已立意行劫某家，该犯不过听从引路，自应仍以从盗论罪；如为首盗犯并不知何家可劫，其事主姓名、行劫道路悉由该犯指出，又复分得赃物，揆其情即与盗首无异。若因非其首先造意，即与从犯一例问拟，殊决情重法轻。臣等详加斟酌，嗣后凡有强盗引线除盗首先已立意欲劫何家，仅止引领道路者，仍照旧例以从盗论罪外；如有为首盗犯并无立意欲劫之家，其事主姓名、行劫道路悉由引线指出，又经分得赃物者，即与盗首一体拟罪，虽未同行，不得以情有可原声请。庶情法轻重适平，而办理益昭详慎矣。俟命下，臣部载入例册，……乾隆四十年十一月十二日奏，本日奉旨：'依议。钦此。'"

三、特定地域刑事案件的受理和审断

清朝疆域广袤，各地所面对的社会治理问题也不尽相同。因此，出于维护政治统治的需要，对于特定地区的特定犯罪行为有时会予以专门打击，如"沙湾菱塘巨盗梁亚香等节次纠党肆劫"[1]一案即体现了该审断趋向。在该案中，鉴于广东地区盗匪横行、多为民患的社会现状，为了加大打击力度，统治者制定专门的条例，要求在粤东地区"出劫洋面或在陆路谋劫、纠伙至十人以上，无论犯次多寡、曾否入室搜赃，均不得以情

---

〔1〕（清）全士潮等纂辑：《驳案汇编·驳案新编·卷七·刑律·盗贼上·"强盗"》，何勤华等点校，法律出版社 2009 年版，第 126~130 页。其中后面驳案分解所引内容，均引自该案，不再一一标明出处。

有可原声请"。为了更好地理解案情，特将驳案分解如下：

时间：乾隆四十五年（1780年）十月初九日

地点：广东

被告人：梁亚香、凌大、头蓉等二百余人

被害人：附近州县、村镇、市廛、客舟等商旅和居民及行经在洋面上的船户等

援引的主要律例条文：查律载"强盗已行而但得财者，不分首从皆斩"。又例载"江洋大盗照'响马强盗'例立斩枭示"。

又"捕役与巨盗交结往来、漏信脱逃者，不分曾否得财，均照本犯之罪治罪"。

又"承缉盗案汛兵有审系分赃通贼者，均与盗贼同科"。

又"老瓜贼本处地保有知情容留者，发近边充军"。

又"伙盗行劫二次以上闻拿投首，照'未伤人之盗首闻拿投首'例发黑龙江等处给披甲人为奴"。

又"情有可原之伙盗如年止十五岁以下，审明实系被人诱胁随行上盗者，无论分赃、不分赃俱问拟满流，不准收赎"。

又"闻拿投首俱于本罪上减一等"。又律载"知人已罪事发，官司差人追唤，藏匿在家、不行捕告、又指引道路隐匿他所者，减罪人罪一等"。

又律载"强盗窝主，造意分赃者斩"，等等。

案情：1. 乾隆三十七年（1772年）正月，梁亚香与胡江连为盗，"每岁即与凌大、头蓉等各盗首间出劫掠"。在胡江连被正法后，梁亚香与头蓉等十五名盗首纠伙行劫，互通消息，且每位盗首名下还有一二十名散盗。在梁亚香的运作下，众盗首推举梁亚香为总盗首，无论其行劫与否，均可分得所劫赃物的一部分，"迨胡江连正法之后，梁亚香于四十二年遂与凌大、头

蓉等十五人彼此纠伙行劫，声息相通。而各盗首名下复俱有散盗自数名至一二十名不等。该犯撒漫使钱，邀结匪党，众遂推为总盗首。探有殷实之家，听从该犯知会、派拨，肆行劫掠，或自行率同行劫，或散盗转纠偕往。即各散盗自行纠伙劫掠得赃，无论梁亚香曾否上盗，仍俱劈股分给"。

2. 梁亚香等多次在内河行劫，也曾多次出洋行劫。乾隆四十四年（1779 年）八月，各散盗首认为梁亚香比较义气，遂共同结拜，拜其为长，"致附近各州县、村镇、市廛、客舟被劫，几无虚月。置备八桨、六桨小船，乘驾来往，行走讯疾如飞。因外县民户殷实难以深知，惟当铺货银聚集之所，故向劫独多。此抄掠内河之情形也。至出洋行劫，则赴香山县淇澳地方购料造船。……各犯皆知水性，熟习驾船，睹风势之顺逆，定行劫之远近。远至安南夷境，近亦直抵雷琼各府属地方。每次劫掠客船多寡不一，得赃而回，将船凿沉灭迹。此出劫洋面之情事也。……各散盗首以梁亚香人敦义气，议结兄弟，不论年齿，群推该犯为长，拜把结盟，誓共生死。兽聚鸟散，忽江忽洋，商旅、居民咸被其害"。

3. 为了便于出入水口行劫，梁亚香等贿赂外委、汛兵、水师兵丁、地保等，并买通沙塘司巡河头役邓其登、散役梁俊均为其耳目，为之通传消息，便于各盗首避开官府的缉拿，"其行劫出入水口，四十二年以前在沙湾之大沙洲造船叙泊。该地庄民见其形迹可疑，不容停留。遂于是年十一月移至石碁小龙涌口地方，该处为水陆要口，设有塘汛。适散盗胡建南、胡祖南又系郭闰妻弟，托称出口贩卖私盐，央郭闰转向外委李圣彪说合，求免稽查。每次出入送给花钱四圆、六圆不等，交讯兵郭闰与外委李圣彪各半分受。郭闰所得分受花钱，易换铜钱，与在汛兵丁李卫升等九人十股均分。后虽明知出劫，亦纵容不问。

而水汛哨船往来梭巡，其时尚未知觉。迨四十四年六月间，石碁水师兵丁曾亮闻知盘诘，亦即会意照分致送。曾亮等亦遂与在船兵丁傅廷亮等七人分用，不行查拿。……又有沙塘司巡河头役邓其登、黎宪章，各管驾巡船一只，协同散役在该处河道上下巡查。因邓其登、黎宪章俱与梁亚香交好，散役梁俊均又系梁亚香同族，该犯船只由石碁水口出入，每次送给花钱三五圆不等，梁俊均等与两船巡役曾秉等七人分受，每年约受花钱三四十圆。嗣后梁俊均、邓其登复偕用梁亚香花钱一十圆，遂互为该犯耳目。每闻有差拿之信，即通知主使潜逃，……其历年该处经营地保梁盛千、梁实功俱系梁亚香同宗，始则畏惧报复，不敢举首，迨梁亚香佯与往来修好，不时借助以买其心，亦随通同隐匿"。

4. 广州府知府李天培买通部分盗匪为耳目，获悉"各盗每年七月十五以前咸归家祭祖"，于是布置相关兵力用以抓捕梁亚香等。然被散役梁俊均知道，而"密告梁亚香，当给铜钱一千文，随逃至素识之黄亚惠家，引送至从化县梁亚朋家。复同梁亚朋至清远县之徐亚瑞家，辗转窝藏。嗣据李天培督率员弁兵役分头搜捕通案首伙各盗，并南海、顺德、香山、东莞等县各路协拿，除各盗闻拿畏罪自尽、病故外，现应审办盗犯二百零一名"。

判决依据与结果：1. 两广总督觉罗巴延三等依据各盗犯的供述，"将总盗首梁亚香拟以凌迟处死枭示。散盗首凌大、头蓉等十二名照例拟斩立决枭示。出洋伙盗高显良等十八名，并行劫二次以上积盗严举凡等一百三十一名，俱照例拟斩立决分别枭示。陆汛外委李圣彪与汛兵曾亮等共八名，均拟斩立决。以上各犯俱已遵旨恭请王命，先行正法。并将伙盗邱宁宵等三十二名，兵役马权等二十一名，均拟斩立决，留候部复。黄亚惠等分别拟以军遣徒杖"。

2. 结合"强盗"律及相关例文，根据邱宁宵等所犯，虽应当照情有可原例声请原减，但刑部认为上述人等所为罪恶滔天，不应原减，应当如两广总督所言，拟以斩立决。对于盗首梁亚香及各盗犯的家属、闻拿投首的蔡生冲等、年仅十五的胡亚二等的科刑，刑部均赞成巴延三等人的判决。不过，刑部驳斥了巴延三判处窝藏梁亚香的黄亚惠、徐亚瑞为军遣刑的主张，认为是援引法律错误，明显情重法轻，因为"梁亚香系众盗臣魁、罪应凌迟之重犯，与寻常盗犯迥然不同。该犯等辗转窝藏，实属藐法，若仅拟发遣，实属宽纵。黄亚惠、徐亚瑞应即照'强盗窝主分赃'律俱拟斩立决"。

3. 鉴于广东地区盗贼多、实为民害的社会现实，巴延三申请"谋劫纠伙至十人以上，无论犯次多寡、曾否入室搜赃，不得以情有可原声请"。该主张为刑部所认可，并向皇帝奏请撰定为条例，"臣等详议，应请嗣后粤东拿获强盗除窃盗临时行强抢窃拒捕伤人、或被人诱胁随行、及年幼尚未成丁并纠伙不及十人俱仍照旧例声请外，如出劫洋面或在陆路谋劫、纠伙至十人以上，无论犯次多寡、曾否入室搜赃，均不得以情有可原声请"。该奏请被乾隆皇帝所认可，并据此判处邱宁宵等斩立决。

第二节　不同社会阶层之间的刑事案件的受理和审断

"清代的社会成员分属下列七个等级，即皇帝、宗室贵族、官僚缙绅、绅衿、凡人、雇工人和贱民。"[1] 各阶层之间的地位是明显不对等的，但也是符合当时的社会实际和统治需要的，

---

[1] 经君健："试论清代等级制度"，载《中国社会科学》1980 年第 6 期。

这种法律中的不对等性自然也反映在刑事司法实践过程中。根据对《驳案汇编》中所载案例的梳理和分析，可将不同社会阶层之间的刑事案件的受理和审断分为如下四个方面来探讨：仕宦阶层与百姓之间的刑事案件的受理和审断；旗人与百姓之间的刑事案件的受理和审断；存在主仆关系的主体之间的刑事案件的受理和审断；存在主雇关系的主体之间的刑事案件的受理和审断。

一、仕宦阶层与百姓之间刑事案件的受理和审断

恰如日本学者织田万所言，“清国君权无制限之国家，则为其手足之官吏，亦威严自大”，在“刑法上必加特别保护”。[1]在《大清律例》中有诸多条文专门用以保护仕宦阶层的生命权、健康权，如“谋杀制使及本管长官”、[2]“殴制使及本管长官”、[3]“骂制使及本管长官”[4]等。凡是百姓杀害、殴打、骂詈相应官员的，处刑较凡人之间相犯为重，这种做法也是符合当时人们心目中的正义观的，也是吻合中国传统司法理念内在要求的，如“嵩县民张文秀推跌告休典史程尚智身死一案”[5]即是这方面的典型代表。在该案中，部民张文秀推跌已

---

〔1〕 ［日］织田万：《清国行政法》，李秀清、王沛点校，中国政法大学出版社2003年版，第411页。

〔2〕 参见（清）阿桂等撰：《大清律例·卷二十六·刑律·人命·“谋杀制使及本管长官”》，田涛、郑秦点校，法律出版社1999年版，第422页。

〔3〕 参见（清）阿桂等撰：《大清律例·卷二十七·刑律·斗殴上·“殴制使及本管长官”》，田涛、郑秦点校，法律出版社1999年版，第449~450页。

〔4〕 参见（清）阿桂等撰：《大清律例·卷二十八·刑律·骂詈·“骂制使及本管长官”》，田涛、郑秦点校，法律出版社1999年版，第469~470页。

〔5〕 （清）全士潮等纂辑：《驳案汇编·驳案新编·卷十九·刑律·斗殴上·“军民殴死致仕佐贰等官”》，何勤华等点校，法律出版社2009年版，第373~374页。其中后面驳案分解所引内容，均引自该案，不再一一标明出处。

告休嵩县典史程尚智是否仍系"军民殴佐贰首领"律的规制范围，决定了张文秀的定罪量刑：究竟是以凡论，科以绞监候；还是依照"殴本管佐贰"，科以斩监候。这一绞一斩之间，足以见：不仅，部民殴死现任本管佐贰处刑较凡人为重，就连殴死"以理去官"的佐贰也应比照办理。为了更好地理解案情，特将驳案分解如下：

时间：乾隆三十三年（1768 年）十月初二

地点：河南

被告人：张文秀

被害人：程尚智

案件相关人：程文炳（程尚智之子）、张氏（程文炳之妻）、如意（张氏婢女）、赵学武、陈氏、程四等

援引的主要法条："查律内'奴婢殴旧家长以凡人论'"；

"查律载'改除、致仕等官，与现任同。'又律载'军民殴佐贰首领官死者，斩监候'"。

案情：1. 告休嵩县典史程尚智趁其子在陕西贸易时将其媳张氏婢女如意托媒陈氏说与赵学武，张氏恐怕丈夫回来不同意没有接受财礼钱。而陈氏哄骗张氏收纳财礼钱，言程文炳归来若不同意，可以悔婚，"程尚智系嵩县典史，已告休回籍，伊子程文炳因妻张氏怀孕，尚寓嵩县。嗣程尚智来嵩探望，见张氏婢女如意年已长成，劝令择配。知赵学武未娶妻室，遂遣媒陈氏说合，议明财礼钱八千文、布二匹。陈氏即将钱四千文、布二匹送交张氏。时程文炳赴陕西贸易，张氏未敢擅专。陈氏设词怂恿，以程文炳回日倘或不允，仍可退还。张氏遂将钱布收受"。

2. 程文炳归家后不同意，遂将财礼钱退还。而陈氏因赵学武不愿意收回财礼钱，遂将程文炳诉至官府，而程文炳亦将陈

氏及其夫张文秀诉至官府。张文秀害怕受到牵连，遂至程文炳家叫嚣以致与程尚智互相詈骂，且将程尚智推跌伤重而死，"迨乾隆二十七年七月二十五日，程文炳自陕还嵩，以如意系伊綦养成人，原许其回籍择配，即令伊弟程四将原收财礼钱退还。陈氏因赵学武不肯收回财礼，赴县呈明。程文炳亦具控陈氏哄骗，词内牵连陈氏之夫张文秀姓名。张文秀畏累情急，于闰七月二十三日赴程文炳门前喊嚷。程尚智詈骂，张文秀气忿回詈，并用手掌一推，致伤程尚智心坎。程尚智年老力衰，被推仰跌倒地，致被墙角石块磕伤脑后，至二十五日殒命"。

判决依据与结果：1. 河南巡抚阿思哈认为程尚智已经告休，不是现任的本管官员，因此按照常人之间的"斗杀"，科处张文秀绞监候，"查程尚智虽曾任嵩县典史，业经告休回籍，复来嵩县，并非现任该管之官。查律内'奴婢殴旧家长以凡人论'，则部民之殴旧管官自不得以现任同论。将张文秀依'斗杀'例拟绞监候"。

2. 刑部官员驳斥了阿思哈的审断，认为其援引法律错误，以致罪有出入。因此，要求河南巡抚重新拟定张文秀罪责，"程尚智曾任该县典史，虽经告休，实属以理去官。张文秀辄行推跌致毙，自应仍照殴死现任官科断，方为允协。今该抚援照'奴婢殴旧家长'之律将张文秀依凡斗拟绞。查部民之与奴婢，其分既有不同。而奴婢之于旧家长，或系转卖，或经赎身，恩义亦本有区别。未便牵扯比引，反致罪有出入。应令另行妥拟"。

3. 阿思哈接受刑部的批驳，在厘清二者是主管官员与部民的关系的基础上，援引"军民殴佐贰首领官"律，科处张文秀斩监候，并被刑部认可，"此案原任嵩县典史程尚智告休回籍，实属以理去官。张文秀系旧管部民，辄敢推跌致死。虽已去任，应仍照现任官科断。前引'奴婢殴旧家长，同凡论'之条，将张文秀依凡斗杀律拟绞，诚未允协。张文秀应改依'军民殴佐贰首领官死者斩'律拟斩监候"。

二、旗人与百姓之间刑事案件的受理和审断

"八旗作为满族'全民皆兵'的组织，对于入主中原的清朝统治者来说，有双重意义：八旗既是国家专制权力的支柱——军队，又是维持其少数民族在全国统治地位的基础。"[1]因此，清朝统治者在法律上赋予了他们诸多特权。就司法方面而言，旗人犯"谋为叛逆，杀祖父母、父母、亲伯叔兄，及杀一家非死罪三人外，凡犯死罪者，察其父祖并亲伯叔兄弟及其子孙阵亡者，准免死一次"；[2]被科处军、流、徒这些发遣刑时，折抵为枷号，免发遣；[3]旗人犯法时的审理机构与一般民人不同；[4]等等。这些特权也切实地落实在刑事司法实践中，如"旗人撒罕太等持棍殴伤民人侯二一案"[5]即是这方面的典型体现。在该案中，关八十、捉得布、多隆阿均因"罪人拒捕殴所捕人致折伤以上"律为从，被科以"杖一百，流三千里"的刑罚处罚。但是，因为他们均为旗人，所以折责为枷号和鞭刑。

〔1〕 郑秦：《清代司法审判制度研究》，湖南教育出版社1988年版，第73页。

〔2〕 （清）阿桂等撰：《大清律例·卷四·名例律上·"应议者之父祖有犯"》，田涛、郑秦点校，法律出版社1999年版，第88页。

〔3〕 参见（清）阿桂等撰：《大清律例·卷四·名例律上·"犯罪免发遣"》，田涛、郑秦点校，法律出版社1999年版，第91~92页。

〔4〕 参见（清）阿桂等撰：《大清律例·卷三十·刑律·诉讼·"军民约会词讼"》，田涛、郑秦点校，法律出版社1999年版，第492页。

〔5〕 （清）全士潮等纂辑：《驳案汇编·驳案新编·卷三十一·刑律·捕亡·"罪人殴所捕人至折伤以上"》，何勤华等点校，法律出版社2009年版，第569~570页。其中后面驳案分解所引内容，均引自该案，不再一一标明出处。

而诸隆阿、孙老屋照"不应得为"杖八十，枷号一个月，但因诸隆阿为旗人，所以其杖八十亦折责为鞭刑；而孙老屋则须实际承担杖八十，枷号一个月的刑罚处罚。为了更好地理解案情，特将驳案分解如下：

时间：乾隆三十四年（1769 年）十一月十九日

地点：奉天

被告人：撒罕太、关八十、捉得布、多隆阿、诸隆阿、孙老屋

被害人：侯二

案情：1. 撒罕太、关八十盗窃蓝家屯高粮八捆后，该土地所有人雇侯二巡逻看守，严加防范。因其会拳棒功夫，撒罕太等不敢轻易去盗窃。因此，撒罕太造意率多人将侯二打走，便于盗窃高粮，"撒罕太伙同关八十乘间偷割侯二看守地内高粮八捆，侯二于被窃之后愈加防范。撒罕太素闻侯二能使拳棒，不敢轻犯，随商之捉得布"。

2. 撒罕太结合关八十、捉得布等五人至田地内诬赖侯二偷牛，其中捉得布因年老未予同行，殴伤捆绑侯二至庙中。捉得布遂起意诬赖侯二偷窃自己家牛，让撒罕太等将之送至官府，诬赖其因拒捕被打伤。岂料未将侯二送至官府，侯二之弟侯三上承德县县衙控告撒罕太等人，"撒罕太随又纠约关八十、捉得布、多隆阿、诸隆阿、民人孙老屋一共五人，捉得布因年老未行。撒罕太等于十七日起更后各持木棍，寻至侯二看守田禾地方，反指偷牛构衅。关八十用棍向侯二左腿狠打一下，致伤侯二小腿，骨折倒地。撒罕太棍伤侯二头颅偏左，多隆阿拳伤侯二右眼，致睛珠坠出。伊第侯三护救，被孙老屋棍殴右胳肘跑避。撒罕太等见侯二伤重，用绳捆缚，抬至该屯庙上。随唤捉得布起意，设谋将伊家牛只作赃，令撒罕太等将侯二送至官，诬赖侯二盗牛拒捕因而打伤。当又将牛拉回，车载侯二进城，

未及送官，经侯二之弟侯三先赴承德县控告”。

判决依据与结果：1. 根据各人所供述，盛京刑部侍郎朝铨按照他们所犯，“将撒罕太、捉得布、关八十、多隆阿均照‘凶恶棍徒无故扰害良人’例酌发驻防省分充当苦差，孙老屋、诸隆阿照‘不应’重律杖八十，再加枷号一个月”。

2. 刑部根据撒罕太等人所犯及各犯供词，认为其更符合“罪人拒捕”相关律文的规定，进而驳斥朝铨援引法律错误，以致罪有出入。因此要求其再次审断，“撒罕太等知侯二素晓拳棒，不能偷割，随纠众赍夜至侯二看禾处所，诬窃牛只构衅，拳棍叠殴，以致侯二眼塌、骨折。虽当时并未窃禾，核其情节，究与罪人拒捕无异。今该侍郎等照‘凶恶棍徒’例拟遣，尚未允协。再检阅供词，纠众殴打系属撒罕太起意，而共殴之时捉得布又以年老未行。乃该侍郎又称系捉得布起意，供看亦属不符。事关罪名出入，碍难率覆。应令该侍郎再行详核案情，分别妥拟”。

3. 朝铨查清起意者系撒罕太，并接受刑部的驳斥意见，而将撒罕太按照“罪人拒捕”律，科以绞监候；捉得布、关八十、多隆阿三人为从，科以流徒之刑；孙老屋、诸隆阿科以杖刑。该审拟意见得到刑部的认同。其中，捉得布、关八十、多隆阿、诸隆阿为旗人，应折算为枷鞭之刑，并不真流、真杖，“查得撒罕太因惧怕看守田禾之侯二能使拳棒，不敢肆行偷窃，随起意纠约多人欲将侯二打走，以致关八十棍伤侯二左小腿骨折，撒罕太棍伤头颅偏左，多隆阿拳伤侯二左眼致眼珠坠出，以致侯二伤成笃疾。……撒罕太合依‘罪人拒捕殴所捕人至折伤以上，绞’拟绞监候，秋后处决。捉得布审未同行，但胆敢同谋，令伊族孙诸隆阿帮殴，以致侯二伤成笃疾，实属同恶相济，应与同行殴人成笃疾之关八十、多隆阿等均照‘为从’例减一等，各杖一百、流三千里。均系旗人，照例折枷鞭责发落。孙老屋、诸隆阿枷号一个月，满日各杖八十，分别旗民发落"。

"随着社会的发展变化，大多数旗人，包括宗室觉罗不可挽回地在日益堕落。对此，清朝统治者为维护其统治，也为维持'天下共主'的形象和地位，逐渐改变对旗人的法律优容政策，从而使旗人的法律特权地位有所下降。"[1]并且"同系旗人，其间亦各有别"。如刑部在驳审"天津县民船户刘治等偷卖剥船漕米一案"中还制定专门的条例用以限制部分旗人的司法特权："嗣后除京城之满洲、蒙古汉军现食钱粮、当差服役之人，及外省驻防之食粮当差，如犯流役等罪仍照旧鞭责发落外，其余住居庄屯旗人及各处庄头并驻防之无差使者，其流徒罪名俱照民人一例发遣。著为例。"[2]

三、存在主仆关系的主体之间刑事案件的受理和审断

"清律承继明律，把奴婢规定在最低下的法律地位上。……奴婢是贱民中最主要的部分。满族入关后，把原有的一套严格的奴仆制度和明代留下的奴婢制度结合在一起了。……奴婢称主人为家长，家长与奴婢间具有严格的主仆名分。家长及其家族对奴婢有绝对的权利。"[3]这也反映在立法上，如奴婢殴斗家长，不问有伤无伤，均处斩刑；[4]奴婢凡詈骂家长的，均处绞

---

〔1〕 李艳君："清代旗人的法律特权地位"，载《兰州学刊》2006 年第 10 期。

〔2〕 （清）全士潮等纂辑：《驳案汇编·驳案新编·卷一·名例上·"庄屯无差使旗人不准携枷"》，何勤华等点校，法律出版社 2009 年版，第 9 页。

〔3〕 经君健："试论清代等级制度"，载《中国社会科学》1980 年第 6 期。

〔4〕 参见（清）阿桂等奉撰：《大清律例·卷二十八·刑律·斗殴下·"奴婢殴家长"》，田涛、郑秦点校，法律出版社 1999 年版，第 456 页。

刑；〔1〕限制奴婢状告家长及家长缌麻以上亲的权利，均按照"干名犯义"论处；〔2〕等等。这些法律上的限制，也反映在司法实践过程中，如"旗奴小子即六儿同伊弟李德拒捕、杀死领催沙纳并扎伤披甲伍山保"〔3〕一案即是这方面的体现。在该案中，因为领催沙纳、披甲伍山保与领催朔尔和是同宗无服亲属的关系，所以在面对朔尔和逃奴双喜等人时依然有抓捕的权力。恰是这一抓捕的权力影响了六儿、李德因拒捕而杀害领催沙纳、重伤披甲伍山保的定罪量刑。为了更好地理解案情，特将驳案分解如下：

　　时间：乾隆三十一年（1766年）十一月十七日

　　地点：奉天

　　被告人：六儿（即小子）、李德（六儿之弟）、双喜（六儿之父）、谢四

　　被害人：领催沙纳、披甲伍山保

　　案件相关人：领催朔尔和、领催阿虎等

　　案情：1. 乾隆六年（1741年），双喜因拐卖幼童与其妻吕氏、子六儿被发遣至依兰哈喇为领催朔尔和为奴，其间生子李德，生女胖妞，"六儿之父双喜系旗下家奴，因拐幼童于乾隆六年间仝妻吕氏并子小子发遣三姓地方，分给领催朔尔和为奴，在彼复生子李德、小儿女胖妞"。

　　2. 因领催朔尔和比较严苛，双喜欲逃走，却不认识道路。

------

〔1〕　参见（清）阿桂等撰：《大清律例·卷二十九·刑律·骂詈·"奴婢骂家长"》，田涛、郑秦点校，法律出版社1999年版，第470页。

〔2〕　参见（清）阿桂等撰：《大清律例·卷三十·刑律·诉讼·"干名犯义"》，田涛、郑秦点校，法律出版社1999年版，第487页。

〔3〕　（清）全士潮等纂辑：《驳案汇编·驳案新编·卷三十·刑律·捕亡·"犯罪逃走拒捕杀所捕人"》，何勤华等点校，法律出版社2009年版，第563～564页。其中后面驳案分解所引内容，均引自该案，不再一一标明出处。

其之前认识的民人谢四愿意帮其指引逃跑的道路，双喜遂携带六儿、李德等逃走，"至三十年十月间，有双喜素识之民人谢四前至双喜家探望，双喜言及伊主相待甚严，欲行逃走，因不识路。谢四情愿领路，双喜随乘间同小子、小儿等逃走"。

3. 双喜等人在逃跑过程中遇到领催索尔和的同宗无服亲属领催沙纳和披甲伍山保。领催沙纳二人认出双喜系索尔和的逃奴，遂将双喜等抓获困缚，未被抓获的李德将困缚砍断，放出其父兄。六儿遂将领催沙纳扎死，并与其弟李德一块砍伤披甲伍山保，"适有领催沙纳、披甲伍山保等前往宁古塔咨取官银，于十一月初一日天明时途遇沙纳、伍山保，因系朔尔和同族无服亲属，随将双喜等拴缚。时李德在前行走，听闻声嚷即骑马奔回。见伊父兄俱被拴缚，即下马将绳割断，倡言'与其被获应死，不如杀死伊等亦不过死。'小子随拔身佩小刀，向沙纳连扎数下，沙纳仆地。伍山保见而跑避。小子、李德赶上，将伍山保推倒，撕按口鼻。李德拔出小刀向伍山保连扎两下，小子亦拔出伍山保所佩小刀连扎两下，伍山保不能动转。小子等将伍山保拉至路旁草内放下，仍回旧路。见沙纳业已身死，用草盖覆，各犯仍各前行"。

判决依据与结果：1. 根据双喜等人供述，结合各人所犯，吉林将军恒禄"将李德照'中途打夺罪囚因而杀人为首'律拟斩立决，小子照'犯罪逃走拒捕杀所捕人'律拟斩监候，谢四照'指引道路送令隐匿他所减罪人一等'律拟以杖一百、流三千里"。

2. 结合相关律令条文，并对之作出解释的基础上，刑部认为领催沙纳等人系领催朔尔和之同宗无服亲属，有权捕捉逃奴双喜等人。是以，应当将双喜等人按照"罪人拒捕"的相关法律条例来定罪量刑，而不是以不同的条文去规制李德与六儿的同一犯罪行为。因此，其驳斥了恒禄的审拟，认为是有失平允的，"查律载'中途打夺罪囚因而杀人为首者，斩决；下手致命者，绞决。'此指已经到官罪犯佥差起解中途聚众抢劫者而言。又律载'犯罪拒捕殴所捕人至折伤以上者绞监候，杀所捕人者斩监候。'此指未经到官人犯，官司差捕逼凶拒捕者而言。律例分别截然。此案已故发遣家奴双喜带同伊子小子、李德等背主潜逃，途遇伊主同族之领催沙纳、披甲伍山保将双喜、小子拴缚，李德割断缚绳，声言'被获亦死，拒捕亦死'，小子随拔刀扎死沙纳，复与李德扎伤伍山保。在沙纳等虽非奉官勾摄，但系朔尔和同族之人，知系逃人，例应追捕，而双喜、小子、李德等背主私逃，俱属未经到官罪人。该犯等不服拘拿，恃强杀害，自应均照'罪人拒捕'律分别定拟。今该将军既将小子照'拒捕杀人'律科断，又将李德照'中途打夺罪囚'律问拟，一案两引，殊未允协"。

3. 恒禄接受了刑部的驳审，李德和六儿均应按照"罪人拒捕"律科断。并且，其主张李德虽未杀人，但系起意之人，也应从重科断为斩监候。这一审拟得到刑部的认可，并被执行，"应如该将军所咨，小子合依'犯罪逃走拒捕杀所捕人'律拟斩监候。李德同兄小子戳伤伍山保，虽未毙命，但该犯见父兄被沙纳拴缚，声言杀害，实属起意之人，李德亦应如该将军所拟，从重照'罪人拒捕杀所捕人'律拟斩监候，均秋后处决"。

当然，家长对奴婢的人身控制也不是绝对的，如当家长触犯的是三谋这类严重危害统治者利益的犯罪时，则奴婢无需遵守不得论告主人的权利。[1]不限于此，当家长极其残忍且侵害奴婢的生命权时，清朝统治者也在一定程度上限制他们对奴婢

---

[1] 参见（清）阿桂等撰：《大清律例·卷三十·刑律·诉讼·"干名犯义"》，田涛、郑秦点校，法律出版社 1999 年版，第 486~487 页。

人身的支配权，如在"宝山县详徐二姐与陈七通奸，勒死婢女素绢灭口一案"中，徐二姐因害怕婢女素绢向其母说破与陈七的奸情，而将之致死灭口。乾隆皇帝认为"徐二姐因与陈七通奸，恐婢女素绢说破，起意致死灭口，主婢之分已绝。且素绢年止十二，徐二姐乘伊睡熟用绳收勒毙命，实为淫凶可恶。徐二姐著改为绞决。嗣后遇有奸淫起衅，任意凶残婢女、年在十五岁以下者，俱照此办理"。[1]

四、存在主雇关系的主体之间刑事案件的受理和审断

雇工人在清朝是指"雇倩工作之人，若立有文契年限，及虽无文契而议有年限，或计工受值已阅五年以上者"。[2]虽然，《大清律例》一直将奴婢与雇工人置于同一层面规制，但细绎条文，雇工人的法律地位要远高于奴婢，如"奴婢骂家长者，绞"；而"雇工人骂家长者，杖八十、徒二年"。[3]与此，亦可看出，雇工人之于雇主，其地位仍是低下的，二者之间有主雇之分。并且，"刑法中关于雇工人及其家长间相犯的处刑规定，没有一项是平等对待的"。[4]这一点也反映在司法实践过程中，如"邵兴拒奸踢伤雇主潘潜亭身死"[5]一案即是该方面的体

〔1〕 （清）全士潮等纂辑：《驳案汇编·驳案新编·卷二十一·刑律·斗殴下·"奸淫起因凶残幼婢绞决"》，何勤华等点校，法律出版社 2009 年版，第 403 页。

〔2〕 （清）全士潮等纂辑：《驳案汇编·驳案新编·卷二十一·刑律·斗殴下·"雇佣之人殴死雇主仍同凡论"》，何勤华等点校，法律出版社 2009 年版，第 404 页。

〔3〕 （清）阿桂等撰：《大清律例·卷二十九·刑律·骂詈·"奴婢骂家长"》，田涛、郑秦点校，法律出版社 1999 年版，第 470 页。

〔4〕 经君健："试论清代等级制度"，载《中国社会科学》1980 年第 6 期。

〔5〕 （清）全士潮等纂辑：《驳案汇编·驳案续编·卷三·"拒奸踢伤雇主身死"》，何勤华等点校，法律出版社 2009 年版，第 666~668 页。其中后面驳案分解所引内容，均引自该案，不再一一标明出处。

现。在该案中，即使二人之间发生拉扯的原因是身为雇主的潘
濬亭意欲拉奸雇工人邵兴，刑部及山东巡抚依然认为主雇名分
事关风纪，因此仍恪守"雇工人殴杀雇主"本法科处邵兴斩立
决。在维护主雇之分这种"不等者不等"之时，刑部亦注意法
律与人情的衡平，考虑到邵兴确实是"拒奸图脱"，一时情急，
"并非无故逞凶干犯"，所以"量予末减"，科以斩监候。为了
更好地理解案情，特将驳案分解如下：

时间：嘉庆三年（1798 年）三月三日
地点：山东
被告人：邵兴
被害人：潘濬亭
案件相关人：潘治平等
案情：邵兴为潘濬亭家雇工，已有主雇名分。嘉庆元年
（1796 年）五月初六日，潘濬亭酒醉归家唤邵兴开铺而趁机行
奸。邵兴拒绝不成，在挣脱过程中踢伤潘濬亭致其松手后逃走，
而潘濬亭因伤重次日身死，"邵兴于乾隆五十九年六月间雇与潘濬
亭家佣工，议定每年工价京钱四千八百文，立有文约，素有主仆
名分。嘉庆元年五月初六日起更时分，潘濬亭自外醉酒回归，唤
令邵兴进房开铺，潘濬亭即在边用手拉住邵兴胳膊，即与亲嘴并
向求奸。邵兴不允，潘濬亭拉住不放。邵兴挣不脱身，一时情急，
举足拒踢，适伤其肾囊，负痛放手，蹲地喊痛。邵兴畏罪逃逸。
潘濬亭唤子潘治平走至，告知被邵兴踢伤。潘治平查问何事起衅，
潘濬亭无词以答。扶至床上，调治罔效，延至次日殒命"。

判决依据与结果：1. 依据邵兴等的供词，结合相关法律条
例，并参照两个相类似的成案的审断的基础上，山东巡抚认为
潘濬亭所为已亏主雇之情，不能按照雇工殴杀雇主本法审断；
但与此同时考虑到二者毕竟为雇主雇工关系，也不能照"男子

拒奸杀人"本律科断。是以，其援照上述成案的审断，将邵兴按照斗杀律科处绞监候，"报验获犯，讯供不讳。查邵兴被年长二十七岁之潘濬亭拉住求奸，情急拒踢肾囊身死。虽无当场见证，但潘濬亭受伤后当伊子查问之时不能供出另起衅根由，已有情虚气讷情形，而讯尸亲人等佥称并无起衅别情，其为扳奸被踢致伤身死毫无疑义。查律载'雇工人殴家长死者，斩。'又例载'男子拒奸杀人，如死者虽无生供而年长凶手十岁以外，确系拒奸起衅别无他故者，无论谋故斗杀，均照擅杀罪人律拟绞监候'各等语，检查乾隆十二年侍卫厄林保图奸仆妇白姐、被白姐将茎物割伤一案，声明厄林保身为家主，调奸仆妇，已乖主仆之义。若仍依'奴婢殴家长'本律拟斩，似属过重，应减等拟以满流，佥发驻防为奴。又五十一年赵群儿因妻关氏被伊主六十四奸占，谋毒六十四未死，按本律问拟斩决，奉旨'六十四奸占关氏，主仆名分已亏。将赵群儿改为绞监候。'钦遵各在案，是白姐等俱系用刀谋割家长，律应斩立决。因事由拒奸，俱原情减等科断。此案邵兴与潘濬亭虽有主仆之称，但因潘濬亭调奸起衅，名分已亏，即不得仍以主仆本律定罪。但照男子拒奸所以擅杀罪人条，又与平人拒奸毙命之案无所区别。自应援照白姐等成案问拟，将绍兴依斗杀律拟绞监候"。

2. 结合相关法律，刑部从三个方面驳斥了山东巡抚的审拟，进而要求其重新审断：首先，该抚并未详查案犯的年龄、各人所供等，以致是否系拒奸踢伤潘濬亭仍存疑，"查邵兴年二十二岁，潘濬亭年四十九岁，虽长于该犯十岁以外，但该犯踢伤系黑夜在潘濬亭房内。其时房内虽无他人，尚有其子潘治平等在家。该犯如果被潘濬亭拉奸不从，争不脱身，不难疾呼求救。何至默无声息，辄踢其肾囊致命处所，始得逃逸？则所称拒奸踢伤致毙之情，祇该犯事后一面之词，并无旁证。且该犯受雇其家已及两载，比时邵兴之年更少，潘濬亭如果蓄意图奸，其平日必有向该犯戏谑勾引情事，潘濬亭家内岂无一人见闻？……但潘濬亭不调奸于邵兴初来之时，而图奸于受雇二年之后，其平日有无向该犯戏谑勾引之处，总未讯明。则所称因奸起衅情由，当场既无确证，死者亦无生供，平日又无形迹，自难据为信谳"；其次，该抚所援引的成案依法不能作为审断此案的依据，"该抚所引乾隆十二年侍卫厄林保图奸仆妇白姐、被白姐割伤茎物、将白姐减等拟流一案，又五十一年赵群儿因妻关氏被伊主六十四奸占、谋毒六十四未死、按律问拟斩决、奉旨改为绞监候一案比较定拟。无论此案未经通行例不准引，即如白姐一案系伤而未死，赵群儿一案原系按本律拟斩，钦奉谕旨改为绞监候，亦不得援以为例"；最后，该抚所引律条忽视了潘濬亭与邵兴的雇主雇工身份，是忽视名分的行为，"今以雇工殴死家长之案，而引用平常斗杀人之律，名分攸关，罪名悬殊"。是以，在此基础上，刑部要求山东巡抚重新审拟此案。

3. 在查清邵兴确系拒奸而殴杀其主潘濬亭这一案情的基础上，又鉴于现场没有确证且无死者生前口供，故在厘清二人的雇主与雇工的名分基础上，山东巡抚主张依照"雇工殴杀雇主"本律拟以斩立决，"查邵兴受雇两载，初因内外隔绝，未曾近身，是以向无戏谑勾引情事。迨潘濬亭移居二门外客屋，昏夜独处，众工人俱已下乡收麦，令邵兴进屋开铺，醉后忽蒙淫念，拉膊图奸。该犯挣不脱身，因顾惜颜面，未及喊救，一时情急，举足踢伤。潘濬亭于受伤后经伊子再三查问，只称'自己不好'，总未吐出衅端。其为图奸被踢，难以明告其子，故出此后悔之语。真情业已毕见，则该犯之向踢致毙，实由拒奸别无他衅，似无疑义。惟是当场究无见证，死者亦无讯取生供。雇工踢死雇主，名分攸关，……将邵兴改拟斩决"。

4. 刑部认可山东巡抚的判决，但是鉴于邵兴确系一时情急，并非穷凶极恶之人，故而一定程度上减轻其刑罚，依法将斩立决改为斩监候，"经刑部等衙门会议，查邵兴被雇主潘潏亭抗奸，挣不脱身，情急一踢适毙。既有尸子问明其父生前之言足据，是该犯实系拒奸图脱，并非无故逞凶干犯。自应量予末减，将邵兴改为斩候"。

诚如前文所述，雇工人是与雇主签立契约文书而成立的主雇关系。因此，当他们之间结束雇佣关系后，曾经的雇工人与雇主之间的法律地位便是同等的，二人之间相犯亦应以凡人相犯论处。如在"安奚县已革监生叶世沾踢伤蔡奇身死一案"中，蔡奇虽曾在叶世沾家佣工，但因年老已被辞出。叶世沾因蔡奇欠负佃租将之诉诸官府，而蔡奇因不满其诉至官府的行为与之有所争论，"蔡奇恃老拼命，将头向撞。叶世沾恐被撞及，以手推开，随势用右脚踢去，踢伤蔡奇肾囊倒地"，以致伤重身死。当时的刑部即主张"依律以凡斗论"，而"不便依殴杀雇工人问拟"。[1]

第三节 亲属之间刑事案件的受理和审断

中国传统社会的司法人员认为亲属之间犯罪"非寻常两造告讦者可比，必须权衡情法，俾伦纪间恩义无亏，方无背于弼教明刑之本意"。[2]因此，亲属之间发生刑事案件时，司法人员

---

〔1〕 参见（清）全士潮等纂辑：《驳案汇编·驳案新编·卷二十一·刑律·斗殴下·"殴死辞出雇工以凡论"》，何勤华等点校，法律出版社2009年版，第392~393页。

〔2〕 （清）全士潮等纂辑：《驳案汇编·驳案新编·卷二·名例中·"父私和兄命首告父免罪依干名犯义"》，何勤华等点校，法律出版社2009年版，第34页。

在适用法条、处理原则、定罪量刑等方面的处理均与常人相犯不同。此处所言亲属的范围主要"包括本宗所有有服及无服亲属、外姻有服亲属及服制图特别标明的无服亲,拟制血亲也在其内"。[1]根据亲属之间刑事案件的类型以及犯罪方是否存在留养这一关涉其本身家庭的因素,同时结合《驳案汇编》中现存的驳案,笔者将之分为三个方面来探讨:亲属之间因人身相犯而引起的刑事案件的受理和审断;亲属之间因犯奸而引起的刑事案件的受理和审断;罪犯存在留养情形的受理和审断。

一、亲属之间因人身相犯而引起的刑事案件的受理和审断

通过对《驳案汇编》中所载驳案的梳理,我们会发现亲属之间因人身相犯而产生的刑事案件还是非常多的,犯罪主体涉及父子之间[2]、母子之间[3]、夫妻之间、[4]兄弟之间、[5]兄妹之

---

〔1〕 魏道明:《秩序与情感的冲突:解读清代的亲属相犯案件》,中国社会科学出版社 2013 年版,第 16 页。

〔2〕 如"李云鹏等偷窃生息银两以致伊父李世英伤人自尽一案"即发生在父子之间。参见（清）全士潮等纂辑:《驳案汇编·驳案新编·卷十七·刑律·人命·"偷窃生息银两致伊父杀人自尽"》,何勤华等点校,法律出版社 2009 年版,第 337~338 页。

〔3〕 如"宁化县民妇陈氏活埋长子刘彩文身死一案"即发生在母子之间。参见（清）全士潮等纂辑:《驳案汇编·驳案新编·卷十·刑律·人命·"活埋犯窃族匪加功"》,何勤华等点校,法律出版社 2009 年版,第 182~184 页。

〔4〕 如"武平县民邱得成与刘钟氏通奸、同谋致死伊妻邱钟氏、拐带刘钟氏为妻一案"即发生在夫妻之间。参见（清）全士潮等纂辑:《驳案汇编·驳案新编·卷十·刑律·人命·"谋杀加功"》,何勤华等点校,法律出版社 2009 年版,第 195~197 页。

〔5〕 如"衡阳县民朱伯木主使伊妻廖氏吵闹,致胞兄朱伯臣自缢身死一案"即发生在兄弟之间。参见（清）全士潮等纂辑:《驳案汇编·驳案新编·卷十七·刑律·人命·"威逼期亲尊长致死"》,何勤华等点校,法律出版社 2009 年版,第 344~345 页。

间〔1〕、翁媳之间、〔2〕婆媳之间〔3〕叔嫂之间、〔4〕、无服制的疏亲属之间〔5〕等；犯罪的种类涉及亲属之间相告、〔6〕相杀、〔7〕相殴〔8〕等各方面。虽然，这与《驳案汇编》编纂原则有着莫

〔1〕　如"犍为县民李金诏逼嫁李氏自尽一案"即是发生在兄妹之间。参见（清）全士潮等纂辑：《驳案汇编·驳案新编·卷四·户律·婚姻·"逼嫁有夫堂妹自刎"》，何勤华等点校，法律出版社2009年版，第72~73页。

〔2〕　如"马边厅民陈玉隆强嫁寡媳彭氏、致氏自缢身死一案"即是发生在翁媳之间。参见（清）全士潮等纂辑：《驳案汇编·驳案新编·卷四·户律·婚姻·"强嫁寡媳自缢身死"》，何勤华等点校，法律出版社2009年版，第55~57页。

〔3〕　如"歙县已故民人黄金宝之妻吴氏因伊姑黄江氏逼嫁、投塘身死一案"即发生在婆媳之间。参见（清）全士潮等纂辑：《驳案汇编·驳案新编·卷四·户律·婚姻·"逼嫁孀媳投塘身死实遣"》，何勤华等点校，法律出版社2009年版，第57~58页。

〔4〕　如"新野县民葛继荣图产强嫁孀嫂关氏一案"即发生在叔嫂之间。参见（清）全士潮等纂辑：《驳案汇编·驳案新编·卷四·户律·婚姻·"图产逼嫁孀嫂拟绞"》，何勤华等点校，法律出版社2009年版，第69~70页。

〔5〕　如"枝江县民刘泽远抢嫁孀妇黄氏、致氏自刎身死一案"即发生在出服的疏亲属之间。参见（清）全士潮等纂辑：《驳案汇编·驳案新编·卷四·户律·婚姻·"图产抢嫁不甘失节自刎身死"》，何勤华等点校，法律出版社2009年版，第63~64页。

〔6〕　如"遣犯逃回经伊父禀首""图财害命经伊父禀首""父私和命首告父免罪依干名犯义"等驳案即涉及亲属之间相告。参见（清）全士潮等纂辑：《驳案汇编·驳案新编·卷二·名例中》，何勤华等点校，法律出版社2009年版，第28、30~31、32~35页。

〔7〕　如"临桂县民陈明章等得受伍护郭传授药水迷闷幼孩、希图跳鬼得财、以致毒死刘金俊等三命""王二小谋杀小功堂叔王洪禄、误伤民人李五"等案中即涉及亲属之间相杀。参见（清）全士潮等纂辑：《驳案汇编·驳案新编·卷七·刑律·贼盗上·"药迷幼孩"；驳案新编·卷十·刑律·人命·"比照谋杀缌麻以上尊长已出"》，何勤华等点校，法律出版社2009年版，第113~115、198~199页。

〔8〕　如"隆平县民王瑞因伊妻张氏忤逆其母、纠同伊兄王大陇将张氏勒死""平武县民李萃与监毙之李谟听从李之密捆拉堂兄李聪送官，及李之密将李聪推溺身死"等案中即涉及亲属之间相殴。参见（清）全士潮等纂辑：《驳案汇编·驳案新编·卷十六·刑律·人命·"夫殴妻致死"；驳案新编·卷二十二·刑律·斗殴下·"共殴大功兄致死"》，何勤华等点校，法律出版社2009年版，第327~329、409~410页。

大的关系，但也充分证明了当时亲属之间相犯的案件，确实是
困扰司法者的一项重要内容。限于篇幅，同时也是从论证本书
核心论点的角度出发，笔者将之笼统地分为两个方面来阐述，
即尊亲属侵害卑亲属和卑亲属侵害尊亲属。为了更为直观地观
察当时司法官员在审理这两类案件中的审理趋向，笔者截取了
两个期亲叔侄之间相谋杀的案件作为分析的范本。其一，胞叔
谋杀其侄的驳案，如"横州民蒙胜现商同伊子蒙相才捆溺胞侄
蒙相正身死一案"[1]即是尊长殴杀期亲卑幼的典型案例。在该
案中，蒙胜现因其胞侄蒙相正屡次争闹分析其母谢氏在日已被
官府认定为之生养死葬的赡田，而趁蒙相正酒醉，与子蒙相才
殴打、困缚，并将之扔入河中致使其溺死。尽管，刑部认为蒙
胜现所作所为性质极为恶劣，因此加等处罚，科刑绞监候，与
常人之间谋杀已成而被判处斩监候，显然为轻。为了更好地理
解案情，特将驳案分解如下：

时间：乾隆四十年（1775 年）八月初三日
地点：广西
被告人：蒙胜现、蒙相才（蒙胜现之子）
被害人：蒙相正（蒙胜现之胞侄）
案件相关人：谢氏（蒙胜现之母）、蒙胜育、蒙明珍、陈氏
（蒙相正之妻）等
案情：1. 蒙相正在祖母谢氏在日欲出卖其赡田，已被谢氏
控告且经官责罚，并认定该赡田为谢氏生养死葬之用，"蒙胜现
之母谢氏在日，系蒙胜现供赡，原有赡租八石。乾隆三十五年，

---

〔1〕（清）全士潮等纂辑：《驳案汇编·驳案新编·卷二十三·刑律·斗殴
下·"谋杀胞侄情重拟绞"》，何勤华等点校，法律出版社 2009 年版，第 436~438
页。其中后面驳案分解所引内容，均引自该案，不再一一标明出处。

蒙相正欲将赡田出售，以致谢氏呈控。经前牧讯明，租谷仍归谢氏以为生养死葬之费，并将蒙相正责惩结案"。

2. 谢氏身故后，蒙相正又欲分得部分赡田。蒙胜现在其吵闹下言埋葬其母谢氏后再行分析，而蒙相正詈骂其叔。蒙胜现遂将该事告知族老蒙明珍、族人蒙胜育，"迨三十八年五月谢氏身死，蒙相正又图争分此租。十二月十八日与蒙胜现角口，蒙胜现以葬母后始分，蒙相正出言詈骂。蒙胜现经投族老蒙明珍，未向理论。二十六日，蒙胜现见蒙胜育亦诉知前情，蒙胜育曾经劝解"。

3. 蒙相正酒醉归家又找其叔欲分析赡田，且言不分析则与之拼命，被蒙胜育劝回且与蒙胜育饮酒。而蒙胜现害怕遭毒手，遂与其子蒙相才商量乘蒙相正酒醉将之捆缚扔进河里淹死，"至三十日将晚，蒙相正饮入醉乡，回家复与蒙胜现争分赡租，并声言今晚不将赡田分开，大家都活不成等语，与蒙胜现争闹拼命。适蒙胜育路过，闻声进视，将蒙相正拉回伊家劝解。蒙胜现恐蒙相正转回仍欲分租拼命，虑遭毒手，随起意乘其酒醉易制，即商同伊子蒙相才，嘱令携带杠索同赴塘塍等候蒙相正回家，将伊困缚弃河致死泄忿。……蒙胜现恐蒙胜育张扬，当赴蒙胜育家嘱勿泄漏"。

4. 蒙相正在蒙胜育家饮酒后，蒙胜育送其回家中遇到等候的蒙胜现父子。蒙胜现父子将蒙相正殴打捆缚，蒙胜育呼救被恐喝制止，奔跑回家。而蒙胜现父子将蒙相正扔到河中溺毙，且嘱咐蒙胜育不得泄露，"比值蒙相正在蒙胜育家又同蒙胜聚共饮岁酒，复相劝解。蒙胜聚见蒙相正酒醉步履不稳，遂嘱蒙胜育伴送回家。走近塘塍，蒙胜现、蒙相才已先在彼，蒙相才随打蒙相正右胁一拳，蒙相正弯腰声喊，蒙胜现即将蒙相正随势推跌，骑压身上。蒙相正酒醉被殴，仆地不能转动。蒙胜育近前劝阻。蒙胜现坚执不听，即扯蒙相正身穿夹衣烂布塞口，先背缚其两手。蒙相才用携去藤蔑捆其两脚。蒙胜现用绳捆缚项颈连肩胛、胳膊，嘱蒙相才穿杠同抬弃河。蒙胜育喊救，蒙胜现用言吓禁，蒙胜育畏伊父子强横奔回。蒙胜现与子蒙相才遂将蒙相正抬赴河干，弃河溺毙"。

5. 乾隆三十九年（1774 年）正月初二日，蒙胜育害怕蒙相正妻子陈氏向其追问，遂向蒙胜现抱怨。蒙胜现给其 200 文钱转交给陈氏，言是其夫寄回，以期安慰陈氏，"蒙胜育虑及蒙相正之妻陈氏必向伊根问，随赴蒙胜现家埋怨。蒙胜现当交钱二百文捏作蒙相正寄回之钱，托蒙胜育转交安慰"。

判决依据与结果：1. 根据蒙胜现等人的供词，查清他们之间的服制关系，结合案件事实，广西巡抚熊学鹏认为蒙胜现符合"伯叔故杀侄"的法律规制范围，而科处其流二千里、杖一百，蒙相才、蒙胜育也依法科责，"讯供通详饬审，供认前情不讳。查蒙相正祖母谢氏赡租八石，经官审断作为生养死葬之费。……查蒙胜现系蒙相正期亲服叔。此案衅起蒙相正争分赡租，并非蒙胜现争夺蒙相正财产。虽曾经构讼，蒙胜现讼未亏屈，无仇可挟。今蒙胜现因恐蒙相正仍欲分租拼命，辄起意谋死，应照本律问拟。蒙胜现合依'伯叔故杀侄者，杖一百、流二千里'律，应杖一百、流二千里。蒙相才、蒙胜育分别以杖流枷责"。

2. 刑部认为熊学鹏所呈似有前后抵牾之处，即该赡田若系官断公产则应无葬母后再行分析之语。因此，刑部驳斥其可能存在认定事实错误，即蒙胜现杀害蒙相正是因争产不睦而故杀；若是，则其援引审断的法律亦是错误的。是以，刑部要求其重新审拟，"是此项赡租，如果州断公产，则蒙相正又图争分之时，蒙胜现即不应答以葬母后始分。今蒙胜现既有此语，则蒙相正亦似有应分之产。况前经州断有案，则争分之时何难再行控理？乃蒙胜现因蒙相正欲图分产，屡次吵闹，心怀忿恨，辄行起意，商同伊子蒙相才乘其酒醉谋死泄忿，即属争产不睦故行杀害。今该抚以此案衅起蒙相正争分赡租，并非蒙胜现争夺侄产，将蒙胜现照故杀侄本律拟流，殊未允协。应令该抚再行详审，务得实情"。

3. 熊学鹏详加审讯案情，确认所争赡田是用来给谢氏生养死葬的，不属于蒙相正承分的范围。而之所以蒙胜现言待母葬后分析，是为了避免吵闹而随口答应之词。因此，其认定之前援引"伯叔故杀侄"律是准确的，但考虑到蒙胜现所为比较恶劣，而加重处罚，科以绞监候。对于蒙相才也根据所犯，结合二人之间的服制，科以杖流。这一审拟得到刑部的认可，并加以贯彻和实施，"谢氏赡田，生为供养，死为丧费，蒙相正实属无分。……蒙胜现致死胞侄蒙相正，虽非图产，但恐蒙相正醉回复图拼命，辄起意商同伊子乘其酒醉，骑压拉布塞口，捆缚弃河溺毙，实属情重。应钦遵谕旨，拟绞监候，秋后处决。蒙相才系蒙相正大功服兄，同谋加功，应按服制，照'为首之罪减一等'律杖一百、流三千里，至配所折责四十板"。

其二，侄儿谋杀胞叔的驳案，如"罗田县民曾志广尚同在逃之曾权谋杀胞叔曾生迥身死一案"[1]即是卑幼谋杀期亲尊长的典型。在该案中，曾志广因与其叔曾生迥争为长房立继而心生忿恨，遂贿赂与叔素有嫌隙的曾权万一同谋杀曾生迥。在厘清二人之间服制关系的基础上，湖北巡抚郑大进和刑部官员科处曾志广凌迟处死的刑罚处罚，这显然比凡人之间的谋杀行为

〔1〕（清）全士潮等纂辑：《驳案汇编·驳案新编·卷二十四·刑律·斗殴下·"争继谋杀期亲尊长"》，何勤华等点校，法律出版社 2009 年版，第 446~447 页。其中后面驳案分解所引内容，均引自该案，不再一一标明出处。

348

科刑要重得多。为了更好地理解案情，特将驳案分解如下：

　　时间：乾隆四十四年（1779 年）十月二十日

　　地点：湖北

　　被告人：曾志广、曾权万

　　被害人：曾生迥（曾志广之胞叔）

　　案件相关人：曾溥（曾志广之祖）、周氏（曾志广之伯母）、曾启后（曾志广之子）、曾生选（曾志广之胞叔）等等

　　案情：1. 曾文玉死后，其母周氏见其媳涂氏愿意守节，与其翁曾溥商议将曾志广之子曾启后为之承嗣。而曾生迥欲以其次子曾喜为其兄曾生进承嗣，两相争执不下，"曾文玉物故无嗣，遗有田产。四十四年二月，曾文玉之母周氏商议伊翁曾溥欲立曾志广之子曾启后为曾文玉承嗣。曾生迥不服，要将伊次子曾喜与周氏承祀。周氏因曾生迥平素强横多事，不愿过继其子；且念伊子曾文玉系属长孙，娶妻涂氏情愿守节，不便绝嗣，争执未定"。

　　2. 曾志广因曾生迥争继图产，心生忿恨，遂许诺给予钱财而勾结曾权万，骗诱其叔至萧家湾山下塘边以杀之，"曾志广见曾生迥从中霸继，心生妒恨。……嗣曾志广又闻曾生迥欲将曾文玉遗妻涂氏嫁卖，希图稳得绝产，遂起意谋杀泄忿。虑一人不能济事，于四月初十日早向素与曾生迥不睦之曾权万商谋帮助，许给钱五千文。曾权万应允，议定是日下午曾权万先往萧家湾山下塘边等候，伊诱曾生迥至该处致死。……将晚时候，同至萧家湾山下塘边，会遇曾权万，坐歇闲谈。曾志广故意提及大房立继之事，曾生迥执意欲将伊次子过继，曾志广斥其图产，曾生迥气忿混骂。曾志广、曾权万预先拾石在手，乘曾生迥未曾防备，曾志广连殴曾生迥脑后两伤，曾权万亦用石打伤曾生迥头上两下。曾生迥向曾权万扭殴，又被曾权万连殴头上

两伤晕倒。曾志广复殴曾生迥顶心偏左、囟门右两伤殒命"。

判决依据与结果：1. 根据曾志广等人所供，核清其与被害人曾生迥是期亲叔侄关系，湖北巡抚郑大进将曾志广依"谋杀期亲尊长"律，科以凌迟处死。其立继之事因二房、三房争继酿成命案不得承嗣，因此要求另行择人立嗣，"报县验审，供认不讳。曾志广系曾生迥期亲胞侄，……此案曾志广因谋夺继产，将期亲胞叔曾生迥用石殴毙，情罪极为可恶。该抚照律拟以凌迟处死，并声明曾文玉无嗣，应听户族另行议立，其二房、三房现因争继酿命，均不准其继立"。

2. 曾权万、曾永芳因逃窜，待抓获后另行审拟，"在逃之曾权万、曾永芳，严缉获日另结"。

同样是发生在叔侄之间的犯罪行为，但一方为胞叔谋杀亲侄，一方为胞侄谋杀亲叔，其刑罚处罚却大相径庭：一为绞监候，一为凌迟处死。这样差别很大的审拟之所以都能成为成案，以供司法官员在审理相类似的案件时"引证比附"，是因为它们均是符合"亲亲尊尊"的内在要求的，是"准五服以治罪"的司法呈现，是符合大众心理对司法正义的要求的，也是吻合中国传统司法理念的内在要求的。

二、亲属之间因犯奸而引起的刑事案件的受理和审断

亲属之间因犯奸而引起的刑事案件不同于亲属之间因人身伤害而引起的刑事案件。因为，它关涉到亲属之间的性禁忌这一与纲常名教的建立有着莫大关系的问题。并且，这种行为也被视为"禽兽行"。[1]不限于此，妻子与他人通奸、和奸等，

---

〔1〕 参见（唐）长孙无忌等撰：《唐律疏议·卷一·名例律·"十恶"》，刘俊文点校，法律出版社1999年版，第16页。

出于对夫权的保护，元代以后赋予丈夫及一定范围内的亲属以捉奸权。在捉奸权允许的范围内，该丈夫或其亲属因捉奸行为引起的刑事案件的受理和审断受到被捉奸的妇女与之亲属关系的影响。

（一）　亲属之间相奸

"性的禁忌在父系家族团体以内是非常严格的，不但包括有血统关系的亲属，也包括血亲的配偶在内。历代法律对于这种乱伦的行为处分极重。"〔1〕清朝也不例外，将"奸小功以上亲、父祖妾"视为内乱，属于十恶重罪；〔2〕其他缌麻以上亲、同宗无服之亲及其妻等之间相奸亦有专门的法律条文规制，科刑远较凡人之间相奸为重。〔3〕并且，这"并不因尊卑长幼而量刑有别，而是只论服制，服制越近，处罚越重"。〔4〕因此，界定亲属相奸中当事人之间的服制关系是准确定罪量刑的必要前提，如"沛县民陈三图奸丁柱之妻耿氏，致氏羞忿缢死一案"〔5〕即是这方面的典型代表。在该案中，陈三因强奸其已出嫁为丁柱之妻的姑表妹耿氏未成的行为需要受到法律的制裁，而究竟适用何种法律、科处何种刑罚，其关键点即是二人之间是缌麻亲，还是无服亲属？最终，根据之前议复江西按察使亢保条奏而制定的条例，刑部认定陈三与耿氏之间的服制因耿氏的出嫁被降

---

〔1〕　瞿同祖：《中国法律与中国社会》，商务印书馆2010年版，第59页。

〔2〕　（清）阿桂等撰：《大清律例·卷四·名例律上·"十恶"》，田涛、郑秦点校，法律出版社1999年版，第85页。

〔3〕　参见（清）阿桂等撰：《大清律例·卷三十三·刑律·犯奸·"亲属相奸长"》，田涛、郑秦点校，法律出版社1999年版，第524-525页。

〔4〕　朱亚非、陈福广、李俊颖：《以孝律人——孝与古代法律》，中国国际广播出版社2014年版，第95页。

〔5〕　（清）全士潮等纂辑：《驳案汇编·驳案新编·卷十八·刑律·人命·"图奸出嫁姑表妹致氏自缢"》，何勤华等点校，法律出版社2009年版，第360页。其中后面驳案分解所引内容，均引自该案，不再一一标明出处。

为无服亲属。因此，刑部援引"调戏本妇羞忿自尽"的条例科处陈三绞监候，而非斩监候。为了更加准确地把握案情，特将判词分解如下：

时间：乾隆四十四年（1779年）十九日

地点：江苏

被告人：陈三

被害人：耿氏

案件相关人：丁柱

案情：1. 陈三在其姑表妹夫丁柱庄上佣工。趁丁柱外出时，陈三于夜晚跳入其院内，以言语调戏其姑表妹耿氏，意欲图奸，被耿氏喊骂逃走，且同院居住王老圈和邻居徐宁听见喊骂后出来问得情况后，宽慰耿氏，"陈三与耿氏系姑表兄妹，服属缌麻。耿氏嫁与丁柱为妻，陈三即在丁柱庄上佣工。因系至戚，常往探望。丁柱外出，遗妻耿氏独处。乾隆四十三年闰六月初四日夜，陈三起意图奸，跳入耿氏院内。耿氏向问，陈三以陪睡之言调戏。耿氏喊骂，陈三即行逃走。当有同院居住之王老圈并邻人徐宁闻声趋至，询知情由，将氏劝慰而散"。

2. 第二天，耿氏将陈三图奸之事告知归家的丈夫，且声言羞忿欲自杀，丁柱宽慰她后，并在家留宿一夜，次日仍外出佣工，而耿氏趁其外出上吊身亡，"次日丁柱回家，耿氏告知前情，称欲自尽。丁柱劝慰，并在家住宿一夜。初六日，丁柱仍出外工作。讵耿氏羞忿莫辞，即于是日乘夫外出投缳殒命"。

判决依据与结果：1. 在陈三等人供述的基础上，厘清其与耿氏是缌麻亲，江苏巡抚杨魁认定陈三的行为符合"强奸内外缌麻以上亲"条例的规制范围，科处其斩监候的刑罚处罚，"查陈三与丁耿氏系姑表兄妹，服属缌麻，耿氏虽已出嫁，究系亲属。查图奸致缢凡人但经调戏本妇羞忿自尽者，与强奸未成一例同科，则亲属有犯未便轻纵。陈三应比照'强奸内外缌麻以上亲未成，本妇羞忿自尽'例拟斩监候"。

2. 根据之前议复江西按察使亢保条奏而制定的条例，刑部认为耿氏已经出嫁丁柱，与陈三之间的服制应降一等，变为无服亲属。因此，刑部驳斥杨魁援引法律错误，应当将以凡人"调戏本妇羞忿自尽"的条例科处陈三绞监候，"乾隆二十四年臣部议复江西按察使亢保条奏，酌定条例，凡女之出嫁者，于伯叔兄姐以下有犯，均照律服图降一等科罪。所称出嫁之女虽未指出'外姻'字样，而外姻服属原系包举无遗。且服制所关，本宗重于外姻。断无本宗之女出嫁降等，而外姻缌麻转无区别之理。此案陈三与耿氏系外姻缌麻兄妹，耿氏业经出嫁，即属无服。陈三向氏调戏，致氏羞忿自缢身死，自应遵照定例一体降等科罪。该抚将陈三比照'强奸内外缌麻以上亲未成，本妇羞忿自尽'例拟以斩候，与例不符。将陈三改照'但经调戏本妇羞忿自尽绞监候'例拟绞监候，秋后处决"。

（二）捉奸

为了充分维护夫权，对于妻妾与他人通奸的行为，法律明确赋予其丈夫及相关亲属捉奸权，"本夫、本妇之伯叔兄弟及有服亲属皆许捉奸。如有登时杀死奸夫、奸妇者，照'夜无故入人家已就拘执而擅杀'律科断；若非登时，以斗杀论"。[1]不限于此，就连尚未成婚，但已经下聘定婚的未婚夫也有捉奸权，如"龙州客民梁亚受与黄宁婷通奸、被卢将捉奸殴伤身死一案"[2]

---

〔1〕（清）全士潮等纂辑：《驳案汇编·驳案新编·卷十三·刑律·人命·"已就拘执而擅杀"》，何勤华等点校，法律出版社2009年版，第255页。

〔2〕（清）全士潮等纂辑：《驳案汇编·驳案新编·卷十二·刑律·人命·"捉获聘妻奸夫"》，何勤华等点校，法律出版社2009年版，第231～232页。其中后面驳案分解所引内容，均引自该案，不再一一标明出处。

即是这方面的典型代表。在该案中，黄宁嫜是卢将的未婚妻，但是其与梁亚受通奸被卢将当场抓获。因而，卢将将梁亚受殴打伤重致死。但是因为二人之间的未婚夫妻关系，刑部认为从情理的角度出发，卢将应当有捉奸权。因此，刑部专门制定了相关条例用以规制未婚夫捉奸的行为，并得到乾隆帝的认可。并据此，刑部判处卢将杖一百、徒三年的刑罚处罚，明显低于凡人捉奸殴杀奸夫的行为。为了更好地把握案情，特将驳案分解如下：

时间：乾隆三十四年（1769年）十二月初三日

地点：广西

被告人：卢将

被害人：梁亚受

案件相关人：黄宁嫜（卢将聘妻）、黄胜登（黄宁嫜之父）、陆文生（卢将之舅）、赵囊、赵弟等

案情：1. 黄宁嫜为卢将已经下聘定婚的未婚妻，却因梁亚受许诺给其银镯子而与之调戏通奸，"卢将自幼聘定同村黄胜登之女黄宁嫜为室，尚未成婚。……梁亚受至黄宁嫜家，适黄宁嫜父母外出，梁亚受许给黄宁嫜银镯，遂与成奸。嗣梁亚受以赴村买麦为名，至黄胜登家借宿。黄胜登令在堂屋宿歇。黄宁嫜因奸情密将门虚掩等候。梁亚受俟黄胜登进房，潜与黄宁嫜奸宿"。

2. 卢将见梁亚受与黄宁嫜过往尤密，心生怀疑。恰逢其从黄胜登家门前经过，知道梁亚受今晚留宿，遂归家邀请其舅舅陆文生、邻居赵囊、赵弟等共同去捉奸，"卢将屡见黄宁嫜与梁亚受往来，怀疑未释。是日从黄胜登门首经过，又见梁亚受在彼，复探知留宿，益加忿激，随起意捉奸。即密赴伊母舅陆文生家告知情由，邀令相帮，陆文生应允。卢将又往邀邻人赵弟、

赵囊并携带木棍一根，陆文生等徒手随行"。

3. 卢将与陆文生等人半夜至黄胜登家门口，陆文生等等候，卢将独自叫门，进门责问黄胜登。此时，梁亚受从黄宁嬅房间出来，卢将看见后遂殴打梁亚受。黄胜登劝阻下误将灯灭，梁亚受想从晒台逃跑，而被卢将殴伤，跌落晒台。过几日，梁亚受伤重而死，"三更时分，齐抵黄胜登栏房下。卢将嘱令陆文生等守候，独自带棍上晒台叫门。黄胜登闻声启视，卢将进屋责问黄胜登。未及回答，黄宁嬅听闻惊觉，将梁亚受推醒。梁亚受急起奔出房外。卢将瞥见气忿，即用棍向殴，致伤梁亚受左额顶。黄胜登上前拦劝，将灯带灭。梁亚受乘间逸至晒台，蹲身欲跳。卢将随后赶至，复举棍殴伤梁亚受顶心。梁亚受跌下晒台，并磕伤右额顶。卢将同陆文生等将梁亚受擒获。至二十日早，梁亚受因伤殒命"。

判决依据与结果：1. 因黄宁嬅与卢将并未成婚，因此广西巡抚宫兆麟根据各人的供述，主张卢将并不得按照"本夫捉奸"条科处，而是按照"罪人不拒捕而擅杀"律科处卢将绞监候，并准法科处黄宁嬅等人刑罚，"查黄宁嬅虽系卢将聘定之妻，究未过门婚配。律例内并无未婚夫之婿许其捉奸之文。卢将因捕捉未婚妻之奸夫致死，未便照'本夫捉奸，致死奸夫'科断。将卢将照'罪人不拒捕而擅杀'律拟绞监候，黄宁嬅等拟以枷杖"。[1]

2. 刑部认为宫兆麟的拟判将未婚夫捉获未婚妻奸夫与凡人捉奸相提并论是有失公允的，并且主张未婚夫捉奸是不得已而为之，是符合人之常情、常理的，因此制定新的条例允许未婚夫捉奸，并在新条例的基础上判处卢将杖一百、徒三年。并且

---

〔1〕 参见（清）全士潮等纂辑：《驳案汇编·驳案新编·卷十二·刑律·人命·"捉获聘妻奸夫"》，何勤华等点校，法律出版社 2009 年版，第 231~232 页。

按照"军民相奸"科处黄宁嫜相关刑罚处罚，并要求其父黄胜登将之另嫁。而帮同捉奸的陆文生等人本应按照"不应为重"律科处杖八十的刑罚处罚，但鉴于他们没有帮助殴打梁亚受的行为，是以免除刑罚处罚，"查黄宁嫜早为卢将聘定，已有夫妇之名，奸情须以捉获为据。若本夫闻知伊娉定之妻与人通奸，非当场现获，则事属无凭。控告既难白之，当官休弃又无以折服妻族。是未婚之夫闻奸往捉，固出于势之所不得已，而亦为情理之所应然。……而事系登时、殴由追逐，若此等情节者应许其捉奸之亲属尚得援照捉奸各条问拟，而以聘定之夫竟同凡论，殊失平允。……请嗣后凡有一经聘定未婚之妻与人通奸，本夫闻知往捉，将奸夫杀死，审明奸情属实，除已离奸所、非登时杀死不拒捕奸夫者仍照例拟绞；其登时杀死及登时逐至门外杀之者，俱照'本夫杀死已就拘执之奸夫，引'夜无故入人家已就拘执而擅杀'律拟徒'；其虽在奸所捉获、非登时而杀者，即照'本夫杀死已就拘执之奸夫满徒'例加一等，杖一百、流二千里；如奸夫逞凶拒捕，为本夫格杀，照'应捕之人擒拿罪人格斗致死者'律得勿论。如此办理，罪名既各有区别，引断亦更加详密。……请将卢将改……杖一百，徒三年。……黄宁嫜合依军民相奸例，枷号一个月、杖一百，折责四十板；系犯奸之妇，杖罪的决、枷号收赎，交给黄胜登领回。仍将原得卢将财礼给领，听其将女另嫁。……查陆文生、赵囊、赵弟系听从卢将同往捉奸，当卢将驱逐之时，陆文生等并无助殴情事，均免置议"。[1]

---

〔1〕 参见（清）全士潮等纂辑：《驳案汇编·驳案新编·卷十二·刑律·人命·"捉获聘妻奸夫"》，何勤华等点校，法律出版社 2009 年版，第 231~232 页。

三、罪犯存在留养情形的刑事案件的受理和审断

除上述亲属之间的犯罪行为因其本身之间的服制关系而影响彼此的定罪量刑外，为了维护中国传统社会家庭伦理，"使老疾之尊长得到奉养"，〔1〕《大明律》在承袭前朝的基础上，制定了"犯罪存留养亲"专条。"凡犯死罪，非常赦所不原者，而祖父母、父母老疾应侍，家无以次成丁者，开具所犯罪名奏闻，取自上裁。若所犯徒流者，止杖一百，余罪收赎，存留养亲。"〔2〕该律条也为清朝所继承。这也就意味着犯罪方因"亲老丁单"可能会存在存留养亲的情况，进而影响其量刑。而是不是只要犯罪方具备了"亲老丁单"这一要素，在司法实践中就可声请存留养亲呢？结合对《驳案汇编》相关判例的梳理可知，出于公平、公允的角度，不仅犯罪方需要具备亲老丁单这一要素，还需要被害方不是单丁方可声请留养，如"陈龙用石掷伤马二抽风身死一案"〔3〕即是这方面的体现。在该案中，陈龙殴马二伤重致死是否能够准许留养，不仅取决于陈龙父亲"陈立刚，现年七十二岁，止生该犯一子，家无以次成丁"，还需要查实马二是否为独子。为了更好地理解案情，特将判词分解如下：

时间：乾隆十二年（1747年）四月十六日
地点：直隶

---

〔1〕　刘希烈："论存留养亲制度在中国封建社会存在的合理性"，载《当代法学》2005年第3期。

〔2〕　（明）刘惟谦等撰：《大明律·卷一·名例律·"犯罪存留养亲"》，怀效锋点校，法律出版社1999年版，第10页。

〔3〕　（清）全士潮等纂辑：《驳案汇编·驳案新编·卷一·名例上·"不知是否独子亦准留养"》，何勤华等点校，法律出版社2009年版，第12~13页。其中后面驳案分解所引内容，均引自该案，不再一一标明出处。

被告人：陈龙

被害人：马二

案情：乾隆九年（1744年）四月二十一日，陈龙在热河卖炭，马二向之借钱，陈龙许诺卖完炭后再借给其。岂料马二因醉酒而逞凶斗狠，陈龙无奈与之互殴，将之殴伤，过两日抽风死亡，"陈龙载炭推卖，马二向借钱文。陈龙答以卖完借给。讵马二醉后逞凶，陈龙情急，拾石掷打。马二低头避石，适伤顶心偏右。马二复加詈骂赶殴。陈龙又拾乱石掷打，致伤马二额颅、额角等处。至二十三日抽风殒命"。

判决依据与结果：1. 根据陈龙所供，直隶总督那苏图根据法律科处其流刑，并申请留养，"将陈龙依'伤风身死'例拟流并请留养"。

2. 刑部因陈龙所犯与"伤风身死"例不符，因此对那苏图所判予以驳审。而那苏图认为马二身上的伤若能仔细护理，不致死亡。并且援引"芟悦割伤李有成中风身死一案"，坚持之前所判，"经臣部以'陈龙拾石掷伤马二顶心、额颅、额角，伤皆致命，重至见骨，且仅逾二日身死，与原殴伤轻之例不符'题驳去后，嗣据该督疏称，致命重伤之人果能小心调护，多不伤生；失于调护以致伤处进风，因而身死。既因冒风，例无抵法；风由伤入，是以拟流。如乾隆三年十一月内，河南辅臣尹会题芟悦割伤李有成中风身死一案。缘芟悦拾镰划伤李有成肚腹，越六日中风殒命。将芟悦拟绞具题，奉部以'李有成系中风身死，自应照'原殴轻伤'之例定拟。不得因伤系金刃拟以绞抵，将芟悦改拟杖流'在案。洞彻因风致死之例，用法至平，所当取则。今陈龙石伤马二虽系致命，尚非金刃。马二甫经一夜辄解包洗涤，以致进风速死。陈龙应请仍照原拟拟流并请留养"。

3. 刑部依据如下三点对那苏图的判决予以驳斥：其一，陈龙石殴马二之伤二三处致命，故那苏图的科处有任意宽减之嫌，"复经臣部以'伤风身死，减等拟流'之例，特将'原殴伤轻不致于死'二语首先揭出。则凡伤重本足毙命者，不得滥邀宽减。今陈龙石伤马二重至见骨，既非伤轻，实足致命，自应仍按本律拟抵"；其二，陈龙殴马二伤与芟悦割李有成之伤不能相提并论，且二人身死的时间以及当时伤口的复原状况亦不可同日而语，因此驳斥那苏图任意援引判例，故为轻重，"至该督所称芟悦割伤李有成肚腹，虽属致命，但其割伤一处，死越六日，原殴轻伤已可概见。今马二三处致命，二处见骨，当即受伤倒地，仅逾二日毙命，岂得援引附会，故为轻纵"；其三，刑部主张是否声请存留养亲，不仅要看陈龙是否"亲老丁单"，还要看马二是否"亲老丁单"，那苏图不查明此处显然是不符合法律规定的，"不查明被杀之马二有无父母、是否独子，辄违声请留养，更与定例不符"。

4. 那苏图仔细检查马二的伤口，认为确实属于伤重，应该根据刑部的驳审，将陈龙依法改拟为绞监候，但鉴于该案审断在乾隆十一年正月初三日恩旨以后，故依恩旨减为杖一百、流三千里，"今细核马二伤既致命，重复见骨，诚如部议，虽不抽风亦足毙命，将陈龙改拟绞候……陈龙犯事羁断在乾隆十一年正月初三日恩旨以前，系部尚未完结之案，……查陈龙因马二詈骂欲殴，拾石还掷，适伤毙命，与恩旨减等之例相符。将陈龙减为杖一百、流三千里"。同时鉴于陈龙确实亲老丁单，而马二无处可查，援引"林万树踢死不知姓名乞丐一案"，准许陈龙留养，"陈龙父老丁单，例应留养。但被杀之马二是否独子，查无确实籍贯，无从取结，……查乾隆九年原任湖广巡抚晏斯盛题林万树踢死不知姓名乞丐一案，将林万树拟绞。因该犯亲老丁单，其已死之乞丐是否父母尚存、有无兄弟，屡次示召，无人出任，……经臣部议，复奉旨'林万树从宽免死，照例发落，准留养亲。……'臣部行文该督将陈龙照'免死流犯留养'例枷号两个月，满日责四十板，准其存留养亲"。

相比于明代而言，清朝，特别是"到了康熙时期，随着封建统治的日益巩固，清王朝在处理个案的基础上形成一系列例文与成案，逐渐放宽了对留养的限制，使此制得到前所未有的广泛推行"，如"对杀人的放宽""对强、窃盗的放宽""对'十恶'的放宽""对诬告的放宽""对孀妇独子的放宽""对监候待质犯的放宽""对存留承祀的放宽"等。[1]然而，在司法实践中，出于对专制社会统治秩序的维护，对犯罪方的惩戒，也是尽量给予被害方一个相对公平的对待，司法官员往往会对留养制度的适用作出诸多的限制，如"东平州民王伦祥殴伤陈英身死一案"中，尽管王伦祥父亲"王益仁实系年已七十三岁，家无次丁"，但根据"乾隆十四年九月内，臣部奏准定例'嗣后凡理直伤轻仍照定例遵行外，如该犯或系理曲或系金刃重伤致死，虽系亲老丁单，不准留养'"，而"王伦祥执持铁锄钩，将陈英殴打多伤骨折致毙，殊属情重"，因此不准其留养。[2]

第四节　特殊群体牵涉刑事案件的受理和审断

特殊群体主要是指老幼弱愚等弱势群体。鉴于他们在社会生活中的弱势地位以及自身的特殊性，中国传统律法和刑事司法实践中都给予他们一定的优待。早在西周时期，统治者就在

---

〔1〕 吴建璠："清代的犯罪存留养亲"，载《法学研究》2001 年第 5 期。
〔2〕 参见（清）全士潮等纂辑：《驳案汇编·驳案新编·卷一·名例上·"金刃重伤骨折致毙不准留养"》，何勤华等点校，法律出版社 2009 年版，第 13~15 页。

司法中给予他们特殊的优待，如《周礼·秋官·司刑》所载之"三赦之法"，其内涵是"一赦曰幼弱，再赦曰老耄，三赦曰蠢愚"。[1]这一制度对中国历代法律的制定都产生了深远的影响，"汉以后，法律都给予鳏寡孤独、老疾废疾等弱势群体以特殊的矜恤"。[2]至迟在唐代，即已在律典中形成了"老小及疾有犯"条[3]来专门保障这一群体在法律和司法上的优待，这也为后世王朝的律法所承袭。例如，《大清律例》中规定："凡年七十以上，十五以下，及废疾，犯流罪以下，收赎。八十以上，十岁以下，及笃疾，犯杀人应死者，议拟奏闻，取自上裁；盗及伤人，亦收赎；余皆勿论。九十以上，七岁以下，虽有死罪不加刑；其有人教令，坐其教令者；若有赃应偿，受赃者偿之。"[4]这也就意味着犯罪主体的年龄、身体状况可能会影响犯罪人的量刑。不限于此，基于女性生理特征的特殊性以及维护国家统治的需要，犯罪人为女性或特定少数民族也可能影响犯罪人的定罪和量刑。

一、被告人或被害人为老幼的刑事案件的受理和审断

诚如上文所述，老幼在刑事犯罪中享有诸多优待，这也落实在刑事司法实践过程中，如主使刘玉成等殴伤刘玉山身死且弃尸黄河的刘宦本应以"期亲殴杀侄"律科处"杖一百、徒三

---

〔1〕　（汉）郑玄注，（唐）贾公彦疏：《周礼注疏·卷三十六·秋官司寇·司刑》，赵伯雄整理，王文锦审定，北京大学出版社1999年版，第947页。

〔2〕　张晋藩：《依法治国与法史镜鉴》，中国法制出版社2015年版，第156页。

〔3〕　参见（唐）长孙无忌等撰：《唐律疏议·卷四·名例·"老小及疾有犯"》，刘俊文点校，法律出版社1999年版，第89~93页。

〔4〕　（清）阿桂等撰：《大清律例·卷五·名例律下·"老小废疾收赎"》，田涛、郑秦点校，法律出版社1999年版，第106页。

年"的刑罚处罚，但因其"年逾七旬，照例收赎"；[1]"高国俊因子忤逆，主使高随儿殴死"，但因其"年逾八十"，而"照律勿论"；[2]等等。不限于此，当老幼尤其是缺乏自我保护能力的幼童作为刑事被害人时，司法者往往会对犯罪人加大惩戒力度，如"大邑县民妇杨张氏因与周万全通奸"，而被邻居八岁幼孩李幺儿看见，杨氏将之勒毙灭口。在该案中乾隆认为杨氏所为"淫凶残忍，实出情理之外"，科处其斩立决。并且，他还制定新的条例，规定"嗣后有谋死幼孩，如年在十岁以上者，仍照向例办理；其在十岁以下者，即照此案问拟立决，以儆凶残而示惩创"。[3]不过需要注意的是，出于用法平允、司法公正的考虑，并不是所有的幼童犯罪都会因其年幼而受到优待。根据对《驳案汇编》中相关驳案的梳理可知，当幼童侵害幼童时，其司法优待会相对限缩，如"盐亭县刘縻子殴伤李子相身死一案"[4]即是这方面的体现。在该案中，九岁幼童刘縻子杀害李子相的行为，本因其年幼可以"议拟奏闻，取自上裁"，进而得到宽减。但是，由于他杀害的李子相也是九岁幼童，因此不允许对该案"声明双请"。为了更好地理解案情，特将驳案分解如下：

时间：嘉庆十四年（1779年）三月二十四日推倒

地点：四川

---

[1]（清）全士潮等纂辑：《驳案汇编·驳案新编·卷二十二·刑律·斗殴下·"重殴大功兄致死"》，何勤华等点校，法律出版社2009年版，第412~414页。

[2]（清）全士潮等纂辑：《驳案汇编·驳案新编·卷二十二·刑律·斗殴下·"听从殴死缌麻服叔"》，何勤华等点校，法律出版社2009年版，第411~412页。

[3]（清）全士潮等纂辑：《驳案汇编·驳案新编·卷十·刑律·人命·"谋杀十岁以下斩决新例"》，何勤华等点校，法律出版社2009年版，第199~200页。

[4]（清）全士潮等纂辑：《驳案汇编·驳案新编·卷二·名例中·"十岁以下幼童殴毙人命拟绞"》，何勤华等点校，法律出版社2009年版，第26~27页。其中后面驳案分解所引内容，均引自该案，不再一一标明出处。

被告人：刘麋子

被害人：李子相

案情：九岁幼童刘麋子首次向同为九岁的李子相索取葫豆，李子相给其一颗。刘麋子再次索取，李子相不愿给予而致互相詈骂殴斗，李子相被推倒跌伤而致伤重身死，"刘麋子与李子相年俱九岁，素识无嫌。乾隆四十三年四月二十日，均在河坝牧羊。李子相扯取自己地内葫豆令李润用火烧食。刘麋子见而相讨，李润给斗一颗。刘麋子复向讨取，李子相不给，出言詈骂。刘麋子回詈，李子相手推刘麋子胸膛。刘麋子用拳回殴李子相左肋，推跌倒地，被石垫伤右腰眼，旋即殒命"。

判决依据与结果：1. 根据检验文书及刘麋子等人的供述，四川总督文绶依"斗殴杀人"律科处刘麋子绞监候。但考虑到刘麋子年仅九岁，遂依法将之上奏，声请皇帝定夺。该审拟意见得到刑部的认可，且据此奏请皇帝将刘麋子减等科处，"报验履审，供认不讳。究系衅起一时，并无谋故别情，……刘麋子合依'斗殴杀人者，不问手足、他物、金刃，并绞监候'律应拟绞监候，秋后处决。再查《名例》内载'十岁以下犯杀人应死者，议拟奏闻，取自上裁'等语，此案刘麋子年仅九岁，……查与声请之例相符，相应照例奏闻，恭候钦定。倘蒙圣恩准其减等，臣部行文川督将该犯杖一百、流三千里。照律收赎。仍追埋葬银二十两给付尸亲"。[1]

2. 因刘麋子与李子相年岁相当，且其理屈而凶悍，乾隆皇帝不主张为之减等科罚，"刑部进呈'殴伤李子相身死之刘麋子拟绞监候，声明年仅九岁，可否减等，请旨'一本，固属照例

---

〔1〕　参见（清）全士潮等纂辑：《驳案汇编·驳案新编·卷二·名例中·"十岁以下幼童殴毙人命拟绞"》，何勤华等点校，法律出版社2009年版，第26~27页。

办理。但所指十岁以下犯杀人应死者或系被杀之人较伊年长，强弱不同，如丁乞三仔之案自可量从末减。今刘麋子所殴之李子相同系九岁，且刘麋子因索讨葫豆不给，致将李子相殴跌，其理亦曲，若第因其年幼辄行免死，岂为情法之平？况九龄幼童即能殴毙人命，其赋性凶悍可知，尤不宜遽为矜宥。向因戏杀之案，曾谕令刑部将该犯监禁数年，再议减等，以消其桀骜不驯之气。此等幼童自当仿照办理。且拟以绞监候，原不入于'情实'，数年后仍可减等，何必亟于宽贷乎？嗣后遇有十岁以下殴毙之案，如死者长于该犯四岁以上者，仍照例声明双请。若所长止三岁以下，则年齿相若，不得谓死者之恃长欺凌。或齿小者转较性暴力强，亦情事所有，纵不令其实抵而监禁数年，亦不为过"。〔1〕

3. 在乾隆圣旨定夺的基础上，同时参考雍正十年刑部议复丁乞三仔殴死丁狗仔一案，刑部制定了新的条例，并在此基础上科处刘麋子绞监候，类似案件也不得奏请皇帝，"伏查《名例律》载'十岁以下犯杀人应死，议拟奏闻，取自上裁'等语，又雍正十年臣部议复丁乞三仔殴死丁狗仔一案，钦奉旨'以丁乞三仔年仅十四，为已死丁狗仔欺凌，拾土回掷，适伤殒命。丁乞三仔情有可原，从宽减等发落。'钦遵在案，嗣于乾隆十年定例：'十五岁以下杀人之犯，声明实与丁乞三仔情罪相等者，方准援照，声请同行。'……应请'嗣后十岁以下斗殴毙命之案，如死者长于该犯四岁以上，准其依律声明；若所长止三岁以下，一例拟绞监候，不得概行双请。至十五岁以下被长欺侮殴毙人命之案，并请确查死者年岁亦系长于凶犯四岁以上，而又理曲

〔1〕 参见（清）全士潮等纂辑：《驳案汇编·驳案新编·卷二·名例中·"十岁以下幼童殴毙人命拟绞"》，何勤华等点校，法律出版社2009年版，第26~27页。

或系无心戏杀者，方准照丁乞三仔之例。恭候钦定。'如此明立条例，庶可戢童年暴戾之气，而不致以姑息滋患矣。……即改照奏定之例，将刘縻子斗殴杀人律，拟绞监候，秋后处决，毋庸声明双请等因"。[1]

二、被告人或被害人身患残疾的刑事案件的受理和审断

诚如前文所述，残疾人，含废疾、笃疾之人，因其个人身体素质、智力条件等的限制，出于怜爱的情绪和实施仁政的举措，各朝统治者在其犯罪时多会采取相对宽宥的政策。这一政策落实在刑事司法实践中，则成为影响犯罪人量刑的重要因素。但是，需要注意的是，出于公平、正义的考虑，并不是所有残疾人在任何情况下犯罪都可享受宽减刑罚的优待，如当其侵害对象也是身患同等残疾的人时，该残疾人即不得享受量刑宽减的优待，如"诸城县民姚小让扎伤赵小东身死一案"[2]即是这方面的体现。在该案中，瞽目赵小东殴杀同为瞽目的姚小让，即不得享受"议拟奏闻，取自上裁"的优待，需依照"斗殴杀人"本律科处绞监候的刑罚处罚。与此同时，王小僧因为其系瞽目，无身体条件能够劝阻姚小让与赵小东之间的殴斗，因此不得科处刑罚处罚，"姑置不议"。为了更好地理解案情，特将驳案分解如下：

　　时间：乾隆三十四年（1769 年）十二月十九日

----

〔1〕　参见（清）全士潮等纂辑：《驳案汇编·驳案新编·卷二·名例中·"十岁以下幼童殴毙人命拟绞"》，何勤华等点校，法律出版社 2009 年版，第 26~27 页。

〔2〕　（清）全士潮等纂辑：《驳案汇编·驳案新编·卷二·名例中·"双瞽殴死双瞽"》，何勤华等点校，法律出版社 2009 年版，第 25~26 页。其中后面驳案分解所引内容，均引自该案，不再一一标明出处。

地点：山东

被告人：姚小让

被害人：赵小东

案件相关人：王小僧

案情：姚小让、赵小东均系盲人，以算命为生。赵小东因姚小让算命较准，抢夺其生意，遂联合同为盲人的王小僧假装去算命，而斥责其不准，意欲驱逐姚小让。姚小让不服而致两方詈骂殴打。其中，姚小让在挣脱过程中扎伤赵小东，以致其身死，"赵小东籍隶胶州，与安邱县姚小让均系瞽目，算命为生。两人本未熟识，并无嫌怨。赵小东又与瞽目王小僧交好，常在诸城县泊里集附近村庄合伙算命。乾隆三十四年三月间，姚小让亦至彼谋食。赵小东闻姚小让推算有准，恶其占夺生理，起意设法驱逐。四月二十八日，赵小东偕王小僧同坐赵柄门首，适姚小让踵至，赵小东问明姓名，令其推算八字，姚小让算系残疾之人。赵小东佯言不准，斥其不许哄骗人钱。姚小让不服，互相争吵。赵小东用明杖木杆殴打姚小让左腿，姚小让将赵小东扭结，赵小东揪住姚小让发辫，姚小让顺拔身佩小刀向扎，冀其松手，不意扎伤赵小东胸膛，倒地磕伤额颅，旋即殒命"。

判决依据与结果：1. 根据各人所供，及县里的审验，山东巡抚富明安将姚小让依"斗殴杀人"律，科处绞监候。没有参与殴斗的盲人王小僧不予科责。但又考虑到姚小让系盲人且理直，意欲声请奏闻，"报县验详，饬审供认不讳。……姚小让'合依'斗殴杀人罪者，不问手足、他物、金刃，并绞监候'律应拟绞监候，秋后处决。'……王小僧亦系瞽目，不能劝阻，毋庸议……姚小让系双目笃疾，虽被杀身死之赵小东亦系瞽目，但衅非伊起，事属理直，相应声明请旨定夺"。[1]

2. 刑部认为富明安的审拟援引法律正确，但驳斥姚小让虽系盲人，例准声请奏闻，因为被害人赵小东亦系盲人，是以不当声请奏闻，实判绞监候，"查名例内开'笃疾犯杀人应斩绞者，议拟奏闻，取自上裁'，此原指殴死有目者而言。今姚小让虽系双目笃疾，但被杀之赵小东亦系双目笃疾，与'议拟奏闻'之例义不符，应将该抚声请之外毋庸议……姚小让依拟应绞，著监候，秋后处决"。

三、犯罪主体系女性的刑事案件的受理和审断

依天地阴阳秩序建立的中国传统社会，男女之间的地位很不平等，女子具有极强的人身依附性，"妇人有三从之义，无专用之道，故未嫁从父，既嫁从夫，夫死从子"。[2]这反映在立法上，为了维护父权、夫权，同时也是对弱势群体的关照，法律规定妇人犯罪时享有赎免的优待，"其妇人犯罪应决杖者，奸罪去衣受刑，余罪单衣决罚，皆免刺字。若犯徒流者，决杖一百，余罪收赎"。[3]该制度落实在刑事司法实践中常常被表述为"某某系妇人，所得某罪照律收赎"，如"歙县已故民人黄金宝之妻吴氏因伊姑黄江氏逼嫁、投塘身死"一案中，参与说媒的黄方氏"并未查明黄吴氏是否情愿改嫁，辄据黄江氏之言混行说媒方教化，虽无强娶，亦未议定财礼、写立婚书，但于黄方

---

〔1〕参见（清）全士潮等纂辑：《驳案汇编·驳案新编·卷二·名例中·"双瞽殴死双瞽"》，何勤华等点校，法律出版社2009年版，第25～26页。

〔2〕（汉）郑玄注，（唐）贾公彦疏：《仪礼注疏·卷三十·丧服》，彭林整理，王文锦审定，北京大学出版社1999年版，第581页。

〔3〕（清）阿桂等撰：《大清律例·卷四·名例律上·"工乐户及妇人犯罪"》，田涛、郑秦点校，法律出版社1999年版，第103页。

氏说媒之时并不查明确实，冒昧应承，应各照‘不应’重律杖八十。黄方氏系妇人，所得杖罪照律收赎"。[1]不限于此，当犯罪妇人系孕妇时，"基于儒家的仁政传统与恤刑法律文化"，也出于对"孕妇生命健康权"和胎儿生命权的保护，[2]中国传统社会专门在律令条文中规定严禁对孕妇拷讯，给予孕妇禁系、刑罚执行延缓等优待。就孕妇刑罚执行延缓这一规定而言，并不是所有孕妇决罚迟缓的时间都是相同的。出于对孕妇所犯罪责性质和刑罚公允、公平的考量，孕妇犯斩、绞立决时在生产百日后行刑，而其犯凌迟处死这类严重危害社会统治和伦常秩序的犯罪时，产后一个月后即须执行，如"邓川州民妇彭氏戳伤伊夫张和身死一案"[3]即体现了这方面的审断趋向。在该案中，彭氏殴杀其夫张和致死，被判处斩立决，但因其身怀六甲，云南巡抚裴宗锡则依法科处其生产百日后行刑，这一审拟得到刑部的认可。并且，为了统一司法适用和司法公允，刑部特别强调那些触犯凌迟处死的孕妇需在产后一个月后执行刑罚处罚。为了更好地理解案情，特将驳案分解如下：

时间：乾隆四十三年（1778年）十一月二十三日

地点：云南

被告人：彭氏

被害人：张和

---

〔1〕（清）全士潮等纂辑：《驳案汇编·驳案新编·卷四·户律·婚姻·"逼嫁孀妇投塘身死实遣"》，何勤华等点校，法律出版社2009年版，第57~58页。

〔2〕彭炳金："论中国古代法律对孕妇人身权的保护"，载《山西师大学报（社会科学版）》2014年第6期。

〔3〕（清）全士潮等纂辑：《驳案汇编·驳案新编·卷三十二·刑律·断狱·"孕妇犯死罪分别产后划一行刑"》，何勤华等点校，法律出版社2009年版，第599~600页。其中后面驳案分解所引内容，均引自该案，不再一一标明出处。

案情：张和因妻彭氏懒惰还头上插花而斥责，彭氏不服顶撞而致两相殴斗。经张和之母老彭氏劝和后，彭氏回房继续哭骂，张和进房又欲殴打，彭氏以小刀抵当而与之殴斗，以致张和伤重，五日后殒命，"张和娶妻彭氏已经十载，生育子女，彭氏懒惰性成，张不时训诫。乾隆四十三年四月初二日早饭后，彭氏在外摘花插戴，张和回家瞥见，斥责其非。彭氏不服顶触，张和掌批其颊，彭氏随扭张和衣领拼命，经张和之母老彭氏拉开。彭氏进房哭骂不止，张和复赶进欲殴，彭氏顺取桌上小刀抵戳，致伤张和左臂膊。张和用右手揪住头发，侧身外拉。彭氏情急，复用刀吓戳，致伤张和右胁。张和负痛声喊松手，尸母老彭氏听闻走至，用药包敷。讵张和伤重，医治不效，延至初五日殒命"。

判决依据与结果：1. 根据检验及彭氏等人的供述，结合彭氏系孕妇这一事实，云南巡抚裴宗锡将之依"妻殴夫至死"律科处斩立决，产后百日行刑。该审拟意见得到刑部及皇帝的认可，"报州验详，审解覆讯。据彭氏供认前情不讳，再三究诘，实系被夫揪发外拉，一时情急，用刀吓戳致伤，并非有心欲杀，似无遁饰。……彭氏合依'妻殴夫至死者斩'律拟斩立决。……该氏现有身孕，应俟产后百日行刑"。

2. 刑部认可裴宗锡的拟判，但与此同时比较"直隶总督方观承审题犯妇程氏毒死亲夫"和刑部"审办曹二与妻母周氏通奸"两案的基础上，主张以后司法者应当区别孕妇是凌迟重犯还是斩绞罪犯，进而科处其是"产后一月行刑"还是"产后百日行刑"，"嗣于乾隆二十三年十二月内，据原任直隶总督方观承审题犯妇程氏毒死亲夫一案，拟以凌迟，请照律俟产后百日行刑。经刑部酌议，以凌迟重犯与寻常斩绞者不同。若辗转迁延，倘病毙在狱，转致幸逃显戮，不足以昭炯戒，请将磔妇程氏照产后一月满起限之例，于产后一月凌迟处死。并声明嗣后如遇此等案件，均照此例办理，奏准定拟在案。嗣于二十五年臣部审办曹二与妻母周氏通奸一案，将周氏依例拟绞立决，周氏怀孕未产，引照程氏产后一月行刑等因具题。亦在案。臣等查原奏'产后一月行刑'之例，系专指凌迟处死者而言。其斩绞立决犯妇并未议及，自应仍照产后百日旧律办理"。

四、犯罪主体系少数民族的刑事案件的受理和审断

"清朝是居于中国东北部的满族建立的政权，因此对其他少数民族的境况比较了解，对各民族的风俗习惯与传统文化较为认同。为了争取少数民族的配合和支持，保证边疆地区的安定，清政府特别重视以法律手段解决民族问题。"[1]因此，针对云贵地区、蒙古地区、藏族地区、回疆地区、苗疆地区等少数民族聚居区，清朝政府制定了专门的法律条例来调整他们的生产生活。这落实在刑事司法领域，则表现为因犯罪人或被害人是否系少数民族身份，其适用的法律和定罪量刑均不同于一般百姓，如"蒙古贼犯看扎布行窃拒捕、扎伤事主张四小子身死一案"[2]即是这方面的体现。在该案中，因看扎布系蒙古族人，且在蒙古地区犯罪，因此依据蒙古律科处其斩立决；而被害人张四小子系汉人百姓，不是蒙古族人，以致被查没的看扎布妻子不能入其家为奴，而是"赏给蒙古公事效力台吉为奴"。为了更好地理解案情，特将驳案分解如下：

〔1〕 李鸣：《中国民族法制论》，中央民族大学出版社 2008 年版，第 366 页。

〔2〕 （清）全士潮等纂辑：《驳案汇编·驳案新编·卷八·刑律·贼盗中·"蒙古偷窃拒捕杀死事主"》，何勤华等点校，法律出版社 2009 年版，第 144~145 页。其中后面驳案分解所引内容，均引自该案，不再一一标明出处。

时间：乾隆二十七年（1762年）六月二十四日

地点：山西

报告人：看扎布

被害人：张四小子

案情：因家中贫穷，看扎布偷窃张四小子家地内糜子，恰被张四小子与其兄长张焕荣看到。张四小子在追捕看扎布过程中被之扎伤致死，而看扎布被张焕荣殴伤抓获并送至官府，"看扎布系土默特蒙古达克巴佐领下人，在昆属地方佣工度日。与民人张四小子同村熟识。乾隆二十五年七月二十七日夜，看扎布因贫难度，起意行窃。独自携带口袋出村，走至张四小子糜地时已二更，随用身带小刀割取糜穗半袋。适值张四小子同兄张焕荣各带木棒赴地巡查。张四小子瞥见偷糜即向赶捉。看扎布弃糜奔逸。张四小子用棒追殴看扎布额颅倒地，并骑压身上。看扎布情急，随用刀扎伤张四小子左腿。张四小子仍压不放，并唤伊兄协力擒拿。看扎布复用小刀扎伤张四小子左肋，滚倒在地。看扎布正欲爬起，张焕荣赶至，用棒殴伤看扎布右胳膊、右脚腕。认明拿获。张四小子伤重殒命"。

判决依据与结果：1. 根据看扎布等人的供述，结合相关法律的规定，山西巡抚鄂弼依"罪人拒捕杀所捕人"律将看扎布依法科处斩监候，"履审供认不讳。严诘并无护赃格斗、有心扎死情事。……惟查刑律'盗田野谷麦拒捕，依罪人拒捕科断；罪人拒捕杀所捕人者，斩监候'等语，此案看扎布偷窃张四小子地内糜穗，被事主遇见，弃赃逃走，因被追殴倒地，骑压不放，情急图脱，是以扎伤事主毙命。并非偷盗牲畜等物拒捕杀人，亦非护赃格斗，将看扎布依'罪人拒捕杀所捕人'律拟斩监候"。

2. 根据乾隆二十六年（1759年）七月内所拟定的条例，刑部认为看扎布系蒙古人，且在蒙古地区犯罪，因此驳斥鄂弼援引法律错误，应当按照蒙古例处断，因此要求其重新审拟，"山西按察使索琳条奏'蒙古偷盗田野谷麦因而拒捕杀伤之案，请照刑律科断。'臣会同理藩院，以蒙古偷盗四项牲畜俱分别拟以绞流，况拒捕杀伤事主，尤应立法惩创，不便轻更旧制。并请嗣后蒙古在内地犯事者，照刑律办理；民人在蒙古地方犯事者，即照蒙古律办理等因。奏准咨行该抚，遵照在案。此案看扎布系土默特蒙古，在昆都伦丹代村偷窃糜穗，被事主张四小子瞥见赶拿，看扎布情急拒捕，杀死事主，自应按照蒙古定例科断。该抚将看扎布照刑律拟以斩候，与例未符。应令该抚再行照例妥拟具题"。

3. 鄂弼接受刑部的驳审意见，根据蒙古相关法律规定判处看扎布斩立决。但考虑到被害人张四小子系汉人，因此被抄没的看扎布的妻、子等不得给付其家，而应没给蒙古公事效力台吉为奴。该审拟意见得到刑部的认可，并被乾隆勾决，"看扎布合依'蒙古偷盗牲畜等物，事主知觉追逐，因而拒捕杀人者，将之首之贼犯拟斩立决'律应拟斩立决。……'看扎布并无产、畜，无凭抄没，虽有妻烛拉并子丹进达什扎布，但事主系民人，依律不准给付，仍应赏给蒙古公事效力台吉为奴。张焕荣因看扎布持刀拒捕，是以用棒殴伤，应免置议'"。

小　结

根据被告人与被害人的身份以及他们之间的关系和犯罪所侵害的客体等的不同，结合对《驳案汇编》中所载驳案的分析，本书将中国传统司法理念在刑事司法实践中的体现分为四个方面来解读：第一，平等主体之间的刑事案件的受理和审断。针对平等主体之间的刑事案件，无论现有的律例条文是否涵盖，司法人员在审理过程中都能够依法（包含创制新的律例条文）判决，以求得法意与人情在刑事司法中的衡平。第二，不同社会阶层之间的刑事案件的受理和审断。针对不同社会阶层之间的刑事案件，出于维护统治阶层既得利益和社会秩序的考虑，司法人员在审理过程中将法律所表明的不平等性切实地贯彻在司法实践中，并根据社会发展情势的需要，适当地调整他们之间具体的法律责任，这也是符合中国传统司法理念内在要求和人们内心正义需求的。第三，亲属之间的刑事案件的受理和审断。针对亲属之间的刑事案件，司法人员在审理之初需要首先界定二者之间的服制关系。因为，二者之间的服制关系影响他们之间的法律责任，并进而影响被告人的定罪量刑。第四，牵涉特殊群体的刑事案件的受理和审断。针对特殊群体牵涉的刑事案件，首先需要分清其是弱势群体还是基于维护大一统王朝需要的少数民族。对于弱势群体牵涉的刑事案件，当其为犯罪嫌疑人或者被告人时，司法人员一般会根据其弱势因素，依法给予其一定的优待；而当其为被害人时，尤其是幼儿成为被害人时，司法人员则会依法加大惩戒犯罪人。这一审理趋向是考量他们生理素质和可能存在的社会危险性，也是符合中国传统司法理念的内在要求的。总的来说，中国传统司法理念在刑事司法实践中得到了很好的贯彻和执行。首先，在审理平等主体之间发生的刑事案件时，基本坚持了"等者同等"的原则。其次，在审理不同社会阶层之间发生的刑事案件时，基本坚持了"不等者不等"的原则，会充分考虑犯罪嫌疑人、被告人与被害人之间在法律地位上的不平等，而专门保护仕宦、旗人、主人、雇主等阶层的特权。复次，亲属之间发生的刑事案件由于涉及中国传统伦理而受到审判者的特别关注。在审断这一类案件时，司法人员会充分考虑当事人之间的伦常关系、服制关系、尊卑关系，基本坚持了"等者同等""不等者不等"的原则。最后，对于弱势群体、少数民族等特殊主体牵涉刑事案件时，司法人员会考虑他们的生理素质、民族成分等，在审理过程中达致情理法的衡平，这是"等与不等的辩证统一"原则的体现。

结　论

　　"一个法律制度若要恰当地完成其职能，就不仅要力求实现正义，而且还须致力于创造秩序。……即法律旨在创造一种正义的秩序。"[1]而恰恰是当时社会的理想秩序观和正义观影响了法律的制定和实施，进而影响了司法理念的确立、贯彻和实施。正是在"王道平"理想秩序观和"维齐非齐"伦理正义观的影响之下，中国传统司法理念是"平"，也可表述为"中""当""宜"等语汇。其中，中国传统司法理念具备如下四个方面的内涵：其一，具备"当"的意蕴，即"罚当其罪"；其二，具备"等"的意蕴，即在一定程度和一定范围内具备平等性和公平性；其三，具备"别"的意蕴，即不是绝对的平等，而是具备等级性和差异性；其四，具备"恕""中"的意蕴，即主张在司法中用"中罚"，内涵重生、钦恤、宽和等观念。也就是说，中国传统司法理念并不是现代法治中的"平等""司法公正"等语词所能涵摄的，因为"传统中国社会的一大特点是身份等级制，一个人先天或后天的身份，如皇亲国戚、士、农、工、商、军、僧、道、妻、妾、人力（男仆）和女使（女仆）等，决定了他的权责和地位"[2]。是以，中国传统司法理念内在包含

---

　　〔1〕　〔美〕E. 博登海默：《法理学：法律哲学与法律方法》，邓正来译，中国政法大学出版社 2004 年版，第 330 页。

　　〔2〕　柳立言：《宋代的宗教、身分与司法》，中华书局 2012 年版，序言第 3 页。

了平等与不平等的有机辩证统一，也就是涵盖了"等者同等""不等者不等""等与不等的辩证统一"的三原则，而这也是符合中国传统社会动态合理正义观的内在要求的。并且，我们不能僵化、静止地认识和理解中国传统司法理念，还需要认识到随着当事人的年龄、身份、社会地位、与他人之间关系等的变化，他所享有的司法待遇、所应承担的法律责任也不尽相同。

司法理念是对司法本质、司法规律、司法价值、司法原则的根本性认识，是指导司法制度设计和司法实践的重要因素，因此我们不能将中国传统司法理念仅仅停留在理论层面的探讨，还需要认识到它在中国传统司法实践领域所发挥的重要作用。首先，中国传统司法理念渗透在国家法律的各个方面，以"出入得古今之平"为基本特征的《唐律疏议》为范本，我们发现中国传统司法理念三原则"等者同等""不等者不等""等与不等的辩证统一"在法律规范上体现得淋漓尽致。其次，传统中国设立相关的诉讼制度以保障中国传统司法理念的贯彻和落实。中国传统社会在司法活动的各个环节设立相应的诉讼制度以保障司法理念的贯彻和实施，大体涵盖"父母官型诉讼"下的开放的受理制度、申诉制度、复审制度、会审制度、死刑复奏制度等。最后，培养和选拔"明法通经"的司法人员以保障中国传统司法理念的贯彻和落实。为了从司法人员设置方面保障中国传统司法理念的落实，中国传统社会非常重视司法人员素质的培养，并最终形成了"明法通经"的具体要求。不限于此，中国传统社会还确立了"重入轻出"的司法责任追究机制以要求和鼓励他们在司法实践中贯彻上述司法理念。

在国家法律、诉讼制度和人员设置等诸方面的保障下，中国传统司法理念在民事司法实践和刑事司法实践中都得到很好的贯彻和落实。其中，就民事司法实践而言，无论是平等主体之间的民事纠纷，还是不同社会阶层之间的民事纠纷，抑或是与"家"相涉的主体之间的民事纠纷，司法官员在审理过程中都能够贯彻中国传统司法理念，彰显"等者同等""不等者不等""等与不等辩证统一"三原则的内在要求。就刑事司法实践而言，无论是平等主体之间的刑事案件，还是不同社会阶层之间的刑事案件，还是亲属之间的刑事案件，抑或是牵涉特殊群体的刑事案件，司法官员在审理过程中也都能够贯彻中国传统司法理念，彰显"等者同等""不等者不等""等与不等辩证统一"三原则的内在要求。不过，通过对实际案例的分析，我们发现司法人员在处理民事纠纷时，尤其是在处理与"家"相涉的民事纠纷时，更侧重于主张当事人私下和解或当厅调解，并不是依法审断；即使不得不审理，也从案结事了、和宗睦族等角度着眼，以曲法原情的方式判决当事人之间的争讼。而司法人员在审理刑事案件时，除最高统治者皇帝的恩旨外，无论是平等主体之间的刑事案件，还是不同社会阶层之间的刑事案件，抑或是亲属之间的刑事案件，均能依法审理，在情轻法重或情重法轻，且无可比附的律例条文时，还会创制新的律例条文予以规制。这并不悖于中国传统司法理念的内在要求，而是与案件自身性质息息相关的。因为，在乡土社会的传统中国，民事纠纷多是发生在亲族、邻里之间的细故，从维护基层社会秩序、和宗睦族、教化乡里等角度出发，在审理过程中曲法原情是必要的。而刑事案件多关涉的是国家利益、百姓的生命财产权益等影响社会统治秩序的重要问题，是以，在司法审判中应从国家治理的角度出发，依法审理。这两种审判思维和方式看似抵牾，实际上却是相辅相成，体现了仁与义的辩证统一，这在中国传统社会恰是合理、合情、合法的表现，也是符合中国传统司法理念内在要求的。

中国传统司法文明植根于中国文化传统和中国传统司法实践，在推进国家治理现代化和推动司法改革的进程中依然具有重要的借鉴意义。中国传统司法文明包含司法理念、司法制度等多个方面，中国传统司法理念则集中体现了中国传统司法文明的内核和基本精神，也是传统中国动态合理正义观的体现。动态合理正义观的一个重要内容就是情理法的协调一致，在立法、执法、司法等活动中注重情、理、法三者的互用互补，在实现个案衡平正义的基础上推动整个司法的良性运作。"理"在传统中国主要指天理，在现代语境下还有"法理""事理""情理"等含义；"法"主要指的是国法，这一点古今基本一致；"情"除了有"人情""情感"等字面含义之外，还有讲求案件事实的"事情"之含义。据此，结合传统司法理念在传统中国的表现，我国当前进行的司法改革和司法实践主要可以从以下四个方面对传统司法理念进行扬弃。其一，法律应当体现社会民众对正义的最大程度的追求，因此在立法过程中立法机关应当注重社会调查，广泛征求民意，制定出适合中国国情、民情的法律，并根据社会发展变化的实际对法律进行修改和完善。其二，在司法人员的选任方面，国家应当重视选拔那些德法兼备、公平正直的人出任司法人员，增强司法人员的法律素养，培育司法人员的道德意识，保障司法人员的权益，建立健全符合司法规律的司法责任制度。其三，在司法制度的设置方面，应当以公正高效为基本目标，促进侦查、检察、审判、调解等制度的协调，保障人民群众权益，维护社会秩序，保障国家利益。其四，在具体司法实践过程中，司法人员应当坚持法理情的综合考量，实现法律正义和社会正义的有机统一。司法是维护和保障社会公平正义的最后一道防线，人民群众在每一个具体司法案件中是否都能感受到公平正义是检验司法活动的重要标准。为此，司法人员在处理个案时必须在查明案件事实的基础上，正确适用法律，兼顾社情民意，促进司法公开，保证司法公正。

中国传统司法理念是司法文明的一个重大课题，意涵丰富，意义深远，并且在司法实践中的表现更是多种多样、纷繁复杂，本书对传统司法理念的内涵及其在中国传统社会中的体现进行了初步论述，但仍然有一些问题需要做进一步的深入分析和研究。本书对中国传统司法理念的考察侧重于国家立法和司法活动，而对普通民众对于传统司法理念及其实践的认识关注不足；中国传统司法理念的现代转化也是一个需要继续深入思考和分析的论题，一方面要思考如何将传统司法理念融入现代司法理念之中，另一方面更需要思考如何在具体司法实践活动中融入传统司法理念。全面依法治国，司法为重，司法理念更是不可忽视，传统司法理念更是需要认真对待的思想资源，任重而道远！

参考文献

一、古籍文献

[1] （汉）郑玄注，（唐）贾公彦疏：《周礼注疏》，赵伯雄整理，王文锦审定，北京大学出版社 1999 年版。

[2] 《尔雅》，中华书局 2016 年版。

[3] 《礼记译注》，杨天宇译注，上海古籍出版社 2004 年版。

[4] 李名、王健撰：《尚书译注》，上海古籍出版社 2004 年版。

[5] 黎翔凤撰：《管子校注》，梁运华整理，中华书局 2004 年版。

[6] 《商君书》，石磊译注，中华书局 2009 年版。

[7] 《论语译注》，杨伯峻译注，中华书局 2009 年版。

[8] 《孟子译注》，杨伯峻译注，中华书局 1960 年版。

[9] 《韩非子》，高华平、王齐洲、张三夕译注，中华书局 2015 年版。

[10] （战国）吕不韦编：《吕氏春秋译注》，张双棣等译，吉林文史出版社 1987 年版。

[11] （战国）公羊高撰：《春秋公羊传》，顾馨、徐明校点，辽宁教育出版社 1997 年版。

[12] 《荀子》，安小兰译注，中华书局 2007 年版。

[13] （清）王先谦撰：《荀子集解》，沈啸寰、王星贤点校，中华书局 1988 年版。

[14] （汉）许慎撰：《说文解字》，（宋）徐铉校定，中华书局 2013 年版。

[15] （汉）司马迁撰：《史记》，（宋）裴骃集解，（唐）司马贞索引，（唐）张守节正义，中华书局 1982 年版。

[16] （汉）班固撰：《汉书》，（唐）颜师古注，中华书局 1962 年版。

［17］（汉）王符撰：《潜夫论笺校正》，（清）汪继培笺、彭铎校正，中华书局1985年版。

［18］（汉）韩婴撰：《韩诗外传集释》，许维遹校释，中华书局1980年版。

［19］（汉）刘熙撰：《释名》，中华书局1985年版。

［20］（晋）葛洪撰：《抱朴子外篇全译》，庞月光译注，贵州人民出版社1997年版。

［21］（晋）陈寿撰：《三国志》，（南朝·宋）裴松之注，陈乃乾校点，中华书局1964年版。

［22］（南朝·宋）范晔撰：《后汉书》，（唐）李贤等注，中华书局1965年版。

［23］（北齐）魏收撰：《魏书》，中华书局1974年版。

［24］（唐）房玄龄等撰：《晋书》，中华书局1974年版。

［25］（唐）魏征等撰：《隋书》，中华书局1973年版。

［26］（唐）长孙无忌等撰：《唐律疏议》，刘俊文点校，法律出版社1999年版。

［27］（唐）李延寿撰：《北史》，中华书局1974年版。

［28］（唐）韩愈撰：《韩昌黎文集校注》，马其昶校注，马茂元整理，上海古籍出版社1986年版。

［29］（唐）李林甫等撰：《唐六典》，陈仲夫点校，中华书局2014年版。

［30］（唐）杜佑撰：《通典》，王文锦等点校，中华书局1988年版。

［31］［日］仁井田陞：《唐令拾遗》，栗劲等编译，长春出版社1989年版。

［32］（后晋）刘昫等撰：《旧唐书》，中华书局1975年版。

［33］杨奉琨校释：《疑狱集·折狱龟鉴校释》，复旦大学1988年版。

［34］（宋）王溥撰：《唐会要》，中华书局1955年版。

［35］（宋）窦仪等撰：《宋刑统》，薛梅卿点校，法律出版社1999年版。

［36］（宋）欧阳修、宋祁撰：《新唐书》，中华书局1975年版。

［37］（宋）薛居正等撰：《旧五代史》，中华书局2015年版。

［38］天一阁博物馆、中国社会科学院历史研究所天圣令整理课题组校证：《天一阁藏明抄本天圣令校证（附唐令复原研究）》，中华书局2006年版。

［39］（宋）司马光撰：《资治通鉴》，中华书局2011年版。

［40］（宋）李焘撰：《续资治通鉴长编》，上海师范大学古籍整理研究所、华东师范大学古籍整理研究所点校，中华书局 2004 年版。

［41］（宋）徐天麟撰：《西汉会要》，上海人民出版社 1977 年版。

［42］（宋）谢深甫等撰：《中国珍稀法律典籍续编·第一册·庆元条法事类》，戴建国点校，黑龙江人民出版社 2002 年版。

［43］（宋）王明清撰：《挥麈录·前录》，田松清校点，上海古籍出版社 2012 年版。

［44］（宋）吴曾撰：《能改斋漫录》，上海古籍出版社 1979 年版。

［45］（宋）朱熹撰：《朱子全书·第二十册至第二十五册·晦庵先生朱文公文集》，刘永翔等校点，上海古籍出版社、安徽教育出版社 2002 年版。

［46］（宋）朱熹撰：《四书章句集注》，中华书局 1983 年版。

［47］（宋）黎靖德编：《朱子语类》，王星贤点校，中华书局 1986 年版。

［48］中国社会科学院历史研究所宋辽金元史研究室点校：《名公书判清明集》，中华书局 1987 年版。

［49］杨奉琨校释：《疑狱集·折狱龟鉴校释》，复旦大学 1988 年版。

［50］（宋）桂万荣编撰：《棠阴比事选》，（明）吴讷删正、续补，陈顺烈校注、今译，群众出版社 1980 年版。

［51］《宋大诏令集》，司义祖整理，中华书局 1962 年版。

［52］（元）脱脱等撰：《宋史》，中华书局 1985 年版。

［53］（元）脱脱等撰：《辽史》，中华书局 1974 年版。

［54］（元）脱脱等撰：《金史》，中华书局 1975 年版。

［55］（元）马端临撰：《文献通考》，上海师范大学古籍研究所、华东师范大学古籍研究所整理，山东画报出版社 2004 年版。

［56］《大元通制条格》，郭成伟点校，法律出版社 2000 年版。

［57］《元典章》，陈高华等点校，天津古籍出版社、中华书局 2011 年版。

［58］韩国学中央研究院编：《至正条格校注》，韩国 2007 年版。

［59］（元）熊梦祥：《析津志辑佚》，北京古籍出版社 1983 年版。

［60］（明）宋濂等撰：《元史》，中华书局 1976 年版。

［61］（明）申时行等修：《明会典》（万历朝重修本），中华书局 1989

年版。

[62] （明）刘惟谦等撰：《大明律》，怀效锋点校，法律出版社 1999 年版。

[63] （明）邱浚著：《大学衍义补》，林冠群、周济夫点校，京华出版社 1999 年版。

[64] （明）不著人撰："朝鲜史略"，载张元济、王云五主编：《四部丛刊 广编》（影印本），商务印书馆 2013 年。

[65] 《明实录·明世宗实录》，上海书店 1982 年版。

[66] 陈义钟编校：《海瑞集》（上册），中华书局 1962 年版。

[67] （清）张廷玉等撰：《明史》，中华书局 1974 年版。

[68] （清）阿桂等撰：《大清律例》，田涛、郑秦点校，法律出版社 1999 年版。

[69] （清）徐松辑撰：《宋会要辑稿》，刘琳等点校，上海古籍出版社 2014 年版。

[70] （清）张玉书等编著：《康熙字典》，正业书局 2004 年版。

[71] （清）刘衡撰："庸吏庸言"，载《官箴书集成》编纂委员会编：《官 箴书集成》，黄山书社 1997 年版。

[72] （清）全士潮等纂辑：《驳案汇编》，何勤华等点校，法律出版社 2009 年版。

[73] （清）祝庆祺等编纂：《刑案汇览全编》，尤韶华等点校，法律出版社 2007 年版。

[74] 《清代诗文集汇编》编纂委员会编：《清代诗文集汇编（二八一）· 培远堂偶存稿》，上海古籍出版社 2010 年版。

[75] （清）潘荣陛、富察敦崇：《帝京岁时纪胜·燕京岁时记》，北京古籍 出版社 1981 年版。

[76] （清）黄六鸿撰：《福惠全书》，清康熙三十八年（1699 年）金陵种 书堂刻怀德堂印本。

[77] （清）潘永因编：《宋稗类钞》，刘卓英点校，书目文献出版社 1985 年版。

[78] （清）朱骏声编著：《说文通训定声》，中华书局 1984 年版。

[79] （清）赵翼撰：《陔余丛考》，商务印书馆 1957 年版。

[80]《太祖高皇帝圣训》（复印本），载《钦定四库全书·史部》。

[81]《钦定大清会典则例》（影印本），上海古籍出版社1987年版。

[82]《清圣祖实录》（影印本），中华书局2008年。

[83]（清）雅尔图：《雅公心政录》，转引自朱勇、郭成伟主编：《中华大典·法律典·诉讼法分典》，巴蜀书社2011年版。

[84]（清）谭嗣同著：《仁学——谭嗣同集》，加润国选注，辽宁人民出版社1994年版。

[85] 张寿镛等纂：《近代中国史料丛刊·三编·清朝掌故汇编》，文海出版社1985年版。

[86] 熊月之主编：《稀见上海史志资料丛书》，上海书店出版社2012年版。

[87] 赵尔巽等撰：《清史稿》，中华书局1977年版。

二、著作类

[1]［德］黑格尔：《法哲学原理》，范扬、张企泰译，商务印书馆1961年版。

[2] 韦政通：《荀子与古代哲学》，商务印书馆1966年版。

[3] 张金鉴：《中国法制史概要》，正中书局1972年版。

[4]［意］贝奈戴托·克罗齐：《历史学的理论和实际》，［英］道格拉斯·安斯利英译，傅任敢译，商务印书馆1982年版。

[5] 杨廷福：《唐律初探》，天津人民出版社1982年版。

[6] 陈光中、沈国锋：《中国古代司法制度》，群众出版社1984年版。

[7] 柳诒徵：《中国文化史》，中国大百科全书出版社1988年版。

[8] 郑秦：《清代司法审判制度研究》，湖南教育出版社1988年版。

[9]［英］戴维·M.沃克：《牛津法律大辞典》，北京社会与科技发展研究所组织翻译，光明日报出版社1988年版。

[10]［美］约翰·罗尔斯：《正义论》，何怀宏、何包钢、廖申白译，中国社会科学出版社1988年版。

[11] 薛梅卿、叶峰：《中国法制史稿》，高等教育出版社1990年版。

[12]《中国百科大辞典》编委会：《中国百科大辞典》，华夏出版社1990

年版。

[13] 王云海主编:《宋代司法制度》,河南大学出版社 1992 年版。

[14] [法] 弗朗斯瓦·魁奈:《中华帝国的专制制度》,谈敏译,商务印书馆 1992 年版。

[15] 曾春海:《儒家的淑世哲学——治道与治术》,文津出版社 1992 年版。

[16] 梁治平:《法意与人情》,海天出版社 1992 年版。

[17] 高道蕴、高鸿钧、贺卫方编:《美国学者论中国法律传统》,中国政法大学出版社 1994 年版。

[18] 刘俊文:《唐律疏议笺解》,中华书局 1996 年版。

[19] 张泽咸:《唐代阶级结构研究》,中州古籍出版社 1996 版。

[20] 张晋藩:《中国法律的传统与近代转型》,法律出版社 1997 年版。

[21] [日] 滋贺秀三:"中国法文化的考察——以诉讼的形态为素树",王亚新、范愉、陈少峰译,载王亚新、梁治平编:《明清时期的民事审判与民间契约》,法律出版社 1998 年版。

[22] [美] 黄宗智:《民事审判与民间调解:清代的表达与实践》,中国社会科学出版社 1998 年版。

[23] [德] 马克斯·韦伯:《儒教与道教》,王容芬译,商务印书馆 1995 年版。

[24] 张晋藩主编:《中华法学大辞典:法律史学卷》,中国检察出版社 1999 年版。

[25] 张晋藩主编:《中国民事诉讼制度史》,巴蜀书社 1999 年版。

[26] 《北京大学百科全书》编委会编:《北京大学百科全书:中国法律思想史 中国法制史 外国法律思想史 外国法制史》,北京大学出版社 2000 年版。

[27] 吕志兴:《宋代法制特点研究》,四川大学出版社 2001 年版。

[28] [日] 谷口安平:《程序的正义与诉讼》,王亚新、刘荣军译,中国政法大学出版社 1996 年版。

[29] 黄俊杰主编:《传统中华文化与现代价值的激荡》,社会科学文献出版社 2002 年版。

［30］巩富文：《中国古代法官责任制度研究》，西北大学出版社 2002 年版。

［31］［日］滋贺秀三：《中国家族法原理》，张建国、李力译，法律出版社 2003 年版。

［32］陈致平：《中华通史》，花城出版社 2003 年版。

［33］［日］织田万：《清国行政法》，李秀清、王沛点校，中国政法大学出版社 2003 年版。

［34］王志强：《法律多远视角下的清代国家法》，北京大学出版社 2003 年版。

［35］杨鸿烈：《中国法律思想史》，中国政法大学出版社 2004 年版。

［36］赵广明：《理念与神——柏拉图的理念思想及其神学意义》，江苏人民出版社 2004 年版。

［37］张晋藩主编：《中国司法制度史》，人民法院出版社 2004 年版。

［38］［挪］G. 希尔贝克、N. 伊耶：《西方哲学史——从古希腊到二十世纪》，童世骏、邹振华、刘进译，上海译文出版社 2004 年版。

［39］［德］伊曼努尔·康德：《纯粹理性批判》，李秋零译，中国人民大学出版社 2004 年版。

［40］［美］E. 博登海默：《法理学：法律哲学与法律方法》，邓正来译，中国政法大学出版社 2004 年版。

［41］那思陆：《清代中央司法审判制度》，北京大学出版社 2004 年版。

［42］吴家友主编：《法官论司法理念》，法律出版社 2005 年版。

［43］尹砥廷：《承传与超越：现代视野中的孔子思想研究》，甘肃人民出版社 2005 年版。

［44］柯葛壮等：《诉讼法的理念及运作》，上海人民出版社 2005 年版。

［45］周积明、宋德金主编：《中国社会史论》（下卷），湖北教育出版社 2005 年版。

［46］郭建、姚荣涛、王志强：《中国法制史》，上海人民出版社 2006 年版。

［47］顾元：《衡平司法与中国传统法律秩序——兼与英国衡平法相比较》，中国政法大学出版社 2006 年版。

［48］那思陆：《清代州县衙门审判制度》，中国政法大学出版社 2006 年版。

［49］徐忠明：《案例、故事与明清时期的司法文化》，法律出版社 2006年版。

［50］任强：《知识、信仰与超越——儒家礼法思想解读》，北京大学出版社 2007 年版。

［51］刘馨珺：《明镜高悬——南宋县衙的狱讼》，北京大学出版社 2007年版。

［52］李凤鸣：《清代州县官吏的司法责任》，复旦大学出版社 2007 年版。

［53］张文显主编：《法理学》（第 3 版），高等教育出版社 2007 年版。

［54］张德胜：《儒家伦理与社会秩序：社会学的诠释》，上海人民出版社 2008 年版。

［55］费孝通：《乡土中国》，人民出版社 2008 年版。

［56］冯友兰：《中国哲学史》，重庆出版社 2009 年版。

［57］陈少林、顾伟：《刑事诉权原论》，中国法制出版社 2009 年版。

［58］陈会林：《地缘社会解纷机制研究——以中国明清两代为中心》，中国政法大学出版社 2009 年版。

［59］徐忠明：《情感、循吏与明清时期司法实践》，上海三联书店 2009 年版。

［60］罗昶：《伦理司法——中国古代司法的观念与制度》，法律出版社 2009 年版。

［61］萧公权：《中国政治思想史》，新星出版社 2010 年版。

［62］瞿同祖：《中国法律与中国社会》，商务印书馆 2010 年版。

［63］张利：《宋代司法文化中的"人文精神"》，河北人民出版社 2010 年版。

［64］孙谦：《平和：司法理念与境界——关于法治、检察相关问题的探讨》，中国检察出版社 2010 年版。

［65］李方民：《司法理念与方法》，法律出版社 2010 年版。

［66］王曾瑜：《宋朝阶级结构》（增订版），中国人民大学出版社 2010 年版。

［67］陈瑛珣：《清代民间妇女生活史料的发掘与运用》，天津古籍出版社 2010 年版。

［68］戴建国：《唐宋变革时期的法律与社会》，上海古籍出版社 2010 年版。

［69］陈顾远：《中国法制史概要》，三民书局 1964 年版。

[70] 贺麟：《近代唯心论简释》，商务印书馆 2011 年版。

[71] 李立景：《犯罪私人追诉的法理逻辑》，中国法制出版社 2011 年版。

[72] 倪铁：《法文化视角下的传统侦查研究》，复旦大学出版社 2011 年版。

[73] 李典蓉：《清朝京控制度研究》，上海古籍出版社 2011 年版。

[74] 吴于廑：《士与古代封建制度之解体 封建中国的王权与法律》，武汉大学出版社 2012 年版。

[75] 邹川宁：《司法理念是具体的》，人民法院出版社 2012 年版。

[76] 中国政法大学法律史学研究院编：《日本学者中国法论著选译》，中国政法大学出版社 2012 年版。

[77] 崔永东：《中国传统司法思想史论》，人民出版社 2012 年版。

[78] 柳立言：《宋代的宗教、身分与司法》，中华书局 2012 年版。

[79] 卞建林主编：《现代司法理念研究》，中国人民公安大学出版社 2012 年版。

[80] 孟凡哲：《和谐视域下的判例主义司法文化》，中国法制出版社 2012 年版。

[81] 付春杨：《权利之救济——清代民事诉讼程序探微》，武汉大学出版社 2012 年版。

[82] ［印］阿马蒂亚·森：《正义的理念》，王磊、李航译，刘民权校译，中国人民大学出版社 2012 年版。

[83] 韩阳：《刑事诉讼的法哲学反思——从典型制度到基本范畴》，中国人民公安大学出版社 2012 年版。

[84] 张曼莉主编：《法律社会学》，中央广播电视大学出版社 2012 年版。

[85] 王申：《法官的实践理性论》，中国政法大学出版社 2013 年版。

[86] 魏道明：《秩序与情感的冲突：解读清代的亲属相犯案件》，中国社会科学出版社 2013 年版。

[87] 高明士：《律令法与天下法》，上海古籍出版社 2013 年版。

[88] 杨建祥：《儒家"熟仁"新探》（上卷），江西人民出版社 2013 年版。

[89] 姚尚建：《风险化解中的治理优化》，中央编译出版社 2013 年版。

[90] 张本顺：《宋代家产争讼及解纷》，商务印书馆 2013 年版。

[91] 魏文超：《宋代证据制度研究》，中国政法大学出版社 2013 年版。

［92］熊秉元：《正义的成本：当法律遇上经济学》，东方出版社 2014 年版。

［93］周道华主编：《制度视域中的和谐社会》，江苏大学出版社 2013 年版。

［94］［法］罗伯特·雅各布：《上天·审判——中国与欧洲司法观念历史的初步比较》，李滨译，上海交通大学出版社 2013 年版。

［95］章燕：《清代法官的司法观念》，法律出版社 2014 年版。

［96］江必新：《良善司法的制度逻辑与理性构建》，中国法制出版社 2014 年版。

［97］朱亚非、陈福广、李俊颖：《以孝律人——孝与古代法律》，中国国际广播出版社 2014 年版。

［98］徐忠明、杜金：《谁是真凶：清代命案的政治法律分析》，广西师范大学出版社 2014 年版。

［99］罗大乐主编：《中国法律文化萃编》，山东人民出版社 2014 年版。

［100］梁启超：《国学小史》，夏晓虹、陆胤校，商务印书馆 2014 年版。

［101］朱义禄主编：《中国近现代人文名篇鉴赏辞典》，上海辞书出版社 2014 年版。

［102］宋远升：《法学教授论》，中国政法大学出版社 2014 年版。

［103］朱文慧：《南宋社会民间纠纷及其解决途径研究》，上海古籍出版社 2014 年版。

［104］张晋藩：《依法治国与法史镜鉴》，中国法制出版社 2015 年版。

［105］苏亦工：《天下归仁：儒家文化与法》，人民出版社 2015 年版。

［106］［日］高桥芳郎：《宋至清代身份法研究》，李冰逆译，上海古籍出版社 2015 年版。

［107］黄玉顺：《中国正义论的形成——周孔孟荀的制度伦理学传统》，东方出版社 2015 年版。

［108］曾仕强、曾仕良：《论语的现代智慧》（上），北京时代华文书局 2015 年版。

［109］［美］卜德、克拉伦斯·莫里斯：《中华帝国的法律》，朱勇译，中信出版社 2016 年版。

［110］［美］亨利·查尔斯·李：《迷信与暴力：历史中的宣誓、决斗、审

判与酷刑》，X. Li 译，广西师范大学出版社 2016 年版。

[111] 何永军：《中国古代司法的精神》，中国政法大学出版社 2016 年版。

[112] 陈煜编译：《传统中国的法律逻辑和司法推理——海外学者中国法论著选择》，中国政法大学出版社 2016 年版。

[113] 马小红：《礼与法：法的历史连接》（修订本），北京大学出版社 2017 年版。

三、期刊论文类

[1] 经君健："试论清代等级制度"，载《中国社会科学》1980 年第 6 期。

[2] 陈光中："中国古代的上诉、复审和复核制度"，载《法学评论》1983 年第 Z1 期。

[3] 黄幼声："朝审制的缘起——兼谈中国法制史上一个被遗忘的人物"，载《求是学刊》1986 年第 5 期。

[4] 虞云国："汉代'杂治'考"，载《史学集刊》1987 年第 3 期。

[5] 郭东旭："南宋的越诉之法"，载《河北大学学报（哲学社会科学版）》1988 年第 3 期。

[6] 张中秋："论中国传统法律的伦理化"，载《比较法研究》1991 年第 1 期。

[7] 巩富文："中国古代法官会审制度"，载《史学月刊》1992 年第 6 期。

[8] 季怀银："宋代法官责任制度初探"，载《中州学刊》1993 年第 1 期。

[9] 巩富文："唐代的三司推事制"，载《人文杂志》1993 年第 4 期。

[10] 陈景良："'文学法理，咸精其能'（上）——试论两宋士大夫的法律素养"，载《南京大学法律评论》1996 年第 2 期。

[11] 蒋锡寿："仁义关系浅论"，载《郑州工业大学学报（哲学社会科学版）》1996 年第 2 期。

[12] 宋焱："'亲亲相隐'与正义缺失"，载《山东法学》1997 年第 1 期。

[13] 陈景良："'文学法理，咸精其能'（下）——试论两宋士大夫的法律素养"，载《南京大学法律评论》1997 年第 1 期。

[14] 李俊：《宋刑统》的变化及法史料价值探析"，载《吉林大学社会科学学报》1998 年第 5 期。

［15］ 王广彬："中国古代司法官责任制度探究"，载《政法论坛》1998 年第 5 期。

［16］ 霍存福："中国传统法文化的文化性状与文化追寻——情理法的发生、发展及其命运"，载《法制与社会发展》2001 年第 3 期。

［17］ 赵光怀："'告御状'：汉代诣阙上诉制度"，载《山东大学学报（人文社会科学版）》，2002 年第 1 期。

［18］ 郭成伟、孟庆超："清代司法程序中的惰性因素分析"，载《政法论坛》2002 年第 5 期。

［19］ 王立民："中国古代的死刑复核制度及其思想基础"，载《政治与法律》2002 年第 6 期。

［20］ 屈超立："宋代民事案件的上诉程序考述"，载《现代法学》2003 年第 2 期。

［21］ 吴永明、陈小琼："略论中国传统司法的哲学理念"，载《云梦学刊》2003 年第 6 期。

［22］ 曹英："论法家的'法治秩序'思想"，载《学海》2004 年第 2 期。

［23］ 陈永生："对我国死刑复核程序之检讨——以中国古代及国外的死刑救济制度为视角"，载《比较法研究》2004 年第 4 期。

［24］ 林志友："传统中国社会的政治特质"，载《南阳师范学院学报（社会科学版）》2004 年第 8 期。

［25］ 周国均、巩富文："我国古代死刑复核制度的特点及其借鉴"，载《中国法学》2005 年第 1 期。

［26］ 敖惠、徐晓光："中国古代会审制度及其现代思考"，载《贵州民族学院学报（哲学社会科学版）2005 年第 1 期。

［27］ 康菁洋："论先秦儒家社会秩序思想"，载《武警学院学报》2005 年第 1 期。

［28］ 郑定、杨昂："不可能的任务：晚清冤案之渊薮——以杨乃武小白菜案初审官刘锡彤为中心的分析"，载《法学家》2005 年第 2 期。

［29］ 郑显文："中国古代'农忙止讼'制度形成时间考述"，载《法学研究》2005 年第 3 期。

［30］ 刘希烈："论存留养亲制度在中国封建社会存在的合理性"，载《当

代法学》2005 年第 3 期。

[31] 胡铭："我国古代申诉制度之演进及现代影响"，载《西南政法大学学报》2005 年第 5 期。

[32] 林盛："晚清的'呼冤案'和逐级审转制"，载《浙江人大》2005 年第 7 期。

[33] 陈景良："宋代司法传统的现代解读"，载《中国法学》2006 年第 3 期。

[34] 王兴周："重建社会秩序的先秦思想"，载《社会》2006 年第 5 期。

[35] 李艳君："清代旗人的法律特权地位"，载《兰州学刊》2006 年第 10 期。

[36] 王丽娟、张平："恢复性司法理念与中国传统法律文化的差异"，载《江苏警官学院学报》2007 年第 2 期。

[37] 程政举："张家山汉墓竹简反映的乞鞠制度"，载《中原文物》2007 年第 3 期。

[38] 龚晨："制度和谐是社会和谐的根本保证"，载《重庆社会科学》2007 年第 4 期。

[39] 刘宝才、马菊霞："中国传统正义观的内涵及特点"，载《西北大学学报（哲学社会科学版）》2007 年第 6 期。

[40] 胡传胜："至治与牧民：中国传统政治理想"，载《南京社会科学》2007 年第 12 期。

[41] 张明敏："中国古代死刑复奏制度的流变及其现代价值"，载《中国刑事法杂志》2008 年第 2 期。

[42] 陈景良："宋代司法传统的叙事及其意义——立足于南宋民事审判的考察"，载《南京大学学报（哲学·人文科学·社会科学版）》2008 年第 4 期。

[43] 李启成："功能视角下的传统'法'和'司法'观念解析——以祭田案件为例"，载《政法论坛》2008 年第 4 期。

[44] 徐忠明："诉诸情感：明清中国司法的心态模式"，载《学术研究》2009 年第 1 期。

[45] 杨豹："荀子的社会正义观"，载《东方论坛》2009 年第 2 期。

［46］韩红俊："和谐理念下的中国古代民事审级制度"，载《西安财经学院学报》2010 年第 2 期。

［47］程政举："汉代谳狱制度考论"，载《河南政法管理干部学院学报》2010 年第 2 期。

［48］陈兵、丁寰翔："'正义'概念流变考察：以西方法哲学思想演进为线索——兼论中国社会的'正义'观"，载《湖南科技学院学报》2010 年第 3 期。

［49］王伟："唐代科举与社会阶层流动之关系及其意义——以士族为考察中心"，载《中华文化论坛》2010 年第 4 期。

［50］谢冬慧："中国古代会审制度考析"，载《政法论坛》2010 年第 4 期。

［51］霍存福："'断狱平'或'持法平'：中国古代司法的价值标准——'听讼明''断狱平'系列研究之一"，载《华东政法大学学报》2010 年第 5 期。

［52］赵晶："宋代明法科登科人员综考"，载《华东政法大学学报》2011 年第 3 期。

［53］吕志兴："元代'约会'审判制度与多民族国家的治理"，载《西南政法大学学报》2011 年第 4 期。

［54］张陈铖："明代三司会审制度考"，载《贵州民族学院学报（哲学社会科学版）》2011 年第 5 期。

［55］梁凤荣："《尚书·吕刑》司法理念与制度管窥"，载《河北法学》2011 年第 10 期。

［56］应步潮、梁敬："明代登闻鼓制度小议"，载《经济研究导刊》2011 年第 33 期。

［57］徐忠明："清代中国的爱民情感与司法理念——以袁守定《图民录》为中心的考察"，载《现代哲学》2012 年第 1 期。

［58］徐忠明："读律与哀矜：清代中国听审的核心概念"，载《吉林大学社会科学学报》2012 年第 1 期。

［59］何忠礼："贫富无定势：宋代科举制度下的社会流动"，载《学术月刊》2012 年第 1 期。

［60］张伟仁："天眼与天平：中西司法者的图像和标志解读"，载《法学

家》2012 年第 1 期。

[61] 程民生："宋代的诣阙上诉"，载《文史哲》2012 年第 2 期。

[62] 蒋传光："中国传统法文化中的秩序理念"，载《东方法学》2012 年第 3 期。

[63] 张中秋："传统中国的法秩序及其构成原理与意义"，载《中国法学》2012 年第 3 期。

[64] 林明："论慎刑理念对古代司法运行机制的影响"，载《法学杂志》2012 年第 4 期。

[65] 屈永华："准五服以制罪是对儒家礼教精神的背离"，载《法学研究》2012 年第 5 期。

[66] 吴进安："先秦儒家正义观探析"，载《孔子研究》2012 年第 6 期。

[67] 吕丽、倪晨辉："《盟水斋存牍》中的慎刑理念分析"，载《学术研究》2012 年第 11 期。

[68] 闫虹："中国传统正义观和西方正义观的差异"，载《新西部（理论版）》2012 年第 Z4 期。

[69] 柏桦："清代的上控、直诉与京控"，载《史学集刊》2013 年第 2 期。

[70] 张国钧："亲属容隐的人性根源"，载《政法论坛》2014 年第 2 期。

[71] 阳鸣："罗尔斯与马格利特正义观比较——兼论正派社会理论对中国制度建设之意义"，载《武汉理工大学学报（社会科学版）》2014 年第 4 期。

[72] 李德嘉："中国古代'一断于法'的司法平等理念"，载《河南科技大学学报（社会科学版）》2014 年第 4 期。

[73] 田君："论'礼'的自源、起源、属性与结构"，载《四川大学学报（哲学社会科学版）》2014 年第 5 期。

[74] 徐世虹："秦汉律的职务犯罪——以'公罪'为考察对象"，载《政法论丛》2014 年第 6 期。

[75] 彭炳金："论中国古代法律对孕妇人身权的保护"，载《山西师大学报（社会科学版）》2014 年第 6 期。

[76] 陈景良、吴欢："宋代司法公正的制度性保障及其近世化趋向"，载

《河南大学学报（社会科学版）》2015 年第 1 期。

[77] 吕丽、高晨："严明与矜谨：《折狱龟鉴》的核心审断理念"，载《法制与社会发展》2015 年第 1 期。

[78] 吴春雷、司马守卫："中国古代法官选任制度的特征及现代启示"，载《渤海大学学报（哲学社会科学版）》2015 年第 2 期。

[79] 张本顺："变革与转型：南宋民事审判'断由'制度生成的历史成因、价值功能及意义论析"，载《首都师范大学学报（社会科学版）》2015 年第 3 期。

[80] 周永坤："'出入人罪'的司法导向意义——基于汉、唐、宋、明四代的比较研究"，载《法律科学（西北政法大学学报）》2015 年第 3 期。

[81] 王捷："'直诉'源流通说辨证"，载《法学研究》2015 年第 6 期。

[82] 张本顺、陈景良："宋代亲属财产诉讼中的'利益衡平'艺术及其当代借鉴"，载《兰州学刊》2015 年第 6 期。

[83] 柴荣、林群丰："论中国传统司法责任制度及其当代价值"，载《河北学刊》2015 年第 6 期。

[84] 陈云真、刘凯："浅析中国传统司法理念——基于传统伦理的思考"，载《知识经济》2015 年第 13 期。

[85] 张中秋："传统中国司法文明及其借鉴"，载《法制与社会发展》2016 年第 4 期。

[86] 李建武、程彩萍："明代匿名文书的流传与管理"，载《山西档案》2016 年第 4 期。

[87] 南玉泉："秦汉的乞鞫与覆狱"，载《上海师范大学学报（哲学社会科学版）》2017 年第 1 期。

[88] 陈玺："唐代杂治考论"，载《法律科学（西北政法大学学报）》2017 年第 2 期。

[89] 杨兴培："刺杀辱母者案的刑法理论分析与技术操作"，载《东方法学》2017 年第 3 期。

[90] 梁治平："'辱母'难题：中国社会转型时期的情—法关系"，载《中国法律评论》2017 年第 4 期。

［91］陈兴良：“正当防卫如何才能避免沦为僵尸条款——以于欢故意伤害案一审判决为例的刑法教义学分析”，载《法学家》2017年第5期。

［92］刘晓源：“疑案判决背后的经济学思考——基于‘于欢案’等案例剖析”，载《法学论坛》2017年第5期。

［93］潘萍：“《天圣·狱官令》与唐宋司法理念之变——以官员、奴婢的司法待遇为视点”，载《法制与社会发展》2017年第6期。

［94］张中秋、潘萍：“传统中国的司法理念及其实践初探”，载《法学》2018年第1期。

［95］潘萍：“宋代的民事诉讼时效论略”，载《古代文明》2018年第1期。

三、论文集

［1］万鄂湘主编：《现代司法理念与审判方式改革——全国法院第十六届学术讨论会获奖论文集》，人民法院出版社2004年版。

［2］赵亚婕：“明代刑事审判艺术——以访犯事为例”，载梁津明主编：《天津滨海法学》（第4卷），中国检察出版社2014年版。

［3］吴家友主编：《法官论司法理念》，法律出版社2005年版。

［4］刘宝才、马菊霞：“中国传统正义观”，载眉山人民政府，陕西省社会科学界联合会、陕西孔子研究会：《中国宝鸡张载关学与东亚文明学术研讨会论文集》2007年10月。

［5］陈俊强：“中国古代恩赦制度的起源、形成与变化”，载张中秋主编：《中华法系国际学术研讨会文集》，中国政法大学出版社2007年版。

［6］林明、王慧：“中国古代司法官司法责任制述略——以清代司法责任制度为例”，载张中秋编：《理性与智慧：中国法律传统再探讨——中国法律史学会2007年国际学术研讨会文集》，中国政法大学出版社2008年版。

［7］戴建国：“《天圣令》所附唐令为开元二十五年令考”，载荣新江主编：《唐研究》（第14卷），北京大学出版社2008年版。

［8］陈晓枫：“决狱平，平于什么？”，载陈晓枫主编：《中国传统司法理念与文明》，武汉大学出版社2017年版。

[9] 陈贤波主编:《新筠集·广东社会科学院青年学者选集》,社会科学文献出版社 2012 年版。

[10] 汪雄涛:"平:中国法律传统的深层理念",载中国法律史学会:《中国法律史学会 2012 年学术年会论文集》。

[11] 《决策与信息》杂志社、北京大学经济管理学院:《"决策论坛——经营管理决策的应用与分析学术研讨会"论文集(上)》2016 年 8 月 27 日。

四、学位论文类

[1] 蓝俏彦:"中国传统司法理念的现代转型",中南民族大学 2007 年硕士学位论文。

[2] 陈宗峰:"《窦娥冤》中的司法模式与司法理念研究",苏州大学 2009 年硕士学位论文。

[3] 武波:"元代法律问题研究——以蒙汉二元视角的观察为中心",南开大学 2010 年博士学位论文。

[4] 翟微:"从《折狱龟鉴补》看中国古代法官的司法理念",吉林大学 2013 年硕士学位论文。

[5] 刘华荣:"儒家教化思想研究",兰州大学 2014 年博士学位论文。

[6] 高晨:"中国古代司法官的'求生'理念——以官箴书为视角",吉林大学 2015 年硕士学位论文。

[7] 金亮亮:"《明清公牍秘本五种》中的司法理念与审判技巧探究",东北师范大学 2015 年硕士学位论文。

[8] 庞博:"王廷相司法理念研究——基于《浚川驳稿集》的解读",兰州大学 2015 年硕士学位论文。

五、网址及其他

[1] 顾元:"从'援法断罪'到'曲法伸情'",载《人民法院报》2002 年 7 月 1 日。

[2] 范愉:"现代司法理念漫谈",载中国法理网:http://www.jus.cn/ShowArticle.asp? ArticleID=229,最后访问时间:2018 年 3 月 20 日。

［3］桑玉成："确立辩证的公平正义观"，载《上海文汇报》2007 年 3 月
19 日。

［4］孙季萍："中国传统司法中的'仁恕'理念"，载《人民法院报》
2011 年 8 月 12 日。

［5］崔永东：《唐律疏议》中的司法理念"，载《人民法院报》2011 年 11
月 11 日。

［6］任锋："中国传统文化中的正义观"，载《中国文化报》2014 年 4 月
3 日。

［7］陈景良："汲取传统中国的法治资源"，载《人民日报》2014 年 11 月
24 日。

［8］张中秋："司法改革要吸收优秀传统法文化"，载《人民法院报》2016
年 3 月 20 日。

［9］王瑞峰、李倩："刺死辱母者"，载《南方周末》2017 年 3 月 23 日。

［10］"让热点案件成为全民共享法治公开课"，载《法制日报》2017 年 4
月 6 日。

后　记

　　小月河畔求学时光虽已是往昔，但在修改文稿时，又不自觉的怀念，怀念那一段深感痛苦却又满怀期待的日子。小书即将付梓，也算是自己23年求学生涯的一个注脚。而这一注脚的完成不是一蹴而就，更不是我一人之力，幸得恩师提携指正，得遇众人关心相助！

　　最应该感谢导师中国政法大学张中秋教授。2015年，彼时的我，彷徨踯躅，蒙师不弃，幸入师门。老师以言传身教的方式，教我为人之理，授我为学之道。为人，老师虽常自谓自己是一个"法家"，但我却私以为他是典型的"外法内儒"之人。就自省而言，老师绝对是不折不扣的"法家"，他严于律己，常常以近乎严苛的态度审视自己的一言一行，至今仍按照自定的行为评价标准，每日赋分，裁判己身；就待学生而言，老师则是典型的"儒家"，严格贯彻"中道""恕道"，宽和有加，设身处地为学生着想，并根据每一个人的资质因势利导的指导。为学，恩师至今都能坚持每日阅读6个小时以上，这一治学习惯令惰性盈身的我常常汗颜不已。并且，无论是自己的论著，还是学生们的习作，老师都以极其严谨的态度面对，大到一思一想的论证，小到一字一句的斟酌，他都"锱铢必较"，以求确当，做到体大思精，力争学术研究达致"真、善、美"的境界！

　　特别感谢硕士导师中南财经政法大学陈景良教授。于清明上河之汴京，慕闻师名；至晓南湖岸之江城，亲遇师教。三年求学时的耳提面命，而后六年多的敦敦教诲，学生常常得惠，念兹念兹，铭恩于心！

感谢中国政法大学的陈煜教授！陈老师人如其名，温润如"煜"，谦虚敬慎，于读书、治学、做人方面，我均获益良多。此次拙文之序，亦是劳他而为，再次谨表谢意！

感谢张晋藩先生、郭成伟教授、朱勇教授、刘广安教授、徐世虹教授、郑显文教授、林乾教授、屈超立教授、李雪梅教授、顾元教授、崔林林教授、柴荣教授、邵方教授、张德美教授等老师在博士论文开题、预答辩、答辩等环节对拙文提出的宝贵意见和建议，受益匪浅，特致谢忱！

感谢在论文写作过程中给予莫大关心与帮助的中山大学任强教授、北京大学李启成教授、中央民族大学宋玲教授、中南财经政法大学李栋教授等老师，一路走来，多受教益！

感谢师兄朱仕金、马洪伟、武夫波，同窗魏瑶，以及师弟师妹范小渝、张永祥、孙宗龙、宋鸽、胡文宇。感谢他们在生活中的陪伴，学业上的支持。感谢李雪莹师妹在论文写作过程中的陪伴和帮助。其中，还要特别感谢池建华学友为拙作的完成提供的重要帮助。

当然，我还要感谢我的父母。从豫南小村到南国深圳，无处不在，依然延续着他们的爱与包容，父母竭尽所能，将我们姐弟三人一一送入大学这所象牙塔中。今天回想，其中辛劳，谁人能知？唯有尽孝感恩，不敢丝毫懈怠！

牛首山边，得安己身！本书出版得到了河海大学法学青年文库的支持。感谢中国政法大学出版社丁春晖编辑的精心编校，能在母校出版社出版第一部独立完成的学术论著，幸甚至哉！

"人生如逆旅，我亦是行人。"祈愿在未来的生活中，依然常怀感恩之心，抱持赤子之心，做到"历经千帆，归来仍是少年"！当然书中尚有诸多不足之处，文责自负，敬请诸位方家指正！

潘 萍

2021 年 10 月 10 日

于江宁河海大学法学院资料室